시장의 역사

교양으로 읽는
시장과 상인의 변천사

시장의 역사
— 교양으로 읽는 시장과 상인의 변천사

1판 1쇄 발행 2008년 11월 20일
1판 3쇄 발행 2016년 2월 26일

지은이 박은숙
펴낸이 정순구
책임 편집 조원식
기획 편집 조수정, 정윤경
디자인 구화정
마케팅 황주영

출력 (주)블루엔
용지 한서지업사
인쇄 한영문화사
제본 한영제책사

펴낸곳 (주) 역사비평사
등록 제300-2007-139호. (2007. 9. 20)
주소 10497 경기도 고양시 덕양구 화중로 100(비젼타워 21) 506호
전화 02-741-6123~5
팩스 02-741-6126
홈페이지 www.yukbi.com
이메일 yukbi88@naver.com

박은숙 ⓒ 역사비평사, 2008
ISBN 978-89-7696-531-8 / 03910

* 책값은 표지 뒷면에 표시되어 있습니다.
  잘못 만들어진 책은 구입하신 서점에서 바꾸어 드립니다.

시장의 역사

교양으로 읽는
시장과 상인의 변천사

박은숙 지음

역사비평사

차례

프롤로그 시대를 진열하는 창, 시장 ─── 9

시대를 진열하는 창, 시장 ─ 시장이란 무엇인가
시전에서 인터넷쇼핑몰까지 ─ 시장의 역사
짚신에서 휴대폰까지 ─ 상품과 거래
한 줌 덤에서 포인트 점수로 ─ 상거래 풍속
흥정바치에서 사장님으로 ─ 상인들
공개처형에서 하꼬비까지 ─ 시장 풍경

1부
방방곡곡 시장이 열리다
─ 전근대의 시장

1장 거래를 시작하다
─ 삼국과 고려의 시장

1. 시장에서 생필품을 거래하다 ─── 35
2. 반역자를 처형하는 시장, 가뭄 때문에 옮기는 시장 ─── 39
3. 고려의 시장 ─── 42
   개경의 시전과 지방의 장시 / 한강을 끼고 있는 남경의 시장
4. 고려의 상인과 거래물품 ─── 47
   역역力役조차 없었던 상인 / 소주와 비단, 그리고 사치 풍조 / 고려의 물가

시장풍경 시장에 내걸린 머리, 희로애락을 함께하는 시장 ─── 55

2장 방방곡곡 시장이 열리다
— 조선 전기의 시장

1. 조선의 건국과 시장 ———— 59
   건국과 유교 / 농업은 본업, 공상은 말업
2. 시전이라는 곳 ———— 64
   한양 천도와 운종가 시장 / 시전이라는 관설시장 / 성장하는 시전 / 갖가지 시전의 역할 / 시전행랑과 부담

   시장풍경 시장에서 대중과 함께, 그를 버린다 ———— 79

3. 민간시장과 경강 ———— 84
   방방곡곡 들어선 민간시장 / 경강, 유통의 중심지가 되다 / 사상, 자본을 축적하다
4. 다양한 상품과 무시무시한 물가 ———— 91
   불법 쇠고기 거래와 각양각색의 상품들 / 땔나무 1바리 값이 쌀 1말에 달했던 서울의 물가
5. 천한 것을 귀한 것으로 바꾸는 상인 ———— 102
   장사하는 사람은 천한 것을 귀한 것으로 바꾸니 / '재화를 셀 수 없이 쌓아 놓은' 부상과 생계형 장수 / 지배층의 수탈, 상인들의 저항 / 1485년 언문투서사건과 1541년 한성부돌입사건

   시장풍경 나랏일에 따라 옮기거나 닫았던 시장 ———— 117

3장 시장의 공간이 확장되다
— 조선 후기의 시장

1. 변화하는 조선의 경제 ———— 121
   조선 후기 사회변동과 시장 / 서울의 3대 시장, 시장의 공간적 확대
2. 시전과 사상의 치열한 경쟁 ———— 128
   시전과 금난전권 / 신해통공과 상거래 주도권을 둘러싼 분쟁
   시역市役 부담과 유분각전·무분각전 / 시전 조합 도중都中
3. 사설시장, 칠패·이현시장 ———— 140
   사상의 상권 장악 / 난전의 근거지에서 전국 상권을 주무른 칠패시장 / 시전 곁에 난전을 열고 경쟁한 이현시장 / 길거리·골목 점포의 증가

   시장풍경 범죄의 무대가 된 시장, 과거에 낙방한 무사들의 구걸 ———— 150

4. 사상도고가 장악한 외곽시장 ———— 153
   전국 상권의 중심 무대, 경강 — 3강에서 5강·8강으로 / 경강 나루터와 전문 상권 / 사상도고의 본거지, 송파장시와 삼전도점 / 동북지방 어물이 들어오는 길목, 누원점·궁동점·송우점
5. 담배의 등장과 흔들리는 물가 ———— 170
   고추·감자·담배의 등장과 사치의 상징 '다리' / 풍흉과 도거리 판매로 흔들리는 물가
6. 매점매석과 미전습격사건 ———— 179
   도성민의 근본, 상인 / 상인들의 중개무역과 주민들의 '미전 습격사건' / '세금 받듯' 이루어진 수탈과 '자결' 시도로 항거한 상인

   시장풍경 흥정을 붙이는 여리꾼과 그들의 암호 '변어' ———— 189

2부
남대문시장에서 화신백화점까지
― 근대의 시장

1장 상권이 재편되다
― 개항기

1. 대변동의 시작 ──── 195
   문호 개방과 유통구조의 파행적 재편 / 외세 상권의 부상과 시장의 공간적 재편 / 시장의 타격과 상권수호운동

2. 전통시장과 근대시장 사이 ──── 208
   종로 시전의 쇠잔과 근대적 상가로의 변신 / 남대문시장의 탄생 / 이현시장의 후신, 동대문시장 /
   개항과 철도 개통으로 무너진 경강 상권 / 송파장시·누원점의 쇠퇴

   시장풍경 광고와 브랜드의 등장 ──── 240

3. 외국상인들, 진고개에서 남대문·명동으로 ──── 244
   남대문·명동 일대로 상권을 확장한 일상 / '전성시대'를 누리다 쇠잔한 수표교·명동 일대의 청상

4. 맥주와 미장탄 ──── 253
   성냥·석유·커피의 등장과 '개화인'이 마시는 맥주 / 물가 급등과 미장탄米場歎

5. 돈이 신이 된 풍조와 저항하는 상인들 ──── 262
   '돈이 신이 된' 사회적 풍조 / '문명적' 상업경영법의 도입과 모리를 꾀하는 상인들 / 국역폐지와 시장세 /
   권력의 향배에 따라 부침하는 상인들 / 무명잡세 수탈에 대한 저항 / 상권과 국권 침탈에 대한 저항

   시장풍경 조선상인과 청상·일상 사이에 벌어진 사건들 ──── 285

2장 시장이 이원화되다
— 일제강점기

1. 일제, 식민시장을 재편하다 ——— 291
   '시장규칙' 반포와 1~4호시장 / 게이조, 경성의 인구 증가 / 남루함과 화려함으로 대비된 북촌·남촌 상가

2. 전통시장의 빛과 그림자 ——— 306
   저물어가는 저자거리, 종로상가 / '조선 제일의' 남대문시장 / 조선인 자본으로 운영된 동대문시장

3. 일용품 소매시장 — 공설과 사설시장 ——— 325
   일용품을 판매하는 '제2호 공설시장' / 땔나무와 채소를 거래하는 공설 '시탄소채' 시장 /
   일본인에 의한, 일본인의 시장 — 사설일용품시장

   시장풍경 아지노모도味の素·고무신·연탄·치약의 등장 ——— 336

4. 경매시장, 중앙도매시장, 특수시장 ——— 340
   제3호 경매시장 / 경성중앙도매시장과 경성부가축시장 / 제4호 시장과 야시장

5. 백화점의 출현 ——— 350
   근대의 쇼윈도, 백화점의 등장 / 조선 최대의 미쓰코시백화점 / 조지아·미나카이·히로다백화점 /
   '조선 사람의 유일한' 화신백화점 / 북촌 상가의 장관, 동아백화점

6. 야미와 10전 균일점 ——— 368
   물가통제와 야미의 성행 / '10전 균일점'과 상거래 관행의 변화

7. 일제시대의 상인들 ——— 378
   여점원 '쇼프걸'의 등장 / 배금열의 만연과 상인의 사회적 활동 /
   시장 사용료와 두 개의 상업회의소 / 생명선인 상권을 지키고, 민족해방을 위해

   시장풍경 식민지배 아래 일어난 숱한 사건들 ——— 394

저자 후기 ——— 397

부록 참고문헌 ——— 402
　　　　표 ——— 404
　　　　미주 ——— 416

일러두기

1. 이 책에 나오는 연대는 1895년까지는 음력을, 1896년 1월 1일부터는 양력을 쓴다는 원칙에 따랐다. 특히 왕조시대의 표기는 왕의 묘호를 먼저 쓰고 ( ) 안에 서기를 병행했다.
2. 본문에는 꼭 필요한 각주를 달았고, 원고 집필에 이용된 자료는 책 뒤에 참고문헌과 미주에 밝혔다.
3. 역사적 흐름에 따라 시대별로 시장의 역사를 다루었다. 주로 서울의 시장에 관한 역사를 골자로 삼되, 고대부터 중세와 근대까지 시장에 관해 접근 가능한 기록과 자료들을 최대한 포함시키려고 노력했다.
4. 이 책에서는 사람들이 모여 상품을 거래하는 유통공간으로서의 구체적 시장을 다루었다. 그러나 시장의 개념 속에는 이런 구체적 시장 이외에, 수요와 공급의 상호작용에 의해 균형 가격을 성립시키는 메커니즘으로서의 시장도 있다. 곧 금융시장과 같은 경제학적 시장을 들 수 있다. 다만 이 책에서는 경제학적·이론적 시장은 취급하지 않았다.

프롤로그
시대를 진열하는 창, 시장

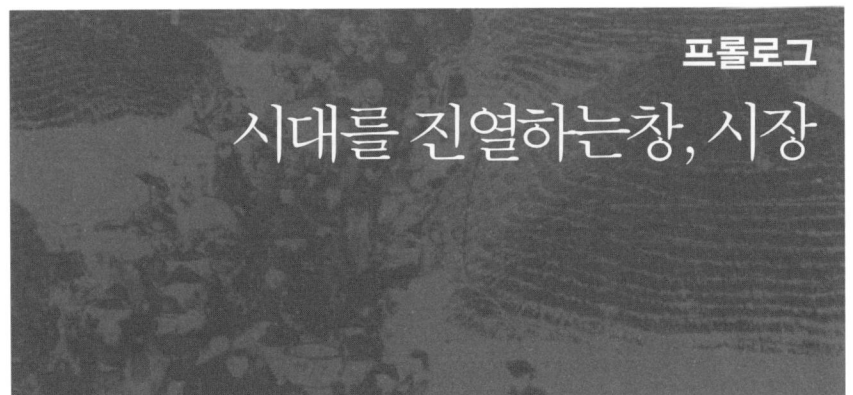

시대를 진열하는 창, 시장 — 시장이란 무엇인가

시장은 예스러운 우리말로 '저자'라고 하며, 오랜 옛날부터 저자·저지·져재 등으로 불리고 표기되었다. 백제 가요인 「정읍사井邑詞」에는 "즌져재 녀러신고요"라는 구절이 나오는데, 바로 '온 시장을 다니고 계신가요'라는 뜻을 지닌 가사이다.[1] 우리나라 사서史書에는 삼국시대부터 시市·시사市肆·장장場·장시場市 등의 용어로 기록되었고, 시장이라는 말은 거의 쓰이지 않았다. 19세기 말 개항기부터 '시장'이라는 용어가 조금씩 사용되었고,[2] 이때부터 점차 널리 쓰이면서 오늘날의 '시장'이라는 말로 자리잡았다.

시장은 사람들이 모여서 갖가지 물건을 사고파는 공간으로서, 일상에서 매우 중요한 생활 무대이다. 19세기 초에 발간된 『만기요람萬機要覽』에는 "행상이 모여 교역하고 물러나는 것을 장場이라 한다"고 하면서, 그 예로 종가鍾街·이현梨峴·칠패七牌 시장을 들었다.[3] 1961년 8월에 제정된 시장법에서는 "다수의 수요자와 공급자가 와서 모이고〔來集〕", "물품의 매매교환을 행하는 장소"로 시장을 설명한다.[4] 이처럼 시장은 사람, 상품, 공간이 유기적으로 결합된 사회적 산물이다. 그러나 시장의 핵심적 기능은 무엇보다도 상품의 거래이고, 그것이 지닌 경제성에 있다.

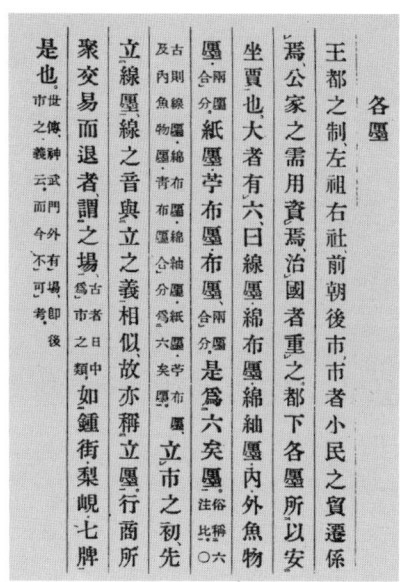 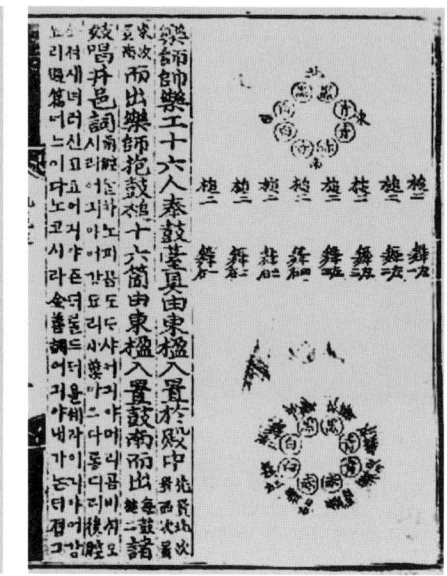

「만기요람」 가운데 시장 관련 기록(왼쪽), 「정읍사」 가운데 〈저재〉 관련 기록(오른쪽)

우리는 시장이라 하면 우선 특정한 '장소'를 떠올리게 된다. 그것은 그 장소가 거래를 성립시키는 '무대'이기 때문이다. 우리는 오랫동안 일정한 장소에 사람들이 모여 직접 상품을 구경하고 만져보면서 거래하는 구체적 시장과 함께 살아왔다. 그런데 최근에는 사람도 장소도 상품도 보이지 않고 직접 만져볼 수 없는 네트워크network를 이용한 시장이 등장했다. 곧 '인터넷쇼핑몰'과 'TV홈쇼핑몰' 등이 등장한 것이다.

예전에는 '시장' 하면, 온갖 상품이 널려 있어 풍요로움이 넘쳐나고, 물건을 고르고 값을 흥정하느라 시끌벅적하며, 한쪽에서는 싸움질과 구걸이 벌어지기도 하는, 사람 냄새가 물씬 풍기는 그런 곳을 연상하게 된다. 그러나 네트워크상의 시장에는 사람이 모여들 필요도 없고, 상품을 진열할 구체적 장소도 없으며, 상품 또한 직접 보거나 만져볼 수 없다. 대신 시간과 공간에 구애받지 않고 컴퓨터나 TV 앞에 앉기만 하면 되는 것이다. 시공간을 뛰어넘어 전 세계의 수많은 시장이 컴퓨터 앞에 펼쳐져 있는 시대에, 우리는 살고 있다.

시장은 일반적으로 〈시장을 만든 사람이 누구인가〉(개설 주체), 〈어떤 단계의 거래를 하는 시장인가〉(거래 단계), 〈어떤 상품을 취급하는 시장인가〉(상품 종류), 〈어떤 주기로 열리는 시장인가〉(개설 기간) 등에 따라 여러 가지로 나눌 수 있다. 개설 주체에 따라 공설시장과 사설시장으로, 거래 단계에 따라 도매시장과 소매시장으로, 상품 종류에 따라 의류시장·수산시장·가축시장으로, 개설 주기에 따라 상설시장·정기시장·부정기시장·계절시장 등으로 구분한다.

필요한 물품을 거래한다는 점에서, 시장의 기능은 시대와 공간을 뛰어넘어 언제나 같다. 하지만 시장의 풍경, 상품, 그리고 상인과 그곳을 이용하는 사람들은 서로 다르다. 끊임없이 변화하면서 생성-발전-소멸의 궤도를 그리고 있다. 따라서 시장의 역사 속에는 그 시절, 그곳 사람들의 생활 이야기가 고스란히 담겨 있다. 그래서 시장은 시대와 사람들의 생활이 진열되어 있는 창이며, 그 시대 경제와 생활문화의 꽃을 피우는 쇼윈도이다.

시전에서 인터넷쇼핑몰까지 — 시장의 역사

시장은 인류의 역사만큼이나 오랜 옛날부터 존재해왔다. 우리나라에도 까마득한 옛날부터 사람들이 살고 있었으니, 당연히 시장이 형성되어 물자의 교류가 이루어졌을 것이다.

백제 때는 왕도王都 위례성이 500여 년 동안 자리하고 있었던 만큼 서울에 큰 시장이 있었겠지만, 아쉽게도 구체적 기록이 없어 자세한 내용은 알 수 없다.

기록상 시장이 본격적으로 모습을 드러내는 것은 조선시대부터이다. 조선왕조의 수도로서 동아시아의 새로운 도시로 떠오른 서울에 시전市廛(종로 일대에 설치한 관설시장)과 사설시장이 들어섰다. 조선은 종로와 남대문로 구간에 2천여 칸이 넘는 행랑을 지어 시전을 조성해, 왕실과 관청의 수요품, 외교적 공물, 도성민의 수요품을 조달하게 했다. 조선 후기에는 인구 증가와 상품경제 발달을 배경으로 시장이 급성장했고, 외곽지대까지 상권이 확대되었다. 민간시장인 '칠패'와 '이현'이 외곽지대에 있던 한강 및 송파장시·누원점 등의 상권과 연계해서 시전을 위협하면서 상거래의 주도권을 장악해나갔다.

개항 후 1882년에 마침내 외국인에게 시장이 개방되었다. 중국과 일본의 상인들이 속속들이 도성에 점포를 개설하면서 자본제 상품을 팔기 시작했다. 조선의 시장은 속수무책으로 자본주의 시장체제에 노출되었고, 서서히 상업의 주도권을 잃어갔다. 전통적 '시전'은 특권을 잃고 쇠락의 길을 걷다가 근대적 상가로 변신을 도모했고, '칠패'는 선혜청 안으로 이전해 남대문시장으로 재편되었으며, '이현'은 동대문시장으로 거듭나 오늘에 이르렀다.

반면에 청상(중국상인)과 일상(일본상인)은 명동과 진고개(현 충무로) 일대에 진을 치고 조선인 시장을 잠식하면서 상권을 넓혀갔다. 이때 형성된 명동·충무로 상권은 일제시기에 가장 핵심적인 상권으로 떠올랐고, 오늘날에도 주요 시장으로 남아 있다. 결국 남대문, 동대문, 종로, 명동을 둘러싼 금싸라기 상권들의 골격은 바로 이 시기에 형성된 것이다.

일제의 강점 후 서울은 경성, 곧 게이조(けいじょう)로 명칭이 바뀌었고, 시장도 숫자로 표시하는 식민시장이 되었다. 1~4호까지 숫자로 분류해서 시장에 이름을 붙였던 것이다. 남대문·동대문시장 등 전통시장은 1호 시장, 일제가 만든 이른바 '신식시장'은 2~4호 시장으로 편성되었다. 새로운 2~4호 시장은 공설시장·경매시장·도매시장·곡물현물거래시장 등이었다.

특히 이 무렵에 '자본주의 꽃'이라 불리는 백화점이 등장해 최첨단 상권으로 떠올랐다. 화신·미쓰코시三越·조지아丁字屋백화점 등이 화려한 위용을 자랑하면서 '상계를 풍미'했던 것이다. 또한 당시에 시장은 민족별 분리선

개항기 종로2가에 늘어선 조선인 상가

으로 작용했던 청계천을 경계로, 조선인의 북촌 상권은 위축을 면치 못했고, 일본인의 남촌 상권은 대자본을 토대로 상계를 주름잡고 있었다. 시장은 폭발적으로 급성장했지만, 결국 그 열매는 대부분 일본인의 몫으로 돌아가고 말았다.

1945년에 해방이 된 뒤부터는 식민시장 체제를 극복하는 새로운 노력이 필요했다. 그러나 해방 뒤에 다시 분단과 전쟁이라는 시련을 맞고 말았다. 공설시장은 겨우 명맥을 유지했고, 남대문·동대문시장을 비롯한 30여 개의 사설시장이 시장을 이끌고 있었다. 백화점은 대부분 적산敵産(해방 이전까지 한국에 있던 일본인 소유의 재산을 이름)으로 분류되어 민간에 불하되었고, 경영진과 상호를 바꾸고 새롭게 거듭나고자 노력했지만 파행적 운영을 면치 못했다.

1960~70년대의 시장은 인구증가와 경제개발로 폭발적으로 성장했다. 예

를 들어, 1961년 서울에는 시장이 모두 44개였는데, 1979년에는 무려 334개로 폭증했다. 또한 새로운 형태의 슈퍼마켓이 등장하고 상가 붐이 일어났다. 백화점도 직영 방식을 취하면서 양적으로나 질적으로 괄목할 만한 성과를 거두었다.

1980년 이후 세계화가 급속하게 진행되면서 유통시장이 개방되었다. 새로운 형태의 시장이 속속 등장했고, 상거래 방식에도 혁명적 변화가 일어났다. 게다가 1997년 IMF구제금융의 광풍이 불어 닥치면서 기존의 시장체제는 격변의 소용돌이에 휘말려 고통스런 구조조정의 긴 터널을 통과하지 않을 수 없었다. 시장에는 대형 할인점(마트)이 등장해 유통업계의 총아로 급부상했고, 편의점이 기존의 구멍가게를 밀어내고 골목골목까지 도심에 스며들었다. 또한 TV홈쇼핑몰과 인터넷쇼핑몰이 등장해 21세기 한국의 시장을 풍미하고 있다.

짚신에서 휴대폰까지 — 상품과 거래

물건 거래는 오랜 옛날부터 여분의 생산물을 서로 교환하면서부터 시작되었다. 점차 생산력이 증가하고 생산물의 상품화가 촉진되면서 마침내 시장판매가 시작되었다. 시대가 흐를수록 상품의 다양화·고급화·개성화가 촉진되었고, 더욱더 많은 상품이 시장에 나오게 되었다. 상품의 이런 발달사에는 문화수준의 향상과 더불어 사치 풍조가 한몫을 했다는 점은 대단히 흥미로운 사실이다.

시장은 단지 생활필수품을 구입하러 가는 곳에 머물지 않고, 종종 새롭고 화려하고 진기한 물건들이 넘쳐나는 풍경을 구경하는 곳이기도 하다. 그래서 예로부터 물건 사러 가는 것을 "장 보러 간다"고 했고, 지금도 물건을 사

대한제국기 상설시장의 모습

지는 않지만 눈으로 즐기며 돌아다니는 '아이쇼핑족'들이 적지 않다.

상품들은 시대마다 사회의 전통·관습·문화·가치기준 등에 따라 등장하고, 유행하며, 소멸하면서 오늘에 이르고 있다. 잠깐 나타났다 사라지는 상품이 있는가 하면, 쌀처럼 오랜 역사를 거치면서도 여전히 주도적인 상품으로 살아남아 있는 경우도 있다. 또한 땔나무·짚신·다리(여인들의 머리에 높게 얹는 많은 머리)처럼 지금은 사라졌지만 한때는 생필품이거나 신분계급의 상징으로 세상을 풍미했던 것들도 있고, 고추·성냥·연탄·휴대폰·컴퓨터처럼 일상생활에 혁명적 변화를 가져온 것들도 있다.

우리가 생존을 위해 반드시 먹어야만 하는 식품류는 상품 가운데 가장 변화가 적은 품목이다. 그렇기 때문에 그만큼 오래도록 시장에서 주도적인 위상을 지녀왔다. 예로부터 주식이었던 쌀과 보리·콩 등의 곡물은 아직도 가장 중요한 생필품이고, 무·배추 등의 채소와 생선·육류 등의 반찬거리 또한 우리 식탁에서 빠질 수 없는 것들이다.

주목해야 할 식품은 조선 후기에 들어온 고추와 감자·고구마, 근대 이후에 소개된 빵과 오뎅·라면·햄버거 등이다. 고추는 붉은 김치와 고추장의 탄생을 가져와 식생활의 혁명을 불러일으킨 상품이고, 감자와 고구마는 굶주리는 백성들의 허기를 채우는 구황식품으로 활용되었다. 일본인들이 즐기는 오뎅·초밥 등은 일제 때 소개되었고, 라면은 1963년에 처음 등장한 뒤부터 인스턴트식품 시대를 열어간 대표주자로서 지금까지도 각광받고 있다.

쇠고기·돼지고기 등 육류도 큰 변화 없이 애용되고 있는 식품 중 하나이다. 전통시대에는 꿩고기·노루고기·사슴 등 다양한 짐승고기들이 판매되었다. 주목할 점은 조선 전기에는 '원칙적으로' 시장에서 쇠고기 판매가 금지되었다는 사실이다. 하지만 '실제로는' 돈만 있으면 얼마든지 시장에서 살 수 있었기 때문에, 조선 후기에는 아예 쇠고기 판매를 전면적으로 허용했다.

술은 오랜 옛날부터 마셔온 음료로서, 고려시대에는 소주를 즐겨 마시는 무리라는 의미에서 '소주도燒酒徒'가 출현하기도 했다. 조선시대에는 삼해주三亥酒·백하주白霞酒·도화주桃花酒 등 다양한 술이 제조되어 판매되었다. 개항 이후에는 맥주·포도주 등이 수입되기 시작했으며, 맥주는 "개화한 국민"이 마시는 술이라고 선전하기도 했다.

전통적으로 음식 맛을 내는 조미료는 원래 참기름·깨소금·조청 등이 주로 쓰였는데, 일제 때 인공조미료인 아지노모도味の素가 일본에서 유입되어 선풍적 인기를 모았고, 해방 이후에는 그것을 본 딴 미원味元이 등장해 그 자리를 대신했다.

차茶는 전통적으로 차나무에서 얻어지는 홍차·녹차·우롱차 등을 마셔왔으나, 개항 이후에 커피가 등장해 판도를 바꾸기 시작했다. 커피는 고종과 순종이 매우 즐기던 차라고 해서 일반 시민들에게도 널리 애용되었다. 하지만 1960년대까지만 해도 커피는 외화를 낭비하는 기호품으로 취급되었고,

심지어 '커피망국론'까지 나올 정도로 일상화되기 힘들었다.

상품 중에서 유행과 변화의 흐름에 가장 민감한 품목 중 하나가 바로 복식류이다. 전통시대에는 대부분 집에서 옷을 직접 만들어 입었으므로, 시장에서는 주로 비단·목면·삼베 등의 옷감을 취급했다. 개항 이후 서양식 양복이 등장하면서, 와이셔츠·넥타이·블라우스 등도 함께 시중에 유통되었다. 특히 6·25전쟁 후에 등장한 나일론은 질기고 오래 입을 수 있는 신비한 옷감으로 각광받았다.

옛날에 남성 모자로는 삿갓·패랭이·초립草笠 등이 시장에 나왔고, 여성들의 머리에 얹는 '다리'도 체계전髢髻廛이라는 시전에서 전문적으로 거래되었다. 다리는 높은 신분이나 집안의 위세를 나타내는 상징물이 되면서 모양이 사치스러워지고 크기도 커져서 사회적으로 문제가 되었다. 심지어는 그 무게에 짓눌려 죽은 여인의 이야기도 전해지고 있다. 개항 이후에는 서양식 양복에 맞는 중절모자가 등장했고, 여성들 또한 양장에 모자를 쓰기 시작했다.

신발은 예로부터 짚신·나막신·가죽신 등이 거래되었으나, 개항 이후에는 서양식 구두가 등장했고, 일제 때는 고무신과 운동화가 널리 보급되었다. 지금은 추억의 물건이 되어버렸지만, 고무신은 신발의 혁명을 불러온 상품이었다. 물이 새지 않고 질긴데다가 가격까지 저렴해서 선풍적 인기를 끌며 한 시대를 풍미했다.

전통시대에는 난방과 취사용으로 쓰이는 땔나무가 절대적인 필수품이었다. 또한 초가의 지붕을 잇는 볏짚과 싸리 등도 중요한 상품이었다. 하지만 개항 이후에 석유와 석탄 그리고 성냥이 등장하자, 기존의 연료 개념에 엄청난 변화가 일어났다. 석유는 주로 등불과 난방용으로 쓰였고, 석탄은 일본석탄과 평양석탄 등이 진고개·종로 등지에서 겨울철 연료로 판매되었다. 또한 언제 어디서나 불을 일으킬 수 있는 성냥은 화로에 보존해야만 했던 불씨로부터의 해방을 가져다주었다. 특히 그동안 불씨를 지키기 위해 전전

옛날 나막신 장수의 모습

궁긍해야 했던 여성들의 굴레를 벗겨주었던 것이다. 초기에는 수입산 성냥만 판매되었으나, 1899년부터는 서울 고흥사_{吳興社}에서 직접 만들어 팔기 시작했다.

각 시대마다 특이한 물품들이 시장에 나오는데, 조선시대에는 과거시험지였던 시권_{試券}이 시장에 장물로 나왔고, 공자의 유상_{遺像}이나 호랑이가죽 등이 매매되기도 했다. 개항 이후에는 시계·망원경·세숫비누·자행거(자전거) 등이, 일제 때는 재봉틀·양잿물·초콜릿 등이 시장에 등장했다. 오늘날 21세기에는 과거에 공상영화에서나 보았던 컴퓨터·휴대폰 등이 등장해 일상생활을 완전히 변화시키고 있다.

한 줌 덤에서 포인트 점수로 — 상거래 풍속

시장에서 상거래는 물건을 사고파는 당사자들이 가격과 품질·디자인 등의 조건에 서로 동의했을 때 이루어진다. 판매자와 소비자는 서로의 의중을 살피고, 가격을 흥정하며, 적당한 선에서 거래한다. 거래 과정은 곧바로 관행이 되어 하나의 상거래 풍습을 만들어낸다.

상품을 파는 사람은 보다 높은 가격에 많은 수량을 판매해 최대의 이윤을 남기고자 하고, 사는 사람은 좋은 물건을 더욱 저렴한 가격에 구입하고자 한다. 서로 입장이 다른 매매 당사자 사이에는 거래를 둘러싸고 밀고 당기는 치열한 심리전이 벌어진다. 그 과정에서 에누리와 덤이 오가기도 하고, 때로는 실랑이와 싸움이 벌어져 시끌벅적한 시장풍경을 연출하기도 한다. 경우에 따라서는 여리꾼이나 거간 같은 중개인이 상인과 고객의 중간에서 거래를 조절할 때도 있다.

에누리는 '더 부르는 값'의 의미와 '값을 깎는 일'의 뜻을 동시에 지니고 있는 묘한 용어이다. 값을 더 부르는 판매자의 입장과 값을 깎는 소비자의 입장이 동시에 고려된 말씨인 것이다. 그렇지만 대개는 후자의 의미로 널리 쓰인다.

에누리 풍습은 동서고금을 막론하고 있었지만, 에누리를 바라보는 시각과 그 양상은 변화를 거듭해왔다. 개항 이후 일상(일본상인)과 청상(중국상인)이 밀려오면서 우리 상권이 위협을 받게 되자, "거짓말하는 풍속"으로 에누리·품질 속속이기·여리꾼 등이 지목되어 타파해야 한다는 주장이 대두되었다. 일제 때도 에누리 관행은 "비문화적 악습"으로 간주되어 폐지의 대상이 되었고,[5] 이는 곧 '가격표시제', '정찰제' 실시로 연결되었다.

하지만 에누리 관행은 오늘날 할인판매로 그 맥락이 이어진다. 지금도 시장의 형태를 막론하고 대부분 바겐세일bargain-sale·염가대매출·초특가세일

·폭탄세일 등의 이름을 빌려 끊임없이 고객을 유인하고 있다. 인터넷쇼핑몰에서도 주문이 적은 특정 시간대에는 값을 깎아주거나 할인쿠폰을 제공하는 할인 마케팅을 활용하고 있을 정도이다.

구한말 수공업 상인의 모습

덤제 또한 오랜 옛날부터 있었던 중요한 상거래 풍속의 하나이다. 물건을 살 때 거저(공짜로) 더 얹어주는 덤은 대개가 이미 상품가격에 반영되어 있는 경우가 많지만, 덤을 받으면 왠지 인정스럽고 싸게 사는 느낌이 들어서 구매자의 기분이 좋아지게 된다. 덤제 역시 근대 이후에 "유치한 시대"의 폐단으로 비판의 도마 위에 올라 타파의 대상이 되었다.[6]

그러나 덤제는 에누리 풍습과 마찬가지로 지금까지도 계속 성행되고 있다. 덤제는 오늘날 사은품·포인트 점수 등의 명목으로 변형되어, 여전히 위력을 발휘하고 있다. 여러 개의 상품을 구입했을 때 한 개를 더 얹어 준다거나, 특정 상품을 샀을 때 끼워주거나 선착순으로 주기도 하고, 때로는 복권을 제공하기도 한다. 포인트 점수도 물건을 사면 덤으로 점수를 부여해주고, 거기에서 적립된 점수로 상품을 구입할 수 있는 제도로, 백화점·대형 마트·사이버몰 등에서 널리 행해지고 있다.

상인과 고객의 관계에서도 풍습의 변화는 잘 드러난다. 전통시대의 상인들은 대개 전방에 앉아 오는 손님을 기다렸고, 오는 손님에 대해서도 수동적이고 소극적으로 대처했다. 시전상인의 경우 1평 남짓한 좁은 공간에 최소한도의 상품만 진열한 채 퇴청바닥에 앉아 손님을 맞았다. 다닥다닥 붙은 전방들은 대개 취급하는 상품과 가게를 알리는 표시나 간판이 전혀 없었고, 상품 진열도 안쪽에 약간만 배치해놓기 때문에, 물건을 사러가도 원하는 상품을 찾지 못해 헤매는 경우가 적지 않았다.

이런 상인과 고객의 틈새를 파고 든 것이 바로 '여리꾼列立軍'이라는 존재였다. 여리꾼은 매매당사자를 연결시켜주는 일종의 중개인으로, 보통 때는 상가 앞에 늘어서 있다가 지나가는 손님이 어떤 물건을 사러왔는지를 일단 파악한다. 그런 다음 손님이 원하는 물건을 파는 전방에 데리고 가서 흥정을 붙이고 거래를 성사시킨다. 이때 여리꾼은 상인이 작정한 값보다 높은 가격으로 물건을 팔아주고, 그 차액 곧 여리餘利(잉여이익)를 챙겼다. 처음에는 상가 앞에 늘어서 있어서 '열립列立'이라고 했다가, 점차 '여리'가 강조되어 여리꾼이라고 부르게 된 것이다. 그러나 개항 이후 여리꾼은 "거짓말품을 팔아 생활하는 사람"이라는 딱지가 붙어 퇴출 대상이 되었고, 심지어 일제 때는 그때까지 잔존해 있던 이들의 존재를 "일종의 비극"이라고 한탄하기도 했다.[7]

흥정바치에서 사장님으로 — 상인들

시장에는 물건을 파는 상인과 사는 고객, 구경나온 사람, 짐꾼 등 수많은 사람들이 드나들면서 그야말로 '시장스러움'을 연출하고 있다. 시장은 이들 모두의 상호작용으로 움직인다. 하지만 그 주체는 어디까지나 시장을 지키면서 상거래를 주도하는 상인이다.

상인이란 이익을 남기기 위해 장사를 업으로 하는 사람을 가리키며, 상고商賈 또는 장수라고 했다. 그 밖에 장사치·장사꾼·흥정바치·상고배商賈輩·상로배商路輩·장돌뱅이 등으로도 불렸다. 다분히 이윤추구를 부정적으로 바라보던 전통시대의 가치관이 반영되어 있는 용어들이다. 그러나 자본주의 경제체제가 진행되면서 이윤추구는 정당한 가치이자 권장할 덕목으로 자리잡

오지그릇(유기) 장수

게 되었고, 이제는 상인을 더 이상 하대하지 않으며 웬만하면 '사장님'으로 부르는 것도 예사스러운 일이 되었다.

전통시대에는 상인의 사회적 위상이 매우 낮았다. 조선시대까지만 해도 상업은 백성의 생업으로 인정되기는 했지만, 말업末業이라고 해서 천시되었다. 반면 농업은 왕정王政과 의식衣食의 근본으로 간주되어 "농업은 본업, 공상은 말업"이라는 공식이 오랫동안 적용되었다.[8] 이처럼 상인을 천시하게 된 것은 유교의 '의리를 중시하고 이익을 경시하는〔重義輕利〕' 사상에 입각해 명분과 의리를 강조하는 성리학적 통치이념과도 깊이 연관되어 있다.

조선 후기에 접어들어 상품화폐경제가 활발해지면서 경제적 가치가 증대되자 "시전상인들은 나라의 근본 중의 근본"이라는 인식이 대두되었고, 상인에 대한 인식도 점차 개선되었다. 재미있는 것은 조선 전기까지만 해도 "노역勞役이 없이" 이익만 좇는 존재로 여겨졌던 상인들이 조선 후기에는

"힘써 일하는 자"로 비추어졌다는 점이다.[9]

개항 이후 신분제가 공식적으로 폐지되고, 부국강병을 달성하기 위해 상업을 적극 권장하면서 상인의 사회적 지위도 더불어 높아졌다. 당시 상인은 만민공동회萬民共同會의 회장이 되어 수많은 대중 앞에서 자주독립에 대한 연설을 하기도 했고, 양반관료들이 상공업 분야에 진출하는 일이 늘어나기도 했다. 일제강점기에는 식민지 자본주의가 확산되면서 오로지 돈만을 숭배하는 '배금열'이 만연해졌다. 자본력 있는 상인들은 정계와 관계 그리고 경제·문화계에 진출해 적극적으로 활동했고, '이왕李王전하'와 함께 골프클럽에 가입해 친분을 과시하는 상인들도 있었다.

상인은 원래 이익을 목적으로 하기 때문에, 상인의 이윤추구는 정당할 뿐만 아니라 본질적인 존재이유이기도 하다. 예로부터 "장사꾼은 5리厘 보고 10리厘 간다"는 속담이 있었다. 이익이 있는 곳이면 어디든 달려가는 것이 상인인 것이다. 그런데 문제는 상인들의 이윤추구가 과연 보편적으로 인정될 수 있는 수준인가 아닌가 하는 점이다. 상품가격은 대개 수요량과 공급량의 정도에 따라 자연스럽게 조정되기도 하지만, 본래 일률적으로 정해진 것이 아니기 때문에 판매자가 임의로 결정할 수 있는 여지가 많다. 그래서 예로부터 보다 많은 이익을 거두기 위해 매점매석(사재기)·짬짜미(담합) 등의 부당한 방법을 동원하는 상인이 적지 않았다. 상인들의 부당한 폭리는 수많은 소비자의 피해로 직결되고 사회문제로 비화된다. 그렇기 때문에 고금을 막론하고 부당이익을 취하는 상인은 간상奸商(간교한 상인)·힐고黠賈(약은 장수)·모리지도牟利之徒(자신의 잇속만 노리는 부정한 상인)·악덕상인 등으로 취급되어 지탄의 대상이 되어왔다.

상인들이 폭리를 취하는 가장 흔한 방법 중 하나는 매점매석, 곧 사재기이다. 조선시대에는 명태·북어 등을 원산지에서 '배떼기'하거나 특정 작물을 '밭떼기'해서 쌓아두었다가 품귀현상이 일어나 가격이 오르면 판매이익을

전국에서 가장 컸던 경상도 대구의 시장 풍경(구한말)

프롤로그 시대를 진열하는 창, 시장

독점하는 경우가 적지 않았다. 순조 33년(1833)에는 상인들의 매점매석으로 쌀을 구입할 수 없게 되자, 주민들이 쌀가게(米廛)를 집단 습격해 응징하는 사건이 벌어지기도 했다. 또 해방 이후의 혼란기에 쌀과 생필품에 대해 상인들의 사재기가 성행하자, "건국을 방해하는 반역자"이라고 비난하기도 했다.

전통사회에서 신분계층의 말단에 있었던 상인들은 왕실·양반 세도가·서리 등 지배층 권력자들의 직접적 수탈 대상이 되었으며, 마치 "세금을 받듯이" 이루어지는 약탈이나 부당한 형벌에 그대로 노출되어 있었다. 그러자 상인들은 점차 뇌물을 바치거나 권력층과 결탁하는 방법으로 그들의 가렴주구로부터 벗어나려고 했고, 회피·도망·투서·상소 등과 같은 방법으로 저항하기도 했다. 한때는 한성부 청사에 돌입해 관련 서리를 구타하거나, 자신을 괴롭히는 왕족의 집 앞에서 자살을 시도하는 사건이 벌어지기도 했다.

개항 이후에는 청상과 일상의 도성 철수를 주장하면서 수천 명이 철시·시위투쟁을 전개하기도 했고, 을사조약·고종양위 등의 사건이 있을 때는 철시와 시위를 통해 일제 침략에 직접 저항하기도 했다. 일제강점기에도 3·1운동과 미국의원단이 방문했을 때 철시를 단행하면서 만세운동에 적극 동참했는데, 경찰의 회유와 협박에도 끝내 시장 문을 열지 않는 절개를 보여주었다. 해방 이후에는 당국의 시장정책 및 세금인상·단속·노점철거 등에 집단적으로 항거하거나 철시와 농성·시위로 맞섰고, 때로는 행정실을 점거하는 일도 불사했다.

공개처형에서 하꼬비까지 — **시장 풍경**

예로부터 시장은 국가권력에 대항한 죄인들을 처형하는 장소이기도 했다. 수많은 사람들이 시장에서 극형으로 다스려졌고, 시장 외에 군기시 앞이나 새남터·서소문 밖에서도 사형이 집행되었다. 서구에서는 주로 광장에서 중죄인의 처벌과 마녀사냥이 이루어져 왔고, 프랑스 파리의 그레브·콩코드광장, 러시아 모스크바의 붉은광장 등은 그런 공개처형의 장소로 이용되었던 곳이다.

시장에서 죄인을 공개처형하는 풍습은 죄를 응징하는 현장을 군중들에게 보임으로써 경고의 메시지를 극대화하고, 당대의 가치관과 지배질서를 공고히 하기 위한 전근대적 지배 장치의 하나였다. 기록된 것만 해도 시장에서 공개적으로 처형된 사람들은 매우 많고, 거열車裂·참수斬首·기시棄市·효수梟首 등 다양한 형벌이 적용되었다.* 우리가 잘 아는 성삼문成三問·이개李塏·하위지河緯地 등 사육신도 죽은 다음 제일 먼저 시장에 효수되었다. 남이南怡장군 또한 시장에서 거열형이라는 참혹한 형벌에 처해졌고, 홍길동전을 지은 허균許筠도 시장거리에서 처형되었다.

* 이때 거열은 사람의 팔과 다리를 각각 다른 수레에 묶고 그 수레를 반대방향으로 끌어서 찢어 죽이는 형벌로서 환형·환열轘裂이라고도 하며, 참수는 죄인의 목을 베는 것이고, 기시는 사람들이 많이 모인 곳에서 죄인의 목을 베고 그 시체를 길거리에 버리던 형벌이며, 효수는 죄인의 목을 베어 높은 곳에 매달아 놓던 형이다.

시장에서 처형된 자들은 대부분 권력투쟁 과정에서 희생된 이른바 '대역죄大逆罪'로 지목된 정치범들이었으며, 윤리범이나 살인범의 비중은 상대적으로 적었다. 또한 조선사회에 "천금을 가진 부자의 아들은 시장에서 죽지 않는다"는 고사가 전해져 내려온 것을 보면, 당시에도 오늘날처럼 '유전무죄, 무전유죄'의 현실이 고스란히 적용되었던 것이다.[10]

가뭄이 들면 시장을 옮기는 풍습 또한 오랜 옛날부터 전해 내려오고 있었는데, 이를 이시移市 혹은 사시徙市라고 했다. 가뭄에 시장을 옮기는 이유는 갖가지 물건이 진열되어 있는 화려한 시장을 근신하는 마음으로 잠시 닫고, 작은 골목이나 다른 장소로 옮겨 최소한의 생활필수품만 거래함으로써 하늘을 감동시켜 비를 기원하기 위해서였다. 이런 이시는 가뭄 때에만 한시적으로 적용되는 것으로, 비가 내리게 되면 본래의 시장으로 환원해 장사를 계속하도록 했다.

구한말의 남대문 시가지

    왕실과 국가에 중대사가 발생하면 철시撤市(시장을 닫고 영업을 하지 않는 것)를 단행하는 풍습도 오랫동안 내려온 관행이었다. 전통시대에는 주로 왕과 왕족 그리고 주요 대신들이 죽으면 애도를 표시하기 위해 철시를 단행하고 상거래를 정지했다. 일식·월식 등 천재지변이 발생했을 때도 시장을 닫곤 했다. 반면에 근대에서 행해진 철시는 청상과 일상 등 외국상인의 도성 철수를 주장하거나, 일제 침략에 항거하는 민족운동에 동참하는 수단으로 활용되었다.

    예로부터 "장사 끝에 살인 난다"는 속담이 전해지고 있다. 그것은 예나 지금이나 시장에서 거래를 둘러싸고 시비와 언쟁과 싸움이 일어나고 있으며, 극단적으로 살인사건 같은 일들이 벌어지기 때문이다.

    또한 현금과 현물이 오가는 시장에서는 이를 노리는 사기와 절도·강도사

행상

건 등도 끊임없이 발생했다. 조선시대에는 가짜 은상자를 보여주고 비단을 산 다음 도망간 사기사건을 비롯해, 칠패 등지에서 오가는 사람의 자루나 전대를 칼로 째고 훔쳐가는 소매치기가 성행했다는 기록도 있다. 개항 이후에는 청상과 일상을 대상으로 한 강도·절도사건이 빈발했고, 일제 때는 백화점에서 손님의 손가락에 끼어 있던 다이아몬드 반지를 강탈해 도망가는 사건도 있었다. 근세에도 '정치깡패'로 알려진 이정재가 동대문시장상인연합회 회장이 되어 점포 권리금을 횡령했다던가, 시장을 무대로 한 특수절도단·소매치기단·깡패조직 등이 횡행하면서 상인들과 손님들의 호주머니를 털었다는 기사가 수시로 등장한다.

구걸하는 사람들의 모습도 시장에서 흔히 볼 수 있는 풍경 중 하나였다. 고구려의 온달도 "떨어진 옷을 입고 해진 신발을 신고 저자거리를 왕래"했다는 기록으로 시장의 한 풍경을 보여준다. 심지어 조선시대에는 무과를 보러 왔다가 계속 낙방한 자들이 귀향하지 못하고 시장에서 구걸했다는 기록도 남아 있다.

물건을 운반하는 배달꾼 같은 존재도 시장에서 빼놓을 수 없는 존재이다. 옛날에는 지게꾼이, 근대 이후에는 자전거 배달부가, 오늘날에는 오토바이 부대들이 시장을 질주하면서 물건을 배달하고 있다. 근래에는 비행기를 타고 상품을 직접 일본 현지에 배달해주는 '하꼬비はこび'까지 등장하고 있다.

익명서가 나붙고, 전단지가 뿌려지는 곳도 언제나 시장이었다. 조선시대에는 특정 관료를 비난하는 익명서가 내걸리기도 했고, 일제강점기에는 3·1

운동 독립선언서가 배포되었으며, 태극기를 그려 넣은 격문이 게시되기도 했다. 해방 이후에 특정 정파를 비난하는 전단지(삐라)가 뿌려지고, 이승만대통령의 3선을 지지하는 집회가 열렸으며, 각종 궐기대회가 일어난 곳도 모두 시장이었다.

옛날에는 가끔씩 왕이 거둥해 시장을 둘러보기도 했고, 지체 높은 고관들이 행차하기도 했다고 한다. 그처럼 오늘날에도 평소에는 일절 찾지도 않다가 선거철만 되면 대통령·시장·구청장 후보자들이 제일 먼저 찾는 곳이 시장이며, 한결같이 '서민경제'를 외치는 곳이 바로 시장이다. 결국에는 공약空約에 그칠 무수한 각종 공약公約을 뱉어내는 곳, 그래서 마치 서민들의 심장에 가장 인상적인 제스처를 남길 곳이 여기라는 듯이 모여드는 곳, 거기가 바로 우리의 시장이다.

오랜 세월동안 퇴적된 시장의 풍경을 들여다보면, 공개처형과 이시의 경우처럼 이미 사라져버려 전혀 낯선 풍습도 있다.

또 배달꾼처럼 시대의 조류에 따라 변모된 것들도 있으며, 어느새 새로이 등장해 또 하나의 풍경이 된 것도 있다. 어느 것이나 시장과 왕래하고 소통했던 사람들의 삶의 모습이 그대로 투영되어 있다. 시장은 언제나 오늘을 사는 우리에게 과거와 현재를 넘나드는 많은 이야기를 전해주고 있다.

프롤로그   시대를 진열하는 창, 시장

1부
방방곡곡 시장이 열리다
전근대의 시장

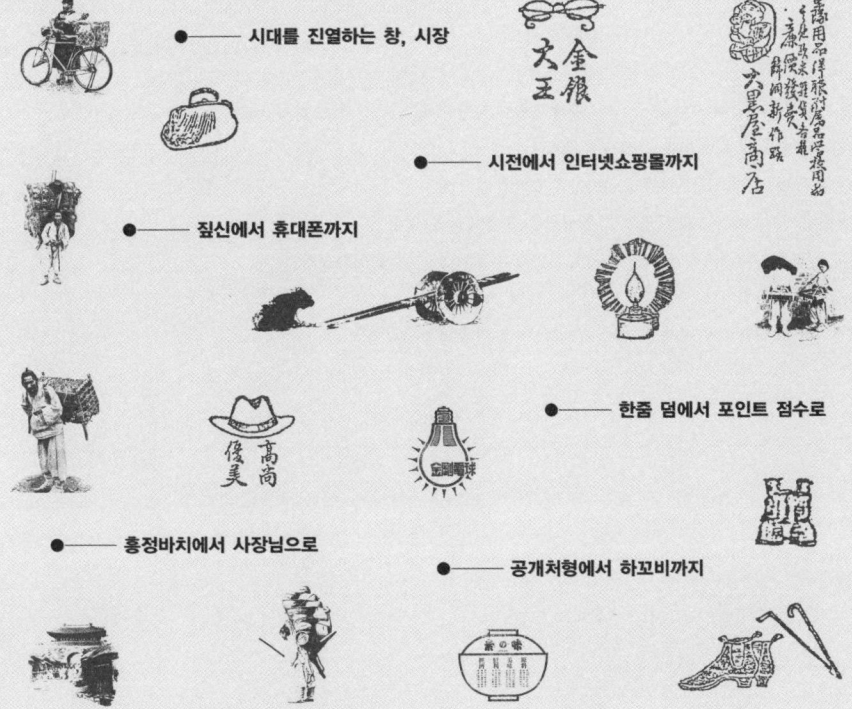

- 시대를 진열하는 창, 시장
- 시전에서 인터넷쇼핑몰까지
- 짚신에서 휴대폰까지
- 한줌 덤에서 포인트 점수로
- 흥정바치에서 사장님으로
- 공개처형에서 하꼬비까지

"신 또한 생각하건대 사민四民(사농공상) 중에 농민이 가장 힘들고, 공인이 그 다음입니다.
상인은 무리를 이루어 놀고, 양잠하지 않으며,
비단옷을 입고, 지극히 천하면서도 맛있는 음식을 먹으며,
부富는 공실公室(제후의 집)을 기울이고, 참람함은 왕과 제후에 비기니,
진실로 세상을 다스리는 데 죄인입니다. 가만히 본조本朝(고려왕조)를 살펴보면,
농민은 이랑을 밟아서 세를 내고, 공인은 공실에 노역하는데,
상인은 이미 역역力役(노동력을 제공하는 노역)이 없고 또 세금도 없습니다."

공양왕 3년(1391)에 무관 방사량이 올린 글이다.
고려의 상인은 신분적으로는 양인에 속했으나,
그중에서도 하층이었기 때문에 천하게 취급되었다.
그런데도 국역 부담과 세금 납부의 의무가 없었기에,
이런 비판이 있었다.

1장
거래를 시작하다
— 삼국과 고려의 시장

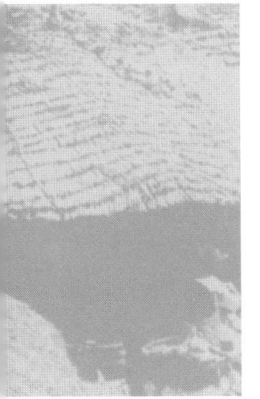

1. 시장에서 생필품을 거래하다

사람들에게 필요한 물건의 교환과 거래는 오랜 옛날 신화시대부터 있었다. 생활을 영위하는 데 필요한 물품을 개인이 모두 생산하거나 만들어 쓸 수는 없기 때문에 자연스럽게 서로 필요한 물건을 교환하거나 거래하게 되었다. 물건의 교환과 거래가 확산되면서 점차 사람이 많이 모이는 일정한 장소에 시장이 형성되고 발전되었다.

원래 시장의 형성은 제사와 밀접한 관련을 맺고 있다. 고대인들은 우주 자연의 현상과 변화를 신이 주관하는 것으로 여겼으며, 하늘과 자연·조상 등에게 제사 지내는 것을 매우 중요한 일로 여겼다. 제사가 거행되는 제단 부근에는 많은 사람들이 모였기 때문에 자연스럽게 각종 소식과 정보가 전달되었고, 또 서로 필요한 물건의 교환과 거래도 이루어졌다. 이와 같이 제사를 지내는 제단을 중심으로 형성되는 시장을 제전시祭典市라고 한다.

우리나라의 경우, 단군檀君의 아버지 환웅桓雄이 3천 명을 거느리고 태백산 꼭대기에 있는 신단수神檀樹 아래로 내려왔다. 이곳을 신시神市라고 했다.[1] 이때 신시는 천신天神에게 제사를 지내는 곳으로, 3천 명에 달하는 많은 사람들이 모일 수 있다는 점에서, 이곳을 중심으로 물건의 교환과 거래가 이루어지는 시장이 형성되었을 가능성이 짙다. 중국의 경우에는 신농씨神農氏 때 이미 저자가 섰다는 기록이 있다. 또 청동기시대에 초보적이고 한정된 물품이기는 하지만, 농업생산물과 청동기靑銅器 등의 거래가 이루어지고 있었다.[2]

화폐의 이용은 시장의 발달과 밀접한 관련을 갖고 있다. 고조선시대에 중국 제나라와 무역을 하면서 자모전子母錢이라는 돈을 사용했다는 기록이 있고, 만주와 한반도 곳곳에서 중국 연燕나라 화폐인 명도전明刀錢이 발견되고 있다. 또한 고조선의 8조금법八條禁法 가운데 "남에게 상해를 입힌 자는 곡물로써 배상한다"는 조항과 남의 물건을 훔친 자가 속죄하려면 "50만 전錢"을 내야 한다고 했으니,[3] 고조선시대에도 곡물이나 돈을 유통수단으로 하는 시장이 있었을 것이다.

부여는 의복과 무기·장식품 등의 수공업제품을 생산하고 있었고, 동예의 단궁檀弓(박달나무로 만든 활)·과하마果下馬(키가 작은 말) 등의 특산물은 중국에까지 알려졌으며, 삼한은 청동기·철기제품과 의복·장신구 등을 제조하고 철을 매개로 중국과도 활발하게 교역했다.[4]

시장에 대한 기록이 구체적으로 등장하는 것은 삼국시대 이후부터이다. 고구려에 시장이 있었다는 것은 미천왕 20년(319) 12월에 "그 아들 인仁으로 하여금 요동을 진무(난리를 진정시키고 달램)하게 하니, 관부와 저자거리가 예전처럼 안도했다"라는 기록으로 알 수 있다.[5] 또한 온달이 떨어진 옷을 입고 해진 신발을 신고 시장을 왕래했고, 평강공주가 온달에게 "시장 사람들의 말은 사지 말라"[6]고 한 것으로 6세기 중엽 고구려에 시장이 있었음을 확인할 수 있다.

백제 가요인 「정읍사井邑詞」에 남편을 기다리는 여인이 "온 시장을 다니고 계신가요(全져재 녀러신고요)"[7]라고 걱정하는 내용에도 시장의 존재가 드러나 있다. 또한 삼근왕 2년(478)에 반란을 일으킨 연신燕信의 처자를 "웅진시장"에서 목을 베어 죽였고, 의자왕 20년(660)에 사비의 시장 사람들이 달아나다가 "넘어져 죽은 자가 100여 명"이었다고 하니,[8] 백제의 수도였던 웅진과 사비에도 대규모 시장이 있었음을 짐작할 수 있다.

국가에서 시장을 세우고 제도적으로 운영한 것은 5세기 말엽의 신라 소지왕炤知王 때이다.

> 처음으로 서울에 시장을 열어 사방의 재화를 통용되게 했다.[9]

이처럼 신라는 소지왕 12년(490)에 처음으로 서울인 경주에 시장[市肆]을 열어 사방의 물품을 통용시켰다. 그러나 이때의 시장은 자연적으로 형성된 시장이 아니라, 국가에서 설치한 관설官設시장을 의미한다. 왜냐하면 단순히 물품의 교환과 거래가 이루어지는 자연시장은 훨씬 이전부터 형성되어 발전해왔기 때문이다. 이어 지증왕 10년(509)에 다시 경주에 동시東市를 설치했고, 효소왕 4년(695)에 서시西市와 남시南市를 추가로 설치했으며, 각 시장마다 담당 관리를 두었다.[10]

신라는 이들 관설시장에 관리를 배치해 운영했다. 동시전·서시전·남시전에 각각 감監 2명, 대사大舍 2명, 서생書生 2명, 사史 4명을 두었다.[11] 각 시장을 담당하는 관리가 10명씩 모두 30명에 달했다 것은 신라의 시장 규모가 매우 크고 활성화되어 있었다는 것을 의미한다.

중국 『신당서新唐書』의 신라 관련 기록에는 "시장에서는 모두 부녀자들이 물건을 사고판다"라는 말이 나온다.[12] 남자들이 물건을 사고팔던 중국과 달리, 신라에서는 여자들도 시장에서 중요한 역할을 했던 것이다.

오랫동안 백제의 왕도王都였던 위례성慰禮城, 곧 서울 지역의 인구가 10만여 명에 달했다는 점을 고려하면,[13] 위례성 지역에도 제법 큰 시장이 있었다고 추측된다. 그러나 안타깝게도 위례성의 시장에 대한 구체적 기록은 찾을 수가 없다.

삼국시대에는 시장에서 거래된 물품이 구체적으로 기록되어 있다. 3세기 말엽 봉상왕의 박해를 피해 도망 다니던 을불乙弗(후일 미천왕)이 다른 사람과 함께 압록강 일대에서 소금 장수를 했다는 기록으로 보아,[14] 소금이 사상私商들에 의해 판매되고 있었다. 6세기 중반 평강공주平岡公主와 온달溫達의 이야기를 통해 고구려 시장의 거래 물품을 살펴보면 다음과 같다.

> 이에 금팔찌를 팔아 농토와 집, 노비와 소·말, 기물 등을 사니, 필요한 살림살이가 다 갖추어졌다. 처음 말을 살 때 공주는 온달에게 "아예 시장 사람들의 말은 사지 말고 반드시 나라의 말[國馬]을 선택하되, 병들고 파리해서 내다 파는 것을 사오도록 하시오"라고 말했다. 온달이 그 말대로 했다. 공주가 매우 부지런히 먹여 말이 날마다 살찌고 건장해졌다.[15]

노비도 시장을 통해 구입했는데, 거간居間을 통한 거래였는지는 알 수 없으나 매매의 대상이 되었음은 알 수 있다. 시장의 규모도 상당했던 것으로 보인다. 농토와 집·노비 등을 구입하는 데 필요한 만큼 다량의 귀금속 거래가 가능하고, 많은 말들 중에서 골라서 구입하려면 그만큼 큰 규모의 시장이 있어야 하기 때문이다. 특히 우마牛馬시장이 별도로 있었는지는 알 수 없지만, 이 역시 상인들이 매매하는 말과 나라에서 내다파는 말이 함께 거래되었다고 하니, 가히 그 규모를 짐작할 수 있다.

고구려에서는 말과 돼지가 널리 사육되었는데, 돼지는 주로 식용·제사용으로, 말은 군용軍用·승용乘用 등으로 쓰였다. 더불어 소와 개·닭도 가정에서 흔히 기르는 가축이었다.[16] 가축 수요가 일반적이었던 만큼 그것을 취급하는 시장도 있었을 것이다. 특히 말은 사람이 타고 다니는 교통수단이자 물자 운반과 군대에 필수적이었기 때문에 수요가 많았을 것이다.

백제 무왕이 어린 시절 "항상 마를 캐다 팔아 생계를 꾸렸으므로 사람들이 그를 서동薯童이라 불렀다"고 했으니,[17] 당연히 약초시장 같은 것도 존재했을 것이다. 또한 베와 쌀·건어물 등을 시장에서 거래했다고 추정되는 기록들도 있다. 신라 태종무열왕 때의 물가가 "베[布] 한필에 조租가 30석, 또는 50석"이었고, 경주 분황사 동쪽 마을에 사는 효녀가 "날이 저물면 쌀을 사와서" 밥을 해먹었다거나 시장에서 "마른 고기"를 팔았다고 한다.[18]

2. 반역자를 처형하는 시장, 가뭄 때문에 옮기는 시장

예로부터 시장만큼 각종 정보와 소식, 풍문과 유언비어 등이 빠르게 전달되고 다시 확대 재생산되는 곳은 없다. 일상생활과 사람들에 대한 사소한 소문을 비롯해, 국가적 대사에 대한 정보와 소식들까지 모두 시장을 통해 전달되고 사방으로 퍼져나갔다. 그러나 한편으로 사람이 많이 모이는 곳이라는 점에서 지배자의 권력이 일방적으로 행사되는 무대가 바로 시장이기도 하다.

대부분의 지배자들은 국가 권력과 사회 안정을 유지하기 위해 그에 반하는 행위들을 범죄로 규정하고 강력하게 다스려왔다. 고조선의 8조금법八條禁法이나 삼국시대의 율령律令 속에 잘 드러나 있다. 특히 여러 가지 범죄 중에서도 지배 권력에 대항하는 반역죄를 가장 무거운 중죄로 다스렸다. 고구려에서는 반역자를 "먼저 불로 태우고 다음에 목을 잘랐고, 그 집은 적몰"했다. 백제에서도 "모반·퇴군退軍 및 살인자는 참수"했다.[19]

또한 반역을 꾀한 자들은 사람들이 많이 모이는 '시장에서' 공개적으로 처형했다. 고구려 신대왕 2년(166)에 "만약 대왕께서 법에 따라 정죄해 목을 베어 저자에 버리더라도 오직 명을 따르겠습니다"라는 기록이 있다.[20] 일찍이 '시장에서' 죄인을 처형하거나, 그 시체를 '시장에' 버리는 형벌이 시행되고 있었던 것이다.

① 2년 봄에 좌평 해구解仇가 은솔 연신燕信과 더불어 무리를 모아 대두성大豆城을 근거로 반란을 일으켰다 …… 다시 덕솔 진로眞老에게 명령해 정예 군사 500명을 거느리고 해구를 공격해 죽였다. 연신이 고구려로 달아나자, 그 처자를 잡아다가 웅진 '저자에서' 목을 베었다.[21]

② 여름 5월에 이찬 칠숙柒宿과 아찬 석품石品이 반란을 꾀했다. 왕이 그것을 알아차리고 칠숙을 붙잡아 '동시東市에서' 참수하고 아울러 9족族을 멸했다.[22]

자료 ①은 백제 삼근왕 2년(478)에 있었던 일로, 당시 백제는 고구려에게 쫓겨 웅진으로 천도한 지 얼마 안 된 시기였다. 삼근왕은 병관좌평兵官佐平 해구解仇에 의해 살해된 문주왕의 뒤를 이어, 13살의 어린나이로 즉위한 터라서 해구에게 정사를 일임하고 있었다. 그런 해구가 반란을 일으키자 다른 귀족 가문인 진씨 세력의 진로眞老를 동원해 난을 진압하고, 연신의 가족을 웅진시장에서 참수했던 것이다.

자료 ②는 신라의 진평왕 53년(631)에 반역을 도모한 칠숙을 '시장에서' 처형하고, 9족에 이르는 광범위한 친족에 대해 연좌제를 적용했던 사건이다. 당시 반역을 얼마나 무거운 중죄로 다스렸는가를 알 수 있다. 석품 또한 이후에 붙잡혀 죽임을 당했다.

이처럼 삼국은 국가권력에 대항하는 모반자들을 '시장에서' 공개적으로 처형함으로써 모반의 비참한 말로를 대외적으로 알리고자 했다. 지배 권력에 대한 저항을 경계했던 것이다. 목을 베어 저자에 버리는 기시棄市는 중국 진秦나라 때도 집행된 형벌로써, 중국에서는 기원전부터 시행된 것으로 알려진다.

옛날에는 가뭄이 들면 비를 내리게 하기 위해 갖가지 방법이 동원되었다. 그중 하나가 바로 시장을 옮기는 것이었다. 시장을 옮겨 비를 비는 방법은 『주례周禮』에 나와 있다.[23] 삼국시대에는 가뭄이 들면 일단 시장을 옮긴 다음에 기우제를 지냈다.

> 여름에 크게 가물었으므로 시장을 옮기고 용을 그려 비 내리기를 빌었다. 가을과 겨울에 백성들이 굶주려 자녀를 팔았다.[24]

기우제를 지낼 때 용을 그리는 것은, 물속에 사는 용이 바람·구름·번개를 일으켜 비를 내리는 신령한 조화의 힘이 있다고 믿었기 때문이다. 물을 지배하는 용이 천상의 기후 현상까지 지배한다고 믿었던 것이다. 예로부터 용은 많은 물을 필요로 하는 농경사회의 수호신으로 여겨졌고, 우리나라를 비롯한 동양권에서는 수신水神의 성격을 가진 상서로운 동물로 숭배해왔다. 반면에 목축을 주로 하는 서구에서는 용을 괴물이나 악의 상징으로 여겨 퇴치의 대상으로 간주했다.

백제 법왕法王 2년(600)에 큰 가뭄이 들자, 왕이 칠악사漆岳寺에 가서 기우제를 지냈다. 또 성덕왕 14년(715)에도 큰 가뭄이 들어서 임천사林泉寺 연못 위에서 기우제를 지냈는데, 곧바로 비가 열흘 동안이나 계속 내렸다고 한다.[25]

고구려의 온달 이야기 중에 "집이 매우 가난해 항상 밥을 빌어다 어머니를 봉양했다. 떨어진 옷을 입고 해진 신발을 신고 저자거리를 왕래하니, 그때 사람들이 그를 가리켜 바보 온달이라 불렀다"고 한 것을 보면,[26] 고구려 시장에는 일정한 일자리와 벌이가 없이 구걸해 생계를 유지하는 사람들이 떠돌고 있었음을 알 수 있다.

「삼국사기」 가운데 〈모반자 처형〉 관련 기록

여름 4월에 두꺼비와 개구리 수만 마리가 나무 위에 모였다. 왕도王都의 저자 사람들이 까닭 없이 놀라 달아났다. 마치 붙잡으려는 사람이 있는 것처럼 하여 넘어져 죽은 자가 100여 명이나 되었고, 재물을 잃은 것은 헤아릴 수 없다.[27]

의자왕 20년(660), 백제 멸망 직전의 기록이다. 망국의 위기에 처한 왕도王都 부여의 시장이 보여주는 혼란스러운 모습이다. 물론 이 기록에는 백제 멸망을 예고된 것으로 간주하는 신라인의 시각이 짙게 배어 있다. 다만 나라의 위기를 먼저 감지하고 동요하는 '시장의 모습'을 상징적으로 부각시켰다는 점에서 주목할 만한 장면이다.

3. 고려의 시장

개경의 시전과 지방의 장시

고려는 초기부터 농업을 중시해 권농정책을 추진해왔으나, 상업이나 수공업을 국가적 차원에서 억제하는 정책을 취하지는 않았다.[28] 오히려 초기에 상업을 장려하기 위해 공설주점公設酒店과 원院 및 외국상인의 객관客館(외국사신이 왕래할 때 묵었던 관사)을 설치하고, 해상海商을 보호하는 조치를 취했다. 숙종은 "사민四民이 각각 그 생업에 전념하는 것은 실로 국가의 근본이 되는 것"[29]이라고 하면서, 사농공상士農工商을 모두 국가의 중요한 경제적 토대로 보았다. 숙종 7년(1102) 9월에는 상업 발달이 부진한 서경西京의 상업을 장려하고 상인들로 하여금 무역의 이익을 얻도록 했다.

고려의 이념적 중추였던 불교도 상업에 대해 호의적이었다. 교리 자체에서도 죄악시하지 않았고, 사원寺院도 상업 활동에 적극 참여했다. 고려 말에는 심지어 국왕과 왕실 및 귀족들도 상업과 무역활동에 적극적으로 참여해,

사적인 경제기반을 확대시키고 재부財富를 증대시켰다.[30]

고려의 상업이 점차 발달하면서 "다른 나라의 물품을 다투어 무역"할 정도로 대외무역도 활기를 띠었다.[31] 이런 추세에 따라 고려의 시장도 번성해서 상품거래가 활발하게 이루어졌다. 고려의 시장은 수도 개경開京의 시전市廛을 중심으로, 도시 시장과 지방 장시場市로 크게 나뉜다.[32]

시전은 건국 초기인 919년에 세워졌다. 왕조의 상징인 궁궐과 종묘사직 등을 먼저 지은 뒤에 시장을 세운다는 전조후시前朝後市의 원칙 아래, 궁궐의 동문東門인 광화문廣化門에서 십자가十字街에 이르는 도로 양쪽에 장랑長廊(길게 이어진 행랑) 구조로 시전이 세워졌다. 또한 광화문 앞에 죽 늘어선 시전에는 각 점포의 이름을 쓴 간판들이 붙어 있었다.[33]

시전의 규모는 정확히 알 수 없으나, 예종 7년(1112)에 시전의 북랑北廊 65칸이 불탔다는 기록과, 희종 4년(1208) 7월에 광화문에서 십자가에 이르는 도로 좌우에 장랑 1,008영楹을 개축했다는 내용 등으로 보아,[34] 상당히 컸던 것으로 알 수 있다. 시전은 도시민들의 생활용품을 판매하기도 했지만, 주로 관수품官需品을 조달하는 어용상점이었다. 사신의 영접과 환송, 국가와 왕실의 제사와 연회 등의 행사에 필요한 각종 물품을 시전에서 제공했다.[35] 그러나 대금을 제대로 받지 못하는 경우가 허다해 원망을 사는 일이 종종 있었다. 또한 충혜왕이 의성창義成倉·보흥고寶興庫 등에서 포 48,000필을 내어 시전에 직접 점포를 차렸다는 재미있는 기록도 보인다.[36]

고려는 이들 시전을 감독하고 물가를 조절하기 위해 경시서京市署를 설치해서 운영했다. 경시서에는 경시서령京市署令 1인과 승丞 2~3인을, 나중에는 이속吏屬으로 사史 3인과 기관記官 2인을 두었다.[37]

개경의 시전은 점포를 가진 상설시장이었지만, 아침·저녁으로 도시 안의 일정한 장소에 작은 시장이 서서 도시민들의 일상생활용품을 판매하는 '여항소시閭巷小市(여염에 형성된 시장)'도 있었다.[38] 지방의 시장은 일정하게 정해진

날에 장시場市가 섰고, 장시를 중심으로 1일 왕복거리에 있는 주민들이 모여들어 물건을 거래했다. 특히 주목할 점은 절에서 수공업품을 제조하고 판매하는 행위가 시장의 거래에 상당한 영향력을 행사했다는 점이다.

장시는 주로 행정도시 중심으로 개설되는 군현시郡縣市의 성격을 띠었고, 행상行商의 활동이 활발했다. 특히 배에 물건을 싣고 다니며 파는 선상船商의 활동이 두드러졌기 때문에, 한강을 비롯해 대동강·예성강·임진강 유역 등이 유통의 중심지가 되었다.39

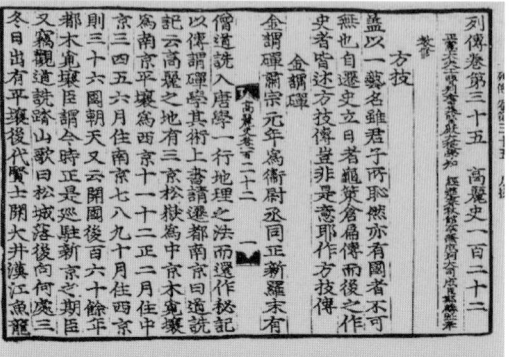
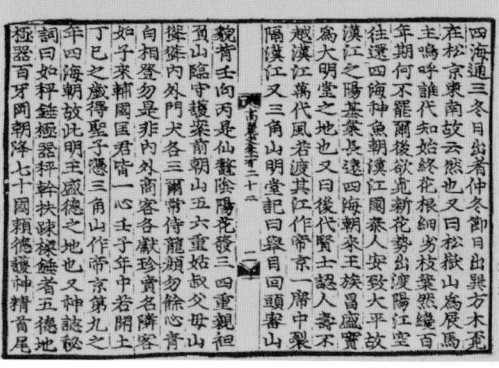

『고려사』 가운데 〈남경 건설〉 관련 기록

한강을 끼고 있는 남경의 시장

오늘날의 서울 지역은 고려 때의 양주楊州, 곧 남경을 중심으로 광주廣州·과주果州·금주衿州·공암孔巖 지역 등에 걸친 곳이었다. 남경 지역은 예로부터 지리적 여건이 좋아 인구가 많이 모이는 곳이고 국토의 중앙에 위치해 교통이 발달했기에, 전국의 물산이 집중될 수 있는 여건을 갖추고 있었다.

양주는 문종 21년(1067)에 '경京'으로 승격되어 남경이 되었으며, 1068년에 비로소 남경의 신궁新宮 건설공사가 시작되었다. 이때 주변 지역 사람들을 이주시키고, 유수관留守官을 두어 궁궐을 조성했다. 숙종 6년(1101)에도 남경의 궁궐 창건공사가 시작되었으며, 1104년에 완성되었다. 그러나 이후 남경은 경영관리가 부실해 '경'으로서의 기능을 제대로 수행하지 못하는 바람에, 그동안 모였던 인구가 다시 흩어졌을 가능성이 있다.

이후 원元 간섭기인 1308년에 한양부로 강등되었다가, 공민왕 때 다시 남경의 지위를 회복하기 위해 남경 천도를 계획하고 궁궐을 짓기도 했다. 이후 우왕禑王과 공양왕恭讓王이 잠시 한양으로 천도했으나, 곧바로 개경으로 환도했다. 남경 지역은 문종·숙종 때의 궁궐 건설공사로 도시 시설이 정비되고 인구가 늘어나면서, 개경을 보조하는 부도副都로서 지역 중심지로 자리잡게 되었다. 공민왕 때 남경천도를 계획하고 남경의 지세地勢를 살펴보게 하자, 개경에 살던 사람들이 "남부여대男負女戴하여 남행南行하는 자가 시장에 가는 것 같"이 많았기 때문에, 나라에서는 가족을 거느리고 성 밖으로 나가는 것을 금지시켰다.[40] 남경천도설로 민심이 동요해 인구이동이 일어났던 것이다.

남경 지역이 이렇게 중시된 것은, 김위제金謂磾의 「도선기道詵記」에 목멱양木覓壤을 남경으로 삼고 개경·서경·남경에 차례로 머물게 되면 "36국이 조공을 바칠 것"이라는 풍수도참설의 영향 때문이었다. 또한 여기에는 인주이씨仁州李氏 세력을 견제하려는 정치적 의도와 함께, 고려의 국토를 균형있게 개발하려는 의식도 담겨 있었다. 또한 김위제가 남경을 건설하면 "한강의 어룡魚龍이 사해四海에 통하고 …… 내외의 상객商客이 각각 보배를 바치고"라고 하는 것을 보면,[41] 경제적인 측면에서도 남경의 상업과 무역으로 인한 이익을 기대하고 있었다.

한강을 끼고 있는 남경 일대는 교통과 조운의 요지였고, 많은 사람들이 왕래하고 물산의 교류가 활발해 상공업이 발달했던 곳이다. 따라서 유동인구가 많을 수밖에 없었고, 상공업과 유통업에 종사하는 사람들로 붐비면서 인구증가를 초래했다. 당시 남경 일대의 인구는 대략 7~10만 명 정도, 여기에 양천·금천·금주·과주 등 현재의 서울 지역에 해당하는 곳까지 합하면 거의 10~13만 명 정도에 이른 것으로 보인다.[42] 한강 유역에 있는 사평원沙平院 일대는 항상 나그네의 말짐과 등짐으로 붐비고, 한강가에는 노상 장사배와 나룻배가 늘어서 있었다.

나룻배와 승선자들

특히 남경에는 상업발달을 촉진하는 사원이 많이 분포되어 있었다. 남경 일대에는 부동不動 사원으로 정해졌던 도봉원道峰院을 비롯해 신혈사神穴寺·향림사香林寺·장의사藏義寺·삼천사三川寺·청연사青淵寺·상자사常慈寺·승가굴僧伽窟·문수굴文殊窟·인수사仁壽寺 등 많은 절들이 북한산을 중심으로 자리잡고 있었다. 한때는 숙종과 예종·인종 등이 이들 절을 방문해 위세를 떨치기도 했다.[43] 고려의 절들은 판매용 상품을 만들어 팔기도 했고, 상업과 고리대업에도 적극 참여했으며, 상업 활동에 편의를 제공하기 위한 원院을 설치해서 운영하기도 했다. 당시 사원은 각종 수공업제품을 비롯해 미곡·소금·술·파·마늘 등을 판매하면서, 그 지역의 상업과 수공업 발달에 일조하고 있었다.

고려 공민왕 때 기철奇轍의 누이동생이 원나라 순제順帝의 둘째 황후가 되어, 태자를 낳아 덕성 부원군德成府院君에 봉해졌다. 그러자 득의양양해진 기철의 횡포가 심해서 민폐가 많았는데, 공민왕이 원나라를 배척하는 정책을 쓰자 반역을 일으켰다. 그때 기철의 무리로 몰린 임군보任君輔가 "머리를 깎고 삼각산三角山에 숨었으나, 잡아서 시장에서 곤장을 쳤다"라는 기록이 나온다.[44] 과연 임군보가 곤장을 맞은 시장이 어디인지는 알 수 없으나, 아마도 삼각산(북한산) 부근의 시장으로 보인다.

4. 고려의 상인과 거래물품

역역力役조차 없었던 상인

고려시대의 신분은 크게 귀족과 양인良人 그리고 천인賤人으로 구분되었고, 각 신분마다 다시 여러 층위로 나뉘어졌다. 양인은 보통 4개 층위로 구성되었다. 상층은 향리·군인, 다음은 군현의 농민, 그 아래는 향·소·부곡인과 공장工匠·상인, 최하층은 양수척楊水尺(도살 등에 종사하던 사람)이었다.[45]

고려의 상인은 신분적으로 양인良人에 속했으나, 그중에서도 하층이었기에 천하게 취급되었다. 그러나 왕실·귀족과 결탁해 대규모 상거래를 주도하고 대외무역에 종사했던 현실을 고려하면, 부유한 상인들의 사회적 지위는 그렇게 천하지는 않았던 것으로 볼 수 있다.

의외로 이들 상인에게는 피지배계층 일반이 짊어져야 했던 국가에 대한 역역力役(직접 노동력을 제공하는 요역)과 세금 납부의 의무가 주어지지 않았다.

> 신 또한 생각하건대 사민四民 중에 농민이 가장 힘들고, 공인이 그 다음이다. 상인은 무리를 이루어 놀며, 양잠하지 않고 비단옷을 입고, 지극히 천하면서도 맛있는 음식을 먹으며, 부富는 공실公室을 기울이고, 참람함은 왕과 제후에 비기니, 진실로 세상을 다스리는 데 죄인입니다. 가만히 본조本朝를 살펴보면, 농민은 이랑을 밟아서 세를 내고, 공인은 공실에 노역하는데, 상인은 이미 역역力役이 없고 또 세전稅錢이 없습니다.[46]

공양왕 3년(1391)에 무관 방사량房士良이 올린 글이다. 그는 상인들이 국가에 역역力役과 세금을 바치지 않고 있으므로 그들의 거래 물품을 확인해 세금을 매길 것을 주장했다.

당시에 상인들은 다양한 양태로 존재했다. 시전상인을 비롯해 여항소시에 점포를 차린 상인과 행상·선상 등이 있었고, 자본의 규모에 따라 대상인과 중소상인 등으로 구분할 수 있다. 외국상인들도 적지 않았다. 중국의 송나라·원나라 상인과 일본상인들의 왕래가 잦았다. 11세기에는 중국 남부지방의 상인들이 장사하러 왔다가 개경에 눌러 사는 자가 수백 명에 달했다고 한다.[47]

이 가운데 특히 상업과 대외무역을 통해 부를 축적한 상인이 많았다. 대규모 자본을 가진 상인들 중에는 국왕과 왕실·권세가들의 위탁을 받아 대외무역하거나, 공물대납에 관여하기도 했다.[48] 상인들은 그 과정에서 자본을 더욱 집적시켜 나갈 수 있었다. 고려 후기에 접어들자, 재력이 있는 상인들은 충렬왕 원년(1275)에 시행된 납속보관제納粟補官制(곡식을 바치고 관직을 얻는 제도)와 혼인 등을 통해 신분 상승을 꾀했고, 드물기는 했지만 높은 관직에 임용되는 경우도 있었다.

손기孫琦와 이인길李仁吉은 원래 상인 출신으로, 원나라 간섭 아래 왕권을 둘러싼 권력다툼이 치열했던 충숙왕 때 관리로 등용되었다. 손기는 지밀직사사知密直司事에 오르고 공신호功臣號를 하사받았으며, 이인길은 밀직부사密直副使에 이르렀다. 이들은 모두 간사하고 아첨을 떠는 간신으로 묘사되었다. 여기에는 조선 초기 유학자들의 비판적 관점이 다분히 반영되어 있는 것으로 보인다. 또한 상인 임신林信의 딸 임씨가 충혜왕忠惠王의 총애를 받아 은천옹주銀川翁主에 봉해지자, 사람들이 그녀를 사기그릇 장수의 딸이라는 뜻으로 사기옹주沙器翁主라 부르고 폄하하기도 했다.[49]

고려 후기에 조정의 재정난이 심각해지고 지배질서가 해이해지면서, 왕실과 귀족들이 시장과 상인을 침탈하는 일이 부쩍 늘어났다.

충렬왕 34년 11월에 충선왕이 하교하기를 "저자의 상인은 유무有無를 무역하여 생계를 유지하는데, 지난번에 영송迎送·국신國贐(국가에서 노자로 주는 돈이나 물건)·연례宴禮에 각종 관원官員이 거짓 문서를 주고 백가지 물건을 가져다 쓰고는 그 값을 치러주지 아니했다. 심한 자는 공연히 뺏으므로 원망함이 적지 않으니, 마땅히 각 사司로 하여금 문제를 점검하고 검사하여 수대로 돌려주게 하고, 금후로는 모두 값을 치르고 사들여 소란함이 없도록 하라" 했다.[50]

이처럼 조정의 관리가 물건을 가져가고 그 값을 지불하지 않거나 공연히 빼앗는 경우가 적지 않았다. 그러자 상인들은 때로 가게 문을 닫고 철시투쟁을 벌이기도 했다.[51] 또 숙종의 증손자인 왕공王珙이 노비를 시장에 보내서 물품을 강제로 빼앗고 그 값을 주지 않았으며, 그 값을 요구하면 구타하고 욕을 보였다는 기록이 있으니,[52] 왕족과 특권층의 수탈이 다반사였음을 알 수 있다.

이런 수탈이 계속되자, 상인들도 마침내 다른 수단을 모색하기 시작했다. 부당한 착취로부터 보호받고 상업 활동을 보장받기 위해서, 국왕과 왕실·귀족 등 특권세력과 연계를 맺으려는 상인들이 등장했다. 특히 상인들은 혼인 등을 통해 권세가와 유대관계를 맺고자 했다. 그래서 당시 사대부들 사이에는 부상富商의 딸을 소실로 삼는 것이 하나의 풍조가 되었다.[53]

한편으로 상인들은 도량형을 속이거나 부정한 방법으로 이익을 도모하는 경우가 많아 비판의 대상이 되기도 했다. 쌀에 모래와 쭉정이를 섞어 팔기도 했고, 자와 되·말을 속이는 경우도 허다했다. 그러자 조정에서는 자尺와 되·말 등의 도량형을 속이는 경우, 1척尺에 장杖(곤장으로 볼기 치던 형벌) 60대를 치고, 5필匹에는 도徒(중노동에 종사시키던 형벌) 1년, 30필에는 유流(귀양 보내는 형벌) 2천리 등으로 처벌 규정을 두기도 했다.[54]

소주와 비단, 그리고 사치 풍조

고려는 수공업과 상업이 발달하고 대외무역이 활발하게 전개되었으므로 시장에서 거래된 물품들 또한 다종다양했을 것임에 틀림없다. 그러나 시장의 거래 물목物目은 잘 드러나 있지 않으므로 자료에 부분적으로 드러난 것을 통해 단편적이나마 거래 상품을 엿볼 수밖에 없다.

역시 가장 중요한 상품은 주식인 쌀과 보리 등의 곡식이었다. 충렬왕 때 "민생의 근본은 미곡米穀에 있다"고 천명했으며,[55] 미곡이 경제가치의 척도로서 화폐의 기능을 담당하고 있었기 때문에 미곡 거래는 매우 활발했다. 콩과 조 등도 중요한 거래 상품이었다. 고려 후기 권세가였던 이자겸李資謙의 집에 "썩은 고기가 항상 수만 근"이었다는 것을 보면,[56] 육류 거래도 활발했던 것으로 보인다.

생선과 파·마늘·소금·과일·유밀과油蜜菓·술 등이 거래된 기록이 있는데, 특히 파·마늘·소금·술은 사원에서도 생산하고 판매하는 품목이었다. 남녀의 사랑을 노래한 고려속요 「쌍화점雙花店」에는 쌍화, 곧 만두를 소재로 한 만두가게 풍경을 전하는 장면이 있는 것으로 보아, 만두도 시장에서 판매되었던 것으로 보인다.

술은 사치 풍조 방지와 흉년에 곡식 소비를 줄이기 위해, 종종 금지의 대상이 되곤 했던 품목이었다. 소주는 충렬왕 때 몽고군을 통해 처음 도입되었다. 이후 소주를 애용하는 사람들이 크게 늘어났다. 고려 말에 경상도원수慶尙道元帥였던 김진金縝이 소주를 매우 좋아해서, 김진의 무리를 '소주도燒酒徒'라 부르기도 할 정도였다. 술의 제조와 판매에도 승려들이 개입하자 이를 금지하는 조치를 내리기도 했다.[57]

나중에 고려사회의 사치 풍조가 만연해지면서, 복식 관련 제품과 장신구 등도 다양했다. 개경의 고급 관료와 귀부인들은 청·황·주·녹青黃朱綠으로 물들인 고급 비단으로 옷을 해 있었고, 장신구로 달고 다니는 향주머니 역시 고급 비단으로 지었다 한다.[58]

고려의 옷감은 "거친 물건이 많고 문채文彩 있는 물건은 모두 토산이 아니"

라고 한 것으로 보아,[59] 원래 무늬가 없는 소박한 것이었음을 알 수 있다. 그런데 왕실·귀족 등이 중국에서 수입한 화려한 옷감으로 사치를 부림으로써 사회적으로 문제가 된 것이다. 사라·능단으로 만든 비단옷·비단바지, 금으로 수놓은 옷, 용봉龍鳳의 무늬를 새긴 옷 등, 의복의 사치가 심해 "길에는 제왕帝王의 의복을 입은 종[奴]이 많고, 여염에는 후비后妃의 장식을 한 종[婢]이 널렸다"고 할 정도였다.[60] 심지어는 승려들까지 비단허리띠·가죽신·채색모자·갓 등을 착용하고 다녀 문제가 되었다.

옷 이외에도 명주실 신발[絲鞋]·가죽 신발[革履]을 비롯해 가죽혁대 등도 사치 품목으로 거론되었다. 또한 성종 1년(982)에 10세 이상의 남자에게 모자를 쓰게 했고, 지방 향리나 촌락유지들까지도 쌀 한 섬 값이나 되는 비단으로 두건을 지었다고 하니, 모자 판매도 활발했던 것으로 보인다.

고려의 여인들은 머리 위에 가발의 일종인 '다리'를 얹고 다니는 게 유행이었다. 무신집권기에 조원정曺元正이 가발을 만들기 위해 행인의 머리카락을 강제로 잘라갔다는 이야기도 있다.[61] 여인들을 위한 물품으로는 빗과 거울, 분이나 연지 등의 화장품도 시장에서 판매되었다.

식자들이 일반적으로 쓰는 붓과 먹·벼루·종이 등 문구류의 거래도 왕성했던 것으로 보인다.

> 문방사보文房四寶는 모두 유자儒者들이 반드시 필요로 하는 것들인데, 특히 먹이 가장 만들기 어렵다. 그러나 서울에는 온갖 귀한 것들이 모여들어 쉽게 구할 수 있기 때문에 사람마다 모두 귀하게 여기지 않는다.[62]

고려의 사치 풍조는 그릇[器皿]에까지 미쳤다. 민간에서는 주로 토기土器·자기瓷器·목기木器 등을 사용했다. 반면에 금·은·옥으로 만든 그릇들이 부와 권력의 상징으로 쓰였고, 왕은 금잔을 사용하기도 했다.[63] 물론 그릇에 대한 이런 높은 관심과 사치 풍조는, 다른 한편으로 독창적이고 아름다운 고려청자를 비롯해 다양한 고려자기가 출현하는 배경이 되기도 했다.

그 외에 소와 말, 나귀와 노새, 부채, 귀금속·피혁 등이 자주 거론되고 있는 것으로 보아 이들 제품 또한 시장에서 거래되었음에 틀림없다. 소와 말은 식용으로 쓰이기도 했고, 논밭을 갈고, 짐을 운반하고, 군사 및 교통·통신의 수단 등으로 이용되었기 때문에 수요가 많았다. 특히 말은 일반 백성들과 중·노비들도 타고 다닐 정도였으며, 조정에서는 이를 금지하기도 했다.[64]

이와 같이 고려의 시장에서는 먹을거리와 입을거리, 각종 기호품과 장식품·문구류·가축 등 각양각색의 상품이 판매되었으며, 그 외에 수많은 상품이 거래되었다. 또한 시장에서 "귀천할 것 없이 다른 나라의 물건을 다투어 사니"라고 한 것으로 보아,[65] 외국에서 수입한 물건들의 거래도 많았다는 것을 알 수 있다.

고려의 물가

고려시대의 물가는 쌀과 베·은병의 거래가격을 기준으로 삼고 있다. 이들 물품은 물가를 가늠하는 척도였을 뿐만 아니라, 당시에 중요한 화폐의 기능까지 맡고 있었다.

예로부터 물가는 민심과 사회의 안정 여부를 판단할 수 있는 잣대이므로, 국가에서는 물가를 직접 조절하고 통제하려 했다. 고려는 경시서京市署를 설치하고, 그해의 풍년이나 흉작을 참작해 물가를 조절했다. 그러나 막상 시장의 현실을 제대로 반영하지 못한 데다, 상인들의 반발 등으로 오래 시행되지 못했다.

9년 7월에 감찰사監察司가 방을 내어 "옛 관례에는 은병銀甁 1개의 값이 미 20석이었는데 이제 10석으로 개정한다"라고 했으나, 9월에 시장사람들이 거래하지 않으므로 이내 복구할 것을 허락했다.[66]

충렬왕 9년(1283) 7월에 나라에서 은병 1개의 가격을 쌀 20석에서 1/2 가격인 10석으로 강제 조정하자, 시장 사람들이 거래를 거부해서 다시 원래대로 환원했다. 나랏일이 시장의 흐름을 이겨내지 못한 것이다. 우왕 7년(1381) 8월에도 개경의 물가가 급격히 오르자, 최영崔瑩이 경시서를 통해 물가를 강력히 통제하면서 만일 법을 어길 경우 갈고리로 처형한다고 경고했다. 그러나 이 또한 현실적으로 시장가격이 반영되지 못했기 때문에 이루어지지 않았다.[67]

고려시대 물가

시기	품목별 물가	비고
현종 5년(1014) 6월	거친 베 1필 → 쌀 8말	풍년의 물가
인종 10년(1132) 7월	은병 1사事 → 쌀 5석 작은 말 1필 → 쌀 1석 암소 1마리 → 쌀 4말 포 1필 → 쌀 6되	경성京城이 굶주리고 곡물이 귀할 때의 물가
충렬왕 3년(1277) 2월	은폐銀幣 1근 → 쌀 50여 석(시세) 은폐 1근 → 쌀 40여 석(3일 만에)	미두를 차등에 따라 각출한다는 방을 낸 뒤에 쌀값 급등
충렬왕 8년(1282) 6월	은병銀瓶 1개 → 쌀 15·16석(경성) 은병 1개 → 쌀 18·19석(지방)	정부의 조정 가격
충렬왕 9년(1283) 7월	은병 1개 → 쌀 20석을 은병 1개 → 쌀 10석으로 개정	조정에서 가격을 조정했으나, 9월에 이전 가격으로 복구
충숙왕 15년(1328) 12월	은병(상품) 1개 → 종포綜布 10필 은병貼瓶 1개 → 포 8·9필	조정 가격, 위반자 처벌
공민왕 11년(1362) 11월	포 1필 → 쌀 4말 금 1정錠 → 쌀 5·6석	

※자료: 『고려사』 권 79, 지 33, 식화, 화폐, 시고, ; 『고려사』 권 16, 세가 16, 인종 10년 7월.

* 고려시대에는 1말이 10되였으므로 쌀 8말과 쌀 6되는 13배 이상의 차이가 난다. 더구나 현종 때 가격 기준이 추포였다는 점을 고려하면 실제로는 더 큰 차이가 날 것이다.

현종 5년(1014) 6월에는 풍년이어서, 거친 베 1필의 가격이 쌀 8말에 해당했다. 반면에 인종 10년(1132) 7월에는 곡물이 귀해서, 포 1필의 값이 쌀 6되에 불과했으니 무려 13배* 이상의 차이가 있었음을 알 수 있다.[68] 또한 충렬왕 3년(1277)에는 몽고에 투항한 홍복원洪福源의 아들인 원나라 장수 홍다구洪茶丘의 군마軍馬에 충당할 곡식 거출을 위해 방을 붙이자, 3일 만에 쌀값이 20%나 급등하기도 했다.

시장풍경

시장에 내걸린 머리,
희로애락을 함께하는 시장

고려시대도 시장은 여전히 정치범과 윤리범을 처단하는 장소로 이용되었다. 지배 권력에 대항하거나 사회기강을 해치는 자들을 일벌백계하는 차원에서 처단한 것이다. "옛날의 현명한 임금은 조정에서 작위를 주고, 저자에서 형벌을 집행했다"고 한다.[69]

최우崔瑀가 가병家兵 3천 명을 보내어, 북계병마사 민희閔曦와 함께 반란자들을 진압했다. 필현보畢賢甫를 잡아 서울로 압송해 저자에서 허리를 베어 죽이니, 홍복원洪福源은 몽고로 도망쳤다.[70]

고종 20년(1233)에 필현보와 홍복원이 서경에서 반란을 일으키자, 최우가 생포한 필현보를 시장에서 처형했다는 기록이다.

이외에 인종 13년(1135)에 서경천도설을 주장하며 중앙에 반기를 들었던 묘청妙淸의 머리가 시장에 내걸렸고, 명종 3년(1173) 9월에는 무신정권에 반기를 든 김보당金甫當이 시장에서 죽임을 당했다. 또 고종 8년(1221) 3월에는 윤장尹章 등 3인이 역적의 이름으로 시장에서 칼을 쓴 채로 참수되었고, 고종 21년(1234) 3월에는 대장군 조숙창趙叔昌이 필현보의 반역사건에 연루되어 역시 시장에서 참수되었다. 충숙왕 4년(1335) 7월에는 이성계의 큰아버지인 탑사불화塔思不花가 참수된 후 그 목이 시장에 내걸리기도 했고, 고려말 충신이었던 정몽주鄭夢周도 선죽교善竹橋에서 살해된 다음 머리가 시장에 매달려 사람들에게 구경거리가 되고 말았다.[71]

이런 정치범 외에 사회기강에 관련된 윤리범들도 시장에 세워두거나 형벌을 가했다. 문종 원년(1047)에는 부모와 자매 등을 살해한 문한文漢이라는 자의 목을 시장에서 베었고, 인종 22년(1144)에는 부모를 구타한 군인 나신羅信을 기시棄市형에 처했다. 기시형이란 사람들이 많이 모인 곳에서 죄인의 목을 베고 그 시체를 길거리에 버리던 형벌을 말한다. 의종 14년(1160) 1월에는 어머니를 살해한 용호군 군졸 장언張彦을 참수해, 그의 머리를 3일간 저자에 매달아 놓았다.[72] 이렇듯 고려 때는 가족질서를 매우 중시해서 가족윤리를 해치는 범죄행위를 '대악大惡'으로 여겨 엄하게 다스렸다.[73]

공양왕 2년(1390) 3월에는 무신 김귀金貴의 처가 중과 간통하자 두 사람을 저자에 5일간 함께 세워두고 장형杖刑을 가했다.[74] 고려 때는 간음한 자에 대한 처벌이 매우 엄해 '간비奸非(간사하고 나쁨)'의 항목을 설정해서 다스렸다. 특히 노비가 상전과 간음하는 일을 막는 데 중점을 두고 있었다. 이외에도 우왕 4년(1378) 2월에는 관료인 전광부田光富가 욕심이 많아 나쁜 짓을 일삼으며 백성을 괴롭히자, 시장에 3일 동안 칼을 씌우고 장형을 가했다는 기록도 있다.

이처럼 시장에서 죄인을 공개적으로 처형하고 형벌을 가한 것은, 형벌의 현장을 뭇사람에게 보임으로써 사회기강을 바로잡고 강력하게 경고하기 위해서였다. 일종의 전근대적인 지배 장치의 하나였던 것이다.

> 오래 가물어서 종묘에서 비 내리기를 빌고 시장을 옮겼다. 도살을 금하고 산선繖扇(임금의 앞에 세우고 가는 우산)을 하지 않았으며, 억울한 감옥살이를 살피고, 궁핍한 자를 진휼했다.[75]

이미 삼국시대부터 가뭄이 들었을 때 비를 기원하기 위해 시장을 옮기는 풍습이 있었으니, 고려시대에도 한발이 심해지면 으레 시장을 옮기곤 했다. 비를 기원하기 위해서는 갖가지 방법이 동원되었다. 갓과 부채를 쓰지 못하게 하고, 무당들을 불러 모아서 비를 빌게 하기도 했다.[76] 임금은 보통 때 나가던 정전正殿을 피하고 음식을 줄였고, 관청의 말에게 곡식을 먹이지 않았다. 죄인들에게는 감형과 면죄의 조치를 단행했고, 궁궐 안에 인왕도량仁王道場(호국법회)을 설치해 제사를 지내기도 했다.[77]

가뭄에 시장을 옮기는 것은 앞에서 말했듯이, 화려한 시장을 닫고 거래 장소를 골목으로 옮겨 생활필수품만 거래함으로써 근검절약하고 근신하는 모습을 보여주기 위한 것이었다. 무당을 불러 모아 기우제를 지내는 '취무도우聚巫禱雨'의 경

『고려사』의 〈이시〉 관련 기록

우, 많을 때는 300명의 무당이 동원되어 6일씩이나 진행되기도 했다.[78] 당시로서는 대단한 규모였다.

왕은 양산의 일종인 산선을 쓰지 않고 뜨거운 햇볕을 쬠으로써, 하늘을 감동시키고 농민의 고통을 함께하려고 했다. 또 정전을 피하고 평상시 먹는 음식을 줄임으로써, 왕 자신의 부덕을 뉘우치려고 했다. 가난한 자를 진휼하고 억울한 죄수를 풀어주는 것은 백성들에게 혜택을 베풀어 민심을 수습함으로써 재난을 극복하려는 것이었다. 도살을 금지한 것도 10악의 하나로 취급된 살생을 삼가서 근신하는 마음을 표현하기 위함이었다. 또한 혹시라도 부채가 바람을 일으켜 구름을 몰아낼까 염려해서 부채를 못 쓰게 했고, 갓으로 감히 뙤약볕을 가리지 않게 했다. 모두 비를 염원하는 정성과 근신하는 마음에서 비롯된 행위였다.

시장과 상인들은 나라에 기쁘거나 슬픈 일이 있을 때도 동참했다. 기쁜 일이 있을 때는 경축 휴업을 했고,[79] 왕이 죽거나 흠모하는 사람이 억울하게 죽었을 때도 시장을 파함으로써 자신들의 슬픔을 달랬다. 고려 말에 최영崔瑩장군이 이성계李成桂에게 잡혀 참수되자 "개경 사람들이 시장을 파하고" 슬퍼했으며, "길가의 아이와 시골의 여인네까지" 온 백성이 그를 위해 눈물을 흘렸다고 한다.[80]

한편 시장에는 백성들을 훈계하거나 설득하기 위해 조정의 방榜이 게시되기도 했고, 때로는 백성들이 탐관오리를 비판하는 익명서匿名書를 붙이기도 했다. 고려 말 조정에서는 정몽주鄭夢周의 시체를 시장에 매달고 방을 붙였다. "사실이 아닌 일을 꾸며서 대간臺諫을 꾀고 대신大臣을 해쳐 나라를 시끄럽게 어지럽혔다"라는 내용이었다.[81] 정몽주의 죽음에 혼란스러워하는 백성들을 무마하기 위한 훈계의 방이었던 것이다. 충숙왕 10년(1323) 1월에는 제주도에서 어떤 사람이 탐관오리를 규탄하는 익명서를 시장에 붙였다. "임숙林淑이 너무나 탐욕스러워 온갖 방법으로 수탈해서, 백성들이 고통을 견디지 못했다. 그런데 지금 다시 부임하니, 우리들에게 무슨 죄가 있는가?"라고 했다.[82]

놀이나 구경거리 역시 시장에서는 빼놓을 수 없는 일이었다. 격구擊毬 등의 놀이가 시장판에서 벌어져 사람들에게 구경거리를 제공했고, 때로는 왕이 직접 시장에 행차해 격구를 관람하는 경우도 있었다.[83] 또한 가난한 자들에게 음식을 제공하거나, 보통 때는 듣기 어려운 음악을 연주하는 자리를 마련했던 곳도 바로 시장이었다. 종종 시장 안으로 호랑이나 여우, 또는 사슴 같은 짐승이 들어와서 사람들을 놀라게 하는 일도 있었는데,[84] 그럴 때마다 곧 기이한 일이 일어날 징후로 여기곤 했다.

"대저 농사라는 것은 몸이 땀에 젖고 발에 흙을 묻히니 그 수고로움이 심하고,
무畝(논밭의 단위)를 계산해 요역에 나가니 그 괴로움이 많습니다.
장사하는 사람은 천한 것을 귀한 것으로 바꾸니,
그 이익이 배나 되고 노역勞役이 없어 그 즐거움이 많습니다.
그러므로 농부는 날로 적어지고 장사는 날로 많아지고, 한 사람이 경작해 열 사람이 먹으니,
나라의 창고가 어찌 넉넉하겠으며, 백성의 식량이 무슨 연유로 풍족하겠습니까?
…… 성조盛朝(성대한 조선왕조)의 본업에 힘쓰고 말업을 억제하는 정사를 이루소서."

태종 때 문신 유백순柳伯淳은
직접 생산에 종사하는 농민의 수가 줄어드는 것을 우려해
상인을 억제할 것을 주장했다.
그는 힘든 노동과 요역을 부담해야 하는 농업에 비해
상업은 "이익이 배나 되고 노역이 없어" 즐거운 직업으로 이해하고 있었다.

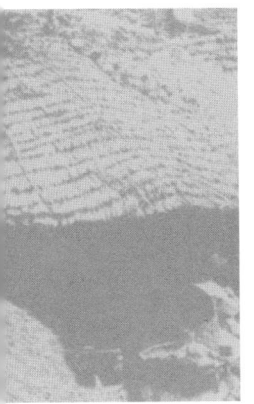

2장
방방곡곡 시장이 열리다
— 조선 전기의 시장

1. 조선의 건국과 시장

건국과 유교

1392년 7월 17일, 태조 이성계_{李成桂}는 고려의 수도인 개경의 수창궁_{壽昌宮}에서 즉위했다. 이로써 이른바 '역성혁명_{易姓革命}'을 표방한 새로운 이씨왕조를 개창했다. 태조는 곧이어 7월 28일에 즉위교서를 발표했다. "나라 이름은 예전대로 고려라 하고, 의장과 법제는 한결같이 전 왕조의 고사_{故事}에 의거한다"고 했다.[1] 순리와 덕을 내세우면서 급격한 변혁으로 인한 사회적 동요를 막기 위해서였다.

그러나 이런 명분과는 달리, 이성계는 즉위 직후부터 새로운 왕조체제를 구축하기 위해 구체적인 작업에 들어갔다. 여기에는 권력기반 구축을 위해서 공신들을 책봉하고, 고려의 왕실세력을 완전히 제거하려는 의도가 포함되어 있었다.

이성계는 즉위한 바로 이튿날인 7월 18일에 고려의 도총중외제군사부_{都摠中外諸軍事府}를 폐지하고 의흥친군위_{義興親軍衛}를 설치함으로써, 신속하게 군사권을 장악하기 위해 구체적인 조치를 단행했다.[2] 곧이어 새로운 국호 제정을 서둘렀다. 조선과 화령_{和寧}(화령은 이성계의 고향인 영흥의 옛이름) 가운데 명나라의 승인을 얻어 조선으로 결정했고, 1393년 2월 15일부터 '조선朝鮮'이라는 국호를 사용했다.³ 아울러 천도를 우선적으로 추진해서, 1392년 8월 13일에는 도평의사사都評議使司에 한양漢陽으로 도읍을 옮기도록 명령했다.

개국 초의 정치기반 조성과 군신간의 단합을 위해서, 태조는 서둘러 공신 책봉부터 단행했다. 태조 1년(1392) 8월 초에 공신도감功臣都鑑을 설치하고, 몇 차례에 걸쳐 모두 52명을 개국공신으로 책봉했다.⁴ 그들에게 작위는 물론 토지와 노비를 하사하고, 가능한 모든 특권을 부여했다. 개국공신 52명도 이에 화답하기 위해 왕륜동王輪洞에 모여 국왕에 대한 충성을 다짐하는 맹약盟約을 맺었다.⁵ 또한 이성계는 정치적으로 부담이 되었던 고려 왕실세력과 그 추종자들을 제거했으며, 공양왕과 두 아들을 비롯해 그 밖의 왕씨들과 추종자들을 모두 색출해서 처단했다.

조선은 이성계가 즉위한 직후 도평의사사都評議使司·6조六曹를 중심으로 통치체제를 정비했고, 정1품에서 종9품에 이르는 관직제도 갖추었다. 정종 때에 도평의사사를 의정부로 개칭했고, 태종 1년(1401) 7월에 문하부門下府를 폐지하고 그 기능을 의정부에 통합시킴으로써, 의정부는 명실 공히 백규서무百揆庶務(나라의 모든 관리와 정무)를 관장하는 기구가 되었다.⁶

조선왕조는 지도이념으로 유교를 채택했다. 유교는 삼국시대 이래 지배층의 기본적인 교양이 되어 사상적으로 중요한 역할을 했으나, 정치·경제·사회·문화 등 사회 전반에 걸쳐 지배적 위치를 차지하게 된 것은 조선시대부터이다. 유교는 덕치德治·인치仁治·예치禮治를 근본으로 하는 왕도정치를 이상으로 삼았고, 이에 따라 각종 제도적 정비도 서둘렀다. 『조선경국전』등 법전을 정비하고, 의례상정소를 통해 유교적 의례를 정비하며, 성균관을 개설해 인재를 양성하고, 집현전을 설치해 유학자를 양성하는 등, 유학의 진흥을 꾀하기 위한 모든 조치를 단행했다.

원래 유교의 왕도정치는 '백성이 나라의 근본民惟邦本'이라는 인식 아래

'애민愛民'을 강조했다. 이에 따라 조선왕조도 구황청·상평창·진휼청 등을 설치하면서, 백성을 위한 사회정책들을 추진해 나갔다. 조선시대의 경제는 농업이 중심이었기 때문에, 국가의 경제정책도 토지제도를 비롯한 농업정책에 치중되었다. 물론 상업과 수공업도 중요한 경제적 토대가 되었기에 적지 않은 관심을 기울였으나, 이는 어디까지나 국가 중심의 유통경제 육성에 그칠 따름이었다.

농업은 본업, 공상은 말업

조선왕조는 태조 때부터 농상農桑(농업과 양잠)을 "왕정의 근본[王政之本]" 또는 "의식의 근본[衣食之本]"이라 했고,[7] 이후에도 "농업은 본업이고, 공상은 말업이다[農本也工商末也]"라고 했다.[8] 반면에 상업은 백성의 생업이긴 하지만, 수공업과 더불어 말업末業으로 취급되어 천시되었다. 조선왕조는 사농공상士農工商에 대해 각각 업業으로서 그 필요성을 인정은 했지만, 공업과 상업은 매우 천시했다. 태조 때부터 공상工商은 천례賤隷(천민과 노예)·무격巫覡(무당과 박수)·창우倡優(광대)·기생 등과 동급으로 언급되었다.[9] 또한 선비와 농민은 관직을 받고 조정에 출사出仕할 수 있었지만, 상인과 수공업자는 관직에 관여하지 못하게 했다.[10]

국초부터 "본업에 힘쓰고, 말업을 억제[務本抑末]"[11]하게 한 것은, 본업인 농업을 장려하려는 의도에서 나온 것이지만, 특히 농업의 위축과 농업인구의 감소를 방지하기 위한 정책적 목적이 들어 있었다. 수도였던 서울에는 10~15만 명 이상의 인구가 거주하고 있었고, 도성 건설공사를 위해 동원된 역군役軍(토목공사 등에 동원된 일꾼)과 수도 방위를 위해 지방에서 올라오는 번상군番上軍(지방에서 서울로 올려 보낸 군사) 등이 계속 유입되어 붐비고 있었기 때문에, 그만큼 소비되는 물량도 많았던 도시가 서울이었다. 더구나 도성민의 대부분이 생산에 종사하지 않는 소비계층이었기 때문에, 그들이 필요로 하는 물품

남대문로 일대(1880년대)

은 모두 외지에서 조달해야 했다. 게다가 서울에는 소비 규모가 큰 왕실과 양반 관료들이 집중적으로 거주하고 있었고, 중인·상민常民·노비 등 다양한 계층들이 살고 있었으므로 수요 물품의 종류도 가지각색이었다.

따라서 당시의 시장은 비록 상업을 억제하는 정책으로 인해 일정한 제약을 받기는 했지만, 인구 증가와 사회 안정을 토대로 꾸준한 성장세를 보이고 있었다. 서울은 조선 전기에 전국적인 상업·유통의 중심지로 부상했을 뿐만 아니라, 시장의 규모도 계속 성장하고 있었다.

당시 서울로 들어오는 물품들은 육로와 수로를 통해 공급되었지만, 육상

운송(陸運)은 산과 강 등 자연적 조건으로 인해 많은 제약을 받았기 때문에 일찍부터 수상운송(水運)이 발달했다. 도성의 남쪽을 휘감아 도는 한강은 전국의 물산이 집산集散되는 유통 중심지로 떠올랐다. 하류를 통해 삼남의 물화가 들어오고, 상류를 통해 강원도·함경도 등 북쪽의 물산이 유입되었다가 다시 사방으로 뻗어나갔다.

이 무렵에 서울에는 국가에서 설치한 시전이 종로와 남대문로에 자리해 경제의 중심을 이루고 있었고, 민간시장도 곳곳에 들어서고 있었다. 전국의 물화가 들어오는 한강변에는 곡물과 목재·어물 거래가 활발했다. 당시 서울의 시장은 주로 시전상인들이 장악하고 있었지만, 점차 민간시장이 성장하면서 자본을 축적한 사상私商들이 유통·상업을 잠식해 들어가고 있었다.

2. 시전이라는 곳

한양 천도와 운종가 시장

이성계는 건국한 지 채 한 달도 안 된 1392년 8월에 "한양으로 도읍을 옮기도록[移都漢陽]"[12] 명령했고, 이염李恬을 한양에 파견해 천도를 급히 서둘렀다. 그러나 배극렴裵克廉·조준趙浚 등이 궁궐과 성곽을 완성한 다음에 천도할 것을 주장해 도성을 옮기는 문제는 일시 중단되었다. 이후 새로운 도읍지 선정을 둘러싼 논의가 분분하게 진행되었으나, 최종적으로 한양으로의 천도가 결정되었다.[13]

이때 한양이 도읍지로 선정된 것은 우선 풍수지리상 길지吉地였기 때문이다. 예로부터 "이씨가 한양에 도읍하게 될 것"과 "한양에 도읍하면 사해四海가 내조來朝할 것"이라는 설이 있었다. 이성계와 개국 세력은 이런 인식을 내세워 천도의 명분을 세울 수 있었다.

또한 한양이 갖고 있는 인문지리적 이점도 있었다. 조준 등이 "한양은 안팎 산수의 형세가 훌륭하기로 예로부터 이름났고, 사방으로 통하는 도로의 거리가 고르며 배와 수레도 통할 수 있으니, 여기에 영구히 도읍을 정하는 것이 하늘과 백성의 뜻에 합치하는 것"이라고 했듯이, 한양은 방어에 유리한 군사적 요충지일 뿐 아니라, 한반도의 중앙에 위치해 어느 곳에서든 접근하기에 유리하고, 배와 수레를 통한 수륙교통이 편리해 도읍지로서 최적의 조건을 갖고 있었다.[14]

한양 천도가 결정되자, 태조는 1394년 9월 1일에 신도궁궐조성도감新都宮闕

조선시대 시전의 모습

造成都監을 설치하고, 새로운 도읍 건설에 착수했다. 며칠 후 "종묘·사직·궁궐·조시朝市·도로의 터"를 정하도록 했다. 그런데 갑자기 이성계는 궁궐과 종묘·사직·시장 등이 설계 단계에 있었던 1394년 10월 25일에 한양으로 천도를 단행해버렸다. 그리고 3일 후인 10월 28일에 한양에 도착했다. 이때 궁궐공사는 착수도 하지 않은 상태였기 때문에 이성계는 한양부 객사客舍를 이궁離宮으로 삼아 기거했다.[15]

천도 이후 예로부터 도성 건설에 적용되어왔던 '좌묘우사左廟右社, 전조후시前朝後市' 곧 '왼쪽에 종묘, 오른쪽에 사직, 앞에 조정, 뒤에 시장'이라는 원칙 아래 한양의 수도 건설을 위한 공사가 진행되었다. 정궁正宮인 경복궁을 중심으로 왼쪽에 종묘가, 오른쪽에 사직단이 건설되었으며, 광화문 앞 남쪽 좌우로 의정부·육조·사헌부 등이 배치되어 관가거리가 조성되었다. 정조 때 편찬된 『한경지략漢京識略』에 의하면, 국초에 전조후시의 원칙에 따라 경복궁 북문인 신무문神武門 밖에 시장을 개설하고자 했으나, 자리가 좁아서 시

행하지 못했다.[16]

그러나 얼마 못 가서 1399년 3월 7일에 정종定宗이 개경으로 환도함에 따라 세부적인 도성 건설은 중단되었다. 이후 태종 이방원李芳遠이 1405년 10월에 한양으로 재천도함으로써 각종 도시기반시설이 본격적으로 건설되었으며, 시전은 1412년부터 건설공사에 들어갔다.

주목되는 것은 시전을 본격적으로 건설하기 전에도 도성 안에는 크고 작은 시장이 형성되어 주민들이 필요한 물품을 판매해왔다는 점이다. 그 가운데서도 운종가雲從街, 오늘날 종로 사거리 일대는 여러 종류의 가게들이 운집해 크게 혼잡을 이루고 있었다.

> 천도한 이래 오 중기에 마구 뒤섞이어 남녀의 구별이 없고, 상수들이 혼잡해, 기회와 틈을 엿보아 서로 훔치고 도둑질하기를 힘쓰니, 원컨대 경시서로 하여금 한결같이 옛 수도[舊京]의 제도에 따르게 하소서.[17]

이때 운종가 일대에 형성된 시장은 상품 종류별로 배열되지 않고 마구 섞여 어지러운 양상이었다. 그러자 태종은 1410년 2월에 시장을 다음과 같이 정비하도록 했다.

> 시전의 대시大市를 정했다. 장통방 윗쪽은 미곡·잡물로 하여, 동부는 연화동구蓮花洞口, 남부는 훈도방薰陶坊, 서부는 혜정교惠政橋, 북부는 안국방安國坊, 중부는 광통교廣通橋에 이르게 했다. 우마牛馬는 장통방 아래 천변川邊으로 정하고, 여항소시閭巷小市는 각자 거주하는 곳의 문 앞에서 하도록 했다.[18]

이때는 시전을 건설하기 이전이었으므로 품목별로 전문화하지 않고, 품목과 지역별로 정비해 혼잡한 폐단을 줄이고자 했다. 이때 대시는 남부와 북부를 제외하고는 모두 종로 거리와 그 주변에 배치한 것이었다. 운종가는 사람과 물품이 운집하는 한양의 번화가로 자리잡았으며, 그렇기 때문에 태조 때부터 사람과 물화가 구름처럼 몰려든다는 의미에서 '운종가雲從街'라는 이름이 생겨났다.[19]

우마시장을 장통방 아래 하천변, 곧 청계천의 수표교 근방으로 정한 것을 보면, 우마시장이 별도로 설치되었음을 알 수 있다. 이곳에 설치된 다리를 마전교馬廛橋라 불렀으나, 세종 때 "마전교 서쪽 수중에"[20] 수표水標(물높이를 재는 표지)를 설치한 이후 수표교水標橋로 호칭되었다. 조선 후기에도 동대문 안에 우전牛廛과 마전馬廛이 있었으며, 영조 20년(1744) 8월에 "우마전은 곧 국초에 설치한 전포인데 …… 근래에 여러 상사上司와 각 군문軍門에서 침해함으로 전포를 혁파하기에 이르렀다"고 한 것을 보면 영조 무렵까지도 우마전이 있었음을 알 수 있다.[21]

시전이라는 관설시장

태종은 한양으로 재천도한 이후 각종 기반 시설을 구축하는 데 중점을 두었다. 그중 하나가 바로 시전市廛 건설이었다. 이때 시전은 국가에서 행랑을 건설해 상인들에게 점포를 임대해주고 세금을 받는 관설시장官設市場을 의미한다. 시전은 태종 12년(1412)에 본격적으로 건설되기 시작해서 몇 차례에 걸쳐 진행되었다. 제1차 시전 건설 내용을 보면 다음과 같다.

> 비로소 시전의 좌우행랑 800여 칸의 터를 닦았다. 혜정교惠政橋에서 창덕궁 동구洞口에 이르렀다. 외방의 유수游手(백수)·승도僧徒를 모아서 양식을 주어 역사役事시키고, 인해 개천도감開川都監으로 하여금 그 일을 맡게 했다.[22]

여기에서 혜정교는 현재 광화문우체국 동북쪽에 있었던 다리이고, 창덕궁

동구는 종로3가 사거리이니, 오늘날 종로1가에서 종로3가에 이르는 거리에 조성되었다. 종로 거리에 조성된 시전은 예로부터 도성 건설에 적용되어왔던 '전조후시前朝後市'의 원칙에는 맞지 않는 것이었다. 세종 때 민의생閔義生도 "전조후시의 논의는 산을 의지한 본조本朝의 궁궐에는 맞지 않는 것 같습니다"라고 했는데,[23] 시전의 위치가 전조후시의 원칙과는 거리가 있었음을 알 수 있다.

시전행랑의 건설공사는 개천도감에서 주관하도록 했다. 2월 15일에 개천공사가 마무리되자 개천도감을 행랑조성도감으로 전환해, 그날부터 곧바로 공사를 시작하도록 했다. 이때 공사에 동원된 사람은 모두 2,035명이었고, 그 가운데 승군僧軍이 500명이었다.[24]

제1차 시전 건설공사는 같은 해 4월 3일에 완성되었다. 이때 태종은 "행랑 조성하는 일을 처음에는 모두 어렵다고 생각했다. 지어놓고 보니 국가에 모양이 있어 볼 만하다"라고 하면서 술을 내렸다. 또 "남은 힘이 있으면 종루鐘樓 동서쪽에도 지었으면 좋겠다"면서 다음 해 가을·겨울을 기다려 추가로 행랑을 조성하도록 했다. 그리고 4월 28일에는 행랑을 지은 승군을 놓아 보냈다.[25] 이때 완성된 행랑의 규모는 나와 있지 않지만, 원래 계획했던 800여 칸으로 보인다.

또한 같은 해인 1412년 5월 22일에 1차 때와는 다른 길에 행랑이 완성되었다는 기록이 나온다. 바로 제2차 행랑 건설이었다.

도성 좌우의 행랑이 완성되었다. 궐문闕門에서 정선방貞善坊 동구洞口까지의 행랑은 472칸이고, 진선문眞善門 남쪽에 누문樓門 5칸을 세워 '돈화문敦化門'이라고 이름했다.[26]

이때 궐문은 창덕궁을 의미하고, 정선방 동구는 현 종로3가 사거리이므로, 오늘날 돈화문에서 종로3가 사거리에 이르는 돈화문로 좌우에 행랑이 건설되었음을 알 수 있다. 그리고 이때 창덕궁의 정문인 돈화문이 완성되었다. 또 행랑이 완성되자 의정부에서 "창덕궁 문 밖의 행랑을 각사各司에 나누어주어 조방朝房(관리들이 조회를 기다리며 쉬는 방)으로 만들 것"을 요청했다. 이를 보면 당시 건설된 행랑은 관청과 부속기관 건물로 사용된 것을 알 수 있다.

제3차 행랑 건설은 1412년 7월에 시행되었다. 이때 행랑을 조성할 사람을 모집하면서 각 도에서 승군 1,000명과 목공木工 200명을 뽑아 보내도록 했다. 그러나 이 공사는 같은 해 10월에 멈췄다가, 태종 13년(1413) 2월에 다시 공사가 추진되어 5월에 완성되었다. 경복궁 남쪽에서 종묘 앞까지 881칸에 달했다. 이때 경복궁 남쪽은 오늘날 세종로 사거리를 의미하며, 종묘 앞은 종로3가와 종로4가의 경계 지역을 의미하므로, 현재 세종로 사거리에서 세운상가 부근까지의 종로 거리에 행랑을 세운 것임을 알 수 있다. 또한 이때 청운교淸雲橋에 있던 종루鐘樓를 광통교 북쪽, 오늘날의 종로 사거리로 옮겼다.[27]

제3차 행랑 건설은 제1차 건설 때와 대부분 중복되고, 좌우로 약간씩 넓힌 것이다. 주로 제1차에 건설된 시전행랑 800칸을 보수하거나 수리하고, 추가로 81칸을 더 세운 것이다.

3차 공사가 마무리됨으로써 한양의 장행랑長行廊이 일단 완성되었다.

> 장행랑이 모두 이루어졌으니, 종루로부터 서북은 경복궁에 이르고, 동북은 창덕궁 및 종묘 앞 누문에 이르며, 남쪽은 숭례문 전후에 이르렀으니, 이루어진 좌우 행랑이 모두 1,360칸이다.[28]

이처럼 3차 공사가 끝난 후 좌우 행랑은 모두 1,360칸에 달했고, 공사에 동원된 인부는 모두 2,641명에 이르렀다. 그런데 문제는 앞의 기록에 의하면, 1~3차에 걸쳐 완공된 행랑은 472칸과 881칸으로 모두 1,353칸인데, 위의 인용문에서는 1,360칸으로 되어 있다는 점이다. 그러나 이런 차이는 그 사이에 약간의 변동이 있었거나 대략적인 수치를 언급했기 때문이라고 보인다. 이 기록에서 또 하나 주목되는 것은 "남쪽은 숭례문 전후에 이르렀으며"라고 한 점이다. 아마도 이미 숭례문 건설공사가 진행되고 있었으나 미완성 상태였기 때문에 전체 칸 수에는 계산하지 않은 것으로 보인다.

제4차 행랑 건설은 태종 14년(1414) 7월에 있었다. 종루에서 남대문까지, 그리고 종루에서 동대문까지 행랑을 짓도록 했다. 이때 승군 600명과 선군船軍 1,000명을 징발해 공사에 충당하도록 했다. 8월에는 공사에 동원된 수군水軍이 탄 배가 침몰되어 10명이 죽는 사고가 발생하기도 했다. 9월 10일에 행랑에 부역했던 선군을 놓아 보내는 기록이 있으니,[29] 이 공사는 9월에 완공된 것으로 보인다.

이 공사는 2개 코스에 행랑을 건설한 것으로, 먼저 종루에서 남대문까지의 행랑은 이전의 것을 보수하거나 증설한 것으로 볼 수 있다. 1413년 5월에 이미 종루에서 남대문까지의 행랑을 언급하고 있기 때문이다.[30] 그리고 종묘 앞에서 동대문까지의 행랑은 새로이 신축한 것이었다.

이때 건설된 행랑의 규모는 정확히 알 수 없으나, 『세종실록』 지리지에 "도성 좌우 행랑 대략 2,027칸"으로 나타나 있고, 이전에 건설된 행랑 1,353칸을 빼면, 이때 건설된 행랑은 모두 674칸 정도였을 것이다.

또한 행랑 조성을 위해 파괴된 민가가 1,486칸에 달했는데, 그중 기와집은 126칸이고, 초가집은 1,360칸이었다. 조정에서는 이들 민가 파손에 대해 보상금을 지불했다. 기와집은 1칸당 저화楮貨(태종 때 만든 종이돈) 20장을, 초가집은 1칸당 10장을 주었으며, 모두 저화 16,120장이 소요되었다.[31]

이때 주의해야 할 것은 태종 때 건설된 행랑이 모두 시전으로 사용된 것은 아니었다는 점이다. 시전 이외에 각 관청에 분배해 조방朝房으로, 궁궐 시위군의 입직소入直所(숙직소)로, 각 지방에서 올라온 군인들이 머무는 군영軍營으

태종 때 건설된 행랑

순차	공사 기간	공사 구간	규모	기타
제1차	1412. 2~1412. 4.	혜정교~창덕궁 동구	800여 칸	
제2차	1412. ?~1412. 5.	창덕궁 돈화문~정선방 동구	472칸	돈화문 완성
제3차	1412. 7~1413. 5.	경복궁 남쪽~종묘 앞	881칸	1차 공사구간 중복, 종루 이전
제4차	1414. 7~1414. 9.	종루~남대문 종묘 앞~동대문	칸수 미상이나 합 674칸 추정	종루~남대문은 보수·신축 병행

총계 2,027칸(『세종실록』 지리지)

로도 사용되었다.[32] 따라서 당시 건설된 행랑은 시전이 중심을 이룬 가운데 여러 관청·기관들이 함께 사용했음을 알 수 있다.

조선 전기의 시전은 종로 거리가 주축을 이루었으니 "우리나라의 제도를 보면 종루에서 종묘까지를 시전으로 삼았다"[33]는 기록을 통해서도 알 수 있다.[34]

성장하는 시전

점차 사회적 안정을 기반으로 인구가 늘어나고 사치 풍조가 만연해지면서 유통과 상업이 계속 발전해나가는 추세에 힘입어 시전 역시 호황을 누렸다. 그래서 성종 때 이르러서는 시전 공간을 확대해야만 했다.

호조에서 아뢰기를 "지금 전교를 받으니, '사람들의 말이 「도성의 시장은 땅이 좁고 사람이 많아서 간사한 소인의 무리들이 속이고 약탈해 하지 못하는 짓이 없고, 거마車馬가 길을 메우고 붐벼서 사람들이 많이 다친다」고 하니, 연지동 입구에서 돈의문 석교石橋에 이르기까지 시전가게들을 분열分列하고 드물고 조밀한 것을 적당하게 하면, 간사하고 불법적인 일이 제거될 것이다' 라고 했습니다. 그러나 신 등은 생각하기를, 삼간병문三間屛門에서 돈의문 석교에 이르기까지는 지세가 협착하고, 창덕궁·종묘·의금부 앞길은 사람들이 모여서 분잡하고 소요스럽게 하는 것이 옳지 않으니, 청컨대 일영대日影臺에서 연지동 석교에 이르기

까지 좌우로 나누어 좌시坐市하게 하소서"라고 하니, 그대로 따랐다.[35]

이처럼 시전은 건설 60여 년이 지난 성종 3년(1472)에 이미 밀려드는 사람과 물품으로 인해 공간이 협소하게 느껴질 정도로 비약적 성장을 하고 있었다.

성종은 시전가게들을 나누어 벌려놓아 조정하고자 했다. 이 방안은 기존의 종로시전을 중심으로 동서로 구간을 확대하는 것이었다. 그러나 호조에서 새로 확대되는 구간의 지세가 협착하다는 점 등을 들어 반대했으며, 대신 일영대에서 연지동 석교에 이르는 거리 좌우에 가게를 배치하는 방안이 채택되었다. 종묘 앞의 일영대에서 연지동 석교 구간은 오늘날 종로4가 일대의 거리로서,[36] 기존의 시전공간을 종로 동쪽으로 확대하는 것이었다.

그러나 그 뒤에도 여전히 공간이 협소하고 혼잡해 많은 문제가 발생하자, 성종 16년(1485)에 다시 시전을 다른 곳으로 옮기고 재배치하도록 조처했다.

선정전宣政殿 처마 밑에 나아가 승지 등에게 묻기를 "저자를 옮기는 것이 과연 폐단이 있는가?"라고 하니, 도승지 권건權健이 아뢰기를 "상인들의 바람은 각기 집 앞에서 가게를 하려는 데 불과합니다. 이번에 저자 옮기는 것도 집이 가까운 자는 기뻐하고 집이 먼 자는 원망합니다. 그러나 같은 도성 안에서 무슨 왕래의 폐단이 있겠습니까? 그리고 좌시坐市하는 자가 하나가 아닌데, 어찌 모두 원하는 대로 할 수 있겠습니까?"라고 했다. 임금이 말하기를 "저자를 옮기는 것은 본래 상인들의 바람에 따른 것인데, 이제 도리어 원망이 있으니 어찌된 것인가?"라고 하니, 안침安琛이 말하기를 "종전에 점포를 배열한 곳이 땅은 좁은데 여러 사람이 모여 혼잡해 속임수를 쓰는 자가 많습니다. 만약 저자를 옮겨 간격을 띄워 배열하면 이런 폐단이 없을 것이니, 비록 원망하는 자가 있더라도 족히 근심할 것이 없습니다"라고 했다.[37]

이때 시전의 이전 장소는 정확하게 알 수 없지만, 공간을 확장해 점포를 재배치한 것으로 보인다. 당시 조정의 이시移市는 "상인들의 바람에 따른 것"이었음에도 불구하고, 집에서 먼 곳에 점포를 배정받은 자들이 이를 원망했다. 또한 시장을 옮기는 것에 불만을 품은 상인들은 이시를 주관한 호조의 판서와 참판을 신랄하게 비난하는 익명서를 던졌으며, 이 일로 150여 명에 달하는 상인들이 구속되고 9개월간에 걸쳐 조사가 진행될 정도로 그 파장이 컸다.[38]

갖가지 시전의 역할

시전은 상품을 사고파는 본연의 기능뿐만 아니라, 관설시장으로서 국가의 요구에 따른 여러 기능도 수행하고 있었다.

첫째, 도성 주민들의 생필품을 판매하고 조달했다. 이것이 시전의 일상적 기능이었다. 시전은 왕실에서부터 노비에 이르는 다양한 계층의 도성 주민들을 상대로 각종 상품을 판매했으며, 중국·일본 등지에서 건너온 수입품들도 취급했다.

둘째, 조정에서 필요로 하는 관수품官需品과 중국에 보내는 진헌 물품을 조달했다.[39] 원래 국가와 왕실에서 필요한 물품은 공장工匠을 두어 만들어 쓰거나, 각 지방의 특산물인 공물貢物을 징수해 충당했다. 그러나 점차 "국가에서 쓰는 잡용 물건을 모두 시전에서 사들인다"고 할 정도로 시전의 기능이 증대되었다.[40]

셋째, 국고 잉여 물품이나 외국사신 일행이 가져온 물품을 처리했다. 특히 중국 사신들은 많은 물건을 갖고 와서 고가에 판매하기를 희망했으며, 그 물량이 많을 때는 200궤짝이 넘기도 했다.[41] 이들 물품의 일부를 시전에 강매하는 경우도 적지 않았다.

시전은 관설시장으로서 조정에서 상품의 종류별로 가게[廛]를 안배한 것으로 생각된다. 아마도 "구경舊京의 제도" 곧 고려 개경의 시전을 참작해 품목별로 구간을 정하고 일물일전一物一廛의 원칙 아래 점포를 배치한 것으로 보인다.⁴² (▶부록)표1, 조선 전기 시전 현황)

주식인 쌀을 판매하는 미곡전은 상하미전·문외미전 등이 있었고, 그 외에도 서울 곳곳에 산재해 있었다. 먹을거리를 취급하는 시전으로는, 모전에서 여러 가지 과일을, 어물전에서 생선과 건어물 등을, 내염전에서 소금을 판매했다.

입을거리를 판매하는 곳은 면주면·백목전·목화전·면자전·의전·입전·모자전 등이 있었다. 면주전은 명주를, 백목전은 무명·면포를, 목화전과 면자전은 목면과 목화솜을, 의전은 옷가지를, 입전은 비단을, 모자전은 모자를 판매했다. 그 외에 칠물전은 주물한 각종 철물을 판매했고, 화피전은 각종 염료와 물감을, 시목전은 땔나무를, 축농전은 싸리 등으로 만든 고리를 취급·판매했다.

조선 전기 시전의 배치와 구성은 조선 후기의 그 모습과 크게 다르지 않았을 것이다. 이들 시전은 조선 후기처럼 각 물종별로 조직을 갖고 있었던 것으로 보인다. 명종 때 시전상인이 500~600명 정도에 달했고, 선조 때 1천여 명 이상이었던 점을 고려하면,⁴³ 시전 조직이 잘 정비되었음에 틀림없다.

성종 때 도적들이 훔친 물건을 시장에서 헐값에 판매하자, 한성부에서는 시장市肆의 좌주坐主(대표)로 하여금 단속하게 했다.⁴⁴ 중종 때는 한성부 우윤 박우朴祐의 얼속孽屬(서자의 아들)이 세목면細木綿을 상인에게 판매하자, 시장의 좌주와 유사有司(총무)를 중심으로 상인들이 소장을 제출하고 집단적·조직적으로 움직인 사건이 있었다.⁴⁵

단편적이지만 이런 기록을 통해 상인들이 동업조합을 조직하고, 그 대표자로서 좌주와 실무책임자로서 유사 등을 두어, 조합원을 통솔하고 상권을 보호하고자 했음을 알 수 있다. 나아가 그들은 여러 분야에서 자신들의 상업적 이익을 도모했다. 도성 내 상품유통을 독점했을 뿐만 아니라, 녹봉미祿俸米·진휼미 등을 매점하거나 대외무역에까지 손길을 뻗치고 있었다.

시전행랑과 부담

조선은 국가적 차원에서 시전행랑을 조성한 다음, 상인들에게 점포를 임대해주고 각종 역役과 세금을 부과했다. 또한 국가는 시전을 장악하고 통제함으로써 도성의 물가와 실물경제를 조정의 의도대로 조정하려 했으며, 나아가 전국의 상업과 유통까지 지배하려 했다.

따라서 시전은 구조적으로 국가의 간섭과 통제 아래 활동할 수밖에 없었으며, 그런 만큼 국가로부터 보호를 받을 수 있었다. 이런 시전의 입지는 한편으로는 성장의 발판이 되기도 했으나, 다른 한편으로는 상거래 활동에 걸림돌로 작용했다. 이후 자유로운 사상층私商層이 대거 등장했을 때, 결국 시전은 상권의 위협을 받지 않을 수 없었다.

조선에서는 시전을 관리·감독하기 위해 국초부터 경시서京市署를 두었다. 건국 직후인 1392년 7월 28일 태조 이성계는 문무백관文武百官의 관제官制를 정했다. 이때 경시서를 설치해 "시가市價(시장 물가)를 평균시키고, 간위奸僞(사기 행위)를 금지시키며, 세과稅課(세금 부과)를 감독하는 등의 일을 관장"하도록 했다. 그리고 경시서에 영令(종5품) 1명, 승丞(종6품) 2명, 주부注簿(종8품) 2명을 배치했다. 이는 고려 때의 경시서를 거의 그대로 답습한 것이었다. 경시서는 원래 원각사圓覺寺 자리에 있었는데, 세조 때 원각사가 세워지면서 철거되어 시전에 가까운 통례문通禮門 근방으로 옮겼다.[46]

경시서는 세조 12년(1466) 1월에 평시서平市署로 명칭을 바꾸었다.[47] 성종 때 반포된 『경국대전』에 의하면, 평시서는 종5품 아문으로, 영(종5품) 1명, 직장直長(종7품) 1명, 봉사奉事(종8품) 1명을 두도록 했다. 그 임무는 "시전을 단속하고 두곡斗斛(부피)과 장척丈尺(길이)을 다스리며, 물화物貨의 내리고 오름 등의 일을

관장한다"라고 했다.[48]

그러나 시전에 관한 업무는 경시서와 평시서에서만 관할한 것이 아니라, 한성부·유후사留後司(한양으로 도성을 옮긴 뒤, 개성의 뒷처리를 하던 관아) 등에서도 관리했다.[49] 성종 18년(1487) 12월에 "시전의 일은 일체 한성부에 위임"한 뒤로,[50] 이후 시전에 관한 일은 한성부에서 관할하게 되었다. 한성부의 중요한 업무 중 하나가 바로 시전에 대한 관리·감독이었기 때문에, 한성부는 "뇌물을 보내고 흥정하는 자들이 모여드는 곳"으로 인식되기도 했다.[51] 또한 한성부는 물론 평시서·사헌부 등도 시전의 도량형 문제와 부정 거래 등에 대해 관리·단속하고 있었다.[52]

조정에서는 시전행랑을 임대해준 대가로 시전상인들로부터 일정한 세금을 받았다. 시전이 건설되기 전에도 상인에 대한 세금은 부과되고 있었다. 태종 11년(1411) 1월에 한성부에서 매달 저화 1장씩을 징수하던 법을 중지했다는 기록이 있다.[53] 시전행랑을 완성한 후인 태종 15년(1415) 4월부터 상인에 대한 수세법收稅法을 정하고 본격적으로 세금을 거둬들였다.

> 호조에서 수세법을 올렸다. 호조와 2품 이상이 함께 의논해 아뢰기를 "공장工匠·상고인商賈人의 세는 이익을 취하는 정도에 따라 3등분해, 상등은 매월 저화 3장을, 중등은 2장을, 하등은 1장을 바치게 하고, 행상의 세는 매월 2장, 좌고坐賈의 세는 1장을 바치게 하되, 항시巷市는 이런 제한을 두지 마소서. 장랑세長廊稅는 매 한 칸마다 봄가을 두 차례에 각각 1장씩을 바치게 하소서"라고 하니, 임금이 그대로 따랐다.[54]

행상과 좌고는 비시전계 상인을 지칭한다. 그것은 이미 앞에서 시전상인과 행랑세를 규정했기 때문이다. 이때 주목되는 것은 이 수세법의 내용이 상인과 시전행랑세 부과에 대한 것인데, 공장이 포함되어 있다는 점이다. 그렇

행상(김홍도)

다면 수공업자인 공장 또한 행랑을 부여받아 시전에서 장사를 했다는 것으로 알 수 있다. 이와 관련된 세종 때의 자료이다.

> 사헌부에서 아뢰기를 "시전의 공장과 상인이 판매하는 물건이 대개는 가짜로서, 혹은 자루에 모래를 넣고 쌀로 덮거나, 혹은 나무껍질과 해진 자리 조각으로 신발 속을 넣는데, 이와 같은 유類는 일일이 들기가 어렵습니다" 했다.[55]

아마도 물건을 직접 만들어서 판매하는 장인들이 시전에 함께 자리했던 것으로 생각된다. 이런 구조 때문에 조선 후기에 이르러 시전상인들이 공장들의 상행위를 제한하려 했을 것이다.

세종 7년(1425) 8월부터는 시전에 대한 세금을 동전으로 조정했다. 행랑세는 봄가을로 120문씩 1년에 240문을, 행상은 매달 80문씩 1년에 960문을, 좌고는 매달 40문씩 1년에 480문을 내도록 했다.[56] 1문은 1푼에 해당했다. 이 무렵 쌀 1말이 동전 40문이었으니,[57] 시전행랑세는 1년에 쌀 6말 정도였다.

성종 때 반포된 『경국대전』에 의하면, 시전은 행랑 1칸마다 봄가을로 저화 20장씩 1년에 40장을, 좌고는 매달 저화 4장씩 1년에 48장을, 육로 행상은 매달 저화 8장씩 1년에 96장을 납부하도록 했다.[58] 이 무렵 '저화 1장은 쌀 1되에 준한다'라고 했으니, 당시 시전행랑세는 1년에 쌀 4말 정도였다.[59]

국초부터 시전행랑과 상인들에게 세금을 걷어들이고 있었으나, 세금을 회피하거나 내지 않는 자들이 적지 않았다. "뇌물을 써서 면세 받는 무리도 많았고" 교묘한 수단으로 세금을 안내기도 했다.⁶⁰ 그래서 단종 때는 "시전의 간가間架(집의 기둥과 간격)와 장인匠人의 등제登第, 상인의 성명, 세전의 액수를 명백히 기록"하도록 해 세금 탈루를 막고자 했다.⁶¹

시전은 납세 부담 이외에 각종 잡역雜役도 지고 있었다. 대표적으로 국왕과 왕족·대신들의 장례에 곡비哭婢(장례 때 곡하는 여종)로 시전녀市廛女를 동원하거나, 산릉 조성공사에 시전상인을 동원하는 일이 그것이다.⁶²

시장풍경

시장에서 대중과 함께, 그를 버린다

시장에서 죄인을 처벌한다는 것은 "대중과 함께 그를 버린다"는 뜻이 담겨 있다.[63] 처형을 경계로 삼되, 백성들의 동조를 얻는다는 뜻이다. 조선시대에도 시장에서 많은 사람들이 무시무시한 처형을 당하고 죽어갔다. 사람의 팔과 다리를 각각 다른 수레에 묶고, 그 수레를 반대 방향으로 끌어서 찢어 죽이던 거열車裂(환열이라고도 함). 사람들이 모인 곳에서 죄인의 목을 베고 시체를 길거리에 내버리던 기시棄市. 죄인의 목을 베어서 모두가 볼 수 있도록 높은 곳에 매달던 효수梟首 등이 모두 시장에서 벌어졌던 형벌이었다.

조선 전기에는 특히 정치세력 간에 벌어진 정쟁으로 희생된 정치범들이 시장에서 처형되거나 효수되는 경우가 많았다.

> 임군례를 시장에서 환형轘刑(거열과 같음)에 처했다 …… 이때 이르러 옥사가 완비되었기에, 대역大逆으로 다루어 백관들을 시장에 모아 놓고 환형에 처하고, 사방으로 돌려보도록 했으며, 가산을 적몰하고 처자는 노비로 삼도록 했다.[64]

세종 때 임군례任君禮가 처형된 장면이다. 그는 개국공신 임언충任彦忠의 아들이었는데, 충호위忠扈衛 제거提擧직에서 파면되자 상왕인 태종을 원망하면서 "이 따위 임금이 어찌 대체大體(국가경영의 요체)를 안다고 할 수 있겠는가?"라고 해서 '대역죄역'이 된 것이다.

단종 1년(1453) 10월에는 "김종서金宗瑞 부자父子와 황보인皇甫仁·이양李穰·조극관趙克寬·민신閔伸·윤처공尹處恭·조번趙蕃·이명민李命敏·원구元矩 등을 모두 시장 거리에 효수"하는 일이 벌어졌다. 수양대군이 왕권을 차지하기 위해 단종을 보필하던 대신들을 제거한 계유정난癸酉靖難이었다.

수양대군은 김종서 등 정치적 반대파를 제거한 후 단종을 축출하고 왕위(세조)에 올랐다. 이에 불만을 품은 성삼문成三問·이개李塏·하위지河緯地 등은 세조 2년(1456)에 단종의 복위를 위한 거사를 계획하고 실행하려 했으나, 김질金礩의 고변으로 모두 체포되고 말았다. 그 가운데 성삼문·이개·하위지·박중림朴仲林·김문기金文起·성승成勝·유응부兪應孚·윤영손尹令孫·권자신權自愼·박쟁朴崝·송석동宋石同·이휘李徽 등 15명은 군기감 앞길에서 환열에 처해지고 3일간 시장에 효수되었다.[65] 사육신 가운데 박팽년朴彭年·유성원柳誠源·허조許慥는 처형 전날에 고문으로 죽자 그 시체를 거열했다.[66]

예종 때는 남이와 관련한 사건이 터졌다. 예종 즉위년(1468) 10월에 정치주도권 싸움에서 패퇴한 남이南怡와 강순康純·조경치曺敬治·변영수卞永壽 등 9명이 모두 시장에서 거열형에 처해졌고, 그들의 목을 7일 동안 시장에 매달았다.[67] 사건은 여기서 그치지 않고, 남이와 연루된 죄목으로 박자전朴自田 등 24명이 추가로 참형을 당했으며,[68] 그 외에도 숱한 사람들이 희생되었다.

「경국대전」 가운데 〈시전행랑세〉와 상인에 대한 부세 규정

원래 남이와 강순은 이시애李施愛의 난을 평정한 공으로 적개공신敵愾功臣 1등에 책봉된 신하였다. 또한 북방의 여진족을 정벌하는 데도 공을 세워, 새롭게 중앙무대에 급부상하던 정치세력이었다. 그러나 예종이 즉위한 뒤부터 원상院相(원로재상)으로서 권력을 장악하고 있던 신숙주申叔舟·한명회韓明澮 등과 대립했고, 결국 유자광柳子光의 모함을 계기로 제거되고 말았다.

연산군 10년(1504)에는 갑자사화가 일어났다. 수많은 사람들의 목숨이 날아갔고, 희생자들 가운데 상당수가 시장에서 참수되거나 효수되었다. 궁녀 나읍덕羅邑德은 "궁중에서 '위'에 관한 일을 누설한 죄"로 완원군完原君(성종의 아들로 숙의홍씨 소생)의 종인 존비存非·존이存伊와 함께 군기시 앞에서 참형에 처해지고 시장에 효수되었다. 이후 연산군은 폐비윤씨 사사사건에 관련된 자들을 찾아내어 수많은 사

람들을 죽였다. 이때 시장에서 처형되거나 효수된 사람만도 20여 명에 이른다. 심지어 한명회韓明澮는 이미 오래 전에 죽었는데도 시체를 꺼내 그 목을 철물전에 효수했다.

이런 정치범 외에 삼강오륜을 어긴 강상범綱常犯이나 살인범 등도 시장에서 처형되었다.

연산連山에 사는 부인 내은가이內隱加伊를 시장에서 환열했다. 충청도 연산현에 사는 백성 우동牛童의 아내 내은가이가 이웃남자 강수姜守와 정을 통했는데 …… 내은가이가 남편이 깊은 잠에 빠진 것을 엿보고 슬그머니 일어나 강수를 이끌고 와서 "지금이 그때요" 하니, 강수가 마침내 죽여서 근처에 묻었다 …… 임금이 말하기를 "한 고을에서 죽이면 (그 일을) 누가 알겠느냐? 잡아서 서울로 올려와 시장에 세워 대중을 깨닫게 한 뒤에 사지를 나누어 여러 도에 보이라" 했다.[69]

태종 16년(1416)에는 평소 포악하게 굴던 양반 관료 최윤복崔閏福의 어머니 권씨를 살해한 사노비 가지장加知庄과 옥둔玉屯이 시장에서 환열형에 처해졌다.[70] 특히 당시에 노비가 주인을 살해하는 것은 매우 중대한 강상죄로 취급했기 때문에, 모조리 참형에 처하거나 능지처사陵遲處死(죄인을 먼저 죽인 뒤에 시체를 머리, 양팔, 양다리, 몸통 등 여섯 부분으로 잘랐던 극형)로 다스렸다.[71]

세종 5년(1423)에는 강원도관찰사를 지낸 이귀산李貴山의 처 유씨柳氏가 지신사知申事였던 조서로趙瑞老와 간통한 사건이 발각되었다. 조서로는 강상죄로 유배 조치되었고, 유씨는 대신의 아내로서 간통했다는 죄목으로 3일 동안 시장에 세워두었다가 참형에 처했다.[72]

살인범도 시장에서 단죄해서 백성들이 경계로 삼도록 했다. 세종 23년(1441)에 야인野人(압록강과 두만강 유역에 거주하던 여진족) 오량합吾良哈 유자柳者가 사람을 때려죽인 일로 붙잡힌 일이 있었다. 이들을 시장으로 끌고 와서 3일 동안 세워둔 다음, 무려 장杖 100대를 때렸다.[73]

조선 전기에 시장에서 희생된 정치범의 비중이 매우 높았던 것은, 계유정난·단종복위운동·남이사건·갑자사화와 같은 정치적 사건과 관련된 희생자가 유난히 많았기 때문이다. 당시에 벌어진 정치권 내부의 치열하고 폭력적인 권력투쟁의 한 단면이, 그것도 환열(거열)·참수·기시·효수 등 매우 잔인하고 극단적인 방법이 동원됨으로써, 시장이라는 무대에서 전근대 국가폭력의 양상이 적나라하게 과시

조선시대의 형벌 장면들

되었던 것이다. 이에 반해 윤리와 강상에 관련된 간통죄·살인죄인의 처벌은 상대적으로 그 비중이 낮았다.

조선 전기에 시장에서 처형된 사람들

구분	연월일	처형 대상	사유 및 죄목	처형 방법
정치범	태종 1년(1401) 2월 무술(9일)	변남룡卞南龍·변혼卞渾 부자	영안군寧安君 무고죄	기시棄市
	태종 8년(1408) 12월 임오(9일)	목인해睦仁海	왕친王親 무함誣陷	환열
	세종 3년(1421) 2월 신해(18일)	임군례任君禮	왕과 상왕 비판, 대역죄	환열
	단종 1년(1453) 10월 계사(10일)	김종서金宗瑞, 황보인皇甫仁 조극관趙克寬, 이양李穰 윤처공尹處恭, 민신閔伸 등	수양대군의 반대파 숙청 (계유정난), 난역죄	효수梟首
	세조 2년(1456) 6월 병오(8일)	성삼문成三問, 하위지河緯地 이개李塏, 성승成勝 등 15명	단종복위운동, 역모죄	군기감 앞길 환열 시장 효수
	세조 2년(1456) 6월 병진(18일)	심신沈愼, 박기년朴耆年 등 5명	〃	군기감 앞길 환열 시장 효수
	세조 2년(1456) 6월 기미(21일)	최치지崔致池, 최득지崔得池 등 17명	〃	군기감 앞길 환열 시장에 효수
	세조 11년(1465) 4월 을미(19일)	봉석주奉石柱, 김처의金處義 최윤崔閏	왕을 원망, 모반죄	효수
	예종 즉위년(1468) 10월 계축(27일)	남이南怡, 강순康純 등 9명	모반죄	시장 환열, 효수
	예종 즉위년(1468) 10월 갑인(28일)	남이의 어머니貞善(공주)	아들 모반죄 연루	시장 환열, 효수
	연산군 10년(1504) 4월 임진(1일)	나읍덕羅邑德(궁녀) 존이, 존비(완원군 노비)	갑자사화 궁중의 일을 누설한 죄	군기시 앞 참형 시장 효수
	연산군 10년 윤4월 임신(12일)	이윤걸李允傑, 김의장金義將	갑자사화, 비상非常죄	백관 앞 효수
	연산군 10년 윤4월 을해(15일)	김취인金就仁, 정성근鄭誠謹	갑자사화, 거짓 충성	철물전 앞 효수
	연산군 10년 윤4월 병자(16일)	조지서趙之瑞	갑자사화, 임금 능멸죄	철물전 앞 효수
	연산군 10년 윤4월 기묘(19일)	변형량卞亨良	갑자사화, 무고죄	효수
	연산군 10년 윤4월 경진(20일)	이유녕李幼寧	갑자사화 관련	군기시 앞 참수 시장 효수
	연산군 10년 윤4월 병술(26일)	이극균李克均	갑자사화, 불궤不軌	효수
	연산군 10년 윤4월 기축(29일)	윤필상尹弼商	갑자사화 관련	효수
	연산군 10년 5월 경인(1일)	노형손盧亨孫	갑자사화, 불경죄	효수
	연산군 10년 5월 경자(11일)	한명회韓明澮	갑자사화 관련	부관참시 후 시장 효수
	연산군 10년 5월 임인(13일)	이수원李守元 등 4명	갑자사화 관련	참형 후 효수
	연산군 10년 10월 갑자(7일)	김굉필金宏弼	갑자사화 관련	부관참시 후 철물전 효수
윤리범	태종 7년(1407) 11월 무인(28일)	내은가이內隱加伊	정부와 간통, 남편 살해	거열車裂
	태종 16년(1416) 4월 병재(14일)	가지장加知庄, 옥둔玉屯	노비로 주인 모친 살해	환열
	세종 5년(1423) 10월 을묘(8일)	이귀산 처 유씨柳氏	간통죄	시장에 세웠다가 참형斬刑
	세종 23년(1441) 6월 무진(3일)	오량합吾良哈, 유자柳者	살인죄	시장에 세웠다가 장杖100대
	예종 1년(1469) 3월 임인(18일)	구승수丘承壽(임영대군 수행원)	재화 겁탈, 인심 현혹 등	효수

※ 자료: 『조선왕조실록』 해당 일자.

3. 민간시장과 경강

방방곡곡 들어선 민간시장

태종 10년(1410)에 이르러 조정에서는 지역과 거래물품을 고려해 6곳을 대시大市로 지정해 영향력을 행사했다. 그러다가 태종 12년(1412)부터 시전행랑을 건설해 상인들에게 분양함으로써, 관설시장으로서의 시전이 본격적으로 출현한 것이다. 이때 운종가 등지에서 활동하던 이전의 상인들 대부분이 시전에 편입되었을 것이다.

시전은 공간적으로 종로와 남대문로에 편중되어 있었기 때문에, 도성 주민들의 일상적인 물품을 모두 충당하기에는 한계가 있었다. 그래서 일찍부터 여항소시가 형성되어 주민들에게 필요한 소소한 물품을 거래했다. 사회적 안정을 배경으로 점차 인구가 증가하고 사치 풍조가 번지면서, 유통 상권의 서울 집중이 심화되고 상품 수요가 늘어났다. 자연히 서울 곳곳에 민간시장이 활성화되었다.

> 상고商賈를 억제하는 일에 대해 우찬성 신용개申用漑가 말하기를 "태평한 세월이 오래되어 인구가 번성하므로 이와 같습니다. 또 지방에서 부역을 도피한 사람들이 서울에 모여들어 마을과 거리마다 시장 아닌 곳이 없으니, 만약 옛 시장이 아닌 것을 일체 금지한다면 저절로 귀농歸農할 것입니다"라고 했다.[74]

중종 9년(1514) 무렵 서울은 "마을과 거리마다 시장 아닌 곳이 없"을 정도로 민간시장이 번성했다. 우찬성 신용개는 본업인 농업을 장려하기 위한 방안으로, 예로부터 내려온 시장이 아닌 곳을 금지할 것을 요청했다. 이때 억제 대상이 된 것은 바로 비시전계 민간시장과 사상私商이었다. 중종 13년(1518)에도 시전 이외에 민간시장을 억제하려는 논의가 있었다.

남곤南袞이 아뢰기를 "우리나라의 제도로 본다면 종루에서 종묘까지를 시전으로 삼았다. 지금은 방방곡곡坊坊曲曲 시장이 출현하지 않은 곳이 없으며 이로써 물가가 뛰어오르니, 말업末業을 따르는 것을 금지하고 억제해 본업本業에 힘쓰게 하는 뜻을 보여주어야 합니다"라고 했다.[75]

그 외에 민간시장으로서 여인들의 채소시장이 있었다. 조선 후기에 간행된 『한경지략漢京識略』에 의하면,[76] 동대문 밖 관왕묘 앞(현 종로구 숭인동)에 조선 전기부터 설치된 여인들의 채소 시장이 있었다. 단종의 비妃였던 정순왕후 송씨는 단종이 영월로 유배되었다가 죽음을 당하자, 여승들이 살던 정업원淨業院에 거처하면서 영월을 바라보며 단종의 명복을 빌었다.

「한경지략」 가운데 〈여인시장〉 관련 기록

채소 등의 먹을거리가 궁핍해지자, 동교東郊에 사는 여인들이 정업원 앞에 시장을 설치해서 정순왕후에게 채소를 제공했다. 이후 여인들의 채소 시장은 『한경지략』이 나온 정조 때까지 철폐되지 않았다.

특히 16세기 이후에는 '방방곡곡' 민간시장이 자리잡아, 도성 밖 한강변까지 확대되었다. 이런 시장경제의 흐름은 조선 후기 칠패·이현시장의 출현과 성장, 그리고 경강의 상업 발달로 이어졌다.

경강, 유통의 중심지가 되다

경강은 일반적으로 서울 지역을 흐르는 한강을 의미하며, 광나루에서 양화진까지를 가리킨다. 경강변은 조선 초기부터 서울로 집중되는 물화와 사람들을 실어 나르는 운수업이 발달했으며, 선박으로 상업 활동을 하는 선상업船商業도 활기를 띠고 있었다.[77] 특히 경강은 전국의 세곡稅穀과 양반지주들의 지대가 유입되는 곳으로서 전국적인 곡물유통망의 중심이 되었고, 목재와 어물 거래도 활기를 띠고 있었다.

일찍부터 한강변에는 지방에서 올라오는 세곡과 공물을 보관하기 위한 창고, 곧 풍저창豊儲倉·광흥창廣興倉·군자감軍資監 등이 있었으며, 이 가운데 용산강의 군자감고 84칸과 서강의 풍저창고 70칸은 태종 때 건설되었다.[78] 또한 풍저창과 광흥창은 '양창兩倉'으로 불리며 중시되었다. 경강으로 미곡이 들어오는 풍경을 읊은 개국공신 정도전鄭道傳의 「서강조박西江漕泊」이라는 시이다.

사방의 선박들 서강으로 밀려들어
용이 뛰놀듯 큰 배 만곡萬斛을 풀어놓네

수많은 창고에 붉게 변질된 쌀을 보소
나라의 정사는 먹을거리 넉넉하면 그만이라네[79]

경강변은 운수업이 발달해서 물건을 싣고 내리는 하역인부들도 많이 있었다. 이들은 거마車馬를 이용해 곡물과 목재·기와·얼음 등을 실어 날랐으며, 그 과정에서 운반비를 과도하게 받아 문제가 되기도 했다. 중종 때는 강원도에서 진상하는 생물生物의 운반비를 너무 많이 받고, 물건을 싣고온 사람의 의복까지 빼앗는 일도 있었다.[80]

특히 군자감 창고 등이 설치된 용산 지역은 유통의 중심지로 성장하면서 거주민들도 증가했다. "용산은 거주민이 매우 많아서, 하류할 때 무뢰한 무리들이 틈을 엿보아 도둑질을 한다"고 했다.[81] 여객주인旅客主人과 운반꾼 등도 중요한 역할을 했다.

또 아뢰기를 "여러 도의 조선漕船이 용산·서강에 정박하면, 그곳에 거처하는 사람이 주인主人이라 칭하면서 실고온 쌀을 집 앞에 두고는 훔치기도 하고 빼앗기도 하며, 수레삯車價도 함부로 받아서 그 폐단이 적지 않습니다. 또 한 척의 배에 싣는 것이 거의 8백여 석에 이르는데, 두세 명의 영선공리領船貢吏로는 지키기 어렵고, 또 실어들일 때 압령押領(물건을 호송함)하는 사람이 없기 때문에 거주車主가 마음대로 훔치니, 이로 인해 조세가 축이 납니다."[82]

이를 보면 용산·서강 등 경강 일대에 '주인'이라 칭하는 존재가 조세곡의 운반에도 관여했음을 알 수 있다. 그러자 한성부로 하여금 주인의 횡포와 운반의 문제를 해결하기 위해 수레를 모두 기록하고 운반을 책임지도록 조처했다.

성종 때 이르러서는 용산강 하류에 모래가 쌓여 수심이 얕아져, 용산 지역에 선박을 정박하기에 어려움이 따랐다. 그래서 조운선을 서강·노량露梁·두모포 등지로 옮겨 정박하게 하고, 수레를 이용해 미곡을 실어 나르기도 했다.[83] 용산의 지형 변화로 인해 배의 정박이 줄어들고 취급하는 물동량이 감소되자, 용산강변에 거주하는 주민들이 "각자의 이익을 위해" 스스로 강을 개착開鑿(준설)하려 했으나, 힘이 모자라 그만두기도 했다.[84]

또한 한강변에는 자연스럽게 유통과 관련된 조직이 형성되어 전국을 상대로 무역을 하고, 심지어 중국 등지로 직접 가서 밀무역을 하는 자들도 있었다.

고발한 사노비 오십근五十斤과 청로대淸路隊(임금이 거둥할 때 길을 치우는 부대) 유천년劉千年 등의 말에 "용산에 사는 관노비 이산송李山松이 우리를 꾀어 배 한 척에 각기 목면을 싣고 충청도 홍주의 홍양곶에 가서 사기沙器를 무역해 그곳에 두고 왔습니다. 산송이 또 말하기를 '제주 가서 장사하면 자못 이익이 있다' 고 해서 우리들과 강화에 사는 김거재金車載, 용산에 사는 문리文里·동묵석同墨石, 남대문 밖에 사는 성이 박가인 사람 하나, 남소문동 근처에 사는 성이 유劉가인 자 하나 등, 모두 8명이 함께 격군(수부)이 되어 용산에 사는 송두을언宋豆乙彦의 배에 같이 타고 다시 홍주로 가서, 전에 사기를 두고온 곳에서 그 사기와 잡물을 실었습니다. 산송이 제주로 출발한다고 속이고 바닷길로 거의 14~15일을 가서 비로소 육지에 닿아 있는 작은 섬에 정박했습니다. 산송이 먼저 사람들 거처에 가서 한 사람을 데리고 와서 서로 말하는데, 그는 우리말과 중국어(漢語)를 꽤 잘했고, 산송도 중국어를 했습니다 …… 산송이 무역한 물건은 비록 자세히 알지는 못하지만, 대개 사기와 잡물을 중국의 기강·쌀·좁쌀·붉은 콩·껍질 벗기지 않은 조·배주씨 등과 무역했습니다 …… "라고 했다.[85]

이들의 신분은 노비와 상인 등으로, 이들 8명 가운데 용산에 사는 사람이 3명이나 되었다. 당시 한강변에 거주하는 자들이 지방은 물론 중국 등지까지 진출해 물화를 거래하고 있었음을 알 수 있다. 또한 하층민들이 동업을 통해 상업적 이익을 꾀하고 있었던 단면을 엿볼 수 있는 장면이기도 하다.

이처럼 쌀과 목재·생선 등 전국의 물화가 모여드는 경강에는, 자연스럽게 이들 물품을 취급하는 상인이 성장해갔고, 미전米廛·어물전·시목전柴木廛 등의 점포도 활성화되었다.[86]

경강의 목재시장은 강원도 양구·인제 등지에서 베어낸 목재가 한강을 타고 내려와 경강변에 집적되면서 자연스럽게 형성되었다. 전국적으로 유명했던 이 목재시장은 조정과 왕실 및 양반가에서 필요로 하는 재목材木을 공급했다.[87] 또한 국가에 대규모 토목공사가 있을 때는 각 지방에 목재를 할당해 바치게 했다. 그러나 조정에서 요구하는 목재를 구하지 못했을 경우에는, 각 지방 백성들이 면포를 거두어 경강에서 목재를 사다 바치기도 했다.[88] 이로 인해 경강의 목재 값이 턱없이 올라 백성들이 피해를 보는 경우가 적지 않았다.

경강에는 생선을 취급하는 어물시장도 활성화되었는데, 어물이 상하기 쉽기 때문에 경강에서 신선한 생선을 바로 구입하는 경우가 많았기 때문이다.[89] 성종 때 연안부사延安府使 연정렬延井洌이 생선과 소금을 경강으로 가지고 와서 베와 거래했는데, 이로 인해 영원히 등용하지 않는다는 '영불서용永不敍用' 조치를 당하기도 했다.[90]

사상, 자본을 축적하다

인구가 불어나면 자연스럽게 소비시장이 커지게 된다. 새로운 수요에 대한 물화의 공급은 아무래도 민간시장과 사상私商이 주도했던 것으로 보인다. 시전은 공간이나 상인들의 수가 제한되어 있어, 새로운 소비수요에 대한 대응에 한계가 있었다. 이런 수요를 기반으로 서울 각지에 민간시장이 들어섰고, 한강에도 민간이 주도하는 곡물·목재·어물의 거래가 활발했다. 이런 민간시장의 성장과 상권 발달은 사상층의 자본축적으로 이어졌다.

> 승정원에 전지하기를 "지금 오는 사신이 가지고 오는 궤짝이 200개나 된다 하니, 무역할 물건이 반드시 많을 것이다. 전일 명나라 사신 예겸倪謙이 왔을 때, 시전에서 무역하는 사람이 없었으므로, 부상富商으로 하여금 강제로 사게 했다. 이것은 아름다운 일이 아니다 ……"라고 했다.[91]

문종 즉위년(1450) 6월 17일의 기록이다. 이때 부상은 물론 시전상인이 아닌 민간상인이었다. 이와 같이 사신이 가져온 물건을 부상에게 강매한 것은, 부상들이 시전상인을 능가하는 자본력을 갖고 있었기 때문이라 여겨진다. 사신이 가져오는 물건들은 대체로 비싼 가격을 요구했기 때문에 자본력이 미약한 상인들은 구매하기 어려웠다.

이처럼 사상들 중에는 시전상인을 능가할 정도로 자본을 축적한 상인들이 적지 않았다. 16세기에 이르러 상품유통이 더욱 확대되면서 상인층의 일부가 대상인, 곧 '경중부상대고京中富商大賈'로 성장했고, 지방의 상권까지도 좌우하고 있었다.[92] 이들 거대 자본을 가진 부상대고들 가운데는 시전상인 뿐만 아니라 사상의 비중도 높았으며, 상인 간의 동업을 통해 이익을 도모하기도 했다.

> 이에 앞서 상인 김득부金得富가 장유경張有敬과 함께 동업으로 돈을 벌어서 두 사람이 각각 그 반을 취했다. 하윤河允이 증서를 쓰고 문계생文繼生이 증인이 되어 문계文契(증서)가 모두 있었다. 그뒤 김득부가 또 한 사람과 더불어 돈을 벌어 그 액수가 자못 많으니, 장유경이 나누자면서 무고해 말하기를 "득부가 나와 함께 번 돈을 이용해 이런 재화를 벌었으니, 나와 마땅히 똑같이 나누어야 한다"고 하면서 끝내 사헌부에 송사했다.[93]

세조 12년(1466) 1월 3일의 일이었다. 이때 상인 김득부는 "고인賈人", "부상富商"[94]으로 기록되어 있는 점으로 미루어, 비시전계 '부상대고'에 속한 사상으로 보인다. 또한 그는 오래 전인 문종 즉위년(1450) 8월에 명나라 사신이 왔을 때, 사신과 금지품목인 세포細布를 거래하다가 문제가 된 인물이었다. 그는 이후 성종 때도 제용감 첨정 김정광金廷光에게 "후한 뇌물"을 바치고 품질이 나쁜 베를 납품해 말썽이 된 적도 있었다.[95]

이처럼 부상 김득부는 장유경과 자본을 합작해 동업 형태로 이익을 취하고 있었고, 다른 상인들과도 계속 합작해 재화를 늘려갔다. 이런 동업 형태로 이익을 취하는 사례는 김득부 이외에도 많이 있었으며, 15세기 중반에 일반적으로 행해지던 일이었다.[96]

서울의 부상들은 공물貢物의 대납과 외국무역을 통해서 자본을 더욱 축적해 나갔다. 공납은 각 지방에서 생산되는 토산물을 조정과 왕실에 바치는 제도인데, 당시 많은 문제점을 야기하고 있었다. 곧 생산되지 않는 물품 납부를 강요해 백성들의 부담을 가중시켰고, 토산물의 운반 등에 소요되는 비용이 너무 컸다. 결국 세조 때 이르러 공물의 대납을 허용했으며,[97] 서울의 부상들과 권문세실權門勢室·승僧 등이 공물대납에 참여했다.

부상들은 이 과정에서 때로는 특정 지방의 토산물을 독점적으로 매점해 대납함으로써 이익을 도모했다. 자본을 축적한 부상들은 권력층과 결탁해 영향력을 행사했으며, 지방에까지 상권을 확대했다.[98]

또 그들은 중국·일본과의 외국무역에도 직·간접적으로 참여했다. 조선 초기에는 상인들이 공식적으로 외국무역에 종사할 수 없었기 때문에, 사신 일행과 결탁해 물품을 거래하는 방식을 취했다. 주로 "명나라 가는 통역이나 의원醫員들과 결탁해"[99] 중국에서 물건을 팔았고, 또 중국 물건을 밀수입해 이익을 얻었으며, 때로는 직접 사신을 따라가 무역을 주도하기도 했다.[100]

일본 사신이 오면 세포細布를 내주고 동철銅鐵을 매입했다. 이로 인해 시장의 세포와 명주가 바닥나는 경우도 있었다. 또한 서울의 부상대고들이 왜관倭館이 설치되어 있는 삼포三浦에 가서 일본 물건을 매입했으며, 그 물건을 거래하는 것을 전문적 생업으로 삼는 경우도 있었다.[101]

4. 다양한 상품과 무시무시한 물가

불법 쇠고기 거래와 각양각색의 상품들

조선 전기에 서울은 10만~15만 명 이상의 인구가 거주하는 대도시였으며,[3] 주민 구성 또한 다양했다.[102] 최고의 귀족계급인 왕족과 양반관료를 비롯해 역관·서리·군인·상인·수공업자·노비 등 여러 신분계층과 각양각색의 직업종사자들이 살고 있었다. 시장은 이들 다양한 군상들의 수준과 취향에 맞추어 각종 물품을 제공해야 했다.

왕조체제가 안정기에 접어들면서 인구가 증가하고 사치 풍조가 만연하면서 시장의 거래 상품도 더욱 다양해지고 고급화되었다. "백성들은 다투어 서로 사치"하고,[103] "의복·음식·가옥·기명이 모두 화려한 것을 서로 숭상"하는 풍조였다.[104] (▶부록) 표2, 조선 전기 시장의 거래 상품)

서울은 상주인구가 10~15만 명에 달했고, 도성 수비를 위해 상경하는 번상군番上軍, 도성건설 등 각종 공사에 동원되는 일꾼들, 수시로 시행되는 과거 시험 응시자들, 그 외의 유동인구의 쌀 수요까지 충당해야 했기 때문에[105] 서울의 곡식 소비량은 매우 많았다. 조선 후기의 서울 인구 20만여 명의 1년 미곡소비량을 100만 석으로 추산했을 때,[106] 조선 전기의 서울 인구 10~15만 명의 미곡소비량은 50만~75만 석 정도가 된다.

당시 왕실과 조정에서 필요한 쌀은 각 지방에서 운반되어온 세곡稅穀으로 충당했고, 또 양반관료들은 국가로부터 봄·여름·가을·겨울 4차례에 걸쳐 쌀과 콩·보리 등을 비롯해 명주·저화 등을 녹봉祿俸으로 받았다.[107] 따라서 관료들은 쌀을 구입하지 않아도 생활할 수 있었지만, 대부분의 주민들은 쌀과 보리 등을 구입해야 했다. 쌀은 품종에 따라 멥쌀·찹쌀이 있었고, 도정의 정도에 따라 백미·현미·조미 등 그 종류가 다양했다.

왕족과 양반들이 집중 거주하는 서울은 고기류 소비도 많았으며, 소·말·돼지·닭·염소·양·오리·꿩·토끼·노루·사슴고기 등이 거래되었다.[108] 특히 쇠고기와 말고기는 자연사한 것 이외에는 먹지 못하도록 규제했으나, 세조 때 양성지梁誠之가 "옛날에는 잔치를 위해 소를 잡았으나, 지금은 시장 안에서 판매하기 위해 소를 잡고 …… 시장에서 구하려고 하면 구하지 못함이 없다"라고 했으니,[109] 돈만 있으면 쇠고기를 쉽게 구입했을 것이다. 이때 시전에서 하루에 소를 도살하는 것이 수십 마리에 달했다.

예로부터 우리나라에서는 소를 농사짓는 노역에 써왔기 때문에 매우 귀중하게 여겨왔다. 태조 이성계는 1398년에 교지敎旨를 반포할 때 소와 말의 도살을 금지시켰고, 한성부로 하여금 관할하도록 했다.[110] 따라서 일반에서는 도살한 쇠고기를 먹을 수 없었으며, 자연사한 소의 고기에 한해 한성부에서 세를 부과하고 매매를 허가했기 때문에 먹을 수 있었다.[111]

따라서 허가받지 않은 쇠고기를 먹는 것은 불법이었다. 세종 때 승지 권맹손權孟孫·황치신黃致身 등이 자연재해가 생겼을 때 술을 마시고 쇠고기를 먹었다는 이유로 파직되었다. 또 예종 때 유자광柳子光이 남이南怡를 역모로 모함할 때 "쇠고기 수십 근이 부엌에 있었다"는 점을 부각시키기도 했다.[112]

그러나 양반 가정에서는 불법으로 도살한 쇠고기를 먹는 일이 많았다. 세종이 "쇠고기를 쓰는 것은 모든 사람들이 범하는 일"[113]이라고 한 것을 보면, 쇠고기를 먹는 것이 관례적으로 묵인되었음을 알 수 있다. 도성의 쇠고기 수요가 늘어나 밀도살이 횡행했다. 세조 11년(1465)에 "시장에서 하루에 소를 사는 것이 수십 마리를 넘고, 모두 도살해 닭을 죽이는 것처럼 한다"고 했다.[114]

말고기도 식용으로 썼는데, 제주도에서는 해마다 마른 말고기를 특산물로 바쳤다.[115] 돼지고기는 세종 때 도승지였던 조서강趙瑞康이 "우리나라 사람은 돼지고기를 즐기지 않는다"고 한 것으로 보아[116] 쇠고기에 비해 선호도가 낮았던 것으로 보인다.

생선으로는 대구와 북어를 비롯해 은어·숭어·문어·준치·민어·망어·홍어·농어·연어·조기·청어·도미·고등어·오징어·새우 등이 있었다.[117] 이들 생선은 말려서 건어물로 이용되었고, 소금을 가미해 젓갈의 재료가 되기도 했다. 젓갈 또한 매우 다양한 종류가 있었다. 은어젓·숭어젓·연어젓·송어젓·전복어젓·연어알젓 등이 있었으며,[118] 중국 사신에게 특산물로 바치기도 했다.

술은 예로부터 의례용으로 썼을 뿐만 아니라 일상생활에서도 흔하게 마셨다. 관청에 술 창고를 두고 있었는데, 술을 "물 쓰듯" 해서 문제가 되었다.[119] 시장에서는 술을 만드는 누룩이 잘 팔렸다. 심지어 중종 때는 하루에 거래되는 누룩이 700~800문(門)이었는데, 이는 쌀 1천여 석을 술로 빚을 수 있는 양이었다.[120]

전근대 사회에서 복식은 몸을 보호하기 위할 뿐만 아니라, "상하를 분별하고 등급의 위신을 밝히는" 기능도 갖고 있었다.[121] 대개 집에서 옷을 만들어 입었으므로, 시장에서 비단·모시·목면·삼베 등을 팔았다. 옷감은 화폐의 기능도 담당하고 있었기 때문에 물가 변동에 많은 영향을 미쳤다.

옷감은 색깔의 유무와 가늘고 곱게 짠 정도 등에 따라 값도 차이가 많이 났다. 염색한 물건 값은 값을 다투지 않고 매우 비싸게 거래되었다. 세종 때는 귀천을 가리지 않고 사람들이 자색(紫色)을 좋아해 1필을 자색으로 염색하는 비용이 1필 값에 달할 정도였다.[122] 비단은 채단(綵緞)·사라(紗羅)·능단(綾緞)·명주(明紬)·주단(紬緞)·자주(紫紬) 등 그 종류가 매우 많다. 사라와 능단은 원래 중국에서 들여온 것으로 귀중하게 취급되어, 왕실과 양반세도가들이 입었으나, 점차 사치가 심해지면서 상인과 서민들도 이용했다.[123] 삼베는 마포(麻布)·흑마포(黑麻布)·백마포(白麻布) 등이, 모시는 저포(苧布)·백저포(白苧布)·흑저포(黑苧布) 등이 있었다.

햇빛을 가리는 모자로는 갓(笠)을 썼다. 초립(草笠)은 주로 양반들이 사용했고, 중국 사신들이 요청해 하사하기도 했다. 방한 용구로 무릎을 덮는 호슬(護膝)은 베와 초피(貂皮)(담비가죽)로 만들었으며, 허리에 두르는 띠(帶)는 금대(金帶)·은대(銀帶)·서대(犀帶)·혁대(革帶) 등이 있었다.

온돌은 삼국시대부터 사용한 기록이 있고, 조선시대에 보급되었다. 온돌 구조의 난방 방식과 겨울이 길고 추운 기후 조건으로 인해 땔나무 소비량은 매우 많았다. 왕실과 조정에서 쓰이는 땔감은 경기도 등지에서 바치게 하거나, 땔나무를 매매하는 시장(柴場)을 배정해 충당하도록 했다. 땔나무 장은 5리

땔나무 장수

·10리·15리·20리 등을 단위로 배정했다. 특히 소비량이 많은 사옹원司饔院의 사기소沙器所 같은 곳은 땔나무가 무성한 곳을 따라 옮겨 다녔다.[124]

원래 땔나무 장은 사사로이 소유하지 못하도록 규정되어 있었으나, 왕실 가족과 권세가들이 독점하기도 해서 많은 문제를 야기하고 있었다.[125]

반면에 도성 주민들은 각자 땔감을 구해 사용했는데, 주로 가까운 산의 나무를 베어 쓰거나 시장에서 구입했다. 원래 국법에는 도성 안팎에서의 벌목을 금지하고 있었지만, 사람들이 함부로 베어가 "도성에 가까운 모든 산이 다 민둥산이 되었다"고 할 정도로 벌목이 성행했다.[126] 땔나무를 판매하는 시장은 도성 곳곳에 있었고, 서울 주변의 지역 주민들 중 상당수가 서울에 땔나무를 팔아 생계를 도모했다. 심지어 경기도 백성들은 "의식衣食의 근원이 땔나무와 숯에 있다"고 할 정도였다.[127] 때로 땔나무 값이 너무 많이 올라 "나무 1바리 값이 쌀 1말"이 되기도 했다.[128]

궁궐과 주택 등을 짓는 데 소용되는 목재와 지붕을 잇는 기와·띠[茅] 등도 시장의 주요 판매 물품이었다. 궁궐과 관청의 건설에 쓰이는 목재는 각 지방에서 충당했으나, 서울 주민들은 한강변 등지에 형성된 목재시장을 이용했다. 조선 초기에 "대소인가大小人家가 모두 띠[茅]로 집을 덮고" 있었으며,[129] 세종 때 "초가가 열에 일곱·여덟은 된다"고 한 것을 보면,[130] 초가집의 비중이 절대 적이었음을 알 수 있다.

갓

철물전에서는 문고리·자물쇠·못·갈고리 등 철제 연장과 도구를 판매했고, 그릇 가게에서는 유기鍮器·동기銅器·철기鐵器·사기砂器·목기木器·칠기漆器 등 각종 그릇을 판매했다. 태종 때는 금은으로 만든 그릇은 궁궐과 국가에서만 사용하고, 일반 민가에서는 사기와 칠기만을 사용할 것을 건의하기도 했다.[131]

우리나라의 돗자리는 외국 사신들이 매우 선호해 그들에게 하사하는 주요 물품이었다. 왕골자리와 용문석龍紋席·만화석滿花席·황화석黃花席·채화석彩花席·청룡문석靑龍紋席 등이 있었다.

호랑이가죽·표범가죽·해달피海獺皮·담비가죽·곰가죽·금웅피金熊皮·말가죽·소가죽·사슴가죽·노루가죽·여우가죽 등,[132] 짐승의 가죽도 시장의 주요 판매물품이었다.

약재류로는, 동물 약재로 수달쓸개·곰쓸개·소쓸개·돼지쓸개·녹각·녹용·영양뿔·두꺼비·지네 등이 있었고, 식물 약재로는 오가피·잣·오배자五倍子·구기자·모란뿌리껍질 등 수많은 종류가 있었다.[133] 세종 5년(1423)에 우리나라에서 생산되는 약재가 인삼을 비롯해 누로漏蘆·시호柴胡·방기防己·목통木通·경삼릉京三陵 등 모두 62종이라고 했고, 그 가운데 14종은 중국에서 생산되지 않는 우리나라만의 '향약鄕藥'이라고 했다.[134] 청심원淸心元·소합원蘇合元 등의 약도 제조되어 판매되었다.

또한 우마시장이 별도로 설치되어 소와 말이 거래되고 있었다. 연산군 8년(1502)에는 우마시장 사람들이 서로 결탁해 '아보牙保'라고 불리는 사람이 마음대로 값을 결정하고, 다른 상인들의 개입을 막으면서 이익을 독점했다는 기록이 있다.[135]

탈것乘用과 군사용·수레용 등으로 쓰이는 소와 말이 많은 만큼, 소와 말에게 먹일 곡초穀草도 막대한 양이 필요했다. 조정에 속한 우마가 먹는 풀은 일정한 지역을 초장草場으로 지정해 그곳에서 생산되는 것을 쓰도록 했으나, 민간에서는 시장에서 곡초를 구입해 충당해야 했다. 때로는 꿀 값이 올라 "꿀 6묶음[束]의 값이 쌀 4되"에 이를 정도였으니,[136] 꿀 1묶음이 거의 쌀 1되에 육박하는 비싼 값에 거래되고 있었다.

새와 짐승, 사람과 물건 등을 조각한 장난감은 어린이와 부녀자들이 주로 이용했으며, 조정에서는 실용적이지 않다 해서 금지하기도 했다.[137]

중국과 일본 등 외국에서 수입한 물건들도 널리 유통되었다. 산호·명박·비단 등은 중국에서 들어왔고, 동銅·납鑞·단목丹木·후추[胡椒]·백반白礬 등은 일본에서 들어와 시장에서 거래되었다.[138]

땔나무 1바리 값이 쌀 1말에 달했던 서울의 물가

당시에 시장에서 판매되는 상품들은 대부분 자연물 그대로인 경우와 수공업제품이 중심을 이루고 있어, 자연경제의 모습을 그대로 나타내고 있었다. 따라서 조선시대의 물가는 기본적으로 농사의 풍흉과 물자의 생산·공급 정도에 좌우되고 있었지만, 유통 과정에서 벌어지는 매점매석, 상인들의 농간, 도량형의 조작 등에도 영향을 많이 받았다. 특히 서울은 외국 사신과 관련된 물품의 상납과 처리, 번상군 및 각종 공사에 동원되는 인력 등, 일시적인 유동인구도 물가에 적지 않은 영향을 미치고 있었다.

> 원상院相 구치관具致寬이 아뢰기를 "지금 가뭄이 심합니다. 지방에서 올라오는 번상군이 군사가 모두 농민인데 그 수가 너무 많으니, 청컨대 임시로 감하게 하소서"라고 하니, 전하기를 "지금 들으니, 서울에 머무르는 사람이 많아서 시장의 물가가 오른다 한다. 정병正兵의 번상하는 자도 역시 농민이니, 아울러 임시로 감하라"라고 했다.[139]

성종 3년(1472)에 지방에서 올라와 정군正軍으로 편입된 번상군의 수가 42,000명에 달했다.[140] 이 무렵 서울의 인구를 15만~20만 명 정도라고 본다면,[141] 번상군은 서울 인구의 21~28%에 해당하는 높은 비중을 차지하고 있었다. 따라서 그들이 먹을 쌀·보리 등 곡식과 일상 생활용품의 수요가 늘어나, 서울 지역의 물가 또한 직접적으로 영향을 받고 있었고, 그것은 곧 물가의 등귀로 이어졌다.

서울로 올라온 경상도 번상군이 "이제 번番에 들어야 하는데, 서울에 머무를 밑천이라고는 다른 물건은 없고 무명 두어 필뿐입니다. 지금 무명 한 필의 값이 겨우 쌀 3말인데, 절구에 쪄서 키로 까불면 열흘 양식밖에 안될 것이니, 번에 들 날이 반도 못 지나서 서울에 머무를 밑천이 죄다 없어질 것입니다"라고 탄식하는 모습을 통해 그들의 고통이 고스란히 전해진다.[142]

조선 전기의 물가는 주로 면포綿布(무명)로 포布에 대한 쌀값의 대비로 나타나고 있었다. 이때 포는 정포正布(품질이 좋은 베)를 의미하며, 일반적으로 삼베나 모시를 가리킨다. 따라서 물가를 비교할 때 포와 면포는 구분해야 한다. 세종 12년(1430)의 시장가로 정포 2필이 면포 1필에 해당했다. 그러나 점차 면포가 늘어나면서 주요 화폐 기준이 되었다. 연산군 때 "지금 3·4승升(피륙의 날을 세는 단위) 면포로 상용常用하는 화폐貨를 삼고 있는데, 1필의 길이가 30자에 불과합

니다"라고 했다.[143]

이 무렵에 물가는 비록 제 기능을 발휘하지는 못했지만 저화楮貨·동전銅錢을 기준으로 표시되기도 했다. 저화는 태종 1년(1401) 4월에 사섬서司贍署를 설치하고, 이듬해인 1402년 1월에 2천 장을 제조해 관료의 녹봉 지급 등으로 사용하기 시작했다.[144] 『경국대전』에 의하면, 정1품의 경우 1년에 쌀·콩 등과 함께 저화 10장을, 종9품의 경우 저화 1장을 지급했다.[145]

그러나 시장과 민간에서는 저화 사용을 기피하고 실용 가치가 큰 베[布]를 사용했다. 그러자 조정에서는 포화布貨, 곧 오승포五升布(품질이 중급인 다섯 새의 베나 무명)의 사용을 금지하고 저화통행법楮貨通行法을 공포해 시행을 촉구했다.[146] 그렇지만 시장에서는 여전히 저화 사용을 꺼려해 저화의 가치는 계속 하락했고, 화폐로서의 기능을 상실하고 '무용지물'이 되어 점차 시장에서 자취를 감추게 되었다. 이후 조선통보朝鮮通寶가 주조되어 사용되었으나, 이것도 화폐로서의 기능을 제대로 발휘하지 못했다.

조선 전기 서울의 물가

구분	연월일	물가	자료(조선왕조실록)
포·쌀 대비 물가	세종 5년(1423) 3월	표범가죽 1벌[領] → 베 100여 필	세종 5년 3월 갑신(3일)
	세종 6년(1424) 1월	중마中馬 1마리→견絹 3필, 목면 2필 중마 하등·하마 상등→견 2필, 목면 3필 소마 중하등 → 견 2필, 목면 1필	세종 6년 1월 정해(10일) 관마색官馬色 보고 가격
	세종 12년(1430) 2월	면포 1필 → 정포 2필(시장가) 면포 1필 → 소금 3석 9두(소금 무역가) 정포 1필 → 소금 1석 3두(소금 무역가) 면포 1필 → 소금 2석 2두恒式(결정)	세종 12년 2월 을해(4일)
	세종 13년(1431) 6월	광초光綃 1필 → 면포 8·9필	세종 13년 6월 정사(25일)
	세종 28년(1446) 9월	면포 1필 → 쌀 5·6두	세종 28년 9월 경인(25일)
	단종 즉위년(1452) 7월	면포 1필 →쌀 4두(물가 앙등)	단종 즉위년 7월 기유(18일)
	성종 즉위년(1469) 12월	면포 1필 → 쌀 4·5말(물가 앙등)	성종 즉위년 12월 계축(4일)
	성종 4년(1473) 8월	대우피大牛皮 1장 → 면포 2필 중우피中牛皮 1장 → 1~1.5필 소우피小牛皮 1장 → 면포 1필	성종 4년 8월 병자(17일) (일본 사신에게 조정·제시한 가격)
	성종 5년(1474) 윤6월	면포 1필 → 쌀 3·4말	성종 5년 윤6월 무신(25일)
	성종 12년(1481) 4월	면포 1필 → 쌀 3말	성종 12년 4월 기사(25일)
	성종 12년(1481) 6월	꿀 6 묶음[束] → 쌀 4되	성종 12년 6월 임술(19일)

	성종 12년(1481) 8월	면포 1필 → 쌀 2.5말	성종 12년 8월 무진(26일)
	성종 13년(1482) 3월	면포 1필 → 쌀 2말(흉년 격심)	성종 13년 3월 기축(21일)
	중종 19년(1524) 4월	베布 1필 → 쌀 1말(연속 흉년)	중종 19년 4월 기미(25일)
	중종 20년(1525) 10월	베布 1필 → 쌀 8되	중종 20년 10월 무신(23일)
	명종 2년(1547) 12월	베 3필 → 곡식 1되	명종 2년 12월 갑자(17일)
	명종 9년(1554) 12월	나무 1바리 → 쌀 1말(흉년, 물가 등귀)	명종 9년 12월 병자(10일)
	연산군 5년(1499) 9월	청금석대靑金石帶 → 면포 270필 옥대玉帶 → 면포 150필	연산군 5년 9월 을해(18일)
	연산군 8년(1502) 8월	면포 1필 → 쌀 2말 이하(흉년)	연산군 8년 8월 기사(30일)
	연산군 8년(1502) 9월	면포 1필 → 쌀 1말 정도(극심한 흉년)	연산군 8년 9월 신묘(22일)
	연산군 8년(1502) 11월	생선 1마리 → 면포 3·4필 닭 1마리 → 면포 3·4필	연산군 8년 11월 경오(1일) (궁중 물선 진상 독촉 때)
저화 대비 물가	태종 2년(1402) 1월	저화 1장 → 오승포 1필 → 쌀 2말	태종 2년 1월 임진(9일) (조정 결정 가격)
	세종 1년(1419) 8월	저화 1장 → 쌀 3되[升]	세종 1년 8월 갑술(2일)
	세종 1년(1419) 12월	저화 1장 → 소금 1섬	세종 1년 12월 계유(3일)
	세종 3년(1421) 4월	저화 1장 → 쌀 2되	세종 3년 4월 무술(6일)
	세종 4년(1422) 7월	저화 1장 → 쌀 1되	세종 4년 7월 계해(8일)
	세송 4년(1422) 10월	저화 30장 → 동전 1관貫	세종 4년 10월 병오(22일)
	세종 4년(1422) 12월	저화 3장 → 쌀 1되	세종 4년 12월 정해(4일)
	세종 5년(1423) 2월	저화 1장 → 쌀 2되 저화 1장 → 콩 4되	세종 5년 2월 신미(20일) (조정 결정 가격)
	세종 5년(1423) 6월	저화 450장 → 대마大馬 상등 1필 저화 400장 → 대마 중등 1필 저화 350장 → 대마 하등 1필 저화 300장 → 중마中馬 상등 1필	세종 5년 6월 경오(21일) (의정부 수교 내 가격)
	세종 5년(1423) 6월	저화 30장 → 동전 1관 저화 1,350장 → 대마 상등 1필 저화 1,200장 → 대마 중등 1필	세종 5년 6월 경오(21일)
	성종 20년(1489) 2월	저폐楮幣 80장 → 면포 1필(국법) 저폐 20~30장 → 면포 1필(시장 상인)	성종 20년 2월 경술(22일)

세종 28년(1446) 9월에 "풍년이라고 할 수 없으나 시장의 시세는 면포 1필이 쌀 5~6말에 해당된다"라고 했으니,[147] 평년 시장의 물가가 그 정도였다는 것을 알 수 있다. 그러나 흉년이 들거나 매점매석 등으로 물가가 앙등할 때는 면포 1필에 쌀 2~3말, 심지어 1말 정도에 거래되기도 했으며, 연속 흉년이 들었던 중종 20년(1525)에는 베 1필이 쌀 8되에 불과하기도 했다. 심할 때는 "시장에 쌀이 없어"[148] 돈이 있어도 구하기 어려운 지경에 처했다.

쌀값이 등귀해 주민들의 생활이 어렵게 되면, 조정에서 창고에 보관되어 있는 수천·수만 석의 쌀을 방출해 판매함으로써 굶주린 사람들을 구제했다. 그러나 한편으로는 부상대고富商大賈들이 매점해서 "가난한 자는 (쌀을) 받지 못하고 부자가 이익을 독점"하는 현상이 일어났다.[149]

세종 5년(1423)에 표범가죽 1벌 가격이 베 100여 필이라는 고가에 거래되었고, 세종 6년(1424)에는 관마색官馬色(명나라에 진헌할 말을 모으기 위해 임시로 두었던 관청)에서 보고한 중마中馬 1필의 가격이 견絹 3필, 목면 2필에 해당했다. 성종 4년(1473)에는 일본 사신에게 조정해서 제시한 큰 소가죽大牛皮 1장 가격이 면포 2필이었고, 명종 9년(1554) 겨울에는 나무 1바리 값이 쌀 1말이라는 고가에 거래되고 있었다. 연산군 5년(1499)에는 중국에서 사온 청금석대青金石帶의 가격이 면포 270필에 달했으며, 옥대玉帶는 면포 150필에 해당했다. 청금석대와 옥대는 각기 청금석과 옥으로 장식한 띠로서, 임금이나 관리들의 공복에 두르던 것이다. 연산군 8년(1502)에 궁중에서 음식 재료 진상을 갑자기 독촉하자, 상인들이 이를 노려 생선 1마리, 닭 1마리를 면포 3~4필의 고가로 거래하기도 했다.

그리고 저화와 쌀 같은 현물과의 가격을 보면, 저화의 가치가 큰 폭으로 하락하고 있음을 알 수 있다. 저화를 만든 직후인 태종 2년(1402) 1월에 저화 1장을 오승포五升布 1필, 쌀 2말과 거래하도록 규정했다. 그러나 이후 저화의 가격은 크게 하락해, 세종 1년(1419)에 저화 1장이 쌀 3되에 불과했으니 무려 1/7 정도로 폭락했다. 이후 저화 1장에 쌀 1되, 심지어 세종 4년(1422)에는 저화 3장이 있어야 쌀 1되를 겨우 구입하기에 이르렀다. 마침내 조정에서는 세종 5년(1423) 2월에 저화 1장 가격을 쌀 2되, 콩 4되로 결정해 이 기준에 의해 거래하도록 했다.

저화를 만든 직후 저화 1장에 면포 1필이었던 것이, 성종 때는 저화 80장을 면포 1필과 거래하도록 국법으로 정했다. 면포에 대비해 저화의 가치가

1/80로 하락한 것이다. 이와 같이 저화가 천해지자 시중에서는 저화가 유통되지 않았고, 오히려 유통 부족으로 저화의 가치가 다시 상승하자 상인들이 면포 1필에 저화 20~30장으로 거래했다는 기록이 있다.[150]

저화와 동전의 교환가치는 저화 30장에 동전 1관(貫)이 통용되었다. 세종 4년(1422) 10월과 세종 5년(1423) 6월의 저화·동전 교환 기준은 그대로 저화 30장에 동전 1관으로 적용되었다. 저화와 동전의 기준에 변화가 없었던 것은, 저화와 동전이 모두 시장에서 외면당해 두 화폐의 가치가 모두 동반 하락했기 때문이다.

조선 전기의 물가는 농사의 풍흉과 상인들의 매점매석, 진상물품의 독촉, 번상군과 건설인력의 체류, 저화·동전 사용의 강요 등에 영향을 받고 있었으며, 조정에서 가장 신경을 기울인 쌀값의 경우 6~7배 이상의 변동 폭을 나타내고 있다. 또한 이런 물가변동은 경제적 요인 외에도 정치·외교·사회적 요인들이 밀접하게 연결되어 영향을 미치고 있었다.

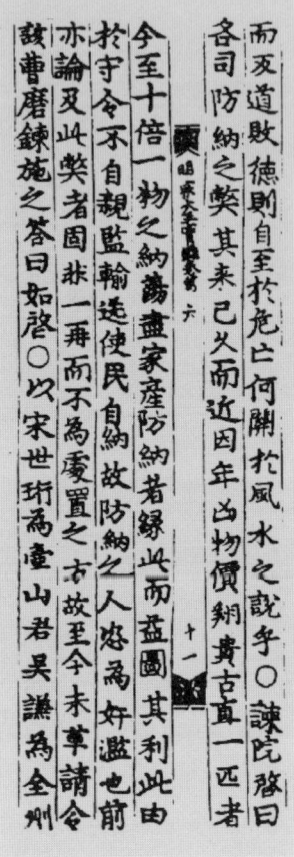

『명종실록』 가운데 물가상승 관련 기록

5. 천한 것을 귀한 것으로 바꾸는 상인

장사하는 사람은 천한 것을 귀한 것으로 바꾸니

조선에서 농업은 본업本業으로 취급되어 매우 중시되었다. 태종 때 유백순柳伯淳은 "다스림의 근본은 농업에 있다治本於農"고 하면서 "본업에 힘쓰고 말업을 억제務本抑末"할 것을 주장했다.[151] 중종도 "농업은 본업이고, 공상工商은 말업"이라 했고, "농사는 백성의 근본이고 의식衣食의 근원이니, 나라를 다스리는 데 먼저 할 일"이라고 했다.152

이처럼 조선시대에 농업은 '의식의 근원', '다스림의 근본'으로 간주되어 적극 장려의 대상이 되었으나, 말업인 상업은 천시되고 억제해야 할 대상으로 취급되었다. 당대의 지배계층은 상인을 천시하는 이유로 "오로지 재화를 유통시키는 것을 업으로 삼아 농단해 시장의 이익을 독점하기 때문"이라고 했다.153 당시 상업과 농업을 대비시킨 기록이다.

> 대저 농사라는 것은 몸이 땀에 젖고 발에 흙을 묻히니 그 수고로움이 심하고, 무畝(논밭의 단위)를 계산해 요역에 나가니 그 괴로움이 많습니다. 장사하는 사람은 천한 것을 귀한 것으로 바꾸니, 그 이익이 배나 되고 노역勞役이 없어 그 즐거움이 많습니다. 그러므로 농부는 날로 적어지고 장사는 날로 많아지고, 한 사람이 경작해 열 사람이 먹으니, 나라의 창고가 어찌 넉넉하겠으며, 백성의 식량이 무슨 연유로 풍족하겠습니까? …… 성조盛朝의 본업에 힘쓰고 말업을 억제하는 정사를 이루소서.

태종 때 문신 유백순柳伯淳은 직접 생산에 종사하는 농민의 수가 줄어드는 것을 우려해 상인을 억제할 것을 주장했다. 그는 힘든 노동과 요역을 부담해야 하는 농업에 비해 상업은 "이익이 배나 되고 노역이 없어" 즐거운 직업으로 이해하고 있었다.

이런 인식은 당대의 지배계층이 지닌 일반적인 시각이었으나, 무조건 상업과 상인을 억제 대상으로 본 것은 아니었다. 성종 때 문신 채수蔡壽는 상인이 "물화의 있고 없음을 상통시키는 것"은 사농공상의 분수에 따른 것으로, 상인을 비롯한 농민·공인工人·의원·무당 등이 모두 "나라에 없어서는 안 될 사람들"이라고 했다.154 중종 때 문신 이계맹李繼孟도 "사농공상은 각기 그 생업이 있으며, 있고 없는 것을 무역하는 것은 고금古今에 통행하는 것으로 편벽되게 금할 수 없다"고 했다.[155]

하지만 지배층은 토지로부터 농민의 이탈을 막기 위해 상업과 상인을 제한하는 정책을 취했다. "선비와 농민은 조정에 벼슬을 했으나, 공상工商은 참여하지 못하게 한 것"에 동조했으며,[156] 의장儀章(어떤 행사를 나타내는 표식)과 복식을 "상하를 분별하고 등급의 위신을 밝히는 것"으로[157] 여겨 상인들의 화려한 복식을 규제했다. 세종 8년(1426)에는 상인과 공인이 가죽신발 신는 것을 금지하게 했고, 성종 때는 상인들의 사치를 엄격하게 다스리도록 조치했다.

> 부상대고가 부자임을 다투어 거주하는 집에 혹 사호창紗糊窓을 사용하고, 외복은 사라능단을 입으며, 바닥의 자리로는 용봉龍鳳·만화채석滿花彩席을 쓰고, 그릇과 먹을거리는 참람되게 궁궐을 모방했으니, 금후로는 법으로 금한 것을 따르지 않는 자는 중죄로 논해 가산을 적몰하소서.[158]

이처럼 부유한 상인들이 비단 창을 바르고, 사라·능단 등의 고급 비단 옷을 입었다. 또 용과 봉황을 수놓은 자리를 사용하고, 그릇과 먹을거리가 궁궐을 모방해서 문제가 되었다. 결국 법을 어긴 행위는 중죄로 다스려 가산을 적몰하도록 조치했다.

또한 15세기 후반에 "부상대고들이 장송葬送할 때 횃불을 성대하게 설치해 참람되이 재상을 모방"하자,[159] 양반 관료들이 "상하의 분별을 문란하게 할 수 없다"는 점을 들어 금지할 것을 주장했고, 예조로 하여금 입법立法해서 금지하게 했다. 중종 때는 재력 있는 상인들이 자녀의 혼사에 교자轎子(네 사람이 메는 가마, 평교자)를 이용해 문제가 되기도 했다.[160]

상인들 중에는 잡직이지만 문무직과 같은 품계品階를 받는 경우가 있었는데, 그럴 경우 곤장을 치는 형벌은 면해주고 속贖(죄를 면하기 위해 바치는 돈)을 징수하는 것에서 그치도록 했다.[161] 또한 시전市廛의 여자들이 국장國葬이나 대신의 장례 때 곡비哭婢로 동원되어 충당되었으나, 세종 3년(1421)에 이르러 국장 때는 궁인宮人을, 대신의 예장 때는 본가의 여자 종을 곡비로 충당하도록 고쳤다.[162]

'재화를 셀 수 없이 쌓아 놓은' 부상과 생계형 장수

조선 전기 상인들은 소유 자본의 정도와 그 소속 및 판매물종 등에 따라 다양한 모습으로 존재하고 있었다. 곧 소속에 따라 시전상인과 사상私商, 장소에 따라 좌상坐商과 행상行商·강상江商, 자본 규모에 따라 부상대고·등짐장수·생계형 상인 등으로 나누어 볼 수 있다.

자본의 규모가 큰 부상대고들은 판매와 유통을 장악하고 매점매석 등을 통해 시장에서의 이익을 독점했을 뿐만 아니라, 공물貢物의 대납代納과 외국과의 무역에 종사함으로써 자본을 축적했다.

> 지금 나라 안에 거주하는 부상대고들의 그 무리가 많은데, 모두 때를 틈타 이익을 노려 재화와 포백을 셀 수 없이 쌓아 놓은 집이 거리에 잇닿고 골목에 돌려 있어, 왕후王侯의 존귀함을 흙덩이 보듯 하고 명성과 위세가 찬란해 하고자 하는 바를 이루지 못함이 없습니다.[163]

16세기에 접어든 연산군 6년(1500) 기록에 나타난 부상대고들의 실상인데, 당시 재력 있는 부상들은 재화와 비단 옷감 등을 쌓아 놓을 정도로 자본을 소유하고 있었고, 명성과 위세 또한 대단해 "하고자 하는 바"를 이루지 못함이 없을 정도였다는 것이다. 이는 물론 상인에 대한 양반관료들의 부정적 시각이 전제되어 있는 것이지만, 당대에도 돈이 많은 상인들이 상당한 권세를 갖고 있었음을 알 수 있다.

또한 부상대고들은 중국으로 가는 사신 일행에 위탁해 불법 무역거래를 시도했으며, 공물의 대납 과정에도 관여해 이익을 취했다.

한성부에서 아뢰기를 "부상대고들이 북경 가는 사신의 행차에 저포苧布(모시)·마포麻布(삼베)뿐만 아니라 금물禁物(거래금지 물품)에 이르기까지 많은 물건을 몰래 부쳐 멋대로 매매하고, 그들이 돌아올 때 무역한 물건이 비록 마음에 맞지 않아도 물주物主가 금령禁令을 두려워해 즉시 관청에 고하지 않다가 사유赦宥(죄를 용서해 줌)가 경과되기를 기다려 공공연히 고발해 쟁송爭訟하는 자가 있습니다 ……"라고 했다.[164]

세종 때 부상대고들이 사신 일행과 짜고 물건을 위탁 거래했고, 사신 일행이 갖고온 물건에 문제가 있으면 훗날 소송을 제기하는 경우도 있었다. 이외에도 부상대고들이 명나라 사신을 따라가는 통역·의원醫員들과 비밀리에 결탁해 각종 물건과 금·은을 가지고 갔으며, 때로는 호송군과 짜고 위탁매매를 했다. 중종 때는 부상들이 공공연히 사신을 따라가 조정에서 거래를 금지하는 금물禁物을 거래해 문제가 되기도 했다.[165]

또한 부상대고들은 금물을 갖고 삼포三浦에 내려가 몰래 왜인倭人들과 밤에 물건을 매매했는데, 일본인과 거래한 물건을 주로 동銅과 납철鑞鐵 등이었다. 이와 같이 상인들이 왜관에 드나들면서 법을 어기고 무역을 했으므로 엄중히 경계하도록 했으며, 왜관 무역과 관련해 살인사건이 발생하기도 했다.[166]

또한 부상들은 특산물을 상납하는 공물貢物의 대납을 맡고 있었다. 그들은 규정에 정해진 것보다 많은 공물을 거둬들여 이익을 취했으며, 그 피해는 고스란히 백성들에게 돌아갔다. 당시 공물의 대납은 상인들뿐만 아니라 중僧과 권문세가 관련자들이 참여하고 있었으나, "한 나라의 재부의 반을 들어서 상고商賈의 손에 맡겼다"고 한 것으로 보아,[167] 공물 대납의 중심은 상인이었다. 이외에 부상들은 조정에 은가銀價를 바치고 은광銀鑛을 개발해 이득을 취하기도 했으며, 상평창에서 기민饑民들을 구휼하기 위해 미곡을 방출하면 수백·수천 석을 매점매석해서 이익을 취하기도 했다.[168]

수공업자인 공장工匠들도 시전에 자리를 마련하고 자신이 만든 물건을 판매했다. 조정에서는 "시전을 세워 온갖 공인들로 하여금 각자 만든 것을 팔아서 살아갈 수 있게" 했다.[169] 시전에서 "물건을 파는 자는 공인과 상인들"이었고, 평시서平市署의 단속으로는 공인과 상인 모두가 해당되었다.

그 외에 생계유지형 소상인과 보부상들이 모여들어 각종 물건을 판매했다. 곳곳에는 땔나무와 꼴·그릇 등을 짊어지고 와서 파는 장수들과 베를 짜서 시장에 내다 파는 사람들이 있었다. 조석거리가 넉넉지 않은 자들은 "꼴과 땔나무를 팔아 생활하는" 경우도 적지 않았고,[170] 서울 근교 경기도 주민들 중에는 "시탄柴炭·판자板子·생곡초生穀草·생어물生魚物·닭·꿩·나물·과일 등 잡물雜物을 싣고 와서 판매해 조석 비용에 이바지" 하는 경우가 많았다.[171] 이들 소상인들은 사헌부 금란禁亂 서리·사령 등의 단속에 걸려 곤욕을 치르는 경우가 많았으니, 부상대고들은 서리들과 결탁해 법망을 빠져나가는 반면에 힘없는 생계형 장수들만 걸려드는 실정이었다.

한편 상인들은 매점매석·담합·협잡 등 불공정 상거래를 통해 이익을 추구하기도 했다.

> 사헌부에 전교하기를 "시중의 상고商賈 무리들이 이익을 독점하려고 사사로이 서로 결약結約해 다른 사람이 파는 물건은 비록 값이 비싼 것이라도 싼 값으로 결정하고, 자기가 파는 물건은 비록 값이 싼 것이라도 비싼 값으로 결정하며, 일단 값을 정한 뒤에는 다시 그 값을 올리고 내릴 수 없게 해, 어리석은 백성들로 하여금 그 값을 덜 받도록 하고, 심지어는 어리석은 백성들이 파는 물건을 공공연히 탈취奪取하는 자가 혹 있다. 우마牛馬시장 사람들 또한 스스로 한통속

이 되어 서로 아보牙保라 칭하면서 임의로 가격을 결정하고, 다른 사람은 손을 대지 못하게 해 이익은 자기만 차지하여 손해는 백성에게 미치게 해 너무도 지나친 짓을 하니, 죄를 다스리는 절목節目을 마련해 아뢰도록 하라"고 했다.[172]

시장에서는 도량형을 속여 이익을 보는 경우도 허다했다. "살 때는 큰 말과 큰 되를 사용하고 팔 때는 작은 말과 작은 되를 사용하며, 혹은 모래와 돌을 섞어 기회를 틈타 꾀를 부려 팔고는 곧 숨는"[173] 경우가 있어 소비자들이 골탕을 먹었다. 특히 쌀에 모래  섞을 '악미惡米'를 판매해 문제가 되어, 조정에서는 악미의 판매를 금지하고 벌칙을 강화했으나, 여전히 물에 불리거나 모래를 섞은 쌀이 판매되고 있었다.

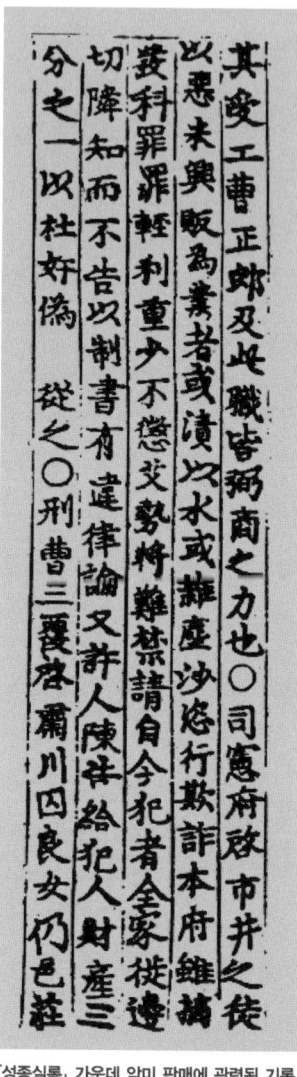

「성종실록」 가운데 악미 판매에 관련된 기록

지배층의 수탈, 상인들의 저항

조선은 경제 질서를 바로잡고 공정한 상거래 체제를 확립하기 위해 각종 규정을 만들어 불법을 방지하고자 했다. 『경국대전』에 의하면 "금지하는 물건을 몰래 판매한 자는 장杖 100대 하고 도형徒刑(중노동을 시키는 형벌)에 처하며, 중한 자는 교형絞刑(교수형)에 처한다"라고 했으며,[174] 이때 '부촉付囑(부탁해서 맡김)'한 자는 모두 1등을 감해 법을 적용한다고 했다. 그러나 실제로는 금물禁物을 판매했다 해서 도형이나 교형에 처하는 일은 많지 않았다.

시장에서 판매를 금지한 물건은 "활세포闊細布·채문석綵紋席·후지厚紙(두꺼운 종이)·초피貂皮·토표피土豹皮·해달피海獺皮의 종류"였으며, 중重한 것으로는 철물鐵物·우마牛馬·금은주옥金銀珠玉·보석寶石·염초焰硝(화약원료)와 군기軍器등이었다. 그러나 실제 시장에서는 이들 금지 물품이 버젓이 판매되고 있었으며, 돈만 있으면 얼마든지 구입할 수 있었다.

태종 때는 저화를 사용하지 않는 상인에 대해 매매한 물건이나 가산을 몰수하는 처벌 규정을 두었으며, 그 외에 소·말고기와 그 가죽을 매매하는 상인에게 벌을 주었고, 악미惡米를 제조·판매하는 상인에게도 전가사변全家徙邊(전 가족을 변방에 옮겨 살게 한 형벌)등 무거운 형벌을 내리도록 했다.[175] 시장 내에서는 상거래 질서를 바로잡는다는 명분 아래 단속 서리·사령들의 수탈과 횡포가 자행되었으며, 권력을 빙자한 왕실과 양반 세도가들의 압력과 착취도 적지 않았다.

태종 12년(1412)에는 경시서 사령들이 "매월 말에 공인과 상인으로부터 사람마다 저화를 1장씩 받는다"는 명목 아래 "값을 지급해야 할 물건을 시장에서 빼앗는" 일이 있었다.[176] 그런데 이미 1년 전에 매월 말에 저화 1장씩 거둬들이던 법을 폐지했기 때문에 이때의 수세는 불법적인 것이었다.[177] 그럼에도 한성부에서는 경시서와 결탁해 상인들로부터 세금을 징수하고 물건을 강탈하는 횡포를 자행하고 있었다.

태종 12년(1412) 6월에는 숙빈淑嬪의 친척 "대호군 전맹겸全孟謙이 중 장원심長願心과 함께 상인의 생선을 빼앗으므로 경시서에서 사람을 보내어 쫓아가니, 맹겸이 크게 노해 붙잡아 매질하고 그 옷을 벗기는" 일이 있었다.[178]

그 외에도 왕실과 관청 및 사령 등이 시장 물건을 빼앗거나 싼값으로 후려쳐 강제로 사들이기도 했고, 때로는 그 값을 주지 않아 애를 태우는 일이 많았다. 그러자 상인들은 각종 수탈을 벗어나기 위해, 그리고 자신들의 상업적 이익을 지키고 위해 여러 가지 방안을 강구했다. 그중 하나가 바로 권력자들, 세도가 및 서리·사령 등과 결탁하거나 뇌물을 바치는 것이었다.

사헌부 서리가 상인들과 서로 결탁해 적발함이 공정하지 않았기 때문에 앞서 새로 외부에 속한 서리와 바꾸었으나, 지금도 여전히 상인과 서로 맺어 비록 속임수를 쓰더라도 모두 몰래 비호하고, 다만 외방에서 온 어리석은 사람만 적발해 고함으로써 일과로 삼을 뿐입니다.[179]

이외에도 시전의 상인과 공인들은 사헌부 서리·나장 등과 계契를 맺기도 했으며, 때로는 그들에게 뇌물을 바치거나 술을 대접하기도 했다.[180] 성종 때 부상 김득부金得富는 제용감濟用監의 첨정僉正 김정광金廷光에게 뇌물을 후하게 바쳤는데, 세포細布(곱고 가늘게 짠 포) 대신 추포麤布(굵고 거칠게 짠 포)를 바쳐 자신들의 부담을 줄이다가 문제가 되기도 했다.[181] 중종 때는 부상대고들이 왕실 종친인 건성군建城君의 부인과 결탁해 납속納粟과 관련해 부정행위를 해서 문제가 된 적이 있다.[182]

연산군 때 서울의 부상대고였던 최말동崔末同은 "포물을 마구 거두어 장차 불사佛事를 베풀려"고 한 혐의로 수감되었으나, 연산군의 특명으로 석방되어 이후 진주眞珠 한 상자 값을 최말동으로 하여금 감정하도록 한 적이 있었다.[183] 이런 정황을 볼 때 최말동은 연산군과도 연줄이 닿아 있었던 것으로 보인다. 훗날 사람들은 그를 "권세 있는 사람과 서로 결탁해 비록 삼공三公이라도 다 편지를 보내어 통하므로 사람들이 감히 죄를 가하지 못했다"고 했다.[184]

또한 상인들은 자신들에게 불리한 정책과 요구, 권력자들의 수탈에 대해 회피와 도망, 집단적 호소, 상언 등으로 의사를 전달했다. 태종 11년(1411)에는 저화 사용을 강요하면서 시장의 상인과 공장工匠으로 하여금 장부에 이름을 등록하게 하고, 세금으로 매월 말 저화 1장씩을 징수하자 "모두 업業을 그만두고 도망"한 일이 있었다.[185] 그러자 조정에서는 이 법을 정지하도록 조처했다. 연산군 12년(1506)에는 기생인 흥청興淸·운평運平 등 2천 명의 음식을 담아낼 사기沙器와 목기木器를 상인들로 하여금 진상하도록 하자, 상인들이 이를 거부하고 그릇을 바치지 않았다. 마침내 연산군은 그릇 진상을 거부한 상인들을 붙잡아다 심문하고 그릇을 바치게 한 적도 있었다.[186]

명종 6년(1551) 9월에도 조정에서 저화 사용을 강요하자, 대규모의 시전 상인들이 관료의 길을 막고 어려움을 호소했다.

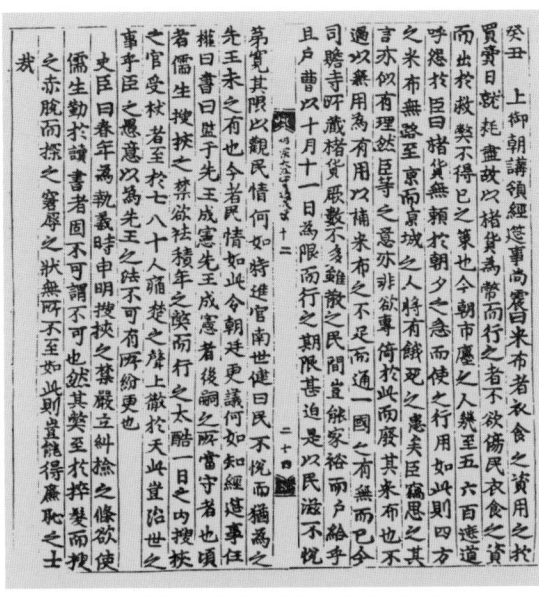

『명종실록』 가운데 저화 사용 강요에 대한 상인들의 하소연 기록

영경연사領經筵事 상진尙震이 아뢰기를 "오늘 아침 시전市廛상인 500~600명이 길을 막고 신에게 원통함을 호소했는데 '저화는 조석朝夕의 급함에 아무런 도움이 없는데 이와 같이 두루 쓰신다. 사방의 미포米布가 서울로 올라올 길이 없어서, 서울 사람들이 장차 굶어 죽을 근심이 있을 것입니다' 라고 하더이다" 했다.[187]

명종 때는 사인사舍人司(정4품인 의정부 사인들이 집무하는 곳)에서 권력을 빙자해 시장의 비싼 물건을 헐값에 사들여 피해를 입히자, 상인들이 임금에게 상언上言을 올려 문제 해결을 하소연하기도 했다.[188]

1485년 언문투서사건과 1541년 한성부돌입사건

성종 때는 마침내 시장 이전에 불만을 품은 상인들이 그 일을 주관한 관료들을 비판하는 언문투서를 던졌다. 성종 16년(1485) 7월에 조정에서 상인들의 요청에 의해 시장을 옮기기로 결정하고, 시장 이전을 추진했다. 그러나 시장

이전으로 손해를 입게 된 상인들의 불만이 높았으며, 특히 무거운 철물을 다루는 철물전 상인들은 "만약 면포 7·8동同만 뇌물로 준다면 반드시 예전대로 돌아갈 것이다"라고 하면서 시장 이전을 공공연하게 비판했다. 시장 이전을 반대한 상인들은 그 일을 주관한 호조판서 이덕량李德良과 참판 김승경金升卿 등을 비난하는 내용의 투서를 보냈다.

> 시장市肆을 옮겨 배치하는 것은 공公에서 나온 것이 아니며, 판서를 지목해 나의 아들을 위한 것이라 하고, 참판을 지목해 뇌물을 받기 위한 것이라 했으며, 신정申瀞을 끌어들여 탐욕스러워서 법에 저촉되었다 하고, 윤필상尹弼商은 재화를 늘리다가 홍문관의 의논을 초래했다는 등 나쁜 말이 추저분해 이르지 않는 바가 없었습니다.[189]

시장 이전과 관련된 정치세력의 이해관계를 비판하는 것이었다. 투서에 거론된 호조판서 이덕량과 참판 김승경, 신정申瀞·윤필상尹弼商은 적개공신敵愾功臣·좌리공신佐理功臣 등으로 당시 정계의 실력자들이었다. 이는 투서를 쓴 사람이 단순한 장사치가 아니라, 당시 정국의 흐름과 정치세력의 동태를 매우 소상하게 알고 있는 사람이라는 것을 뜻한다.

이 사건은 이덕량 등의 주장에 의해 바로 수사에 들어갔다. 먼저 시장 이전에 불만이 높았던 철물전과 면주전綿紬廛 상인을 붙잡아 의금부에 수감하고 국문했는데, 그 수가 무려 79명에 이르렀다. 이후 심문이 진행되면서 수감자는 150여 명으로 늘어났고, 의금부 이외에 전옥서典獄署(수감자를 맡아보던 관아)에 나누어 수용하고, 또 가두지 않은 채 심문하는 경우도 있었다.[190]

이와 같이 한꺼번에 많은 상인들을 체포해 심문을 진행하자, 시장은 텅 비고 상인들은 물론 공장工匠들도 생업을 잃어버리는 지경에 처하게 되었다. 또한 9월에 이르도록 범인은 밝혀지지 않은 채 매질에 죽어나간 사람만 여러 명에 이르렀다.

사간원 헌납 이승건李承健은 익명서에서 비롯된 사건이므로 수감된 사람들을 풀어줄 것을 주장했으며,[191] 시독관侍讀官인 조지서趙之瑞는 언문으로 당상을 욕하는 것은 "백성들의 보통 있는 일"이고 종묘사직에 관련된 일이 아니므로 그만둘 것을 요청했다.[192] 그러나 성종은 "윗사람을 범하기를 좋아하지 않으면서 반란[亂]을 좋아하는 사람은 없다"는 『논어』의 말을 인용해 끝까지 추궁할 것을 거듭 강조했다.

그런데 주목되는 것은 사건 발생 2개월 뒤인 9월에 이르러 "수감된 사람 가운데 언문을 해석할 수 있는 민시閔時·나손羅孫·심계동沈戒同·유종생劉從生 등 동당同儻 16명 외에 나머지 사람들은 모두 석방해 보내라"는 명령이 내려졌다는 점이다.[193] 이는 한글을 읽고 쓸 수 있는 자를 투서의 범인으로 지목하고 있음을 보여주는 것이다. 그런데 수감된 150여 명 가운데 한글을 읽을 수 있는 사람이 16명이라는 것을 보면, 수감자 중 약 10% 정도만 한글을 해독하고 있었던 것을 알 수 있다.

이와 같이 9월 이후 범인을 한글 해독자로 제한해 조사를 벌였으며, 11월에 이르러 범인은 유막지劉幕知·유막동劉幕同·유종생·유윤동劉潤同 일가로 압축되었다. 이들의 관계를 유윤동을 기준으로 보면, 유종생은 아버지이고, 유막동은 할아버지이며, 유막지는 삼촌이었다.[194] 특히 유막지는 노사신盧思愼 집 노비의 사위로, 언문을 잘 썼다 한다.[195] 대사헌이 "이 무리들은 모두 시중市中의 거부鉅富들"이라고 한 것으로 보아 부상富商 집안으로 보인다.[196]

심문이 장기간 계속되면서 방호년房好年·영대永代·유종생·유윤동 등이 모두 자복해 유막동을 범인으로 지목했으며, 영대는 심문 도중 죽었다. 그러나 성종은 "틀림없이 유막지가 한 짓"이라고 단정했다.[197] 성종이 유막동이 아닌 유막지를 범인으로 단정한 것은 법적으로 70세 이상인 자는 수감할 수 없었기 때문으로 보인다.[198] 당시 아들인 유종생이 60세가 넘었던 점을 감안하면, 유막동의 나이는 70세가 넘었을 것이기 때문이다. 그러나 본인들이 혐의를 강력하게 부인하고 있었고, 관료들 가운데 모진 고문에 의해 거짓 진술했을 가능성을 제기한 사람도 있었다.

이 사건은 유종생에게 "사형을 감면해 평안도의 변경으로 전 가족이 옮겨 살도록" 조치함으로써 일단락되었다.[199] 이후 그의 아버지 유막동은 곡식 300석을 바치고 유종생의 속죄를 청했으나, 성종은 스스로 공을 세워 속죄하도록 했다. 유막동은 유종생이 60세가 넘었고, 심문 당시 17차례나 매를 맞았기 때문에 기력이 쇠해 공을 세우기 어렵다 하고, 다시 쌀 100석을 바치고 속죄하기를 요청했다. 그러나 이 또한 "부자가 요행을 바라는 폐단"을 방지한다는 명목으로 거절되었던 것이다.[200]

이 투서사건은 부상富商인 유종생을 범인으로 지목해 처벌함으로써 일단락되었지만, 범행의 증거가 분명하지 않고 고문에 의한 자복에 근거하고 있다는 점에서 문제가 있다. 성종이 이 사건을 국가의 기강에 관련된 일로 인식하고 강경 대처함으로써 무려 8개월 동안 150여 명의 상인들이 투옥되는 사건으로 확대되었던 것이다.

한편 중종 36년(1541) 11월에는 상인들의 '한성부 돌입사건'이 있었다. 한성부 우윤 박우朴祐의 얼속孼屬이 세목면細木綿을 상인에게 내다 팔았다. 이를 '간람奸濫(간교하고 탐욕스러움)'한 행위로 간주한 시장의 좌주坐主와 유사有司 등이 평시서에 소장을 제출해 관련자를 치죄하도록 했다. 그러자 이런 평시서의 처사를 부당하다고 여긴 박우가 도리어 상인들을 잡아다가 벌을 주었다.

마침내 상인들이 "박우가 사적인 감정으로 성을 내어 우리들을 치죄했다"고 주장하는 상소를 사헌부에 제출했으며, 결국 박우는 이 일로 인해 파직되었다. 그러나 분통을 참지 못한 상인 6명은 한성부에 돌입해 담당 서리를 구타하고 말았다.

그 후 시장 사람 김수한金守漢 등 여섯 사람은 매우 분노하고 원망했다. 이들 무리에는 사인사舍人司의 사람도 있었다. 여섯 사람은 사인사의 패를 내어 세력을 믿고 무리를 이루어 작당하여, 한성부 당상이 집무하는 청사에 돌입해 장무서리掌務吏 손수장孫守長을 붙잡아 머리채를 잡아끌며 다투어 서로 마구 때렸다.201

한성부는 "그 모욕당함에 분통해서" 그 문제를 형조에 넘겼으며, 형조는 주범에게 장杖 100대에 도형徒刑 5년을, 종범에게는 장 90대에 도형 1년 반의 형벌을 내렸다. 그러자 사헌부는 형조가 제대로 조사하지 않고 일을 처리했다 해서 형조를 문책하는 문서를 보냈으며, 한성부의 장무서리를 형조에 이관해 그 죄를 다스리도록 했다.

이와 같이 목면 판매 문제가 비화되어 한성부와 사인사, 형조와 사헌부 등 부처 간에 힘겨루기 양상으로 확대되어 나갔다. 그러자 사간원과 경연청의 관료들이 이 사건을 "풍속과 기강에 관계되는 일"로 규정하고 엄하게 다스려 징계할 것을 주장했으며, 시장 상인들을 옹호하려는 사헌부를 집중 비판하고 사인사의 행태 또한 질책했다. 결국 중종이 "시장 사람이 서리를 구타한 일은 매우 잘못된 일"로 보고 상인들을 다스리도록 했으며, 사헌부 관리를 교체함으로써 매듭지었다.

이 사건은 상인들이 자체 조직을 기반으로 양반이 관련된 부당한 상거래와 사적인 형벌에 대해 상소와 청사 돌입 등 적극적 방법으로 대응하고 있음을 잘 보여주고 있다. 특히 주목되는 것은 권력기관인 의정부의 사인사 및 사헌부와 연계해 부당한 권력행사에 맞서고 있다는 점이다. 결국 상인들이 치죄의 대상이 되긴 했지만, 그 과정에서 당상관인 한성부 우윤을 파직시키는 성과를 거두기도 했다.

이와 같이 상인들은 관의 정책과 진상 강요, 단속·수탈 등에 대해 뇌물·도망·회피 등의 소극적 방법은 물론, 수백 명이 집단적으로 몰려가 하소연하거나 상소를 올리고 투서를 던졌으며, 때로는 관청에 돌입하는 적극적 방법도 구사했다. 주목되는 점은 상당수 저항운동이 또 다른 지배권력과 결탁해 대응하고 있다는 점이다. 또한 성종 때의 언문투서사건에서는 수명이 죽고 희생되었음에 비해, 훨씬 폭력적이었던 중종 때의 한성부돌입사건은 상대적으로 가벼운 형벌로 처리되었다. 이는 아마도 상인에 대한 인식이 그만큼 개선되었고 상인의 위상이 변했기 때문으로 보인다.

나랏일에 따라 옮기거나 닫았던 시장

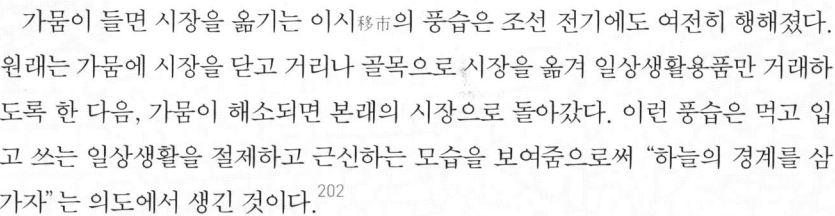

가뭄이 들면 시장을 옮기는 이시移市의 풍습은 조선 전기에도 여전히 행해졌다. 원래는 가뭄에 시장을 닫고 거리나 골목으로 시장을 옮겨 일상생활용품만 거래하도록 한 다음, 가뭄이 해소되면 본래의 시장으로 돌아갔다. 이런 풍습은 먹고 입고 쓰는 일상생활을 절제하고 근신하는 모습을 보여줌으로써 "하늘의 경계를 삼가자"는 의도에서 생긴 것이다.[202]

비를 기원하는 방법은 시장을 옮기는 것 이외에도 매우 다양했다. 우선은 기우제라는 제사를 올리는 것이 제일 큰 행사였다. 기우제는 천지와 종묘·사직·명산대천名山大川 등에서 지냈으며, 무당과 중 그리고 소경 등 온갖 사람들을 동원했다. 특히 용龍과 도마뱀에 기대어 비를 기원하는 일이 많았다. 용이 하늘로 올라가 바람과 구름을 일으켜서 비를 내리게 하는 신성한 힘이 있다고 믿었기 때문이다. 그래서 서울에서는 동교東郊(동대문 바깥 지역)·서교西郊·남교南郊·북교北郊와 종루鐘樓 거리에서 오룡제五龍祭를 지냈다. 비슷한 맥락에서 물속의 용을 깨우기 위해 호랑이 머리를 한강에 던지기도 했다. 용과 비슷한 도마뱀을 자극해서 비를 기원하는 것도 같은 맥락이었다.

또한 남대문南門을 닫고 북문北門을 열기도 했다. 가뭄은 양기陽氣가 성한 것이라 여겼기 때문에 양을 상징하는 남문을 닫고, 음기陰氣인 비를 맞이하기 위해 음을 상징하는 북문을 연 것이다. 음양사상에 따랐던 것이었다.

한편 왕이나 왕족 혹은 대신들이 죽으면 애도하기 위해 시장을 닫고 거래를 멈췄고, 대신 저자 거리에서 장場을 열어 생활필수품만 거래하는 항시巷市를 열기도 했다. 또한 중국 황제가 죽었을 때도 시장을 닫았다는 기록이 있다.[203] 이 밖에도 일식과 월식과 같은 천재지변이 생겼을 때나, 큰 화재가 일어나 변고가 생겼을 때도 시장을 닫았다.[204] 이처럼 시장에서는 정치범과 강간·살인범 등이 잔인하게 공개 처형되었고, 가뭄이 들거나 국가에 애경사가 있을 때는 시장을 옮기거나 문을 닫아야 했다. 국가가 일방적이고 폭력적인 권력을 행사하는 데 시장이 중요한 무대로 활용되었던 것이다.

무악재의 주점과 음식점 풍경

가난한 백성들이 구걸하는 모습이 고스란히 드러나는 곳도 역시 시장이었다. 태종 때 자손이 없어 시장에서 걸식하면서 겨우 연명하는 늙은 노파에게 쌀 2석을 하사했고, 세종 때 지방의 굶주린 백성들이 시장에서 모여들어 구걸하자 이들을 흥복사興福寺에 모아 죽을 쒀주었다. 성종 때는 누이를 "시장에 다니면서 구걸하게" 한다는 이유로 홍문관 부제학이었던 유진兪鎭을 국문해야 한다고 청하는 일도 있었다.[205]

시장에서는 또한 자주 싸움이 벌어졌고, 때로는 살인으로 이어지기도 했다.

임금의 뜻을 의금부에 전하기를 "양녀良女 석을금石乙수과 건리件里가 시장 한가운데에서 주원朱元과 서로 싸워서, 주원의 옷깃을 눌러 잡기도 하고 주원의 가슴팍을 머리로 들이받아 주원이 그날 죽었다고 하니, 그들을 국문해 아뢰라" 했다.[206]

시장에는 물화와 돈이 취급되고 있었던 만큼 늘 도둑들이 들끓었다. 연산군 때 시장 거리에서 도둑이 군사를 죽였다거나, 명종 때 도적이 시전에서 사람들을 살상했다는 기사도 있다. 또 자객들이 시장에 드나들면서 백주에 시장 한복판에서 살인을 저지르기도 했다.[207]

태종 6년(1406)에 종루와 시장에 익명서가 한 장 나붙었다. "가뭄은 하륜河崙이 정치를 했기 때문"이라는 내용이었다.[208] 당시 하륜은 좌정승으로 정계의 막강한 실력자였다. 이 일로 하륜이 사직서를 제출했으니, 시장에 내걸린 한 장의 문서가 얼마나 큰 파문을 일으켰는지 짐작할 수 있다. 물론 하륜의 사직은 태종의 만류로 이루어지지 않았다.

어느 곳이나 시장에는 항상 주점들이 있어 술과 관련된 일화도 끊이지 않는다.

술을 많이 마신 취객이 만신창이가 되어 시장을 돌아다니며 행패를 부린다거나, 관료들이 시장의 술집에서 여자들을 데리고 술을 마셔서 문제가 되는 일도 있었다.[209] 예나 지금이나 다르지 않은 익숙한 풍경이다.

  가끔은 왕이 시장에 거둥해 둘러보거나, 유명한 인물들이 시장에 등장했다는 기사도 나온다.[210] 한번은 조광조趙光祖가 대사헌이 되어 시장을 지나간 적이 있는데, 그때 시장 사람들이 모두 나와 땅에 엎드려 경의를 표했다고 한다.[211]

북소리 둥둥 장삿배
새벽에 돛을 올려 동쪽을 향하네

잠깐 사이 바람에 날리는 깃발 보이지 않으니
벌써 사남沙南 녹수변을 지났네

용산에는 미곡 이외에도 땔감과 목재·조개류 등이 판매되고 있었다.
이런 여름날 풍경을 다산 정약용丁若鏞은
「하일용산잡시夏日龍山雜詩」라는 시에 담아내었다.
용산은 이런 상업적 모습 이외에도 예로부터 명승지로 유명했으며,
가뭄이 들면 으레 중신重臣들을 파견해 기우제를 지내곤 했다.

3장
시장의 공간이 확장되다
— 조선 후기의 시장

1. 변화하는 조선의 경제

조선 후기 사회변동과 시장

1592년 임진왜란과 1636년 병자호란은 조선사회를 뿌리째 뒤흔든 전쟁이었다. 두 차례의 전쟁으로 무수한 인명이 살상되었고, 국토는 황폐화되어 농업생산력이 큰 폭으로 떨어졌으며, 전염병이 나돌아 생명을 위협하는 등 그 후유증과 상처는 매우 깊고 컸다. 이로 인해 "인구수는 평시에 비해 겨우 1/10이다"라고 할 정도였으며, 경지 면적 또한 "난리 뒤에 8도의 전결田結이 겨우 30만여 결에 불과해 평시 전라도 한 도에도 미치지 못한다"고 했다.[1]

조정에서는 흩어진 민심을 바로잡고 왕조체제를 유지하기 위해 국가제도의 재정립과 사회경제적 기반의 재구축을 시도했다. 곧 비변사의 기능을 확대·정비하고 군사제도를 5군영체제로 정비했으며, 무너진 수취체제를 바로잡기 위해 농지개간을 장려하고 양전사업을 시행했다. 또한 잡다한 명목의 전세를 통합해 1결당 4두씩 받는 영정법永定法을 실시함으로써 농민의 부담을 줄였으며, 공물貢物을 미곡으로 수납하는 대동법大同法과 2필이었던 군포를 1필로 줄여 징수하는 균역법均役法 등을 시행했다.

양란을 거치면서 변혁의 물살을 타고 있었던 조선 후기 사회는 기존의 토대가 이완·해체되고 재정비되는 현상이 여러 분야에서 나타나고 있었다. 특히 생산력의 진전과 이를 토대로 한 유통·상업이 발달하면서 경제적 변동이 가시화되었다.

조선 후기에는 모를 옮겨 심는 모내기, 곧 이앙법移秧法이 널리 보급되어 농업생산력이 크게 높아졌다. 이앙법은 생산력의 증가를 가져왔을 뿐만 아니라 토지의 이용도를 높이고 노동력을 절감시켰다. 농민들 또한 생산성을 높이기 위해 다양한 농기구를 개발하고, 제언堤堰(댐)·보洑(냇물저장소) 등을 축조했으며, 상품작물을 재배해 소득을 증대시켜 나갔다.[2]

이앙법 보급으로 나타난 노동력의 절감은 광작廣作이라는 새로운 농업경영방식을 촉진시켰다. 그 결과 넓은 농토를 집약적으로 경작하는 지주제가 확대되고 소작농이 몰락하는 농민층분해가 촉진되었다. 마침내 토지에서 유리된 이농인離農人들이 도시로, 광산으로 몰려들어 임노동자로 전화해갔다.

수공업·광업·어업 등의 분야에서도 생산력 발전이 이루어지고 있었다. 17세기 중엽에 이르러 관영 수공업이 붕괴되고, 민영 수공업이 전면에 등장해 활성화되었다. 곧 유기鍮器·철기鐵器 등의 수공업장은 물주物主라는 고용주가 노동자를 고용해 물건을 생산해 자본을 축적했고, 상인자본의 요구에 의한 주문생산이 이루어지기도 했다. 또한 광산개발이 활발해지면서 광업생산력이 증대되었고, 담배·인삼 등 상품 작물의 재배도 성행했다. 어류를 포획하는 방법의 개선과 어구漁具의 개발로 어업생산력도 증대되었고, 김의 양식과 조기·명태·청어의 가공업도 발달했다.

이런 생산력 증대와 인구 증가, 도시의 성장 등이 촉진되면서 상품화폐경제가 급속도로 발달했다. 종로 일대에 자리잡았던 시전이 금난전권이라는 특권을 배경으로 도성 안팎과 경강 지역으로 확대되었으며, 사설시장인 칠패·이현이 새롭게 등장해 외곽의 송파·누원 등지와 연결해 급성장하면서 시전을 위협하고 있었다.

또한 전국적으로 장시가 발달해 성장하고 있었다. 19세기 초에 발간된 『만기요람萬機要覽』에 의하면, 전국적으로 1,061개의 장시場市가 있었다.³ 장시는 5일형이 중심을 이룬 가운데 10일형·15일형·3일형 등이 있었다. 대부분 한 달에 6번 열리는 5일장을 선호했으므로 장시를 '5일장'이라 불렀다.⁴

이 무렵 경쟁이 심화되자 대량의 물건을 매집해 독점적 상거래를 주도하는 도고상업都賈商業이 전면 등장했다. 도고는 시전상인·공인貢人·경주인京主人(중앙과 연락하기 위해 지방 수령이 서울에 파견하는 아전이나 향리) 등이 중심이 되는 관상도고와 대도시 사설시장과 포구 등지를 무대로 활동하는 사상도고로 나눌 수 있다. 관상도고는 관과 결탁한 특권적 도고로서 소비권역을 중심으로 발달했으나, 사상도고는 자본력과 상업조직망 등을 토대로 생산권역과 소비권역을 함께 장악해 점차 상업계의 중심적 위치를 장악했다.⁵

도고상업은 독점성·매점성·특권성을 갖고 있었으며, 전통사회가 근대사회로 이행하는 과정에서 발달한 상업 형태였다. 서울의 시전상인과 칠패·이현·경강상인, 지방의 개경·동래·의주상인 등이 도고상업을 통해 자본을 집적하고 있었다. 도고상업은 물가등귀와 상거래질서의 문란 등 문제를 야기했으며, 이는 곧 백성의 피해로 이어져 서울의 미곡전습격사건과 농민항쟁 등이 일어나는 원인이 되기도 했다.

18세기 중엽 이후에는 전국이 하나의 상권으로 연결되면서, 상품의 유통과정도 발전을 거듭했다. 운송은 내륙에서는 마필에 의한 육운이 담당하고 있었으며, 연해안이나 강안 등지에서는 선박에 의한 수운이 중심을 이루었다. 그중 원격지 운송은 경강상인·지토선인地土船人(배를 소유한 지방토착민) 등이 주도권을 장악하고 있었다.

또한 상품 유통의 중간 담당자로서 객주와 여각이 한강변과 전국 주요 포구에 발달했다. 한강변의 객주·여각은 세곡과 공물의 보관·운송에 기반해 가장 먼저 번성했다. 원래 이들은 객상客商이 위탁하는 상품매매를 주선해 구문□文이라는 수수료를 취득했으나, 객상을 상대로 한 숙박업과 물화의 보관·운반업도 담당했다. 때로는 물화를 담보로 자금을 대부하거나 어음의 할인·발행 등 금융업까지 겸하는 경우가 많았다. 또한 전국의 시장 동향을 주시하면서 미곡·어물 등을 매집해 물가를 조종하기도 했다.

상업유통 분야의 발달은 명목화폐인 동전銅錢의 발행·유통에 의해 촉진되었다. 조선 전기에 조정에서는 저화와 동전을 발행해 유통을 강요했지만, 백성과 시장이 받아들이지 않아 실패하고 말았다. 17세기 말에 이르러서야 동전이 전국적으로 유통되기 시작했으며, 일상생활과 상품유통의 가장 중요한 교환·지불수단으로 기능하게 되면서 또 하나의 전기를 마련했으며, 사회경제적 발달에 지대한 영향을 미쳤다.

대외무역도 활발해졌다. 중국과의 무역은 17세기 중엽부터 국경지대를 중심으로 개시開市(공무역을 하던 국제시장)와 후시後市(사무역을 하던 국제시장)가 이루어졌다. 17세기 이후 일본과의 관계도 정상화되면서 왜관무역 또한 성행했다. 중국·일본과의 국제무역에는 의주의 만상灣商과 동래의 내상萊商, 개성의 송상松商이 중심적 역할을 했다.

이런 경제의 활성화는 시장권의 확대로 이어졌다. 서울을 비롯한 포구와 장시를 중심으로 원격지 교역이 활발해지면서 시장권이 전국적으로 확대되고 서로 긴밀한 연계성을 갖게 되었다. 이런 시장권의 확대 발전은 봉건적 경제체제를 무너뜨리고 새로운 경제체제로 발전하려는 움직임이기도 했다.

서울의 3대 시장, 시장의 공간적 확대

서울의 시장은 두 차례의 전쟁으로 막대한 피해를 입었고, 상인들 또한 뿔뿔이 흩어져 시장으로 돌아오지 않는 경우가 많았으며, 특히 부상대고의 시장 복귀 비중은 더욱 낮았다. 광해군 13년(1621)에 이르러서도 시전상인들의 수가 "평시에 비해 1/10도 되지 않는다"고 할 정도였다.[6]

조정에서는 흩어진 상인들을 불러 모아 시장을 활성화시키려 노력했으나, 재정이 바닥난 조정은 도리어 상인들에게 과중한 국역 부담을 떠안겼고, 중국 사신들의 무리한 진상 요구와 물품 강매까지 시장에 떠맡김으로써, 서울의 시장은 상당 기간 어려움을 벗어나지 못했다.

하지만 점차 도성이 안정을 되찾고 흩어졌던 주민들과 상인들이 돌아오면서 시전도 복구되었고 물품 거래도 활발해졌으며, 명나라 상인들의 상거래도 왕성해졌다.

「광해군일기」 가운데 〈난전〉 관련 기록

> 무술년 중국 대병이 나온 후로 중원中原(중국)의 상인들이 물화를 많이 가져오는 일이 연달아 이어졌으며, 종로 거리에 가게를 열고 물화를 늘어놓은 것이 부지기수였다. 이에 중원의 물화가 도리어 천물賤物이 되었다.[7]

또한 전쟁으로 황폐해진 농경지를 등진 이농인離農人과 유랑인 등이 서울로 몰려들어 인구가 증가했다. 물적 토대가 없는 그들은 서울의 성 밖 변두리에 정착하고 난전亂廛의 형태로 상업에 종사하면서 생계를 유지하는 경우가 많았다. 점차 성 밖의 인구가 늘어나고 도시적 공간이 성 밖으로 확대되었으며, 이는 시장의 공간적 확대로 이어졌다.

임진왜란 직후인 1593년 5월에 보고된 서울의 인구는 38,931명에 불과했고, 같은 해 5월에 구휼을 위해 파악한 인구는 55,303명이었다.[8] 서울의 인구가 세종 때 이미 10만 명을 넘어섰고, 이후 15만~20만여 명에 달한 점을 감안하면,[9] 임진왜란 이후 인구는 1/4~1/5 이하로 줄어든 것이다.

그러나 점차 안정을 되찾아가면서 이전의 인구를 회복했을 뿐만 아니라 큰 폭의 증가세를 나타냈다. 기록상으로 인조 26년(1648)에 95,569명, 현종 10년(1669)에 19만 4,030명이었으며, 이후 대체로 17만~21만 명 사이에서 증감을 되풀이하고 있었다.[10] 그러나 실제 인구는 18세기 전반에 30만 명 수준에 이른 것으로 보인다.[11]

도성의 인구가 증가하고 경제가 발달하면서 서울의 행정체제도 세분화되었다. 조선왕조는 태조 5년(1396) 4월에 한성부의 관할구역을 5부 52방坊으로 정했으며, 이후 세종 때는 5부 49방으로 조정했다. 그러다가 영조 27년(1751)에 이르러 5부 43방 328계로 행정단위를 세분화했다. 이때 성내의 11개방을 폐지하고 두모방·한강방·둔지방·용산방·서강방의 5개 방을 신설한 것은 한강으로 연결되는 성 밖과 경강 일대의 인구증가를 반영한 조치였다.

17세기 이후 점차 안정을 되찾게 되자, 시전 중심이었던 서울의 시장은 새롭게 이현·칠패시장이 설립되어, 시전과 더불어 서울의 3대 시장으로 자리 잡았다. 19세기에는 소의문 밖의 시장이 가세해 "종루가상鐘樓街上·이현·칠패·소의문외" 시장이 서울의 4대 시장을 이루었다.[12]

주로 종로 거리에 위치했던 시전은 성내는 물론 성 밖과 경강에까지 확산되어 금난전권을 행사했고, 이현·칠패시장도 시전을 능가할 정도로 성장을 거듭했다. 한강 유역 또한 유통과 상품 거래의 전국적 중심지로 성장했고, 외곽 지역의 송파장시와 누원점·송우점이 상품의 중간 집하장으로 새롭게 떠올랐다. 이제 시장 권역은 도성 안팎과 경강은 물론 경기도 외곽 지역으로까지 확대되어, 상호 간에 연계관계를 맺고 유기적으로 움직이고 있었다.

조선 전기까지만 해도 시장은 시전으로 대표되었고, 경강은 유통·상업 거점으로서 기능하고 있었다. 그러나 조선 후기에 들어서자 시전은 금난전권의 특권을 확보해 독점적 이익을 구축하고 상권의 확대했지만, 새로운 시장의 도전을 받게 되었다. 사설시장이 생산지와 중개시장을 거점으로 상품을

칠패시전도(김학수)

대량 확보해 싼값으로 판매하는 데 비해, 시전은 가격과 기동력·영업방식 등에서 열세를 면치 못했다. 그러자 시전은 자신들의 상권을 확보하기 위해 금난전권을 전면에 내세워 칠패·이현시장을 감시했고, 더 나아가 금난전권을 송파장시와 누원점·송우점까지 확대하려 했다. 그러나 자신들의 의도대로 이루어지지 않게 되자, 아예 송파장시의 폐지를 건의하고 누원점·송우점의 장시 승격 운동을 저지하기도 했다.

난전시장으로 출발한 이현·칠패시장은 자본력과 조직력을 바탕으로 생산지와 중간 집하장까지 진출해 상품을 대량 확보함으로써 우월한 입지를 구축할 수 있었다. 이들은 자체 시장뿐만 아니라 성내 각처로 상품을 배급해서 판매함으로써 시전에 타격을 입혔고, 시중의 물가를 조정해 폭리를 취하기도 했다. 그래서 결국 이현·칠패는 금난전권을 가진 시전의 견제와 감시의 대상이 되었고, 상거래를 둘러싼 소송과 분쟁이 끊이지 않았다. 이외에도 19세기 중엽에는 여기저기에 잡시雜市가 형성되어 일상적인 생활물품을 판매했다.[13]

외곽지대의 송파장시·누원점·송우점은 삼남지방과 함경도·강원도 등지에서 올라오는 상품의 중간 집하장으로서 기능했고, 금난전권을 피하려는 서울의 도고상인들이 몰려들어 물품을 도산매했다. 점차 시전의 피해가 커지자, 시전은 이들에게도 금난전권을 적용하려 했다.

이와 같이 조선 후기의 시장은 기존의 시전과 경강에다가 새로이 이현·칠패시장이 등장해 상권을 다투고 있었다. 또한 이들 시장을 무대로 한 도고상인들은 자본력과 조직력을 바탕으로, 외곽의 송파장시와 누원점·송우점을 유통거점으로 확보하고, 생산지와 국경 무역지대까지 신출해 상거래를 수도해 나갔다. 시장 권역이 외곽의 경기도 지역으로 확대되면서, 시전상인을 중심으로 한 전통적 유통체계가 점차 무너지고, 사상도고를 중심으로 한 새로운 유통체계가 구축되었다.

2. 시전과 사상의 치열한 경쟁

시전과 금난전권

임진왜란 후 시전은 유통망이 붕괴되고 상인들이 복귀하지 않아 "공허"하다고 할 정도였고, 조정과 시중의 물자조달과 사신 접대 등에 어려움을 겪었다. 조정에서는 시전의 정상화를 위해 "외방에 문서를 보내어 흩어진 경상京商(서울상인)을 일일이 적발해 구업舊業에 돌아오도록" 조치했다.[14] 한편으로는 전국의 물화가 서울로 모이게 하기 위해, 개성을 제외한 경기도 전역에 시장 개설을 금지했다.

전란의 상처가 복구되어가면서 시전은 비교적 빠른 속도로 회복되어갔다. 선조 40년(1607) 유성룡柳成龍이 죽었을 때 곡하기 위해 모여든 시전상인의 수가 "천여 명에 이르렀다"고 할 정도로 시전의 재건과 상인들의 복귀가 상당히 진척되었다. 그러나 광해군 13년(1621)에 시전상인의 수가 전란 이전의 1/10정도에 불과하다고 한 것을 보면,[15] 아직 이전 수준을 완전히 회복하지 못했음을 알 수 있다.

17세기 이후 시전은 이전과는 다른 새로운 모습으로 재편되었다.[16] 이전의 공랑세公廊稅가 사라졌고, 난전의 성행을 구실로 금난전권을 부여받았다. 또 국역 부담 체제가 정비되면서 유분각전有分各廛(국역을 부담하는 시전)과 무분각전無分各廛(국역 부담이 없는 시전)으로 나뉘었다. 군인과 일반 주민들이 시전 상업에 참여하면서 기존의 세습적 충원 방식에도 변화가 생겨, 상인의 구성이 이전과 많이 달라졌다. 이런 변화를 토대로 시전은 조정에 대한 물자조달보다는 민간에 대한 상품판매 중심으로 변화되어갔다.

상권을 둘러싼 경쟁이 치열해지면서 시전상인들은 높은 국역의 부담을 지더라도 난전을 규제할 수 있는 특권을 부여받아 이익을 독차지하려 했다. 조정 또한 양란兩亂 이후 파탄에 직면한 국가재정을 보충하기 위한 목적으로, 시전상인들에게 난전을 규제할 수 있는 '금난전권禁亂廛權'이라는 특권을 부여했다. 결국 금난전권은 시전상인과 조정의 이해관계가 일치되어 취해진 정책의 산물이라 할 수 있다.

금난전권이 처음 실시된 것은 대동법 실시 논의가 일어난 17세기 초엽이나,[17] 17세기 말에 성립한 것으로 본다.[18] 영조 때 반포된 『속대전續大典』에는 금난전권을 "전안廛案(시전의 상인과 물종을 등록한 문서)에 들어 있지 않으면서 난전亂廛하는 자"를 금지한다고 규정했다.[19] 금난전권은 한성부가 주관했고, 시전상인들이 난전을 잡아서 다스리도록 했다. 또한 난전의 물건은 모두 몰수하고, 만일 그 액수가 속전贖錢(죄를 면하기 위해 바치는 돈)에 부족하면 장杖 80

대를 칠 수 있게 했다. 전안은 각 시전의 전매품목을 정한 다음에 한성부가 그 전매권을 보장해주는 것으로, 각 시전마다 이른바 전안물종廛案物種이 확정되어 있었다.

시전에서 가장 먼저 금난전권을 행사한 것은 육의전六矣廛이었다. 육의전은 시전 가운데 국역 부담이 가장 높고 규모가 큰 6개의 시전을 가리킨다. 대체로 선전線廛(비단 가게)·면포전綿布廛(무명 가게)·면주전綿紬廛(명주 가게)·저포전苧布廛(모시 가게)·지전紙廛(지물포)·어물전魚物廛(수산물 가게)이었다. 그러나 영조 때는 청포전靑布廛(푸른 베와 모직물 가게)과 내어물전內魚物廛(종로에 있는 어물 가게)이 함께 육의전에 포함되었고, 정조 때는 어물전 대신 포전布廛(삼베 가게)이 육의전이 되기도 했다.[20] 따라서 육의전은 고착된 것이 아니라, 시장의 상황과 경제적 여건에 따라 약간의 변동이 있었다.

금난전권은 초기에는 육의전에 한정되어 있었으나, 그 독점적 상거래로 인한 이익이 커지자 다른 시전들도 금난전권을 갖기를 원했다. 조정으로서도 재정 수입이 증대되기 때문에 다른 시전상인들에게도 금난전권을 허가해주었다. 마침내 채소·과일·젓갈과 같은 소소한 물품에 이르기까지 모든 상품에 금난전권이 적용되었다. 이렇게 새로운 시전의 창설되자 판매 물종物種이 중복되어 종래의 일물일전一物一廛의 원칙이 무너졌으며, 시안市案(한성부의 시전 대장)* 물종에 대한 유통지배권을 둘러싸고 시전 간에 분쟁이 심화되었다.[21]

점차 시전에 편입되지 않은 난전과 수공업자들까지 권세가와 결탁하거나, 조직을 만들어 새로운 시전을 창설해 금난전권을 획득했다.[22] 그들은 금난전권의 권한을 이용해 나물이나 기름 등 소소한 일상용품을 취급하는 난전을 단속했는데, 그 실상을 보면 다음과 같다.

* 시안은 평시서와 한성부에 비치된 시전대장(市廛臺帳)으로, 개별 시전의 매매업 인가대장을 말한다.

또 서울에는 놀면서 입고 먹는 무리들이 평시서에 서류를 올려 새로운 시전을 창출한 자가 5~6년 내 그 수가 매우 많아졌습니다. 이들은 오로지 난전 잡는 것

대장간

을 일삼고 있습니다. 심지어 싸리와 나물·기름·젓갈도 마음대로 거래할 수 없으며, 갑자기 새 시전 사람들의 침탈을 받게 됩니다. 외지의 백성이 가져오는 소소한 물산들과 서울의 소민小民이 이로써 호구하는 것 또한 난전이라고 해서 피해를 입으니, 그 고통을 이기지 못해 거래가 장차 끊어질 지경입니다. 조정 백관들 중에는 혹 난전의 난잡함을 우려하나, 이런 폐단을 상세히 알지 못하기 때문입니다.[23]

이처럼 시전의 창설이 늘어나면서 종래 종로와 남대문로에 자리잡고 있었던 시전은 시내 전역으로 확산되었고, 도성 밖과 경강 지역까지 확대되었다. 1630년에는 30여 개에 불과했던 시전이 18세기 말에 이르면 평시서 시안市案에 등록된 시전만 120개로 늘어났다.[24] 18세기의 시장은 금난전권의 독주무대였다고 할 정도였다.

한편 시전은 수공업제품을 직접 생산·판매하던 공장工匠들의 상행위도 제한하려 했다. 시전상인들은 금난전권의 권한으로 제품을 만드는 원료를 매점해 공장들을 시전상인에게 예속시켰다.[25] 대표적인 예가 18세기 후반에 일어난 야장冶匠(대장장이)과 잡철전雜鐵廛 사이의 분쟁인데, 자본력과 판매력에서 유리한 잡철전이 야장의 원료 구입로와 제품 판매로를 장악해버렸다.

또한 시전상인들은 "장인匠人은 물건을 만들고, 시민市民은 장인에게서 사들여서 전매轉賣해 자생하는 것"이라고 주장하면서 공장의 시전 개설을 강력하게 반대했다.[26] 그리고 수공업자의 생산품 자체에 대해 전매권을 확보하고, 그것을 매점해 수공업과 소비자를 격리시키고자 했으며, 결국 가죽·말총·목기·칠기·철물 등 각종 제품에서 독점적 판매권을 행사했다.

이와 같이 금난전권이 확대되는 것은, 한편으로는 시전상인들의 이익과 성장을 보장해주었지만, 물종판매권을 둘러싼 시전 간의 분쟁을 심화시켰다. 또 다른 한편으로는 사상私商과 노점상 등에게도 많은 피해를 주었다. 또한 일상 생활용품이 모두 금난전권의 대상이 되어 자유로운 매매를 저해함으로써 물가가 크게 올라, 주민들이 그로 인한 불편과 피해를 감내할 수밖에 없었다. 그에 따라 점차 시장 거래는 경직되었고, 금난전권은 결국 시장 발전에 질곡이 되었다.

신해통공과 상거래 주도권을 둘러싼 분쟁의 격화

시전이 금난전권 행사에 대한 비시전계 상인과 난전의 불만이 확산되고 주민들의 반발이 잇따르자, 조정에서는 금난전권 행사를 제한하려 했다. 영조 때 한성부 좌윤을 지냈던 이보혁李普赫은 "10년 이내에 새로 만들어진 소소한 전명廛名을 모두 혁파해 소민小民을 구제해야 할 것입니다"라면서 새로 설립된 시전상인들의 금난전권을 일정하게 제한하려 했다.[27] 그러나 시전상인들의 반발과 저항으로 시행되지 못했다. 영조 44년(1768)에도 육의전을 제외한 모든 시전의 금난전권을 부정하는 통공정책을 시도했으나, 시전상인들의 반발 등으로 금방 철회되었다.[28]

마침내 정조 15년(1791)에 이르러 채제공蔡濟恭의 건의로 육의전을 제외한 시전의 금난전권을 폐지하는 신해통공辛亥通共을 시행되었다. 신해통공은 기본적으로 금난전권의 무차별적 적용으로 도시경제가 경직되고, 그럼으로써 야기되는 물가상승과 도시민의 고통을 덜어주려는 경제적 요인이 작용하고 있었고, 사상층의 성장이 배경이 되었다. 다른 한편으로는 금난전권을 가진 시전상인들이 노론과 연결되어 자금을 제공하면서, 남인을 중심으로 시행하는 탕평책에 금난전권이 걸림돌로 작용하고 있었기 때문이다.

신해통공으로 인해 기존에 금난전권의 특권을 누려왔던 육의전 이외의 시전상인들은 큰 타격을 받자, 이에 불만을 품고 금난전권의 권한을 회복시키려고 노력했다. 그러나 조정은 "도성 백성들이 통공을 편하게 여기는 자가 10 중 7~8이다"는 점을 들어 통공정책을 밀고나갔다.[29]

특히 금난전권의 특권을 상실한 시전상인들은 통공通共을 주장한 채제공에게 여러 차례에 걸쳐 항의했다. 시전상인 수백 명이 채제공의 출근길을 막고 호소한 적이 있고, 2년 후인 1793년에 채제공이 수원유수로 부임하자 시전상인 70여 명이 수원까지 와서 호소하기도 했다. 이때 채제공은 "너희들도 백성이고 저들도 백성인데, 조정에서 다독여 구휼하는 도리에 어찌 피차의 차이를 두겠는가?"라고 하면서 그들을 물리쳤다.[30]

순조 3년(1803)에는 시전 가운데 국역 부담의 의무를 지고 있었던 면자전綿子廛 등 16개 유분각전有分各廛이 신해통공 이후 모두 실업失業했으니 금난전권을 복구해줄 것을 요구하면서, 그렇지 않을 경우 특별히 면역免役(국역 면제)시켜줄 것을 요구했다.[31] 유분각전 상인들이 이런 요구를 한 것은 금난전권의 특권이 사라진 이후에도 조정에 대한 국역 부담이 여전히 남아 있었기 때문이다. 조정은 유분각전의 이런 요구에 대해 난감한 입장에 처했으며, 일부 시전의 금난전권을 복구하기도 했으나 곧 거두어 들였다. 이후 세도정권 시기에 일부 시전들이 금난전권을 다시 인정받은 일도 있었지만, 통공정책의 틀은 계속 유지되었다.

신해통공으로 시전상인들이 상대적으로 어려움에 직면했던 것에 비해 사상들의 활동은 더욱 활발해졌고, 상거래 주도권을 둘러싸고 그들 간의 경쟁과 분쟁은 더욱 심화되었다. 순조 5년(1805)에는 추석 명절을 앞두고 퇴계원으로 단속을 나갔던 육의전 상인들과 사상들 간에 패싸움이 일어나 서로 두들겨 패고 도망가는 일이 일어났다.[32] 이외에도 육의전 상인들이 송파·누원·송우점 등지에 직접 나가 단속하는 경우가 많았다.

이외에도 시전 내부적으로 특정 물품의 독점권을 둘러싸고 벌어지는 분쟁도 끊이지 않았다. 예컨대 서양산 직물이 중국 등지를 통해 다량 유입되면서, 입전·백목전 등 육의전 간에 독점권을 확보하기 위해 대립하자, 결국 조정에서 견유문포繭有紋布(무늬 있는 비단)는 입전에, 면사綿絲는 모자전에 독점권을 주고, 서양목西洋木(서양 목면)은 면포전과 공동판매, 서양주西洋紬(서양 비단)는 면주전과 공동판매하도록 조치했다.

시전상인들은 사상도고들의 상권 장악에 맞서 종래의 금난전권을 주장하거나 수세권을 내세웠으나, 이런 방법이 성과를 거두지 못하자 지방 장시에서 판매망을 확보하거나 공인貢人들의 물종권, 곧 공물무납권貢物貿納權을 취득하는 방법 등을 모색했다.[33] 그러나 이미 효력을 상실한 특권에 기반한 시전은 새로운 상거래 질서에 제대로 대응하지 못한 채 점차 약화되어갔다.

한편 시전 체제의 유지는 국가재정을 파탄으로 몰고갔다. 그것은 조정에서 시전의 응역應役(국역에 응함)이라는 봉건적 조달 체계를 포기하지 않고 계속 유지하기 위해 무리하게 재정 지원을 감행함으로써 국가재정을 구조적 모순에 빠트렸기 때문이다.[34] 국가재정의 만성적 적자는 개항 이후 부국강병책 추진에 장애가 되어, 결국 자주적 근대국가를 건설하는 데 실패하는 중요한 원인이 되었다.

시역市役 부담과 유분각전·무분각전

평시서 시안市案에 등록하고 상업 활동에 종사하는 시전은 조정에 대해 각종 의무 부담을 짊어져야 했다. 시전이 부담하는 국역國役, 곧 시역市役은 상세商稅 납부, 정부의 수요물품을 마련·조달하는 책판責辦, 부역노동을 제공하는 잡역雜役 등을 들 수 있다.[35] 조선 후기에 이르러서는 각종 명목의 요구조건이 늘어나면서 시역 부담이 이전에 비해 훨씬 늘었다. 시전의 국역 부담은 기본적으로 국가적 수취체계와 결부되어 있는 것으로, 금난전권 허용이라는 측면에서 서로 보상 관계의 성격을 갖고 있었다.

　유분각전有分各廛은 국역을 부담하고 있는 시전으로 유분전이라고도 하며, 국역 부담의 정도는 10분에서부터 1분에 이르렀다. 국역은 정부가 경시서를 통해 상납할 물건의 품목과 수량을 하달하면, 각 시전이 정해진 비율에 따라 상납했다.[36] 유분전 중에서 육의전은 가장 높은 비율의 국역을 부담했는데, 그것은 거래 규모 및 자본 축적의 정도와 밀접한 관련이 있었다.

　무분각전無分各廛은 국역이 없는 가게들로서 무분전이라고 하며, 대체로 영업 규모가 작고 수익이 상대적으로 적은 가게들이었다. 그러나 무분전이라 해도 정기적인 국역 부담이 없는 것일 뿐, 수시로 정부의 국역 요구에 응하고 있었다.

　시전이 부담하는 상세商稅는 매월 납부하는 삭납朔納이었고, 각 시전 구성원의 수에 따라 부과되는 인두세人頭稅 성격을 띠었으며, 평시서 수세장부에 의해 징수했다.

　책판에는 국가의 수요 물품에 대한 조달 의무뿐만 아니라, 외국 사신에 대한 접대 및 그들이 가져오는 물품에 대한 무역 의무도 포함되었다. 조선 후기에는 조정에 쓰이는 물품의 정기적 조달에다가, 각 관청·궁방 등에 대한 일상적 무납貿納(물건을 사서 바침)과 잡역이 늘어나 그 부담이 증가했다.

　잡역은 시전이 짊어지는 부역노동을 의미했다. 각 관청·궁궐의 수리와 도배, 바느질 등이 있었다. 잡역은 평시서에서 시전인을 차출해 거행했다. 분역分役에 따라 차등 있게 부담했으며, 부역노동이 고립화雇立化(노동력의 고용화)되면서 시전의 잡역도 점차 화폐로 대신 납부했다. 이런 잡역 부담은 고종 때까지도 계속되었다.

　유분각전은 30여 개에 달했으나, 그 수가 고정된 것은 아니었다. 『한경지략漢京識略』에는 37전이 국역에 응했다고 한다. 유분전은 주로 종로 거리에 위치하고 있었으나, 품목에 따라 각처에 산재한 경우들이 적지 않았다.(▶부록)

표3, 조선 후기 시전 유분각전의 위치와 판매물품) 유분전 가운데 육의전은 10분에서 4분까지 비교적 높은 국역 부담을 안고 있었으나, 육의전 이외의 시전은 3분에서 1분까지로 상대적으로 부담이 낮았다.

선전線廛(비단 가게)은 가장 높은 10분의 국역 부담을 짊어졌으며, 입전立廛이라고도 했다. '선'의 음이 '입立'의 뜻(서다)과 비슷해 그렇게 불렀다.[37] 선전은 중국산 고급 비단과 일본 등지로부터 수입된 상품도 진열·판매했고, 주로 부유한 왕족과 양반층을 상대했기 때문에 이익도 컸다. 영조 때는 왕손王孫이 선전 상인들에게 300~400냥의 빚을 져 문제가 되기도 했다.[38]

선전 다음으로 높은 국역을 부담했던 면포전(무명 가게)은 주로 백목을 취급해서 백목전白木廛이라 했고, 은銀도 함께 판매했기 때문에 은목전銀木廛이라고도 불렸다. 면포전에서는 우리 고유의 면포와 중국을 통해 수입된 서양목西洋木, 그리고 은이 판매되었다.

상전床廛은 93처에 달하고 있었고, 가죽제품과 말총馬尾·황랍黃蠟·명주실[鄕絲]·서책書冊 등 여러 가지 상품을 상 위에 펼쳐놓고 팔았기 때문에 상전이라고 불렀다. 상전은 주로 생활에 필요한 잡다한 물건을 늘어놓고 파는 잡화점이었다.

은국전銀麴廛은 술을 빚는 누룩을 파는 시전으로, 누룩이 하얀색이어서 은국전이라고 했다. 체계전髢髻廛은 여인들의 머리에 높게 얹는 다리, 곧 가발류를 파는 곳으로 월자전月子廛·월자자月子肆라 했다. 그것은 다리를 '월자'라 불렀기 때문이다.

이들 유분각전은 종로 거리와 남대문로 거리에 집중되어 있었고, 도성 각처와 성 밖 및 한강 유역에도 자리하고 있었다.

국역을 부담하지 않는 무분각전은 규모가 작고 영세한 시전들로서, 대체로 잡다한 일상생활용품을 팔았다. 70여 개에 이르고 있었던 무분각전은 성 안은 물론 성 밖과 한강 유역까지 자리잡고 있었고, 유분전에 비해 성 밖과

한강변의 비중이 높았다.(▶부록)표4, 조선 후기 시전 무분각전無分各廛의 위치와 판매 물품)

채소전은 각종 채소를 파는 곳인데, 종루와 칠패에 있었다. 왕십리 살곶이 벌[箭串坪]의 무, 동대문 내 훈련원의 배추, 청파의 미나리를 최고의 상품으로 취급했다. 과전果廛은 각종 과일을 파는 곳으로, 설치 초기에 길모퉁이에 위치하고 있었기 때문에 모퉁이를 의미하는 '우隅' 자를 써서 우전隅廛이라고 했으며, 송현松峴·정동貞洞·전동典洞 등 6곳에 있었다. 유명한 과일로는 황주·봉산의 배, 남양·안산의 홍시, 남쪽 지방의 귤 등이 있었다.[39]

세물전貰物廛은 각 처에 산재해 있었다. 혼례와 상례喪禮에 소용되는 각종 용구와 그릇을 빌려주었으며, 비용은 매 건당 10전을 넘지 않았다. 세기전貰器廛은 종가에 있었다. 잔치에 소용되는 그릇을 빌려주었으며, 유분각전 중 의전衣廛에서는 옷을 빌려주고 헌옷을 팔았다. 이를 보면 혼례·상례·연회 등의 큰 일이 있을 때 각종 그릇과 용구·옷 등을 빌려주는 대여업이 있었음을 알 수 있다.

분전粉廛에서는 연지와 분을 팔았다. 종로 거리와 서소문 밖에 있었으며, 여인들이 팔고 여인들이 물건을 사갔다. 당시 시장의 점포 운영과 상품 판매는 남성들이 주도하고 있었는 데 반해, 분전은 취급 상품의 특성상 여성이 매매를 주관했다.

현방懸房은 쇠고기를 팔았다. 고기를 매달아놓고 팔았기 때문에 '매달다'는 뜻을 가진 '현懸' 자를 써서 현방이라 했으며, 모두 23처에 산재하고 있었다. 땔나무를 파는 시목전柴木廛과 목재를 취급하는 칠목전漆木廛, 지붕을 잇는 볏짚과 싸리를 파는 고초전藁草廛 등은 한강변 곳곳에 자리하고 있었다.

무분각전은 주로 채소·과일·땔감·신발 등 소소한 생활용품을 팔았으며, 그 이익이 크지 않았기 때문에 조정에서도 정기적인 국역은 부과하지 않고 수시로 부과하는 국역만 지게 했다.

시전 조합 도중都中

시전은 각 전별로 도중都中이라는 조합을 구성해, 조정에 대한 국역 부담을 총괄하고, 각 전의 상품 판매권을 독점했으며, 구성원 상호 간의 친목을 도모하면서 스스로의 실력을 도모했다.[40] 도중의 산하에는 물종별로 계契가 조직되어 있었다. 면주전의 경우 도중 아래 수주계水紬契·토주계吐紬契·무주계貿紬契 등이 구성되었다.

시전의 상인들은 의무적으로 도중에 가입해야 했는데, 도중에 가입한 조합원을 도원都員이라 했다. 도중은 크게 간부들의 모임인 대방大房과 일반 조합원들의 모임인 비방裨房으로 구분되었다.

대방은 직임에 따라 영위領位·대행수大行首·상공원上公員·하공원下公員 등으로 구성되었고, 직임을 맡지 않는 사람은 선생先生·오좌五座·십좌十座로 지칭했다. 영위는 대방의 최고 직임으로 영구직으로서, 도중의 고문 역할을 했고, 나이가 많고 덕이 높은 자가 임명되었다.

대행수는 영위 아래 직임으로 나이가 많고 사무를 잘 아는 사람이 선정되었다. 임기는 보통 2개월이었으나 시전에 따라서는 3개월이나 6개월인 경우도 있었다. 입전의 경우, 도중 내에서 발생하는 모든 문제에 대한 최종 결정권을 대행수가 갖고 있었고, 모든 명령과 상벌을 결정하고 내부의 기강 확립과 재화 관리 등에 대한 최종 책임을 지고 있었다.

상공원과 하공원은 대행수 아래 직임으로, 상공원은 도중의 사무를, 하공원은 회계를 담당했다. 서기는 오좌·십좌를 막론하고 글 잘하는 자를 임명해 각종 문서를 기록하게 했으며, 서역書役을 두어 서기를 보좌하도록 했다.

주요 간부의 선임은 조합원 전체가 참여하는 투표를 통해 이루어졌다. 이 가운데 대행수와 상공원·하공원을 삼소임三所任으로 지칭했다. 그들은 도중의 핵심적 임무를 수행했으며, 별도의 보수를 지급받지는 않았지만 분세分稅를 면제받는 특권이 있었다.

비방은 시행수時行首·행수行首·상임上任·하임下任·사환수두使喚首頭·군중群衆, 軍中으로 구성되었다. 시행수는 영구직이었으며, 행수 이하 직임의 임기는 삼소임과 마찬가지로 보통 2~6개월이었다. 이 가운데 군중은 임원을 맡지 않는 일반 도원을 지칭하며, 최하층 직임으로서 청년점원이라고도 불렸다.

도중의 구성원인 도원은 동지적 결합을 이룰 수 있는 자로 충당했다. 주로 도원의 아들·사위 등 혈연관계에 있는 자들이 우선 가입 대상이 되었으며, 아들과 사위에 대한 차별이 거의 없었다. 연고가 없는 자는 총회에 회부해 엄격한 심사를 거쳐 가입 여부를 결정했다. 이들을 '판신래인출시判新來人出市'라고 했으며, 예은禮銀이라는 가입금을 납입해야 하고 또 축하연의 비용도 부담해야 했다.

도중은 자체적으로 재원을 마련해 국역 부담과 상호부조 및 행사의 비용을 충당했다. 그 수입은 가입과 승진 때 납부하는 예전禮錢과 벌금, 방세房稅, 분세分稅, 대여금의 이자로 채워졌으며, 방세와 분세가 중심을 이루고 있었다. 자금은 구성원들이 공동으로 관리했다.

도중은 도가都家, 또는 도소都所로 불리는 본부 사무실을 갖추고 있었다. 도가는 2층 건물로, 각종 회의가 개최되는 장소이자 상품을 보관하는 창고 역할도 했다.

이와 같이 시전상인들은 시전별 도중에 가입해 도중 규약을 따라야 했고 각종 의무를 짊어지고 있었지만, 실제 영업활동에서는 완전히 독립적이었으며 도중의 제약을 받지 않았다.[41] 이들은 시전행랑 이외에 자신의 집에서도 상품을 팔았다. 이를 재가在家라 했으며, 판매 상품에 따라 '지전재가紙廛在家', '면포전재가綿布廛在家' 등으로 불렀다.

3. 사설시장, 칠패·이현시장

사상의 상권 장악

　양란兩亂 이후 조선사회는 전쟁의 피해를 복구하고 침체된 생산력을 증대시키면서 점차 안정을 되찾아 가고 있었으나, 한편으로는 왕조체제의 누적된 모순이 노출되면서 새로운 변화를 모색하는 움직임들이 나타나고 있었다. 시장은 조선 후기의 사회 변화를 주도하고 있었고, 그중에서도 난전亂廛과 사상도고들이 시전에 대응하면서 새로운 변화를 선도하고 있었다.

　상권이 성 밖과 경기도 외곽 지역으로 확대되면서 난전과 사상도고의 활동이 활발해졌다. 난전은 '전안廛案'에 등록되지 않은, 곧 조정으로부터 허가받지 않고 장사를 하는 가게나 상인들을 말하는 것으로, 세금 또한 납부하지 않았다. 당시 시전상인들은 난전을 "외지에서 들어오는 물종을 요로要路에서 사들여 몰래 파는 자"로 규정했고, 가난한 백성이 시전의 물건을 사서 길거리에서 파는 것은 난전이라 하지 않는다고 했다.[42]

　당국으로부터 허가받지 않고 길에서 물건을 파는 난전은 어느 시대 어느 사회나 존재해왔으나, 이 무렵에 문제가 된 것은 이들이 국역國役을 담당하는 시전을 직접적으로 위협했기 때문이다. 16세기 초엽 중종 때도 시전 이외에 "골목마다 시장 아닌 곳이 없고", "방방곡곡坊坊曲曲"[43]에 허가받지 않은 시장, 곧 난전이 들어서 성행하고 있었다. 연산군 때도 난전이 금란禁亂의 주 대상이 되었던 것을 보면, 이미 16세기 전후부터 난전이 사회적 문제로 대두되기 시작했음을 알 수 있다.

　17세기 초엽인 광해군 때는 난전들이 시전의 본거지인 종루鐘樓의 길거리에 모여들어 "담비가죽과 비단·명주" 등의 각종 물품을 주위의 집에 숨겨두었다가 지나가는 사람들에게 파는 바람에 시전상인들에게 타격을 주었다.[44]

　난전에는 군인들도 가세했다. 조정에서 훈련도감 군인들에게 상업 활동을 허용했기 때문이다. 군인들은 자신이 직접 장사를 하거나 친족들에게 이름을 빌려주어 상거래를 했고, 취급하는 상품은 주로 월급으로 받는 면포와 신발·전립戰笠(무관이 쓰던 것)·망건 등이었다. 군인들의 상거래를 둘러싸고 시전상인과 분쟁이 잦았으며, 시전상인들은 숙종 3년(1677) 2월부터 일제히 철시투쟁을 전개하기도 했다.[45] 군인 이외에 궁가宮家와 재상가의 하인들도 난전에 참여하고 있었다. 시전상인들은 왕실과 세도가문의 위세를 업은 이들을 제대로 고발하지 못했으며, 조정에서도 수수방관했다.

또한 난전과 사상도고가 칠패·이현 등지를 본거지로 삼고 대량의 물품을 매점매석해 이익을 내자, 시전은 큰 타격을 받고 위기를 호소했다. 사상도고가 시전상인을 압도할 정도로 성장한 것은 막대한 자본과 조직력을 기반으로, 금난전권의 범위를 넘어 생산지나 중간지에 직접 나가 적극적으로 상품을 매점買占했기 때문에 가능했다.

순조 16년(1816) 칠패와 이현의 상인들은 가을·겨울에 원산까지 가거나, 혹은 상품이 운반되어 오는 중간 지점에 머물렀다가 물품을 독점적으로 매점하고 값을 조종해 팔았다. 내외어물전은 상품을 구하지 못해 폐업 상태에 빠질 지경이었다.

> 근래에 민심이 옛날 같지 않아 칠패·이현에 있는 김평심金平心·이춘택李春澤·임성서林聖瑞·김여진金汝珍 등이 동어冬魚을 사들인다고 하면서, 매년 가을·겨울에 직접 원산元山에 들어가 북상北商과 체결해, 새로 생산되는 명란明卵·북어·대구 등의 물종을 모두 도집都執하거나 원산에 쌓아두고, 혹은 중로中路에 머물러서 시장 가격의 고하를 엿보다가 때를 틈타 조종합니다. 연말에 장패藏牌(순찰 군관이 차고 다니던 금패를 회수해 보관하는 일)할 때를 기다려 허다한 어물을 그 집에 쌓아두고 멋대로 난매하기 때문에, 내외 본전本廛이 텅 비어 한갓 빈터만 지키고 있을 뿐입니다.[46]

원래 원산 등지에서 들어오는 어물은 국초부터 북상北商들이 서울로 가져와 어물전에 판매하는 것이 통례였다.

순조 6년(1806)에도 뚝섬에 사는 상인들이 부상富商과 결탁해 막대한 자금을 갖고 원산에 직접 가서 상품을 매점해 값을 조종함으로써 서울 안에 상품이 없어질 정도였는데, 이들의 한 달 판매고가 4천~5천 냥에 달했다.[47]

사상도고들이 조직적인 상업 활동을 할 수 있었던 것은 소비지인 서울과 생산지의 중간에 발달한 시장을 그들의 수중에 넣었기 때문이다. 사상도고들은 경강변京江邊과 외곽의 송파松坡·누원점樓院店·송우점松隅店 등을 그들의 근거지로 확보했다. 사상도고의 주요 활동 무대는 경강변과 누원을 연결하는 제1선과 송파~송우점 등지를 연결하는 제2선으로 이루어져 있었다.

사상도고들이 이들 지역을 영업중심지로 확보한 이유는 첫째, 이들 지역이 지방 생산품이 서울로 들어오는 길목이라는 점이었다. 둘째, 서울 시전의 금난전권 적용 범위 밖에 있으면서도 비교적 서울과 가까운 거리에 있어서, 그들이 이들 지역에서 직접 상품을 매점하거나 혹은 그곳의 사상들과 연결하기가 쉽기 때문이라는 점이었다.

이와 같이 사상私商들은 도성은 물론 외곽 지역 및 생산지까지 활동무대를 넓혀갔으며, 그 과정에서 시전 중심의 상거래와 유통망의 재편을 불러왔다. 지방의 행상이 가져오는 물품을 받아서 판매해왔던 시전과는 달리, 생산지와 중간 유통거점에서 상품을 매점해 도산매하는 사상들의 영업방식은 물품의 확보와 가격의 측면에서 매우 유리한 경쟁력을 확보할 수 있었다. 사상들의 활동으로 타격을 받은 시전상인들은 금난전권을 '근기近畿 100리' 지역까지 확대함으로써 사상도고를 제압하려 했으나, 칠패·이현 등지를 무대로 한 사상은 자본과 조직력에서 시전상인을 압도하면서 더욱 발전해나갔다.

난전의 근거지에서 전국 상권을 주무른 칠패시장

남대문 밖 칠패七牌 시장은 현재 중구 봉래동1가 48번지 일대에 위치한,[48] 조선 후기 서울 3대 시장의 하나였다. '칠패'라는 명칭은 훈련도감·금위영·어영청이 한성부 지역을 8패牌로 나누어 순찰하던 제도에서 비롯된 것이다. 곧 어영청의 칠패가 남대문 밖에서부터 청파—서빙고—마포—용산 지역의 순찰을 담당하고 있었다. 남대문 밖에 칠패의 초소인 복처伏處(순라군이 밤에 지키는 초소)가 있었기 때문에, 이곳에 형성된 시장을 칠패라고 불렀다.[49]

17세기 후반부터 남대문 밖과 서소문 밖을 중심으로 상가가 조성되기 시작했다. 이곳이 바로 칠패시장이다.[50] 남대문과 서소문 사이에 자리잡고 있어 많은 사람들의 출입이 용이했던 칠패는 18세기 전반 무렵에는 이미 대규모의 시장으로 성장했고, 미곡·포목·어물 등 각종 상품이 집하되어 팔렸다.

칠패에서는 어물전의 규모가 가장 크고 거래가 활발했다. 용산·마포와 가까워 어물의 반입이 쉬웠고, 생산지 및 중간거점과 연결해 어물을 매집해 팔았기 때문이다. "동부채, 칠패어東部菜七牌魚"(동부는 채소, 칠패는 어물)라는 말이 자연스럽게 나돌았다.[51] 칠패시장에서 팔던 생선은 「한양가漢陽歌」에도 잘 나타나 있다.[52]

칠패의 생선전에 각색 생선 다 있구나
민어 석어石魚 석수어石首魚
도미 준치 고등어
낙지 소라 오징어
조개 새우 전어로다

칠패는 처음부터 불법으로 취급된 난전亂廛 시장으로서, 이곳 상인들의 활동은 금난전권을 가진 시전상인들의 강력한 규제 대상이 되었다. 특히 어물을 많이 취급하고 있었기 때문에 어물전 상인들의 견제와 통제가 매우 심했다. 그러자 칠패 상인들은 금난전권의 규제를 피하고 가격경쟁력을 높이기 위해, 직접 지방에 내려가 어물 등의 상품을 구입하거나, 지방에서 서울로 들어오는 어물을 중간에 매점해 도산매하는 전략을 채택했다.

> 근래에 이르러 무뢰한 무리들이 패거리를 만들어 남문 밖 칠패 복처伏處에 난전亂廛을 장황하게 설치하고 아침에 모였다가 저녁에 흩어진다. 사람과 말이 숲을 이루어 무수히 난매亂賣함에 조금도 거리낌이 없다. 그 같은 패거리를 동교東郊의 누원樓院 주막과 남교南郊 동작나루에 파견해, 남북에서 서울로 향하는 어상魚商들을 유인해 짐을 부리도록 하고, 백이든 천이든 짐바리(말이나 소로 실어 나르는 짐)를 막론하고 모두 칠패에 사들여 성안의 중도아中徒兒(장터의 흥정꾼)들을 불러 모아 날마다 난전을 벌이니, 남자는 싸리고리를 짊어지고 여자는 표주박[木瓢]을 이고, 연락하는 사람들을 배치해 각처 길거리 위에서 매매한다. 이와 같은 까닭으로 수각교·회현동·죽전동·주자동·어청동·어의동·이현 병문(골목 어귀의 길가) 등지에 각종 건염어乾鹽魚가 산처럼 쌓여 있으니, 칠패 난전에서 나온 물건이 아닌 것이 없다.[53]

이처럼 18세기 중엽 칠패 상인들은 남북에서 어물이 올라오는 길목인 누원과 동작나루에 파견해 수천·수백 개의 짐을 막론하고 모두 사들이고, 중도아들을 통해 수각교·회현동 등 서울 각처에 공급해 판매했다. 누원·동작나루 이외에도 송파장시·송우점·삼전도 등지의 사상도고와 연결해 상품의 구입·중개·판매망을 구축했다.

또한 매년 가을과 겨울에 직접 원산에 들어가 북어·대구 등의 어물을 대량 구입해두고, 물량을 조절·공급함으로써 시장 가격을 조종하기도 했다.[54]

이와 같이 칠패의 사상도고들은 시전에 비해 물품의 확보와 가격 경쟁에서 우월한 입지를 구축할 수 있었고, 점차 그 거래량이 시전의 어물전을 능가하게 되었다. 마침내 정조 5년(1781)에는 칠패·이현 두 시장의 어물 거래액이 시전 어물전의 10배에 달했다고 하니, 당시 어물을 둘러싼 상권의 추이를 충분히 헤아릴 수 있다.

칠패시장은 "사람과 말이 숲을 이루어 무수히 난매"하는 곳이었던 만큼 가짜 상품들도 많았고, 가짜 상품의 판매와 사기·협잡 및 소매치기가 범람하기도 했다.[55] 이와 같이 난전으로 출발한 칠패시장은 신해통공 이후 발전을 거듭했고, 고종 때 남대문 내 선혜청 자리로 옮겨 오늘에 이르고 있다.

시전 곁에 난전을 열고 경쟁한 이현시장

이현梨峴은 동대문 근처, 곧 배오개[梨峴]를 기점으로 남쪽 일대에 형성된 시장으로, 오늘날 종로구 인의동 남쪽으로부터 종로4가·예지동 일대에 걸쳐 있었다. '이현'은 배오개·배고개의 한자식 표기로서 인의동에 있었던 고개 이름으로, 이곳 일대에 형성된 시장을 배오개장·배우개장으로 불렀고, 오늘날 광장시장의 전신이자 동대문시장의 시원이었다.[56]

이현시장이 언제 생겼는지는 정확하게 알 수 없으나, 이미 18세기에는 종로시전·칠패와 함께 서울의 3대 시장으로서 널리 알려져 있었다. 그 무렵 시전상인들이 "이현 병문梨峴屛門에서 가게를 벌여놓고 시장을 여는 것은 멋대로 법을 어기는 것"이라고 주장하면서 엄히 금지할 것을 요청했는데,[57] 이는 이현시장의 형성과 관련된 중요한 단서로 보인다. 이때 여러 궁가宮家와 각 아문 사대부가에서 난전과 한통속이 되어 사적으로 매매를 해서 시전의 타격이 매우 컸다.

박제가朴齊家의 「한양성시전도가漢陽城市全圖歌」에도 이현 등 3대 시장의 모습이 소개되어 있다.

이현·종루와 칠패는 도성의 3대 시장이라네
많은 공장工匠과 생업인들이 어깨를 스치고
온갖 물화 이익을 쫓아 수레가 줄 이었네[58]

이현은 채소와 해산물을 도산매하는 시장으로 널리 알려져 있었고, "동부채, 칠패어東部菜七牌魚"라는 말에도 드러나듯이 채소의 집산·판매로 유명했다. 그것은 이현에서 가까운 동대문 밖의 왕십리평과 전관평 일대에서 생산되는 채소가 바로 유입되었기 때문이다. 특히 "동대문 밖의 왕십리 전관평의 무, 동대문 내 훈련원 배추"는 서울에서 제일로 치는 명품 채소였다.[59]

이현은 동대문 내 성안에 자리한 난전亂廛으로, 종로 시전과 비교적 가까운 거리에 위치하고 있었던 만큼, 금난전권을 앞세운 시전의 집중적 견제와 감시를 받았다. 이현 상인들 또한 서울의 많은 사상도고들과 마찬가지로, 시전의 통제를 피해 생산지에 직접 내려가거나, 중간 거점 지역에서 상품을 대량으로 매입했다. 그리고 시장의 가격 변화에 따라 상품을 출시·판매함으로써 최대의 이윤을 추구했으며, 이로써 시전상인들에게 큰 타격을 가해 마찰이 잦았다.

대저 이현·칠패 두 곳은 난전으로 이익을 빼앗아가고 도고로서 몰래 판매하는 무리이며, 심지어 물화를 모아 매매하는 것이 본전本廛보다 10배에 이릅니다. 그들은 이내 누원 도고 최경윤崔景允·이성노李聖老·차기次起 등과 뇌화부동해 체결하고, 동서 어물을 갖고 경성으로 들어오는 자들을 번번이 붙잡아 모두 사들여 도고都庫에 쌓아두고, 서서히 칠패·이현의 중도아 등처等處에 들여보내 그들로 하여금 난매하도록 합니다. 따라서 국역을 진 본전의 백성들은 이들 무리의 손에 의해 물종을 상실해 자생할 길이 없어 장차 시장을 파할 지경입니다.[60]

이현시장은 칠패와 함께 사상도고의 본거지로서 생산지 및 중간 유통거점과 연결해 각종 어물과 상품을 매집해 도산매했으며, 이로써 점차 상권을 주도하고 기존 시장체제의 재편을 선도했다. 개항 이후 광장주식회사의 동대문시장으로 거듭나 오늘에 이르고 있다.

길거리·골목 점포의 증가

조선 후기에 들어와 시장은 아니지만 길거리나 골목에 가게를 차리고 상품을 거래하는 점포들이 늘어났다. 대규모 시장은 도성 안팎 몇 군데에 집중되어 있었으므로, 소소한 생활용품들은 집에서 가까운 곳에서 구입하는 경우가 많았다. 영조 22년(1746)에 칠패 난전에서 배급한 건염어乾鹽魚가 수각교·회현동·죽전동·주자동·어청동·어의동 등 서울 각처에 산처럼 쌓였다고 한다.[61] 이들 지역은 시장지대가 아니었으니, 아마도 건염어 등을 취급하는 개별 점포들이 별도로 있었던 것으로 보인다.

이 무렵 대표적 점포로는 서점과 현방·약국 등이 있다. 이들 점포는 특정 상품을 전문적으로 취급하는 전문가게의 성격을 띠고 있었다.

각종 책을 판매하는 서점, 곧 책사冊肆는 정릉동 길가와 육조 앞에 있었다. 『논어』·『맹자』·『중용』·『시경』·『서경』 등 사서삼경四書三經을 비롯해 여러 가지 책들을 판매했다. 조선 전기 중종 13년(1518)에도 도성 안에 서점[書肆]을 설치하고 각종 책을 만들어 팔았으나, 큰 서점은 없었다고 했다.[62] 고종 때는 광통교에 책방이 있어서 주민들이 그곳에 가서 『통감通鑑』과 같은 책을 구입했고, 길가의 가게에서도 한약 처방 서적과 꿈해몽 관련 책들을 팔았다.[63]

약을 판매하는 약국藥局은 구리개銅峴(현 을지로2가) 좌우 거리에 집중되어 있었고, 도성 각처에도 산재해 있었다. 또한 약국은 대신아문大臣衙門과 각 군영에도 설치되어 있었다. 각지에 흩어져 있는 약국은 대부분 문 옆에 "신농유업神農遺業, 만병회춘萬病回春"이라는 글귀를 써 붙였다. 창은 길가로 나 있었고,

반드시 갈대발을 늘어뜨리고 있었다.[64] 이때 약국 앞에 '신농유업'이라 써 붙인 것은 중국 상고시대의 황제인 신농씨가 여러 가지 약초를 이용해 백성들의 병을 고쳤으므로, 예로부터 의약의 신으로 받들어졌기 때문에 '만병회춘'이라는 문구와 함께 약국의 상징적 로고였던 셈이다. 신농씨는 농업의 신으로 더욱 널리 알려져 있기 때문에 농악과 풍물놀이의 깃발에도 '신농유업'이라는 문구가 상징적으로 등장했다.

쇠고기를 판매하는 현방懸房은 중부에 5처, 동부에 3처, 남부에 4처, 서부에 7처, 북부에 3처가 있었다. 조선 전기까지만 해도 불법이었던 쇠고기 도살과 판매가, 조선 후기에 들어와 성균관에 딸려 살던 반인泮人들에게 허용됨으로써 공개적으로 거래되었다. 반인들은 그 대가로 성균관 태학생太學生들이 먹은 고기를 납부했고, 속전贖錢과 요역徭役을 부담했다. 현방은 고기를 내달아 놓고 판매했기 때문에 '매달다'는 뜻을 가진 '懸'자를 차용해 생긴 이름이며, 다림방이라고도 했다.[65]

각종 글씨와 그림을 판매하는 서화사書畵肆가 대광통교 서남쪽 천변에 있었다. 「한양가」에는 광통교 아래 걸려 있던 여러 가지 그림을 묘사했다. 여러 아이들이 노는 모습을 그린 〈백자도百子圖〉, 중국 당나라 때 분양왕에 봉해진 곽자의郭子儀의 평화로운 가정을 그린 〈곽분양행락도郭汾陽行樂圖〉, 농사짓는 모습을 담은 〈경직도耕織圖〉, 〈산수도山水圖〉, 닭·개·호랑이 등의 각종 동물과 사군자 등을 소재로 한 수많은 그림들이 소개되어 있다.

혼인할 때 종친과 공주·옹주의 옛집을 빌려주는 금교세가金轎貰家가 도성 각처에 있었다. 주로 신부집에서 이용했다. 이는 아마도 신부집이 누추해 혼례를 치르기에 적당하지 않을 경우, 화려한 왕가의 집을 빌려 사용했던 것으로 보인다.

그 외에도 서울에는 각종 서비스 기능을 가진 점포들이 등장해 성행했다. 남대문에서 종로에 이르는 거리에는 술집과 음식점·색주가 등이 즐비했고,

종루 거리에는 천 냥짜리 청루靑樓(기생집)가 등장하기도 했으며, '군칠'이라는 주점에서는 평양의 냉면과 개성의 산적 등을 팔았다.[66]

이처럼 길거리와 동네 골목마다 작은 점포들이 많이 들어서서, 소소한 생활용품과 전문적인 상품을 취급했을 뿐만 아니라, 서비스 기능을 담당하는 가게들도 시내 곳곳에 늘어서 있었다. 이런 소규모 점포의 증가는 점차 경제가 성장하고 상권이 확대되었음을 보여주는 것이었다.

시장풍경

범죄의 무대가 된 시장,
과거에 낙방한 무사들의 구걸

가뭄에 시장을 옮기던 이시(移市) 풍습은 상인들은 물론 도성 주민들에게도 불편을 주었기 때문에 사람들의 불만이 많았다. 인조는 "가뭄으로 저자를 옮기면 오히려 백성의 원망을 부를 것이니, 해조(該曹)(해당기관)로 하여금 변통하도록 하라"고 했고,[67] 숙종은 비를 기원하는 이시와 '남문을 닫고 북문을 여는(閉南門開北門)' 행사를 시행하게 하면서도, 그것을 '겉치레'로 바라보았다.[68] 이처럼 이시 풍습은 현실적 불만이 높아지고 형식적이라는 인식이 확산되면서, 18세기 이후에는 별로 시행하지 않다가 점차 사라져갔다.

한편 조선 후기에는 시장에서 사기와 협잡·소매치기 등이 전보다 훨씬 더 조직화되고 과격해졌다.

서울의 서문에 큰 시장이 있다. 이곳은 가짜 물건을 파는 자들의 소굴이다. 가짜로 말하면 백동(白銅)을 가리켜 은(銀)이라 주장하고, 염소 뿔을 두고 거북 껍질이라고 우기며, 개가죽을 가지고 담비 모피라고 꾸민다 …… 소매치기도 그 사이에 끼어 있다. 남의 자루나 전대에 무엇이 든 것 같으면 예리한 칼로 째어 빼간다. 소매치기를 당한 줄 알고 쫓아가면 요리조리 식혜 파는 골목으로 달아난다. 꼬불꼬불 좁은 골목이다. 거의 따라가 잡을라치면 대광주리를 짊어진 놈이 불쑥 '광주리 사려' 하고 뛰어나와 길을 막아버려 더 쫓지를 못하고 만다. 이 때문에 시장에 들어서는 사람은 돈을 전장에서 진 지키듯 하고, 물건을 시집가는 여자 몸조심하듯 하지만, 곧잘 속임수에 걸려드는 것이다.[69]

시끌벅적 떠들썩한 시장에는 종종 살인과 폭력사건도 벌어졌다. 선조 30년(1597)에 명나라 군인 이종의(李宗義)가 시장 길에서 지나던 여인을 겁탈하려 했다. 맞은편에서 오던 어린 노비가 이를 보고 "강도야"라고 외치자, 그 아이를 칼로 찔러 죽이고 머리를 베어버린 사건이 일어났다.[70] 이 사건은 중국 측에서 범인을 참수함

조선 후기의 시장 풍경

으로써 일단락되었지만, 당시 조선에 들어온 명나라 군인들의 횡포가 얼마나 극심했는지를 엿볼 수 있는 장면이다.

효종 때는 사헌부 장령을 지냈던 이증李曾이 재령載寧 사람 최홍원崔弘源의 노비를 빼앗기 위해 송사를 벌였다. 이증이 자신의 노복을 시켜 최홍원을 서울의 저자거리에서 죽여 강물에 던져버린 것이다.[71] 그러나 이증이 끝내 자복하지 않은 채 옥중에서 죽었기 때문에 이 사건의 진상은 정확히 밝혀지지 않았다.

정조 15년(1791) 1월에는 성균관 대사성이 실시하던 통독通讀시험*에서 대독관對

讀官이었던 신보申溥가 시험을 보는 유생으로부터 뇌물을 받았다. 낙방한 유생들이 원망을 품고 시장바닥에서 박사博士인 신보를 잡아끌고 다니면서 주먹으로 치고 발로 차는 사건이 발생했다.[72] 이 사건은 주동한 유생들을 엄하게 처벌한 다음 유배 조치함으로써 일단락되었지만, 당시 통독시험에 뇌물이 횡행했다는 사실과 유생들의 폭력적 일면을 엿볼 수 있다.

* 통독시험이란 성균관 대사성이 매년 서울과 지방의 유생들을 대상으로 제술(製述)과 강서(講書)를 시험하는 것을 말한다. 이 시험에 합격하면 식년문과 복시에 응시할 수 있는 자격을 주었다.

영조 때의 일이다. 시골의 풍채 좋은 어느 거사가 종복을 거느리고 화려한 차림새로 서울의 시장에 나타났다. 그는 상인들을 불러 모아 갖가지 비단을 혼수로 사겠다고 하면서, 은銀 한 봉지를 맡기고 비단 수십 필을 가져오게 했다. 상인들은 다음날 아침에 흥정하기로 하고, 그가 요구하는 물건들을 그대로 두고 갔다. 그러나 이튿날 아침에 다시 와보니, 그 거사 곧 사기꾼은 상인들의 비단을 모조리 갖고 도망가 버렸고, 궤짝에는 가짜 은덩어리가 들어 있었다. 이 사건을 두고 서울 사람들은 전라도 변산에 사는 적도賊徒의 소행이라고 하기도 했고, 이인좌의 난에서 활약한 정희량이 이때 훔친 비단으로 깃발을 만들었다는 이야기가 나돌기도 했다.[73]

시장에서는 구걸하는 거지들의 모습을 흔하게 볼 수 있었다. 시전이 자리하고 있었던 광통교 아래에도 거지들이 많이 모여살고 있었다. 적을 때는 수십 명에서 많을 때는 200~300여 명에 달했고, 추운 겨울에는 진휼청에서 광통교 거지들에게 죽을 쑤어 먹인 적도 있었다.[74] 박지원朴趾源의 『연암집燕巖集』에 "광문廣文은 원래 거지였다. 일찍이 종로 시전에서 구걸을 다녔다. 뭇 거지아이들이 광문을 추대해 패두를 삼아 움막을 지키게 했다"라는 글이 있다.[75] 시전을 무대로 구걸하는 거지들이 적지 않았음을 알 수 있다.

특히 주목되는 것은 과거에 낙방한 무사들이 시장에서 구걸하는 것이었다. 시골에서 논과 밭을 팔아 서울에 무과를 보러 왔다가 계속 낙방하자, 고향으로 돌아가지 못한 채 시장 거리에서 구걸을 했던 것이다. 이를 안타깝게 여긴 박문수朴文秀가 이들의 구제 방안을 제시하기도 했다.[76] 흉년이 심했던 숙종 29년(1703)에는 참판까지 지냈던 이단석李端錫이 고인이 된 뒤에 그의 처자가 시장에서 구걸하고 있다는 얘기를 듣고 나라에서 구제해주었다는 기록도 있다.[77]

시장에는 술집이 많았고, 그에 따라 술을 파는 여인들도 적지 않았으니, 정조 때 "저자에서 술을 파는 여자가 베틀 위에 앉아 있는 여자보다 갑절이나 된다"고 할 정도로 많았다.[78] 또한 저자에서 놀고먹는 백성들이 술과 도박으로 세월을 보내다가 파산해서 유랑하는 일들도 많았다고 한다.[79]

4. 사상도고가 장악한 외곽시장

전국 상권의 중심 무대, 경강 — 3강에서 5강·8강으로

경강京江은 기나긴 한강 가운데 서울 지역을 통과하는 구간을 가리키는 말로서, 일반적으로 광나루에서 양화진에 이르는 한강 일대를 의미한다. 경강은 전국의 물산이 배로 운송해 집산되는 곳으로 전국적 해상 및 수상교통의 중심지서, 일찍부터 운수업과 유통·상업이 발달하고 있었다.

조선 후기에 생산력이 늘어나고 장시와 포구를 연결하는 전국적 유통망이 성립되면서, 점차 시전 중심의 전통적 유통체계를 벗어나 새로운 상권이 발달되었다. 이런 변화를 주도한 세력은 시전과 경쟁적 관계에 있었던 사상도고들이었으며, 특히 한강을 무대로 한 경강상인들이 중심이 되었다.

경강변을 근거지로 상업 활동을 전개한 상인을 경강상인京江商人, 또는 강상江商·경강선인京江船人·경강선상京江船商 등으로 불렀다. 이들은 우세한 자본력과 조직력을 기반으로 미곡·어물·목재·소금 등 주요 상품의 유통권을 장악하고, 전국을 무대로 상업을 했다. 특히 17세기 중엽 이후 숙박업과 상품 거래를 중개하는 여객주인이 출현해 경강 지역의 상권을 장악했다.

경강의 상권이 성장하는 모습은 그 호칭에도 잘 나타나 있다. 곧 경강의 주요 지대를 18세기 이전까지는 3강이라 불렀으나, 점차 5강·8강으로 부르게 되었고, 경강 주민의 어려움을 파악하기 위해 파견했던 어사의 명칭을 영조 33년(1757)에는 '오강어사五江御使', 정조 5년(1781)에는 '팔강어사八江御使'로 불렀다.[80] 이때 3강은 한강·용산강·서강을 가리키며, 5강은 정확하게 명시되어 있지는 않지만 대체로 용산·마포·서강·양화진·한강진으로 보고 있고,[81] 8강도 구체적으로 명기되어 있지 않다. 이외에 한강변의 노량진·동작진·서빙고·두모포·뚝섬·송파진·삼전도 등도 주목되는 나루였다.

조선 후기에 접어들자 사회적 안정과 상업 발달, 이농인의 유입 등으로 서울의 인구는 큰 폭으로 늘어났다. 이때 불어난 인구의 대부분이 성 밖에 거주했다. 그중에서도 유통·상업 발달로 인구수용력이 높아진 한강변에 집중되었다. 조정은 인구가 증가한 경강변에 두모방·한강방·둔지방·용산방·서강방의 5개 방을 승격·신설하고, 인구가 적은 도성 안의 11개 방을 폐지했다. 이것은 경강 일대의 인구증가와 경제성장 추세를 조정에서 행정구역 조정을 통해 추인하는 것이었다.

경강상인들이 자본을 축적하게 된 것은 주로 조정의 세곡과 양반의 소작료 운반으로 인한 소득이었고, 또 전국의 포구 등을 연결하는 선상 활동에 따른 것이었다. 정조 9년(1785)의 기록에 의하면, 당시 서울 인구 20만 명의 1년 미곡 소비량을 100만 석으로 추산하고, 20만여 석은 공가貢價에서, 20만여 석은 양반 사대부들의 사곡私穀으로 충당된다고 했다.02 그렇다면 나머지 60만여 석은 미곡상인들에 의해 조달된 것으로 볼 수 있다.

또한 경강은 전국의 미곡이 집산되었다가 다시 외방으로 유출되는 미곡유통 중심지로서의 기능이 컸다. 경강으로 반입된 쌀을 '강상미江上米'라 했다. 지방의 쌀값이 등귀할 때는 3~4일 사이에 수천 석의 강상미가 빠져나가 경강의 곡식이 바닥나기도 했다. 미곡 이외에도 수많은 상품이 경강에 집산되었다가, 다시 선운에 의해 전국으로 흘러나가는 전국 시장권의 유통 중심지로 성장·발전했다. 이와 같이 경강상인들은 상품의 집적과 판매를 좌우함으로써 물가를 조종하고 이익을 극대화 했으며, 때로는 수십 배에 달하는 이익을 얻기도 했다.03

미곡 이외에도 경강에는 전국의 어물·소금·목재 등 각종 상품들이 밀려들어 거래되었다. 경강변에는 이들 물품을 싣고 내리고 운반하는 하역운수업이 발달했고, 운부계運負契·마계馬契 등 각종 계가 조직되었으며, 여러 업종에 종사하는 임노동자 또한 늘어나고 있었다.

조선 후기에 이르러 금난전권이 확대되면서 경강변에 새로운 시전들이 많이 설치되었다. 이전에도 미전米廛·염전鹽廛·어물전魚物廛·시목전柴木廛 등이 생겨 도성 내 시전과 연계를 맺었지만, 양란 이후에는 시전의 수가 더욱 증가해 칠목전·잡물전·간수전·고초전藁草廛 까지 생겼다. 이와 같이 금난전권을 가진 시전이 증가하게 되면서 경강의 사상들은 시전의 간섭과 통제를 받지 않을 수 없었다.

> 한성부에서 아뢰기를 "어선漁船과 상선商船이 경강京江에 와서 정박하면, 내외어물전 사람들이 염가로 억매抑買(강매)하고 조금이라도 혹 가격을 논하면 난전亂廛하려는 것이라고 협박합니다 ……"라고 했다.[84]

이처럼 시전의 어물전 상인들은 어물을 실은 선박이 도착하면 우선적으로 매입할 수 있는 권한을 갖고 있었고, 이들을 거치지 않고 중간도매상이나 소비자에게 상품을 넘기는 행위를 모두 난전으로 몰아붙였다. 시전상인과 경강의 사상들 간의 마찰이 잦아졌다.

그러나 18세기 이후에는 경강에 들어온 선박의 어물 일부를 현물로 수세하고, 나머지는 선상들에게 맡기는 방식으로 변했다. 곧 어물전의 구매독점권이 어물에 대한 수세권으로 변한 것이다.[85] 어물 이외에도 미곡·목재 분야 등에서도 금난전권 행사가 수세 형태로 바뀌자, 경강상인들의 활동도 점차 더 자유로워졌다. 결국 신해통공도 시장의 이런 변화를 추인한 것이었다.

정조 15년(1791)에 시행된 신해통공 이후 경강의 사상도고의 활동은 더욱 활발해졌으며, 허락 없이 어물전을 설치해 어물을 대량으로 판매하고 있었다. 신해통공 2년 후 관련 자료이다.

> 마포에 거주하는 오세만·이동석·차천재·임번·이세홍·이차만·강세주 등이 감히 무엄한 마음을 품고 3강의 무뢰배 70여 명을 불러 모아 스스로 소명성책小名

成冊(이름을 적어 책을 만듦)하고, 또 행수行首라는 소임을 두어 강상江上에 함부로 어전魚廛을 설치하고, 각처 어상들의 물건을 도집都執(독점적 매집)해 도고都賈라 하니, 어찌 전에 없던 변괴를 허락할 수 있겠습니까?[86]

이처럼 경강의 사상들은 조직을 갖추고 각처에서 들어오는 어물을 도거리(한꺼번에 몽땅 사들임)로 거래하고 있었다.

유통과 상업에 종사해 부를 축적한 경강의 거부들은 어물의 생산지인 원주에 비옥한 전답과 아름다운 저택을 마련해두기도 했다.[87] 그만큼 경강상인들의 활동 영역이 전국적으로 널리 퍼져 있었다는 뜻이다. 경강의 부민들은 주위의 빈민들에게 행패를 부렸으며, 관권이 제대로 통하지 않을 정도로 위세를 부렸다.[88] 19세기 초엽 어물선상인들의 고발에 의하면, 노고를 만들어서 난전 행위를 하는 상인 중 경강의 선주인船主人·강주인江主人 등이 가장 심하다는 기록이 있다. 이들의 곡식 매점매석은 서울 주민들에게 큰 타격을 주어 1833년에 주민들의 쌀폭동을 유발하기도 했다.

경강상인들은 도고상업뿐만 아니라 조선사업에도 진출했으며, 19세기에는 대상인으로 성장했다. 그러나 경강상인들은 권력층과 결탁하지 않을 수 없었고, 이윤이 여객주인에게 더 집중되는 체제가 되자 큰 제약을 받았다. 이런 구조적 모순을 안고 있었기 때문에 결국 개항 이후 밀려드는 외세 자본과의 경쟁에서 경강상인은 열세를 면치 못했다.

경강 나루터와 전문 상권

경강에는 다양한 상품들이 취급되고 있었지만, 각 나루마다 주요한 생업이 정해져 있었다.

8강 백성들이 자생하는 데는 각자 그 방법이 있다. 망원·합정 두 마을에서는 빙어선氷魚船으로 업을 삼고, 서강은 세대동곡초선稅大同穀草船으로 업을 삼으며, 노량은 수어선秀魚船이고, 마포는 청석어선靑石魚船으로 업을 삼아, 각자 그 업을 지켜 서로 업을 빼앗는 일이 없었다.[89]

그러나 이런 특정 상품에 대한 나루터별 독점체제는 상권이 확대 발전되고 다른 영역을 침범하는 사례가 늘어나면서 점차 무너져 갔다. 정조 13년(1789)에 망원·합정 백성들이 "오로지 빙어선을 접대함으로써 살아간다. 근래에 서강 백성들이 빙어선을 탈취해 서강에 정박시키므로 실업하는 경우가 많다"고 하소연했다. 이런 하소연과 분쟁에 대해 한성부와 비변사에서는 특정 나루의 고유 영역을 인정하지 않는 입장을 견지하고 있었다.

어선이 정박하는 곳은 매매의 이익이 있는 곳이면 아무 곳이나 상관없다. 어선이 오가는 것은 그 이익의 소재를 좇아가는 것이다. 그런데 어선을 한 곳에만 정박시키려는 것은 사리에 맞지 않는다.[90]

이런 특정 물종을 실은 선박의 정박을 둘러싼 분쟁은 경강의 여객주인권과 관련된 것으로, 그 동안 유지되었던 여객주인권의 독점권이 18세기 후반을 거치면서 무너지고 경쟁적 체제로 변화하는 모습을 보여주고 있다.[91]

경강의 나루들은 도성과의 근접성 및 지리적 위치, 강물의 깊이와 넓이, 배를 댈 수 강안江岸의 조건 등에 영향을 받기 때문에, 각 포구마다 서로 다른 양상을 보이면서 발전했다. 경강 가운데 마포와 서강은 물이 깊어 부상대고의 큰 배가 정박했지만, 동작과 노량진은 물이 얕아 작은 배만이 드나들 수 있었다. 경강 포구의 특성을 주요 나루터별로 살펴보면 다음과 같다.[92]

용산강은 현 원효로4가 일대 한강으로, 전국의 세곡이 들어오는 미곡의 집산지로 유명했다. 주로 경상·강원·충청도와 경기 상류의 미곡이 들어왔

마포나루를 둘러싼 풍경들(구한말)

고, 서강과 더불어 양대 미곡 집산지였다. 따라서 용산 일대에는 미곡을 보관하는 조정의 창고들이 여러 곳에 설치되어 운영되고 있었다. 현 원효로3가에 있었던 군자감은 미곡 30만여 석을 저장했고, 그 외에 훈련도감 창고인 별영別營, 호조의 별고別庫, 삼남의 대동미를 보관하는 강창고江倉庫 등이 있었다. 용산에는 각종 물자의 하역운수업에 종사하는 사람들이 많이 모여들었으며, 업종별로 운부계運負契·마계馬契·모민계募民契 등을 조직해 운영했다. 이런 여름날 풍경을 다산 정약용丁若鏞은 「하일용산잡시夏日龍山雜詩」라는 시에 담아내었다.

북소리 둥둥 장삿배
새벽에 돛을 올려 동쪽을 향하네

잠깐 사이 바람에 날리는 깃발 보이지 않으니

벌써 사남沙南 녹수변을 지났네[93]

용산은 이런 상업적 모습 이외에도 예로부터 명승지로 유명했으며, 가뭄이 들면 으레 중신重臣들을 파견해 기우제를 지내곤 했다.

마포는 젓갈·소금·생선·건어물 등 해산물의 집산지로 유명했고, 그중에서도 새우젓과 절인 생선으로 이름이 높았다. "목덜미가 까맣게 탄 사람은 왕십리 미나리 장수, 얼굴이 까맣게 탄 사람은 마포 새우젓 장수"라는 말이 나올 정도였다. 곧 마포의 새우젓 장수는 아침에 햇빛을 바라보면서 도성 안으로 들어와 젓갈을 팔았으므로 얼굴이 검게 타고, 왕십리 미나리 장수는 햇빛을 등지고 도성 안으로 들어가야 했으므로 목덜미가 그을린 것을 비유한

노량진 일대(1935)

것이다.

마포는 18세기 초반까지만 해도 여객주인이 유일하게 존재했던 지역으로, 경강 중 시전이 가장 많이 분포한 곳이었다. 미곡 집산지인 용산·서강에 비해 상품유통의 중심지였던 마포는 가장 번화한 경강의 상업중심지라고 할 수 있으며, 18세기에 나오는 '경강부민京江富民'이나 '경강모리지배京江牟利之輩' 등의 표현은 바로 대부분 마포의 여객주인들을 일컫는 것이었다.

마포강은 현 마포동 강변 일대에 있었고, 마포나루는 현 마포대교 북단에 위치하고 있었다. 마포는 예로부터 한도십영漢都十詠으로 '마포범주麻浦泛舟'가 꼽힐 정도로 아름다운 풍광을 자랑했고, 풍류객들의 발길이 끊이지 않았다.

서강은 황해·전라·충청도와 경기 하류의 조세곡이 들어오는 세곡 운송의 중심지로서 미곡의 거래가 활발했다. 따라서 이곳에는 녹봉 지급용 미곡을 보관하는 광흥창廣興倉과 사복시司僕寺의 강창고江倉庫 등이 자리하고 있었다. 서강에서도 미곡 이외에 소금에 절인 생선을 취급했고, 경기도 하류의 각종 물자들이 운반되어 모여들었으며, 고기 잡는 어민들의 수도 적지 않았다. 서강은 현재 마포구 상수동 일대 한강변이고, 서강나루는 현 봉원천이 흘러 한강과 만나는 지점에 있었으니,[94] 서강대교 북단 일대이다.

양화진은 인천이나 강화로 나갈 때 건너는 나루로서 교통상 요지였고, 주변의 망원·합정 일대에서는 생선을 거래해 시전의 제재를 받기도 했다. 예로부터 풍광이 아름다워 중국 사신들이 풍류를 즐기는 곳으로, 월산대군의 희우정喜雨亭도 이곳에 자리하고 있었다. 일대 주민들은 얼음 창고인 빙고氷庫를 설치해 운영했고, 18세기 후반 이후에는 양화진이 민간 장빙업藏氷業(얼음 저장업)의 중심지가 되었다.

한강진은 삼남 지역으로 통하는 교통의 요지로서 한강도漢江渡라고도 했다. 한강 상류에서 내려오는 고추·마늘·감자·고구마 등의 농산물과 목재·장작 등이 거래되었다. 한강진은 현 한남동 일대 한강변, 한남대교 북단에 자리하고 있었다.

노량진은 시흥·수원으로 가는 중요한 나루로서, 배다리[舟橋]가 설치되었던 곳이다. 18세기 후반에 각지의 어선이 몰려들어 어물 거래가 활발했지만, 마포·서강에는 미치지 못했다. 교통의 요지였던 노량진 부근에는 개항 이후 우리나라 최초의 철도인 경인선이 건설되어 1899년에 노량진~제물포 간을 운행했다. 노량진은 현재 노량진동 한강 남안에 위치해 있었으며, 지금은 한강철교와 한강대교가 교통의 길목으로서 역할을 다하고 있다.

뚝섬은 서울에서 충북과 경상도 지역으로 가는 길목이었으며, 한강 상류에서 내려오는 목재의 집산지로서 유명했다. 뚝섬 일대는 전문적인 목재시장이 들어서, 일대의 400~500호의 주민들이 목재와 땔나무를 팔아서 먹고살았다. 뚝섬 주민들 중에는 재력 있는 부상富商과 결탁해 "누만금累萬金의 재력으로 원산에 바로 들어가, 밤낮으로 각종 물건을 가져와 장중場中에 쌓아두거나 혹은 몰래 판매" 했으며, 한 달에 판매하는 어물이 4천~5천 금에 이르고,

1년 거래는 수만 금에 달한다고 했다.[95] 이는 시전 어물전 상인의 주장인 만큼 과장도 없지 않겠으나, 생산지인 원주까지 진출한 뚝섬 사람들의 실상을 엿볼 수 있다.

이외에도 경강 일대에는 광나루·삼전도·서빙고나루 등 많은 나루들이 있어, 여객 수송과 더불어 상품유통의 중심지로서 역할을 하고 있었다. 현재 이들 나루가 있었던 곳에는 대부분 다리가 놓여 있어, 강남·강북을 연결하는 주요한 교통로로서 역할을 하고 있다.

사상도고의 본거지, 송파장시와 삼전도점

송파장시는 조선 후기에 송파나루를 중심으로 형성되었던 시장이다. 송파나루는 서울과 경기도의 광주—이천—충주 등지를 잇는 중요한 도선장으로서, 원주·충주 등 한강 상류 지역에서 내려오는 각종 물화의 집산지였다. 송파장시는 『만기요람萬機要覽』에 전국 15대 장시의 하나로 소개될 정도로 번성했다. 송파나루와 송파장시는 오늘날 송파구 석촌호수 주변에 위치해 있었다.

조선 후기에 송파 지역에는 서울의 외곽을 방어하는 송파진松坡鎭이 세워졌고, 별장別將을 파견해 관할하도록 했다. 또한 이곳에는 군량을 보관하는 송파창松坡倉이 운영되고 있었다.[96]

송파장시는 도성에서 20리 정도의 가까운 거리에 있어서, 서울의 사상도고들은 시전의 금난전권이 미치지 않는 이곳에 모여들어 상품을 대량으로 매집해 도산매했다. 원래 장시는 5일 만에 한 번씩 서게 되어 있었으나, 18세기 중엽에 송파장시는 거래가 활발해지면서 상설시장이 되어가고 있었다.

송파에 이르러서는 거주하는 사람들이 서울 밖의 중도아中都兒 무리 및 난전亂廛 부류와 체결하고, 삼남과 북도北道·영동嶺東의 상고商賈들을 유인해 모두 이곳에 모여드니, 서울사람들이 난매亂賣하는 것을 업으로 삼고, 금리禁吏를 두려워하는 자들 또한 이곳에 가니, 명목상으로는 한 달에 6번이라 하나, 실제로는 마을 가운데 각 전廛의 물종을 쌓아두고 날마다 매매합니다. 이에 서울 시전은 점점 이익을 놓치니 만약 이 장시를 혁파하지 않는다면 서울의 시전이 업을 잃게 될 것입니다.[97]

영조 31년(1755) 송파장시는 5일에 한 번씩, 한 달에 6번 열기로 했으나, 당시에 이미 "날마다 매매"하는 상설시장이 되었다. 이때 송파장시에는 서울 사상과 현지의 상인이 결탁해 상설시장을 개설했다고는 하지만, 실제로 상권을 장악하고 있었던 것은 자본력 있는 서울의 사상도고였다.[98]

이와 같이 18세기 중엽에 송파장시가 점차 규모가 커지면서 시전상인들은 막대한 손해를 입었고, 마침내 송파장시의 폐지를 잇달아 건의했다.[99] 시전을 관할하던 평시서는 시전상인들의 손실을 우려해 송파장시를 혁파하려 했고, 송파를 관할하는 광주 유수는 장시의 폐지를 반대했다. 송파장시의 폐지를 둘러싼 논의는 이후에도 계속되었으나, 송파장시는 그대로 유지되었다.

이후 정조 때 실시된 신해통공으로 송파장시를 무대로 활동하던 상인들은 금난전권의 규제에서 벗어나 자유롭게 거래할 수 있었다. 그러나 시전의 어물전 상인들은 "근래 파주·송파·삼전도에 거주하는 사람들이 조정에서 금지하지 않아서 서울로 향하는 어물을 모두 장악해 조종하니, 법전대로 금단해주도록" 강력하게 요청했다.[100] 19세기에도 여전히 어물의 매점매석을 둘러싸고 시전 어물전과 송파장시 간의 갈등이 고조되고 있었다.

근년 이래 송파·궁동宮洞의 백성이 법금法禁을 무시하고 동북의 상고商賈들을 불러 모아 도고난매都賈亂賣(물건을 도맡아 사서 내놓고 파는 일)함이 날로 치성해지고, 중요한 길목에서 억지로 잡아 서울 시전이 불통되었습니다. 이런 까닭에 물종이 끊길 때마다 우리들은 단지 빈터만 지키고 있을 뿐이며, 국역을 봉공하고 자생할 수 없게 되었습니다. 추석 명절을 당해 4~5전 상인들이 궁동에 나가니, 광진廣津에 거하는 장유손張有孫과 유柳, 송파에 거하는 주암회朱岩回·이인관李仁寬 등이 북어 40여 태를 거느리고 바로 송파로 향했습니다. 이에 우리들이 입성入城해 시장가격에 따라 매매할 뜻을 온갖 방법으로 인도하니, 말을 돌려 몇 리를 동행했습니다. 홀연히 예상 밖에 무수한 파렴치한 무리들이 막대기와 돌을 들고 길을 막아 둘러서서 책망하며 욕하고 마구 때렸을 뿐만 아니라, 칼을 빼들고 행악을 부렸습니다.[101]

이처럼 송파장시는 동북지방의 상인들과 연계해 어물을 '도고난매都賈亂賣'해서 이익을 냈다. 내외어물전 상인들은 통표를 궁동宮洞 등지에 파견해 송파로 향하는 어물을 단속하고 발견되는 상품은 압수 처리했다. 그 과정에서 서로 싸움이 붙어 부상을 입는 일이 허다했다.

한편 상거래가 활발한 송파장시의 번영을 배경으로 송파산대놀이가 발달했다.[102] 송파장시는 장터의 분위기를 북돋우고 손님들을 끌어들이기 위해 신명나는 놀이판을 벌였고, 상인들은 얼마씩 기부금을 거둬 놀이패를 고용했다. 7월 백중날에는 7~10일씩 놀이판을 벌였다. 지방의 명연주자들을 불러들였고, 씨름판을 벌이고 산대놀이를 하면서 사람들을 끌어들였다. 누원점과 궁동점이 있던 양주에서도 별산대놀이를 벌였다.

송파장시는 어물의 도고난매 문제로 시전 어물전의 견제와 감시를 받으면서 갈등을 빚고 있었지만, 사상도고의 본거지로서 계속 번창해갔다. 그러나 개항 이후 증기선이 등장하면서 유통권을 빼앗기고, 인천을 통해 외국 상품들이 유입되면서 송파장시는 위축되어갔다.

삼전도 또한 송파장시와 더불어 사상도고의 집결지로서 상거래가 활발했던 지역이다. 삼전도는 도성에서 남한산성에 이르는 길, 곧 도성—왕십리—

살곶이벌―화양정―삼전도―송파―남한산성 구간의 주요 길목 나루터로서, 세종 21년(1439)에 설치되었다.[103] 삼전도는 삼밭게·세밭나루·뽕밭나루라고도 불렸으며, 이곳 주민들의 상당수가 마포 등지에서 올라오는 젓갈과 어물 등을 판매하는 것을 생업으로 삼았다 한다. 삼전나루는 현재 송파구 삼전동 한강가에 위치하고 있었고, 조선시대에는 경기도 광주에 속했으며, 1950년대까지도 운영되었다고 한다.

삼전도는 송파장시와 더불어 도고난매의 본거지였기 때문에 "광주의 송파·삼전도 등지는 전부터 무리가 모여 난매하는 곳으로, 비록 한성부의 구역은 아니나 염탐하도록" 한 바 있었다.[104] 또한 삼전도 백성들 가운데는 거대한 자본을 소유하고 생산지인 원산에 직접 들어가 각종 어물을 도매로 사들여 판매함으로써, 시전과 마찰을 빚는 경우가 적지 않았다.

근년 이래 본읍 삼전도 백성들이 누천금累千金을 갖고 바로 원산에 가서 각종 어물을 도고로 사들이므로, 우리들은 한갓 빈터만 지키고 있을 뿐 모두 업을 잃어버릴 지경이며, 시전백성들이 지탱하기 어려운 것은 오로지 이것 때문입니다. 계해년(1805) 어느 때 삼전도에 거주하는 손도강孫道康이 전廛에 들어올 물종을 탈취했는데, 그 수가 많았으므로 서울로 잡아와서 조정에서 금지한 뜻을 따르지 않았다 해서 무거운 법률로 엄중히 다스렸습니다. 근일에 이런 폐단이 갈수록 더욱 심해, 이달 초7일에 3~4명의 시전상인이 퇴계원점에 나가니, 삼전도 한 잡배閑雜輩(관계나 볼일이 없는 무리) 20여 명이 북어·대구·해태 등 50여 짐바리를 거느리고 백주에 말에 실어왔으므로, 우리들이 부드러운 말로 좋게 타일러 말하기를 "이번 명절을 당해 이같이 허다한 물화를 잃어버려 시업市業(시전상업)을 빼앗기므로, 이것을 본전에서 사들이고 마땅히 시가時價로 지급할 것이다"라고 말했습니다. 그런데 무려 수십여 사람이 여러 말 할 것 없이 일제히 둘러서 난타했으며, 심지어 칼을 빼들고 꾸짖고 욕했으므로 우리들이 각자 도피한 때가 이

번만이 아닙니다. 만약 엄하게 금단하지 않으면 전업廛業이 흩어져 조석이 궁색하게 될 것입니다.[105]

순조 5년(1805) 8월 추석 명절을 앞두고 어물전 시전상인들이 경기도 양주 퇴계원점에 나가 북어·대구·김 등을 싣고 오는 삼전도 사상도고를 단속하다가 그들에게 구타당한 상황이다.

여기에서 주목되는 것은 삼전도에 거주하는 손도강이라는 인물이 "본래 서울에 거주하는 호부豪富한 백성으로, 강변 근처에 임시로 거처를 마련해 서울과 지방에 출몰"하는 존재였다는 점이다.[106] 다시 말해 삼전도를 무대로 활동하고 있는 상인들의 상당수가 자본력 있는 서울의 사상도고였을 가능성이 매우 높다.

이처럼 송파장시와 삼전도는 사상도고들의 본거지로서, 양주의 누원·궁동 등지와 더불어 상업 유통망의 중요한 거점으로 기능하고 있었다.

동북지방 어물이 들어오는 길목, 누원점·궁동점·송우점

누원점樓院店은 다락골이라고도 하며, 서울 북쪽 도봉산 기슭, 곧 현재 서울과 경계를 이루는 의정부시 호원동에 자리하고 있었다. 누원점은 함경도·강원도 등 동북지방에서 생산된 어물과 포물布物이 서울로 올라오는 주요 길목에 위치하고 있었기 때문에 "양주의 누원·궁동宮洞 등의 점店은 이내 어물이 올라오는 어귀"라고 했다.[107]

누원점 일대가 상업 활동의 거점으로서 상거래가 활발해지자, 이곳 상인들은 공인된 장시場市를 만들기 위해 노력했다. 누원점 상인들은 숙종 40년(1714)과 영조 45년(1769)에 장시를 만들려고 시도했다가 시전상인들의 방해로 실패했다.[108] 누원점에 장시를 개설하는 것에 반대한 것은 "서울의 시전과 서로 방해가 될 우려"가 있었기 때문이다.[109]

누원점을 무대로 활동하던 상인들은 동북지방에서 서울로 들어오는 북어 등 각종 상품을 매집해 난매했으며, 그중 부상대고들은 강원도·함경도 등의 북상北商과 결탁해 장시와 점막店幕에 물품을 대량으로 쌓아놓고 도산매했다. 시전상인들과의 마찰은 끊이지 않았다.

> 내어물전 상인들이 보고하기를 "동북의 각양 어물을 갖고 서울로 들어오는 자는 누원樓院에 거주하는 중도아中徒兒 최경윤崔敬允·엄차기嚴次起·이성노李星老 등 3명이 번번이 도집都執·도고都賈해 쌓아두고, 남문 밖 칠패와 이현 근처의 난전 상인 등처에 들여보내니, 수시로 값을 올리고도 산매하기 때문에 시전의 어물 값이 등귀하는 것은 실로 이 무리들의 작폐에 말미암은 것입니다. 이로 인해 우리들 본전本廛이 업業을 잃어버려 장차 흩어져 시장을 파하는 지경에 이를 것입니다 ……"라고 했다.110

칠패·이현 등 서울 시내의 사상도고들 또한 금난전권의 단속을 피하기 위해 누원의 사상도고과 긴밀히 연결해 시전에 타격을 가했다. 누원의 사상도고들은 어물전 상인과 계속 마찰을 빚고 있었다.

영조 42년(1766)에는 시전의 어물전 상인들이 난전을 잡는다는 명분으로 "대오를 이루어 양주의 누원 점막店幕에 나가서 난전이라 칭하고 무수히 폐단을 일으켰으며, 심지어 서너 명의 점민店民을 결박 구타하고 서울의 본전으로 붙잡아" 온 일이 있어 문제가 되기도 했다.111

시전상인들도 금난전권을 누원 지역까지 확장시키려 노력했는데, 주로 포전布廛과 어물전 상인들이 주도했다.112 시전상인들은 금난전권이 미치는 범위를 넓혀 사상도고의 침해를 배제하려 했지만, 정조 때 단행된 신해통공에 의해 대부분 금난전권의 특권을 상실하게 되었다.

대저 양주의 누원·궁동은 어물이 들어오는 요지인데, 무뢰한 무리들이 바로 가서 생선 짐의 다과를 막론하고 한꺼번에 사들여 새벽과 해질 무렵 중도아에게 몰래 팔고, 밖으로 장시에 나누어 뿌려, 서울의 반찬거리가 때때로 매우 귀하게 됩니다. 이 때문에 조정에서 이런 폐단을 헤아려 한성부에 경고해서 나타나는 대로 엄히 다스리고, 해당 읍에 관문을 발송해 적발·유배한 일이 한두 번이 아닙니다.[113]

이처럼 누원 일대는 서울 등지의 자본력 있는 사상도고들이 모여들어, 상품을 대량으로 사들여 시장으로 흘러나가는 물동량을 조절해 이익을 얻고 있었다.

궁농점 또한 누원점과 마찬가지로 북어 등 동북지방의 어물이 들어오는 길목으로서, 시전 어물전 상인들의 눈총을 받는 곳이었다. 궁동의 사상도고들은 칠패·이현 등지를 무대로 활동하는 서울의 부상대고들과 송파 등지의 경강상인들과도 긴밀하게 연결되어 있었고, 이들과 연계해 궁동에서 매집한 어물을 칠패·이현시장 및 송파 등 외곽시장에 판매했기 때문에, 시전 어물전 상인들과 자주 싸움이 일어나곤 했다.

난전 조사차 시전백성 4~5인이 궁동에 나갔는데, 신북어新北魚 수십 개의 짐을 이끌고 송파로 직행한다고 말했습니다. 이에 우리들이 도성에 들어가 시가에 따라 매매할 뜻을 온갖 방법으로 타일러 장차 경성으로 가려고 할 때, 홀연히 점민店民 김여륜金汝倫 무리가 작당해서 자기들 집에 결박하고 심지어 창고에 가두어 두었다가 수일 후에 비로소 석방했습니다.[114]

이처럼 궁동점은 '도고난매' 한다는 이유로, 시전 어물전 상인의 단속에 걸릴 경우 과격한 싸움이 벌어지곤 했다. 순조 4년(1804)에는 시전상인들이 궁

서울의 시전(1904년경)

동점에 나가 단속하다가 싸움이 붙었다. 궁동점 사람들로부터 사경에 이를 정도로 두들겨 맞은 것이다. 이때 시전상인을 구타한 자들은 2가지 죄목으로 다스려졌다. 하나는 구타죄로 엄장嚴杖 30대를 맞았고, 다른 하나는 난전의 죄목으로 장杖 100대에 수속收贖(죄를 면하기 위해 바치는 돈을 거둠)하도록 했다.[115]

이와 같이 양주 지역의 누원점과 궁동점이 상품의 집산지로서 번성해 성황을 이루게 되자, 송파산대놀이와 마찬가지로 이들 시장도 장터의 분위기를 북돋우고 손님들을 끌어 모으기 위해 놀이판을 벌였다. 바로 양주별산대놀이가 그것이다.

서울 주변 사상도고의 요지로서 포천의 송우점도 빼놓을 수 없다. 이곳은 함경도와 강원도 등지에서 생산되는 어물과 베[布] 등의 상품이 누원에 이르기 전에 반드시 거쳐야 하는 곳으로, 18세기경부터 사상도고의 근거지가 되었다. 서울 시전에서 그리 멀지 않은 80리 거리에 위치해 있었다. 지금도 포천시 소흘읍 송우리에서 4일과 9일에 송우장이 열리고 있다.

포전布廛과 내외어물전에서 올린 고소에 보면, 함경도 생산품이 본읍을 경유하는데, 송우점에 도고상인들이 가장 많다고 들리는 소문이 낭자합니다. 근래에 이르러 날마다 더욱 성해 3전廛의 물종이 성문에 도착하기 전에 새어버리니, 시전상인들은 빈터만 지키고 있을 뿐입니다.[116]

정조 12년(1788)에 포전과 내외어물전에서 송우점에도 사상도고들이 많이 모여든다고 고소한 것이다. 당시 상인들의 조사에 의하면, 송우점의 사상도고는 크게 두 계통으로, 하나는 원산에 본거지를 둔 사람들이고, 다른 하나는 송우점에 살고 있는 사상들이었다. 이들은 서로 밀접하게 연결되어 있었고, 통천의 상인들과 서로 주객 관계를 맺고 매일 60~70바리의 상품을 거래했다.

이를 보면 송우점의 사상도고들은 주로 생산지와 연계되어 있었던 것으로 보인다. 이는 누원점이 서울의 이현·칠패와 연결되어 있던 상황과는 차이점이 있다. 아마도 동북지방에서 생산되는 어물과 포물이 원산지방에서 수집되어 송우점에 넘겨지고, 이것이 다시 누원점을 거쳐 서울의 이현·칠패까지 연결된 것으로 보인다.[117]

5. 담배의 등장과 흔들리는 물가

고추·감자·담배의 등장과 사치의 상징 '다리'

조선 후기 서울의 인구는 기록상 20만여 명을 유지하고 있었으나, 실제 인구는 30만여 명에 달한 것으로 보고 있다.[118] 상주인구 이외에 수시로 드나드는 유동인구도 적지 않았고, 궁궐 수축 같은 대규모 토목공사가 있거나 과거시험이 있을 경우에는 수천·수만 명의 사람들이 서울로 몰려들었다. 특히 해마다 정기적으로 시행되는 과거시험 때는 수만 명의 인파가 몰려들어 북새통을 이루었다.

정조 24년(1800) 3월 시행된 정시庭試(나라에 경사가 있을 때 대궐 안에서 보던 과거) 초시에 응시한 자가 문과 11만 1,838명, 무과 3만 5,891명으로 모두 14만 7,729명에 이르렀다.[119] 전해인 1799년 말의 서울 인구가 19만 2,662명이었던 점을 감안하면,[120] 거의 서울 인구와 맞먹을 정도의 인구가 몰려든 것이다. 이들 또한 일시적이지만 서울의 시장과 물가에 영향을 미치는 존재들이었다.

이처럼 서울은 수많은 인구와 여러 신분·직업계층이 거주하고 있었던 만큼 상품 수요가 다양했고, 시장의 공급 규모도 매우 컸다. 또한 사회가 안정을 되찾으면서 문화적 욕구가 증대되고 사치 풍조가 심화되자, 시장에서 판매하는 상품도 더욱 다양해지고 풍부해졌다. 당시 시장에는 "장수와 행복을 비는 글자 문양이나, 기타 자질구레한 반짝거리는 문양들"이 등장했고,[121] 칼과 말안장 등에 은으로 갖가지 장식을 하는 풍조가 이어졌으며, 혼례에도 금·은·진주 등을 함에다 가득 채우는 풍조가 있어 이를 금지하기도 했다.[122]

같은 물종이라 하더라도 상품의 질과 색상 등에 따라 종류가 매우 많았으며, 다른 나라의 물건들도 수입되어 판매되었다. 「한양가」에서는 "우리나라 소산들로 부끄럽지 않건마는 타국 물화 교합하니 백각전(평시서에서 관할하던 서울의 시전들) 장할시고"라고 읊기도 했다. 다음은 각양각색의 종이를 팔던 지전紙廛의 풍경이다.

지전을 살펴보니 각색 종이 다 있구나
백지白紙 장지壯紙 대호지大好紙, 설화지雪花紙 죽청지竹靑紙
선익지蟬翼紙 화초지花草紙, 깨끗할 사 백면지白綿紙
상화지霜花紙 자문지咨文紙, 초도지初塗紙 상소지上疏紙
천연지川連紙 모토지毛土紙, 모면지毛綿紙 분당지粉唐紙

조선 후기의 야채시장

궁전지宮箋紙 시축지詩軸紙, 각색 능화菱花 고울시고[123]

종이 이외에 다른 상품들도 그 종류를 들기 어려울 정도로 많았으며, 입전에서 판매하는 비단도 종류가 수십 가지에 달했다.(▶부록)표5, 조선 후기 시장에서 판매된 물건들)

먹을거리 관련 상품들 가운데 주목되는 것은 고추와 감자·고구마·호박 등이 유입되어 새로운 음식문화를 창출하고 중요한 구황식품으로 자리잡았다는 점이다. 특히 17세기 초엽에 전래된 고추는 우리 식생활에 혁명을 초래한 식품이라고 할 수 있다. 바로 고추와 김치가 조합되면서 붉은색 김치가 탄생했고, 고추장의 출현을 가져왔기 때문이다. 이전의 김치는 배추와 무를 소금에 절여 양념한 것이었는데, 18세말부터 고유의 흰 김치에 고춧가루가 가미되기 시작했다. 그 뒤 고춧가루가 들어간 김치가 김치의 전형으로 자리잡았고, 오늘날 우리나라뿐만 아니라 세계적 음식으로 각광받게 되었다. 당시 고추는 매운 맛 때문에 고초苦草라고 했으며, 남만초南蠻草·왜초倭草 등으로도 불렸다.

이전까지 불법이었던 쇠고기 거래가 허용된 점도 주목된다. 물론 조선 전기에도 금지조항만 있었을 뿐 대부분의 사람들이 쇠고기를 먹었지만, 조선 후기에 이르러 조정에서 공식적으로 현방懸房을 두어 소의 도살과 쇠고기 판매를 담당하게 하고 세금을 징수했다.

기호품인 담배는 임진왜란 후 17세기 초엽에 일본을 거쳐 들어왔거나, 중국 북경을 왕래했던 사람들에 의해 도입된 것으로 추측된다. 따라서 그 이름도 남초南草·남령초南靈草·서초西草·연초煙草 등으로 불렸다. 담배는 이후 급속도로 퍼져나가 시장의 주요 거래 품목으로 자리잡았고, 시전에 연초전이 별도로 설치되어 잎담배·살담배(칼로 썬 담배) 등 각종 담배를 팔았다. 17세기 조선에 잠시 머물렀던 하멜의 『표류기』에 의하면 "어린아이들이 4~5세 때 이미 배우기 시작하며, 남녀 간에 담배를 피우지 않는 사람이 매우 드물다"고 할 정도였다.

'남령초'라는 명칭에서도 엿볼 수 있듯이, 도입 초기에는 담배가 약초로서 주목받았고, 담뱃잎으로 코를 막으면 콧병을 막을 수 있다고 여겼다. 성호 이익은 담배의 장단점을 논하면서 다음과 같이 말했다.

> 담배란 가래가 목에 걸려 뱉어도 나오지 않을 때 유익하고, 구역질이 나면서 침이 끓을 때 유익하며, 먹은 것이 소화가 안 되고 잠자리가 좋지 않을 때 유익하고, 가슴이 답답하고 신물이 올라올 때 유익하며, 한겨울에 추위를 막는 데 유익하다 …… 안으로 정신을 해치고, 밖으로 듣고 보는 것까지 해쳐서 머리가 희

게 되고, 얼굴이 파리하게 되며, 이가 일찍 빠지게 되고, 살도 따라서 여위게 되니, 사람을 빨리 늙게 만드는 것이다.[124]

나아가 냄새가 나빠 목욕재계하고 조상신을 접할 수 없는 점, 재물을 소모하는 점, 할 일이 많은 데도 상하노소가 시간을 허비하는 것 등을 단점으로 지적했고, 대체로 이로움보다는 해로움이 더 크다고 했다.

담배를 피우는 데도 신분에 따른 위계질서가 요구되었다. 상놈이 양반 앞에서, 아이가 어른 앞에서 담배를 피우지 못하게 하는 일종의 흡연문화가 형성되었다. 또한 담뱃대의 길이가 사회적 권위를 상징하는 것으로 점차 자리 잡게 되었다. 양반들의 담뱃대는 더욱 길어지고, 백통이나 오동에 금은을 장식한 장죽을 사용하기도 했다.[125] 관청에서도 관료들이 담배를 즐겨 피웠고, 영조 때는 비변사의 관료들이 국가 중대사를 논의하지 않고 "오직 담배나 몇 대 피우고 돌아갈 뿐"이라고 한탄하기도 했다.[126]

복식 관련 제품에서 주목을 끄는 것은 여인들의 머리에 얹는 '다리'였다. 다리는 여인들의 머리를 장식하는 가발과 같은 것으로 체계髢髻·월내月乃·월자月子라고도 했다. 시전의 체계전에서 전문적으로 판매할 정도로 여인들이 널리 애용하던 장식품이었다.

그런데 문제는 다리가 점차 사회적 신분과 집안의 위세를 상징하는 것으로 여겨져, 그 모양과 크기가 사치스러워졌다는 점이다. "다리 한 꼭지의 값이 간혹 수백 금金"에 달해 "혼례 때 다리를 사기 위해 심지어 가산을 탕진하는 지경"에 이르기도 했고, 때로는 "며느리를 보아도 다리를 마련하지 못해 시집온 지 6~7년이 넘도록 시부모 뵙는 예를 행하지 못해" 인륜을 저버린 경우도 적지 않았다.[127] 마침내 영조가 다리를 금지하고 족두리를 쓰도록 조치했으나, 이후 여러 사정으로 다시 허용하고 말았다.

다리가 신분과 권위를 상징하게 되면서 다리의 모양은 더욱 높아지고 커졌고, 그럴수록 여인들은 그 무게에 짓눌려 고통받았다.

> 요즘 어느 한 부잣집 며느리가 나이 13세에 다리를 얼마나 높고 무겁게 했던지, 시아버지가 방에 들어가자 갑자기 일어서다가 다리에 눌려서 목뼈가 부러졌다. 사치가 능히 사람을 죽였으니, 아! 슬프도다.[128]

다리의 폐단은 단순히 사회·경제적 문제에 그치지 않고, 과다한 무게를 머리 위에 짊어짐으로써 건강에도 치명적이었으며, 때로는 죽음에 이르게도 했던 것이다. 이때의 그림에 등장하는 여인들을 보면, 커다란 다리를 쓰고 있는 모습을 흔히 볼 수 있다.

또한 시장에서는 과거시험지인 시권試券이 거래되기도 했다. 곧 "초시의 시권에 자호字號도 써넣지 않고 겉봉도 잘라놓지 않은 것을 훔쳐내어"[129] 팔았으니, 과거시험을 둘러싼 폐단의 한 단면을 엿볼 수 있다. 영조 때는 과거시험장에서 "떡·엿·술·담배" 등을 현장에서 팔아 문제가 되기도 했다.[130]

풍흉과 도거리 판매로 흔들리는 물가

조선 후기에 시장의 물가는 여전히 농사의 풍흉과 물자의 생산량에 크게 좌우되었고, 상인들의 투기적 매점매석에도 적지 않은 영향을 받고 있었다. 일시적이지만 궁궐 수축을 위해 동원되거나 과거시험을 보기 위해 몰려드는 수천·수만 명의 사람들도 서울의 물가에 영향을 미치고 있었다. 현종 7년(1666)에는 서울로 밀어닥친 과거응시자들 때문에 쌀값이 폭등하게 되자, 별도로 상평청의 쌀을 풀어 쌀값을 안정시킨 적이 있었다.[131]

상인들은 생산지와 유통거점을 장악하고 물건을 대량으로 사들여 시장물가를 조종하곤 했다. 상인들의 사재기와 가격 상승으로 인한 피해는 고스란히 주민들에게 돌아갔고, "도성 백성들의 고통을 논한다면 도고都庫가 가장 심하다"고 할 정도였다.[132] 순조 33년(1833)에는 상인들의 농간으로 쌀값이 오르고 품귀현상이 일어나 돈을 갖고도 쌀을 구입하기 어렵게 되자, 도성주민들이 미곡전을 습격하는 사건이 발생하기도 했다.[133]

선조 36년(1603)에는 "무릇 시장에서 파는 물건은 석 달마다 어떤 물건이 얼마나 되고 무슨 일에 소용되었는지, 그 가격은 얼마인가를 일일이 기록해 아뢰게 하라"는 명령을 내렸다.[134] 시장의 물가는 도성민의 일상생활에 미치는 영향이 매우 컸기 때문에 정부는 물가안정을 위해 노력했다. 그래서 한성부와 평시서로 하여금 수시로 매점매석과 난전을 난속하게 했다.

이때의 물가는 쌀과 면포·동전을 기준으로 표시되고 있었다. 이전까지는 상거래에서 쌀과 베가 중요한 지급수단이었으나, 상평통보가 법화法貨로 지정된 1678년(숙종 4) 이후에는 동전이 중요한 척도가 되었다. 이는 시장이 현물경제에서 화폐경제로 중심축을 이동하고 있음을 보여주는 것이었다.

조선 전기에는 마포麻布(삼베)가 중요한 물품화폐의 구실을 했으나, 16세기부터는 면포가 마포를 대신해 일반적인 지급수단으로 사용되었고,[135] 물가도 주로 면포를 기준으로 표시되고 있었다. 쌀과 면포를 동전의 가치와 비교했을 때, 17세 후반에서 19세기 중반까지는 "쌀 1석=면포 2~3필=동전 4~6냥" 정도로 균형이 이루어졌다.

수많은 상품들이 거래되고 있었던 점을 고려한다면, 매우 단편적이고 일부에 불과하지만 조선 후기에 시장에서 거래된 물품의 가격동향을 정리해보았다.

조선 후기 서울 지역 물가

연월일	물가	비고
선조 29년(1596) 9월 정사(24일)	보병목步兵木 1필 → 쌀 30말 보병목步兵木 1필 → 콩 5석	시장가격
선조 29년(1596)~선조 30년(1597)*1	베 1필 → 쌀 40~50말	풍년
선조 31년(1598) 4월 계유(19일)말	1필 → 10냥兩	짐 싣는 복마卜馬
선조 34년(1601) 3월 을유(17일)	인삼 1근 → 목木 16필 표범가죽小 → 70필 이상	
선조 34년(1601) 9월 기유(15일)털	담요[阿多介] 1개 → 면포 200필 표범가죽 1장 → 면포 60필	
광해군 12년(1620) 6월 계축(7일)	베 1필 → 쌀 1말 6·7되	시장가격, 전년 흉년, 곡가 등귀
광해군 12년(1620) 10월 신유(18일)	베 1필 → 쌀 1말	흉년 극심
인조 1년(1623) 5월 병신(7일)	노루뿔[獐角] → 면포 10여 필 사슴가죽[鹿皮] 1영領 → 면포 60필 정도	방물 폐단
인조 1년(1623) 9월 임인(15일)	베 1필 → 쌀 2말(서울) (해변 지역 : 베 1필 → 쌀 10말)	풍흉 부동不同
인조 6년(1628) 8월 갑오(6일)	베 1필 → 미곡 4·5두	햇곡식 출시
인조 18년(1640) 8월 임신(23일)	면포 1필 → 쌀 7·8되	국내 큰 기근
효종 9년(1658) 8월 무자(23일)	면포 1필 → 쌀 6·7되	팔도 큰 흉년
현종 12년(1671) 4월 무신(27일)	은 5냥兩 → 쌀 1석	기근·전염병 발생(4월 사망자 500명)
현종 12년(1671) 6월 계사(14일)	은 8냥 → 쌀 1석	기근 극심
현종 12년(1671) 7월 임자(3일)	은 6냥 → 쌀 1석 은 3냥 → 콩 1석	
숙종 24년(1698) 4월 무진(24일)	전 1냥 → 쌀 7·8되(시중가격) 전 1냥 → 쌀 1말(진휼청 가격)	기근 심함 전염병 유행
경종 3년(1723) 2월 기묘(29일)	은 8냥 → 쌀 1곡斛	
영조 3년(1727) 11월 정축(25일)	표범가죽 1영 → 베 60필	
영조 6년(1730) 8월 병인(30일)	전 1냥 → 쌀 10두	풍년, 시중가격
영조 32년(1756)*1	목면 10척 → 1냥	면농綿農 흉년
영조 34년(1758) 1월 기축(2일)	공물미貢物米 1섬 → 1냥 3전	시장가격
영조 36년(1760)*2	목면 30척 → 1냥	면농 풍년
정조 14년(1790) 3월 경인(10일)	금 1푼分 → 6전錢 인삼羅蔘 1푼 → 4냥兩 인삼江蔘 1푼 → 1냥 4전	인삼가격 등귀 삼상蔘商의 조종
정조 18년(1794) 12월 계미(30일)	쌀 1석 → 4냥(호조 대전가) 대두 1석 → 2냥(호조 대전가) 쌀 1석 → 6냥(선혜청 대전가)	호조와 선혜청 간의 쌀 대전가代錢價가 서로 다름
정조 19년(1795) 2월 임술(10일)	공미貢米 1포包 → 7냥 7·8전	시장가격
정조 19년(1795) 6월 계미(4일)	공미 → 9냥 남짓	기근 극심

※자료: 『조선왕조실록』 해당 연월일

주 : 1)은 『선조실록』 선조 31년(1598) 4월 기사(15일) 기록

2)는 『정조실록』 정조 14년(1790) 3월 경인(10일) 기록이다.

여기에 제시된 상품들의 가격은 물건 값이 사회문제가 되었던 때가 많기 때문에, 상당수는 일상적인 가격과 차이가 있다는 점을 고려해야 한다. 그러나 기록 속에는 평상시 가격 동향도 드러나 있게 마련이고, 따라서 부분적이지만 전체적 흐름을 짚어볼 수 있을 것이다.

쌀값은 농사의 풍흉에 따라 가격 차이가 매우 컸다. 임진왜란 직후 풍년이 들었던 1596~1597년에는 베 1필에 쌀이 40~50말에 달했으나, 큰 흉년이 들었던 인조 18년(1640) 8월에는 면포 1필에 쌀 7~8되에 불과했고, 전국적으로 흉년이 극심했던 효종 9년(1658) 8월에는 면포 1필 값이 겨우 쌀 6~7되였다. 풍년과 흉년의 쌀값 차이가 최고 70~80배에 달했던 것이다.* 풍흉 이외에도 쌀값은 상인들의 사재기와 가격 농간에도 많은 영향을 받았다. 순조 때 일어난 '미곡전 습격사건'에도 잘 나타나 있다. 또한 쌀값은 지역 간 격차가 상당히 커서, 풍흉이 고르지 않았던 인조 1년(1623) 9월에는 베 1필에 쌀 2말이었으나 해변 지역은 쌀 10말이었으니, 무려 5배의 쌀값 차이가 발생하고 있었다.

* 1596~1597년의 '베'가 면포를 의미하는지 아니면 마포(麻布)를 의미하는지 알 수 없으나, 바로 위에서 보병목(步兵木, 군인의 옷감으로 거칠게 짠 무명) 1필이 쌀 30석이라고 한 것으로 보아 면포로 보인다. 그리고 '16세기 이래 면포가 마포를 대신해 일반적인 지급수단으로 유통되었다'고 한 것을 보면, 이때 베는, 면포를 뜻하는 것으로 보인다.

이처럼 쌀값은 흉년이 들면 천정부지로 치솟아 "쌀이 금처럼" 되었고, 때로는 쌀을 구하기 위해 비단 옷가지를 시장에 내다 팔려고 해도 돌아보는 사람이 없어 "죽기만을 기다릴 뿐"이라고 할 정도였다.[136]

면포도 풍흉에 따라 가격 변화가 심했다. 면화 농사가 흉작이었던 1756에는 1냥으로 목면 10척을 구입할 수 있었으나, 풍작이었던 1760년에는 1냥에 목면 30척이었으니, 3배의 가격 차이가 발생하고 있었다. 그러나 풍흉에 따른 면포 가격의 차이는 쌀값에 비해 적었으며, 대체로 쌀값의 변동에 따라 상대적으로 결정되는 경향이 있었다. 곧 풍년으로 쌀값이 떨어지면 면포값이 올라가고, 흉년으로 쌀값이 올라가면 면포값이 하락하는 추세를 보였다.

인삼은 정조 때 나삼羅蔘(경상도산 인삼) 1푼이 4냥이었고, 강삼江蔘(강원도산 인삼)은 1냥 4전이었다. 이때 금 1푼의 가격이 6전이었음을 감안하면, 인삼 가격이 매우 높다는 것을 알 수 있다. 이처럼 인삼가격이 높았던 것은 중국·일본 등지의 수요가 많았기 때문이지만, 인삼을 취급하는 상인들의 매점매석에 기인한 바가 컸다.

6. 매점매석과 미전습격사건

도성민의 근본, 상인

양란을 거친 후 조선사회의 신분적 위계질서는 점차 문란해져 해체 현상으로 이어지고 있었다. 납속納粟(나라에 곡식을 바치면 벼슬을 주거나 면천해주던 일) 등을 통해 상민常民의 양반화가 촉진되어 양반의 수가 증가했고, 노비는 그 수가 크게 감소해 솔거노비를 중심으로 명맥을 유지하고 있을 뿐이었다. 이런 사회적 현상을 반영해, 순조 1년(1801)에 봉건 신분제의 한 축인 공노비를 해방하기에 이르렀다.

사회적 변화와 더불어 상품화폐경제의 발달이 두드러지자 전통적 가치관에도 변화가 나타났다. 서울에서는 전국적 유통·상업의 중심지로서 자본의 가치를 더욱 중시했다. 당대 사람들은 "서울은 돈으로, 팔도는 곡식으로" 생업을 삼는다고 했고, "서울은 지방과 달라서 돈이 있으면 안 되는 일이 없다"고 할 정도였다.[137]

이때도 여전히 농업을 국가의 본업本業으로 중시하고 있었지만, 경제적 가치가 증대되면서 상업과 상인에 대한 말업관末業觀도 상당히 완화되었다. 상인에 대한 인식도 개선되어 "외방은 농민을 중히 여기고, 서울은 시장백성을 중히 여긴다"라고 했고, "시장 백성은 도성민의 근본", "시전 백성들은 나라의 근본 중의 근본"이라는 인식을 드러냈다.[138] 또한 정조는 상인들을 "힘써 일하는 자"로 보았다. 이는 조선 전기에 "노역이 없이" 이익만 좇는

존재로 본 것과는 차이가 크다.[139]

이처럼 상인에 대한 인식이 개선되고 돈의 위력이 커지면서 상인들의 사회적 지위도 개선되었다. 부유한 상인들은 "살찐 말을 타고 좋은 옷을 입었으며" 관기官妓를 첩으로 두기도 했고, 시골에 비옥한 전답과 아름다운 저택을 마련하기도 했다.[140] 현종 때는 궁중에서 시녀를 뽑아 들인다고 하자, 상인과 역관들이 이를 피하기 위해 자녀들을 조혼早婚시키는 일이 벌어지기도 했다.[141]

상평통보

상인들은 주로 남촌에 살았다. 특히 타고 다니는 말과 주택에 대한 사치가 심해서, 양반들이 집중 거주하고 있는 북촌과는 사뭇 다른 풍경을 보여주고 있었다.

> 서울의 민속은 남북이 서로 다르다. 종로 이남에서 남산에 이르는 곳이 남부인데, 상인과 부호들이 많이 살아서 이익을 좋아해 인색하고, 안마鞍馬(안장을 얹은 말)와 제택第宅(살림 집과 정자)이 호사를 서로 다툰다.[142]

상인들 중에는 무공을 세워 현직 관료로 임명되는 경우도 있어서, 양반관료들의 반발이 거세게 일었다.

> 곽산郭山 군수 여필선呂必善은 본래 시전市廛의 천부賤夫였습니다. 만약 무공이 있었다면 적당히 품계를 올려주면서 넉넉하게 상을 주면 족할 것인데, 함부로 자목字牧(지방수령)의 직임을 제수해서 백성들에게 폐를 끼치게 할 수는 없습니다.[143]

영조 14년(1738)에 사헌부 집의였던 정희보鄭熙普가 시전상인을 군수로 임명한 것에 대한 불만을 나타낸 상소문이다. 그러나 영조는 이런 상소에 대해 "여필선은 무공이 있는 사람으로, 일찍이 그의 사람됨을 보았는데, 무엇이 지나치다는 것인가?"라고 일갈함으로써, 여필선에 대한 자신의 신임을 분명히 했다.

이외에도 영조 39년(1763)에는 병조판서였던 이지억李之億이 부상富商을 위장衛將(지방의 진료를 지키는 장수)에 임명해 문제가 되었고, 결국 위장이 파직된 적이 있었다.[144] 고종 3년(1866) 병인양요가 발생했을 때 자원해서 전투에 나간 부상負商들에게 품계를 높여주는 임명장을 제수하기도 했다.[145]

상인들의 중개무역과 주민들의 '미전습격사건'

예로부터 상인들은 이익을 얻기 위해 여러 가지 방법을 동원해왔다. 이 당시의 상인들은 생산지와 유통거점과 연결해 상품을 싼값에 대량 구입함으로써, 가격경쟁력을 높이거나 외국과의 무역을 통해 자본을 축적했다. 때로는 매점매석으로 가격을 조종하거나, 저울과 말·되 등의 도량형에 속임수를 쓰거나, 모래나 나무토막을 섞은 악미惡米를 판매하는 등 불법적인 방법도 서슴지 않았다.

또 상인들은 국경의 개시開市무역과 중국·일본과의 중개무역에도 적극적으로 참여해 활동했다. 의주 국경지대에 형성된 중강개시中江開市에도 진출해서 "중강의 매매는 우리나라의 상인들이 중국 사람들이 나오기 전부터 시작한 것인 듯하다"고 한 것을 보면, 무역 거래에 우리 상인들이 중심 역할을 했음을 헤아릴 수 있다.[146]

또한 상인들은 중국으로 가는 사신 행차에 따라가 현지에서 무역활동을 전개하기도 했다.

해마다 연경燕京에 가는 상인들의 차량車輛이 그전보다 배나 되어 수십 리에 걸치고 있는데, 이는 팔포八包의 법이 폐지되어 상인들이 제한 없이 은銀을 가지고 가기 때문입니다. 무역해온 중국 상품은 왜관倭館에 전매하고 있는데, 왜관의 물력으로는 감당하지 못해 현재 왜인들이 상환하지 못한 것이 백만여 냥이나 된다고 합니다.[147]

상인들은 은을 갖고 중국행 사신 행차에 따라가 중국산 물품을 구입해왔고, 이때 매입한 물건을 부산 등지의 왜관倭館에 되팔아 이익을 보았다. 팔포八包란 사신의 여비로 충당하기 위해 가져가는 8개의 꾸러미를 의미하는 것으로, 곧 인삼 10근씩 담은 8개의 꾸러미를 가져가도록 규정한 데서 연유한 말이며, 흔히 팔포무역이라고 했다. 영조 때 서울의 부상富商 이진철李震哲이 숭국 연성에 화세를 숨겨 들이기 몰래 매매한 현익로 징계 대상이 되기도 했다.[148]

또한 상인들은 왜관과 사통해 유황 등도 거래했는데, 현종 때 서울의 부유한 상인 이응상李應祥은 하인을 시켜 왜인들과 거래해 유황을 사와 조정에 제공했고, 그 공로를 인정받아 가선첩嘉善帖을 지급받기도 했다.[149]

순조 33년(1833) 3월에 상인들의 매점매석으로 인한 쌀값 폭등과 공급 부족에 항의하는 도성 주민들의 '미전米廛 습격사건'이 발생했다. 상인들이 농간을 부리기 이전인 1833년 2월 중순까지는 도성의 쌀값이 안정되어 있었다. 그런데 도성 내 상인과 경강의 여객주인 등이 결탁해 곡식의 공급을 조절하면서[150] 가격을 계속 인상했다. 3월 6~7일경에는 도성의 쌀값이 곱절로 뛰어올랐고, 3월 8일에는 서울의 곡식 가게들이 문을 닫는 지경에 이르렀다. 마침내 도성 안 '수만 가家의 허다한 사람들이 돈을 갖고도 쌀을 사지 못하는'[151] 지경에 이르러 굶주리게 되자, 분노한 군중들이 쌀가게를 습격했다.

비변사에서 아뢰기를 "들으니, 도성 안의 무뢰배들이 작당해서 말하기를 '쌀값

구한말의 곡물시장 풍경

이 뛰어오른 것은 오로지 시장 상인들이 조종하기 때문이다'라고 하면서 먼저 가게를 파괴하고 이내 방화했습니다. 무릇 도성 내 곡식 가게들은 거의 그런 환란을 입었으며, 심지어 각 군영의 교졸校卒이 금칙禁飭하러 나갔으나, 능히 금지하지 못했다고 하니, 그 광경이 위태롭습니다"라고 했다.[152]

이처럼 주민들은 쌀값 폭등이 흉년과 같은 자연재해 때문이 아니라 상인과 여객주인 등이 결탁해 조작한 인재人災로 여기고 있었다. 그러자 수단방법을 가리지 않고 이익만을 노리는 상인들에 대한 분노가 일시에 폭발해서 쌀가게를 습격하고 파괴·방화한 것이다. 이때 도성 내 미전은 거의 대부분 응징의 대상이 되어 공격을 받았다. 당시 성난 주민들의 폭력적 행동은 파견된 군인들도 진압하지 못할 정도로 폭발적이고 과격했음을 알 수 있다.

조정에서는 이 사건을 '전에 없던 변괴'로 보고, 관련자를 체포하는 대로 '목을 베어 매달아서 뭇사람들을 경계'하도록 했다. 또한 주민들의 움직임을 염탐하지 못하고, 미곡전을 습격한 주민들을 제대로 다스리지 못한 좌·우포도대장과 각 군영의 책임자도 문책했다.

조정에서는 미곡전을 습격한 주민들을 '난민亂民'으로 규정하고, 그들 가운데 주동자 7명의 목을 베어 매달아놓는 효수梟首형에 처했다. 그러나 사건의 근본 원인을 제공한 시장의 미전 상인들은 귀양 보내는 것에 그쳤고, 경강의 여객주인 등은 처벌에서 제외되었다.

그러자 사건 처리에 불만을 품은 형조는 사건의 근원이 상인들에게 있음을 들어, 문을 닫고 쌀을 팔지 않은 시장 상인과 곡식을 감추어두고 방출하지 않은 경강상인을 이미 효수된 '난민'과 동일하게 처벌해야 한다고 주장했다.[153] 비변사와 대사간 홍영관洪永觀도 쌀값을 멋대로 조종해 사건의 원인을 제공한 경강의 상인과 여객주인 등에 대한 철저히 조사할 것을 주장했다.

마침내 형조가 주동이 되어 미전과 경강상인들이 조사를 받게 되었다. 결국 경강변 동막東幕에서 여객주인旅客主人을 하던 김재순金在純은 곡식을 감추고 곡식에 물을 섞었다는 죄목으로, 미곡상인 정종근鄭宗根은 가게 문을 닫고 매매를 중단했다는 이유로 효수梟首의 형에 처해졌다. 또한 미전상인 이동현李東顯은 크고 작은 되를 혼용해 사용했다는 이유로, 잡곡상인 최봉려崔鳳麗는 쌀에 물을 섞은 것을 숨겼다는 이유로 엄형嚴刑 후 귀양 가는 벌을 받았다.[154]

'세금 받듯' 이루어진 수탈과 '자결' 시도로 항거한 상인

임진왜란 이후 조선은 재정이 완전히 고갈된 상태였다. 그러나 전쟁으로 파괴된 궁궐과 관청의 복구, 굶주린 백성의 구휼과 민심 수습을 위한 지출은 이전에 비해 훨씬 많아지고 있었다.

재정이 바닥난 조정은 관에서 소용되는 "모든 수용품需用品을 시장 상인들에게 마련하게" 했고,¹⁵⁵ 중국 사신이 요구하는 진상품을 상인들에게 억지로 거두어들여 해결하곤 했다. 그러나 조정은 상인들에게 그 값을 제때 지급하지 못했고, 상인들은 "곳곳에서 울며 호소" 하거나, 때로는 생업을 잃는 지경에 처했다.¹⁵⁶

또한 중국 사신들이 가져오는 물품을 강매하는 일도 상인들에게 큰 부담이 되었다. 광해군 때 중국 사신은 "짐꾼의 수가 550명이나 되고, 짐 실은 말의 수가 70필"에 달하는 많은 물건을 가져왔는데, 조정은 이들 물건의 대부분을 상인들에게 강매했다. 이외에도 중국 사신들은 여염과 시장거리를 멋대로 돌아다니면서 행패를 부려 사회적으로 문제가 되기도 했다.¹⁵⁷

이런 공적 수탈 이외에도 서울의 상인들은 왕실과 세도가·서리 등으로부터 끊임없는 착취를 당했다. 궁궐에서 외부의 물건을 구입할 때 환관을 시켜 사오게 하는 것을 '궁시宮市'라 하는데, 이때 시장 상인들로부터 싼값에 억지로 사들이거나 값을 강제로 정하는 경우가 적지 않았다.¹⁵⁸

광해군 때 경창군慶昌君 이주李珘가 호조에서 초피貂皮(담비가죽)를 사들인다는 소문을 듣고, 상인들의 초피를 헐값에 강제 구입했다가 호조에 바치는 계획이 실패하자, 다시 값을 배로 받고 상인들에게 팔아넘긴 일도 있었다. 효종 때는 "여러 궁가의 하인들이 날마다 시장에 가서 어물魚物을 빼앗는데, 마치 응당 거두어들이는 세금을 받듯이 한다"고 할 정도였다. 영조 45년(1769)에는 왕실과 세도가들이 시전상인에게 빚진 외상값이 무려 6,000여 냥에 달하자, 왕이 몸소 나서 부채를 갚게 하고 관련자를 처벌한 적도 있었다.¹⁵⁹

경종 때는 연령군延齡君의 종이 상인을 구타하고는 도리어 왕자궁에 욕설을 했다는 이유로 종부시宗簿寺(왕족의 허물을 살피던 관아)에 형벌을 요청하는 바람에, 무고한 상인이 종부시에 잡혀가 곤장을 맞고 죽은 적도 있었다.¹⁶⁰

광해군 11년(1619)에는 사헌부의 한 관헌은 갖은 죄목을 붙여 부상대고富商大賈들을 구금하고 뇌물을 챙겼는데, 각기 사람마다 뇌물의 정가가 정해져 있

마포나루터 풍경

었다고 한다. 정조 때는 사헌부 관리가 밤중에 무고한 상인들을 잡아 가두고 사적으로 거래를 했는데도 무죄로 석방한 적이 있었다. 때로는 국혼을 빙자해 시장 물건을 강제로 빼앗는 경우도 있었다.[161] 단속 관련 부서의 아전들 또한 수시로 시장에 나와 상인들을 수탈했으며, 심지어 군영의 병사들도 착취에 가담했다.

이와 같이 조정과 왕실·세도가의 수탈과 폭력에 일방적으로 노출되어 있었던 상인들은, 뇌물을 상납하거나 그들과 결탁함으로써 착취의 사슬로부터 벗어나고자 했으며, 보이지 않는 곳에서는 "비웃고 원망하며 비방" 했던 것이다.[162] 나아가 상언上言이나 정장呈狀(고소장)을 올려 하소연했고, 집단적으로 철시를 단행하기도 했다.

숙종 3년(1677)에는 훈련도감 군사들이 시전행랑까지 차지하고 장사하는 바람에 피해를 입게 되자, 시전상인들이 반년 이상 철시투쟁을 벌인 바 있다. 또 정조 때는 시전상인 수백 명이 신해통공을 주관한 채제공蔡濟恭의 길을 막고 집단 하소연을 하기도 했다.[163]

때로는 억울함을 호소하기 위해 자신을 괴롭히는 관리의 집 문 밖에서 자살을 시도하는 경우도 있었다. 영조 때 종신宗臣 해릉군海陵君 이관李爣이 시장 상인을 괴롭히며 목화를 빼앗고 값을 지급하지 않았다. 상인이 물건 값을 요구했으나 받지 못하자, 해릉군 집 문 밖에서 자결을 기도한 것이다. 다행히 죽지는 않았으나, 피가 줄줄 흘러내려 그치지 않았다 한다.[164]

상인들의 고통과 억울함은 순막詢瘼을 통해 부분적으로 해소되기도 했다. 순막이란 민폐를 조사하는 것으로, 영조 29년(1753)부터 공인과 시전상인들에 대한 순막이 실시되었다.[165] 순막은 공적인 상업 체제를 안정시키기 위해 상인들의 목소리를 반영하고자 하는 것이었으나, 공개된 자리에서 진행되었으므로 대개 형식적이고 일과성 행사로 끝나는 경우가 많았다. 제한적이지만 국왕에게 시전의 문제점과 자신들의 목소리를 전달할 수 있었다는 점에서는 의미가 있었고, 때로는 세도가의 대규모 외상값을 받아내는 데 기여하기도 했다.

시장에서 공개적으로 사람을 처형하는 풍조도 점차 사라지고 있었다. 그러나 조선 후기에도 여전히 많은 사람들이 '역모逆謀' 등의 죄목으로 시장에서 잔인하게 처형되었다. 군기시 앞길과 서소문 밖, 새남터 등지는 여전히 차마 보지 못할 극형이 벌어지는 장소였다.

정조 즉위년(1776) 4월에 백관과 도성 백성들이 모인 가운데 박상로朴相老가 시장에서 복주伏誅(형벌에 수긍하고 죽임을 당함)되었다. 그는 정조가 세손世孫이었을 때 환관 등과 결탁해 정조를 위협했다는 '부도不道'의 죄목을 받았다. 그러나 이후로는 시장에서 사람을 처형하는 일이 거의 벌어지지 않았다.[166] 정조 14년(1790), 황장黃樟의 상소에 의하면, 역모 관련자들에 대해 "지금은 시장에서 목을 베어 죽이는 극형을 거행하지 않고 있다" 했다.[167] 또 순조 때도 신하들이 역모 관련자들을 시장에서 참형에 처할 것을 주장했으나 막상 시행하지는 않았다고 한다.

조선 후기에 시장에서 처형된 사람들은 거의 대부분 권력투쟁에 희생된 정치범들이었고, 윤리범이나 살인범 등이 광범하게 처형된 조선 전기와는 차이가 많았다. 시장에서의 공개적 형벌 집행은 점차 줄어들었으며, 이런 추세는 결국 근대법을 수용하는 배경이 되었다. 당대 사람들은 "천금을 가진 부자의 아들은 결코 시장에서 죽지 않는다"는 옛말을 인용하곤 했다.[168] 그 시절에도 돈의 위력이 대단했음을 알 수 있으니, 오늘날 유행하는 '유전무죄, 무전유죄 有錢無罪無錢有罪'라는 말과 일맥상통하다.

시장풍경

흥정을 붙이는 여리꾼과
그들의 암호 '변어'

　조선시대 시전의 모습을 추적하면, 여기저기 흥정을 붙이는 여리꾼이란 존재가 눈에 띈다.

　우선 시전의 풍경을 살펴보자. 대개 시전의 행랑 건물은 2층 목조 기와집이었다. 1층은 점포로 쓰고, 2층은 상품을 보관하는 창고로 이용했다. 개별 시전들은 여러 행랑이 연이어져 있는 건물에서 영업을 했는데, 이를 방房이라고 한다. 육의전 중에서 가장 규모가 큰 입전立廛의 경우에는 1~7방까지 있었고, 각 방은 10칸[間]으로 구성되었다. 따라서 입전에는 대략 70명 정도가 앉아서 장사를 했다.

　시전상인은 행랑 이외에 자기 집에서 상품을 팔기도 했는데, 이를 재가在家라 한다. 집에서 종이를 파는 경우에는 지전재가紙廛在家라 했고, 면포를 파는 경우에는 면포전재가綿布廛在家라 했다.

　시전상인은 각 칸에서 독자적으로 영업을 했다. 대체로 1평 남짓한 가게에 앉아 장사를 했으며, 전방 문 바로 앞에 붙어 있는 퇴청退廳에 방석을 깔고 앉아 손님을 기다린다. 가게 공간이 좁고 귀중한 상품은 별도로 보관했기 때문에 상품 진열은 최소로 했고, 대부분의 상품은 창고에 보관하고 있었다.[169]

　이처럼 상인이 퇴청에 앉아 있기만 하고 상품 진열이 눈에 잘 띄지 않았기 때문에, 물건을 사러온 소비자는 시전 거리에서 헤매는 경우가 적지 않았다. 이런 상인과 고객의 틈새를 파고 든 것이 바로 '여리꾼列立軍'이라는 존재였다. 여리꾼은 손님에게 무슨 물건을 사러왔는가를 묻고, 해당 점포에 데리고 가서 흥정을 붙이고 거래를 성사시킨다. 이때 여리꾼은 시전상인이 책정한 값보다 높은 가격으로 물건을 팔아주고 그 차액을 챙겼다. 그 차액이 바로 여리餘利(잉여이익)였다. 처음에는 상가 앞에 늘어서 있다고 해서 '열립列立'이라 했는데, 점차 '여리'의 성격이 강조되어 여리꾼이라고 부르게 되었다.

　여리꾼이 자기 몫을 많이 챙기려면, 주인이 작정한 가격을 미리 알아내어 그보다 비싼 값에 팔아야 한다. 그래서 손님이 알아들을 수 없는 암호를 사용해 가격을 간파한다. 이 암호를 '변어'라고 했다. 여리꾼이 사용하는 변어를 보면, 1은 천불대天不大, 2는 인불인仁不人, 3은 왕불주王不柱, 4는 죄불비罪不非, 5는 오불구吾不口, 6은 곤불의袞不衣, 7은 조불백皂不白, 8은 태불윤兌不允, 9는 욱불일旭不日이었다. 이들 변어는 주로 파자破字(한자의 자획을 나눠서 푸는 방식)의 원리를 이용했다. 천天에서 대大를 빼면 1이 되고, 인仁에서 사람인人을 빼면 2가 되며, 왕王에서 기둥을 빼면 3이 되고, 죄罪에서 비非를 빼면 4가 되는 식이다.

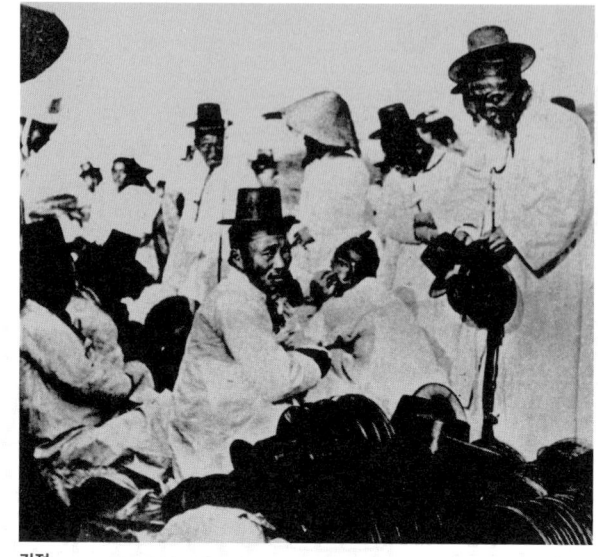

갓전

이런 변어는 시전마다 차이가 있었다. 입전에서는 1을 잡(市=脫巾), 2는 사(些=脫此), 3은 여(汝=脫女), 4는 강(罡=脫正), 5는 오(伍=脫人), 6은 (爻=脫父), 7은 조(皂=脫白), 8은 태(兌=脫兄), 9는 욱(旭=脫日)으로 표현했다. 잡市에서 건[巾]을 제거하면[脫] 1이 되고, 사些에서 차此를 제거하면 2가 되고, 여汝에서 여女를 제거하면 3이 되고, 강罡에서 정正을 제거하면 4가 되는 식이다.

이들 여리꾼은 특정 가게에 전속된 것이 아니라, 아직 점포를 갖지 못한 가난한 자들이 대부분이었다. 때로 이익을 많이 남기기 위해 손님에게 바가지를 씌우는 일도 적지 않았다. 당시 광통교 부근 육의전을 무대로 활동하던 여리꾼이 흥정하는 모양새이다.

> 대광통교 넘어서니 육주비전六注比廛 여기로다
> 일 아는 여리꾼[列立軍]과 물화 맡은 시전주인은
> 대창옷에 갓을 쓰고 소창옷에 한삼汗衫 달고
> 사람 불러 흥정할 제 경박하기 한이 없다[170]

또한 시장에서는 예로부터 물건 값을 깎는 에누리 풍속이 있었다. 상인은 에누리를 예상하고 물건 값을 높이 올려 부르고, 물건을 사려는 손님은 으레 값을 깎으려 한다. 따라서 거래 과정에서 에누리 정도를 둘러싸고 실랑이가 벌어지게 마

놋그릇(유기) 상인과 유기전 풍경

련이다. 그래서 소와 말 등을 거래할 때는 거간居間이 개입해 흥정을 붙이곤 했다.

대부분의 상인은 점포에 앉아서 손님을 기다렸지만, 취급하는 상품에 따라 판매와 진열 방식에 차이가 있었다. 어물전의 경우, 선상船商들이 용산·마포 등지로 생선을 싣고 오면, 경강의 여객 주인들이 어물전 상인에게 배가 도착했음을 통보한다. 그러면 어물전 상인들은 경강으로 나와 선상들과 흥정해 생선을 매입한다. 그러나 그 거래는 공정한 것이 아니었다. 금난전권을 가진 어물전 상인들이 다른 곳에 임의로 팔 수 없다는 점을 노려 어물을 헐값으로 사들여 막대한 이득을 취했다.

상전床廛은 가죽제품과 말총馬尾·황랍黃蠟·서책書冊 등의 잡물을 상床 위에 죽 늘어놓고 판매했다. 그 때문에 상을 팔지 않는데도 '상전'이라는 명칭이 붙게 된 것이다. 땔나무는 경강의 땔나무 장수들이 배로 운반해서 강변에 놓아두면, 서울 사람들이 날마다 가서 짊어지고 와서 판매했고, 또 서울에서 가까운 경기도 주민들도 소나 말에 싣고 도성에 들어와 판매하곤 했다. 한약을 판매하는 약국은 주로 도로변에 있었다. 문 옆에 '만병회춘萬病回春'이라는 문구를 써 붙여 약방임을 표시했다.[171]

한편 시장에서는 남자들뿐만 아니라 여인들도 시장에서 물건을 판매했다. 17세기 초엽에 선조가 "서울에서는 여인이 다 좌시坐市한다"라고 한 것에서도 그런 현상을 엿볼 수 있다.[172] 반면 중국에서는 여인들이 시장에서 장사하는 경우가 없었기 때문에, 중국 사신이 들어와 머물 때는 시장에 여인들의 장사를 금단해야 한다는 주장을 하기도 했다.

2부
남대문시장에서 화신백화점까지
근대의 시장

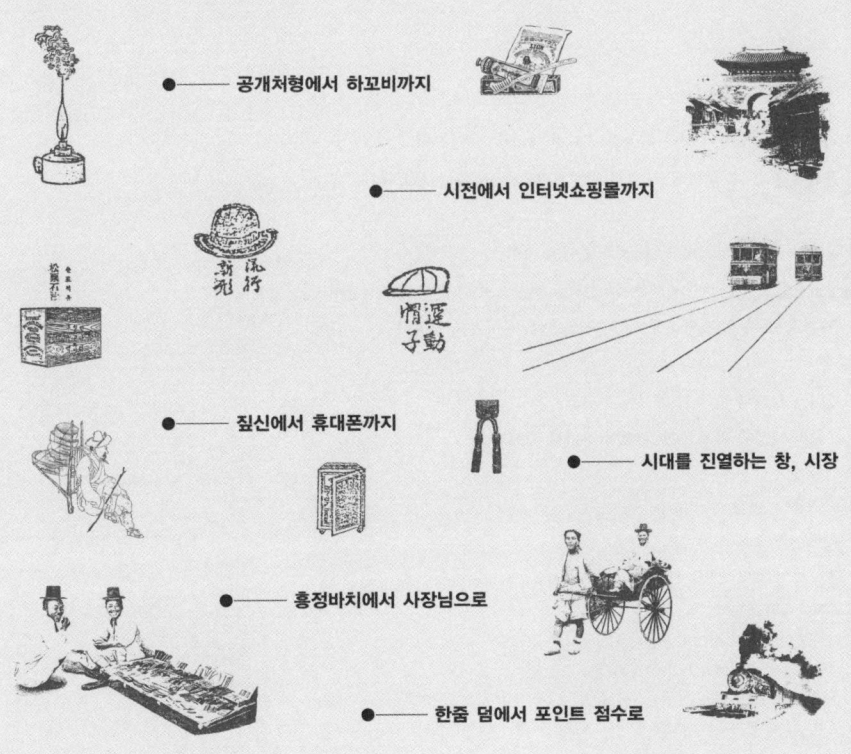

- 공개처형에서 하꼬비까지
- 시전에서 인터넷쇼핑몰까지
- 짚신에서 휴대폰까지
- 시대를 진열하는 창, 시장
- 흥정바치에서 사장님으로
- 한줌 덤에서 포인트 점수로

"대저 돈(錢)이 신이 되어 하늘의 조화를 빼앗을 수 있으며
귀신의 공용功用을 부릴 수 있어 변변환환(變變幻幻)에 기기묘묘해서
……
공경의 지위도 얻으며 영총榮寵의 은혜도 사며,
골육지친도 이간하며 위세威勢의 권력도 빼앗으며 사형死刑도 속贖할 수 있으며,
덕행도 살 수 있고 충효도 꾸밀 수 있으니, 진실로 신이로다
……
그런즉 천하의 능히 귀한 것도 돈이오,
천하의 재앙을 부르는 것도 또한 돈이라 할지라."

―
당시 "돈이 신"이 된 현실을 비판하는 『황성신문』의 논설이다. (1899년 11월 17일)
하지만 다른 한편으로 보면,
근대 초기에 경제적 가치가 중시되는 사회적 풍조는
상인의 지위 향상에 중요한 역할을 했다.
곧 돈이 세상을 움직이는 힘이 된다고 보는 가치관이 늘고 있었고,
이런 사회적 분위기는 상업과 상인의 위상을 높이는 데 일조했다.

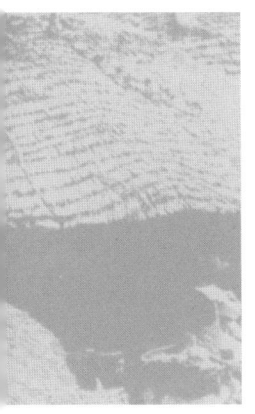

1장
상권이 재편되다
— 개항기

1. 대변동의 시작

문호 개방과 유통구조의 파행적 재편

　전통적으로 조선은 중국 중심의 동아시아 질서체제에 편입되어 있었고, 중국·일본 이외의 다른 국가들과는 교섭이 거의 없었다. 19세기에 들어와 영국·프랑스 등 서구열강의 동아시아 진출이 활발해지면서 중국과 일본이 문호를 개방하게 되었고, 조선 또한 이런 세계사적 흐름에서 예외가 될 수 없었다.

　고종 즉위 후 정권을 장악한 흥선대원군은 쇄국정책을 고수하면서 서구세력의 접근을 물리쳤다. 그러나 대원군이 물러나고 고종이 직접 정사를 맡게 되면서 박규수朴珪壽 등 대외적으로 문호 개방의 필요성을 주장하는 정치세력이 나타나기 시작했다.

흥선대원군

　이런 대내외 정세 속에서 조선은 1876년 1월에 군함 운요호雲揚號를 앞세운 일본과 강화도조약, 곧 조일수호조규朝日修好條規를 체결했다. 조선은 부산·원산·인천 3항구를 차례로 개항했고, 그들에게 치외법권을 인정했으며, 조선 연안의 측량권을 허용했다. 이로써 조선사회는 이전과는 질적으로 다른 새로운 근대적 세계체제에 편입되었다.

　강화도조약에서 조선은 시장 보호와 재정 확보를 위해 필수적인 관세권마저 보장받지 못했다. 특히 주목되는 것은 제9조의 "피차 백성들은 각기 마음대로 무역하며 양국 관리들은 조금도 간섭할 수 없고 또 제한하거나 금지할 수도 없다"는 내용과 제11조에서 "따로 통상규정을 작성해 양국 상인들의 편리를 도모한다"는 점이었다.[1] 이들 조항은 조선에 대한 일본의 침탈 야욕을 그대로 드러낸 것이며, 이로써 일본상인은 개항장에서 아무런 규제를 받지 않고 상업 활동에 종사할 수 있었고, 조선 시장에 진출할 수 있는 발판을 마련하게 되었다.

　무방비 상태로 개항을 맞이한 조선사회는 정치·경제·사회 전반에 걸쳐 자본주의적 변화와 종속을 강요당했다. 당시 조선에 직접적 침략을 손길을 뻗쳤던 청·일은 이미 서구 열강의 제국주의적 침략을 받고 있었기 때문에, 조선이 받는 외압은 구조적으로 이중적·다층적 성격을 띠고 있었다.

　강화도조약이라는 불평등조약은 제1차적으로 무역과 유통 부문의 변화를 수반했고, 이는 생산에도 영향을 미쳐 전반적인 구조가 파행적으로 재편되고 있었다. 대외무역의 진행과정에서 미곡·대두·우피(쇠가죽) 등의 농산물이 주요 수출품으로 등장했고, 금건金巾(옥양목=카네킨)·한랭사寒冷絲(가는 실로 거칠게 짠 직조물) 등의 면직물이 주요 수입품으로 들어왔다. 이는 농공農工분업에 기초한 소위 미·면 교환체제로 정착되어갔다.[2] 결국 조선의 수공업 생산체계는 공장제로 발전하지 못한 채 무너졌고, 농업에서도 단작화(농업에서 한 가지 농작물만을 재배하는 경향)가 지배적인 양상으로 나타나게 되었다.

　이와 같은 불평등조약으로 조선은 자국 시장의 보호를 위한 어떠한 조처도 취할 겨를이 없이, 외국상품의 무차별적 공격을 받게 되었다. 조선은 미숙하나마 이전 단계에서 성장해왔던 상품생산과 유통구조가 파행적으로 변형됨으로써, 세계자본주의 체제에 완전히 종속되고 말았다. 또한 이는 조선

최초의 기차(1899)

의 민족자본이 제대로 성장하지 못한 중요한 요인의 하나가 되었다.

개항 이후 대외무역의 확대와 더불어, 각 지역의 상권이 개항장을 중심으로 재편되었다. 종래의 상품유통권, 유통상품의 구성, 유통조직 등이 큰 변화를 겪게 되었다. 개항장은 각지에서 생산된 상품의 집산과 중계의 거점으로 등장했다. 그 와중에도 조선의 상업자본 일부는 개항장에 유입된 외래 상품의 판매와 조선의 농산물을 이출하는 과정에서 상당한 자본을 축적했다.

개항장이 새로운 유통권의 중심으로 떠오르자, 개항장을 무대로 중개무역을 하는 개항장 객주가 새로운 상인층으로 등장했다. 본래 객주란 일반상인들의 상품거래를 주선하고 구전口錢(흥정의 대가로 받는 돈)을 받는 일종의 중간상인이었다. 반면에 개항장 객주는 기존의 위탁판매는 물론, 도매업과 상품거래를 독점하는 방법으로 자본을 축적했다. 특히 개항 초기에는 외국상인들이 국내 사정을 잘 모르고 있었고, 또 국내 통상이 완전히 허용되지 않았기 때문에, 외국인들은 일단 객주에게 의존하지 않을 수 없었다. 결국 객주들은 개항을 계기로 다른 상인들보다 빠르게 성장할 수 있었다.[3]

그러나 점차 청상(중국상인)과 일상(일본상인)들이 조선의 상거래 관행에 익숙해지자, 객주의 간여를 가능한 한 배제하고 국내의 상인들과 직접 거래하기 시작했다. 이에 맞서 객주들은 동업조합을 조직해 외국상인의 상권 침탈에 대항하고 기득권을 유지하고자 했다. 그러나 1880년대 말부터는 외국상인들이 국내의 유통을 장악하면서 개항장 객주의 상권은 위축되어갔다.

개항장 중심의 유통체계는 철도가 개통되면서 큰 변화를 보였다. 곧 1900년에 경인선이 완전히 개통되고, 1905년에 경부선과 경의선이 개통되면서, 내륙의 유통망은 철도노선 중심으로 바뀌었다. 특히 경부·경의선의 개통은 시장권 재편에 지대한 영향을 미쳐, 결과적으로 서울의 상품 수집력이 강화된 반면에 인천의 집산력은 현저히 떨어졌다.

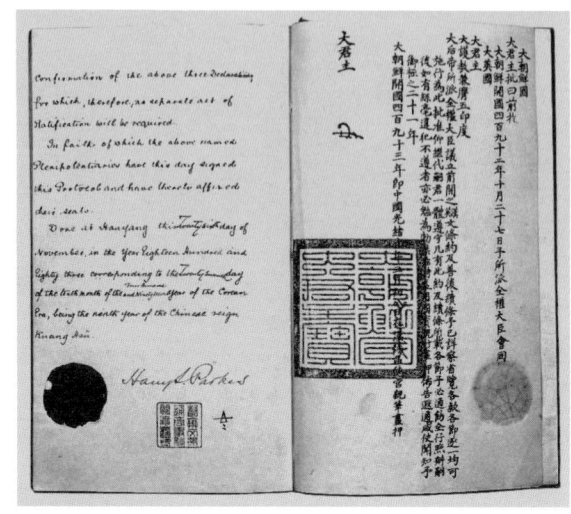

조영수호통상조약문

종래 인천·부산 양항(兩港) 상인의 손을 거쳐 수입·이입되던 화물이 점차 서울 상인의 직접 거래로 전환된 것이다.[4] 마침내 서울의 위상이 전국 최대의 소비지일 뿐만 아니라 화물집산지로 확대되었다. 이런 철도운송체계는 일제의 상권 침탈에 매우 유리한 여건으로 작용해서, 결과적으로 일본 자본에 대한 조선시장의 예속을 초래했고, 국내 상권에 대한 일본상인의 지배력을 강화시키는 결과로 이어졌다.

또한 기선의 도입은 원격지 유통의 확대를 가져왔고, 이는 주로 일본인이 소유한 기선에 의존하고 있었다. 또한 국내 상품 유통에서도 점차 일본상인이 주도권을 장악해갔고, 그에 따라 조선상인의 종속도 심화되고 있었다. 그들은 기선을 이용해 개항장 사이의 무역을 주도했고, 때로는 미개항된 연안 포구에서 밀무역을 자행하기도 했다.

외세 상권의 부상과 시장의 공간적 재편

서울은 대규모 인구가 집중되어 있고, 소비 규모가 큰 왕실과 양반층이 많았으며, 전국의 물화가 모여드는 최대의 소비시장이라는 점에서 자본주의

통리교섭통상사무아문(1892)

열강의 표적이 되었다. 청·일 등 외세는 외국인의 거주가 금지되어왔던 서울을 개방시키고, 서울의 시장에 진출하고자 했다. 또한 서울은 개항장 인천에서 70여 리에 불과해 외국인이 쉽게 접근할 수 있는 지역이기도 했다.

1882년 7월에 조선은 일본과 조일수호조규朝日修好條規 속약續約을 체결했다. 제1조에서 "이제부터 만 1년이 지난 다음에 양화진을 개시開市로 한다"고 해서 1883년에 양화진 개시를 규정했다.[5]

시장이 외국인에게 본격적으로 열리게 된 것은 고종 19년(1882) 10월 중국과 체결된 조중상민수륙무역장정朝中商民水陸貿易章程에 의해서이다. 중국의 일방적 강압에 의해 체결된 이 장정은 특권으로 일관했다. 제4조에서는 중국 상인이 조선의 "양화진과 한성漢城"에서 점포를 차려놓고 상거래를 할 수 있도록 허락했다. 또한 조선상인이 중국 북경에 가서 교역할 수 있다는 내용도 있었으나,[6] 조선상인의 북경 진출은 현실적으로 큰 의미가 없었다. 또한 여행권을 소지할 경우 개항장 밖으로의 통상이 가능하다는 내지통상권을 인정했고, 연안무역권까지 승인했다.[7] 이 조약 체결로 마침내 서울의 상권과 개항장 밖 지역의 상권이 위협을 받게 되었다.

고종 20년(1883)에 조선은 영국과도 조영수호통상조약朝英修好通商條約을 체결했다. 관세율은 수출 5%, 수입 7.5%로 책정했으며, 연안무역권과 치외법권·최혜국대우 등이 허용되었다. 영국도 최혜국조항에 의해 조중상민수륙무역장정에서 규정한 '양화진과 한성'에서 상거래를 할 수 있는 특권을 부여받았고, 다른 나라들도 마찬가지였다. 서울을 비롯한 조선의 시장은 아무런 준비도 못한 채 외국상인에게 열렸고, 상인들은 외국 자본 및 상인들과 힘겹게 싸우면서 명맥을 유지했다.

서울에 외국상인이 들어오기 시작한 것은 임오군란 진압을 위해 파견된 청군을 따라 들어온 중국의 '군역상인軍役商人' 40여 명으로부터 비롯되었다. 이후 청상은 조선에 파견된 중국 관리 진수당陳樹棠과 원세개袁世凱의 적극적 지원에 힘입어 빠른 속도로 성장했다. 그들은 수표교 일대를 비롯해 명동·남대문 등지에 자리를 잡고, 수입 직물·잡화 및 피혁·모피 등을 판매했다. 중국상인들은 거칠 것 없이 서울의 주요 상권을 잠식해 들어갔고, 상거래를 둘러싸고 조선인과 자주 마찰을 일으켰다.

일본상인들은 초기에는 공사관이 있었던 남산 주변과 진고개 일대에 집중되어 있었으나, 점차 칠패 등 전통적 상권지대로 진출을 시도했다. 그러나 서울 주민의 일본에 대한 적개심이 워낙 강했기 때문에, 전통시장에서 일상의 상거래 활동은 청상에 비해 적은 편이었다.(▶부록)표6, 일본인·청국인의 서울 분포와 상인 현황(1883~1893))

갑오 이전 서울에 상주하는 청·일상은 큰 폭의 증가세를 나타냈다. 청상과 그들의 점포는 1883년 99명에 19개에서 1893년 1,254명에 142개로 늘어났으니, 10여 년 동안 상인은 12.6배, 상점은 7.5배 정도 증가했다. 일상은 1885년 71명, 1890년 625명으로 5년여 동안 9배 정도 늘어났다. 1880년대에는 청상이 수적으로 우세를 보였으나, 1890년에는 청상과 일상의 수가 같아졌다. 이후 일본 거류민의 수가 계속 증가하는 것으로 보아, 일상들이 꾸준히 증가한 것으로 보인다. 상인과 점포의 수도 중요하지만, 상거래 실적과 더불어 공간적 측면에서 외국인 점포의 분포도 눈여겨보아야 할 부분이다.

외국상인들이 서울에 직접 점포를 차리고 상품을 판매하게 됨으로써 시전 등 전통적 시장이 큰 타격을 받았다. 특히 수입산 면포의 수요가 폭발적으로 늘어나면서, 육의전의 입전·면포전 등의 피해가 더욱 컸다. 부차적으로는 인천 개항장 객주의 시장 진출이 차단되는 결과를 초래했다.

갑오 이전 1890년 무렵에 외세가 시장을 침탈하던 상황이다.

> 최근 수년 동안에 서울에서 점포를 개설한 자는 중국 상민商民을 제외하면 일본인이 가장 많으며, 그 나머지 서양 상인 점포는 나날이 새로워지고 다달이 번성하고 있습니다. 서울 일편一片의 태반이 외객外客의 거처가 되어, 주민은 장소가 좁아질 것을 두려워하고, 시전상인은 손해볼 것을 걱정하므로, 누차 일제히 호소하면서 변통해줄 것을 빌고 있습니다.[8]

이처럼 서울에서 점포를 개설한 외국상인은 청상이 가장 많았고, 다음으로 일상이었지만, 서양인 점포도 상당수 있었다. 이와 같이 외국인과 상인들이 증가하자, 서울의 집값이 큰 폭으로 올라 1890년에 "서울의 집값은 12개월 전보다는 이미 2배가 오르고, 외국인과 처음으로 교섭을 갖게 된 당시보다는 5배나 뛰게 되었다"고 할 정도였다.[9]

당시 서울에서 청·일상의 상거래는 그 성격과 분포도에 상당한 차이가 있었다. "일본거류민은 일부 지역을 점거하고 있는 데 반해, 청국인은 서울의 번화가로 번져가면서 그들의 검약과 근면에 의해 외국수입품의 소매상으로서 뿐만 아니라 국내상품의 소매상으로서 점차 독점화해갔다"는 것이다.[10] 청상은 자신들이 신설한 상가 이외에 서울의 중심

청국공사관(1892)

상권에 진출하고 있었고, 수입품 이외에 다양한 상품까지 취급했다. 반면 일상은 진고개 일대에 머물러, "종루라든가 남대문이라고 하는 곳에는 (일본인) 상점이라곤 하나도 없다"고 평가할 정도로 청상에 비해 열세를 면치 못했다.[11]

1894년 청일전쟁에서 중국이 패배하자, 청상의 상당수가 본국으로 빠져 나갔고, 서울에서 청상의 상거래 활동은 크게 위축되었다. 그러나 광무 3년(1899) 청국공사관이 다시 서울에 자리잡게 되자, 청상들이 다시 들어와 활기를 되찾아갔다.

반면 일상의 서울 진출은 더욱 늘어났고, 종로 및 이현·칠패시장으로의 진출이 본격화되었다. 특히 러일전쟁 이후 일본인의 거주가 크게 늘어나면서 일상도 증가했고, 일본인을 상대로 하는 일본인의 경성수산시장 등이 세워지면서 기존의 어류시장을 잠식해 들어갔다.

외국상인의 시장 침탈로 쇠락한 시장의 풍경을 1899년 『황성신문』 논설을 통해 들여다보면 다음과 같다.

> 남문을 초입初入해서 큰 길을 바로 바라보니 …… 좌우를 두루 돌아본즉 큰 점포 진귀한 물건이 외국인의 상업이 아닌 것이 없고, 우리나라 상민商民은 왜옥倭屋 곁길에서 품질이 낮은 물품을 간략하게 늘어놓고 대가待價를 돌아보지 않아 판

상板上에 앉아서 졸고 있으니, 이것으로 저것을 보건대 분탄의 마음을 금하지 못하겠고 ……[12]

이처럼 시장의 상권을 외국상인이 주도하자, 시장에서 조선상인의 입지는 줄어들고 위축될 수밖에 없었다. 더구나 외국상인들은 자국의 정책적 후원과 자금 지원이 있었고, 나아가 납세와 수탈로부터 자유로웠기 때문에 시장 경쟁에서 매우 유리한 입장에 있었다. 특히 일본상인들은 식민화를 목적으로 한 자국의 시장정책에 적극 조응하면서, 서울의 시장과 유통권을 잠식해 들어갔다. 1905년 이후에는 용산 일대에 수산시장을 설치하는 등 식민시장으로서의 바탕을 착실히 구축해나갔다.

전통적 시장의 위상과 공간에도 근본적 변화가 일어났다. 시전의 봉건적 특권이 전면 폐지되었고, 도시계획의 추진과 맞물려 이현·칠패가 장소를 옮겨 동대문·남대문시장으로 재편되었으며, 경강과 외곽시장의 유통망이 점차 붕괴되어갔다. 반면 새로운 시장 공간이 창출되었으니, 수표교와 명동 일대에 중국인의 상가가 형성되었고, 진고개 일대에 일본인의 점포와 수산시장이 세워졌다.

시장은 상권뿐만 아니라 공간적으로도 지각변동을 경험하게 되었고, 이때 재편된 시장의 기틀이 일제시기를 거쳐 현재까지도 이어지고 있다. 동대문·남대문시장은 우리나라를 대표하는 전통시장으로서 이름을 떨치고 있고, 외세에 의해 형성된 명동·충무로 일대의 상권은 일제강점기에 서울의 대표적 상권으로 떠올라 오늘날까지도 상권 중심지로서의 역할을 하고 있다. 그런 점에서 이때 시장이 재편되고 공간적으로 변한 역사적 의미를 간과해서는 안 될 것이다.

시장의 타격과 상권수호운동

1882년에 체결된 조중상민수륙무역장정으로 서울과 전국의 시장이 외국 상인들에게 개방되면서, 청상과 일상 등 외국상인이 직접 서울과 각처에서 가게를 열고 장사를 할 수 있게 되었다. 이후 청상과 일상은 수표교와 진고개 일대에 상점을 열고 조선의 시장을 공략하기 시작했다.

청·일상의 수탈적 시장 공략에 부딪힌 서울 상인들은 위기의식을 느끼지 않을 수 없었고, 나름대로 여러 가지 대응 방안을 강구했다. 그런 방안의 하나로 나타난 것이 바로 근대적 상회사商會社를 설립하는 것이었다. 상회사는 관허회사로 인가를 받았고, 나라에 일정한 세금을 부담하는 대신 각종 잡세와 세도가의 수탈로부터 보호받았다. 개항장에서 매매를 할 때도 객주의 중개를 거치지 않아도 되었다.

이들 상회사는 대부분 합자회사의 형태로, 일반 상인과 관료가 중심을 이루고 있었다. 이들은 대개 상업과 해운업에 종사했고, 주로 수출입 상품의 유통과 판매에 주력했다. 그러나 갑오 이전 단계에서 이들의 활동은 크게 두드러지지 않았고, 통일된 규칙조차 마련되지 못한 데다가, 그 수명도 짧았다.

상회사 가운데 대동상회와 의신회사는 자본규모가 수십 만 냥에 달했고, 전국에 지사를 설치할 정도로 광범한 상업망을 구축하기도 했다. 의신회사는 일본인을 고용해 경상도 창원부 용담에 채금광採金鑛을 설치해 광산개발에 참여하기도 했다.[13]

갑오 이후에도 상당수 상회사들이 설립되어 운영되고 있었다. 특히 식산흥업에 역점을 둔 광무개혁光武改革이 본격적으로 추진되면서 상회사가 활성화되었다. 1902년에 전국의 상회사는 16개로 나타났다.[14] 서울에 본부를 둔 상회사의 비중이 적지 않았다.

주목되는 점은 1905년 을사조약 이후에 서울의 상업 관련 회사의 비중이 큰 폭으로 늘어나, 1908년에 25개 상회사가 등록되었다는 것이다. 그것은 을

사조약 이후 고양된 구국계몽운동과 화폐정리로 인해 화폐가치가 상대적으로 안정되었고, 퇴직 관리에 대한 관심이 증가했기 때문으로 보인다. 당시 상회사의 특징으로는 객주업 전문회사의 등장, 시장관리회사의 성립, 조달업·용달업의 증가 등을 들 수 있다.

시장 상인들은 근대적 상회사를 세워 청·일상의 진출에 대응하는 한편, 구체적으로 청·일상의 도성 철수를 요구하기 시작했다. 조정에서는 이런 시전상인들의 요구를 받아들여 1885년 봄부터 청상 점포의 도성 철수를 제의했다. 1885년 12월에는 원세개袁世凱에게 서울의 청상 점포를 도성 밖 용산·양화진 등지로 이전해줄 것을 공식적으로 요청했다.[15] 원세개는 원칙적으로 동의 의사를 표명했으나, 청상의 토지·가옥에 대한 보상 문제 등을 핑계로 진전을 보지는 못했다.

곧이어 일본 측에도 일본상인들의 도성 내 점포 개설을 억제해 줄 것을 제의했다. 일본은 영국 등 기타 조약체결 국가들도 모두 동의를 하고, 일본상인의 가옥과 토지를 실비로 보상해줄 경우 철수할 의향이 있다고 했다. 조선의 재정이 취약함을 잘 알고 있었던 일본은 이런 제안을 통해 도성 철수 요구를 좌절시키고자 했다.[16]

그러나 상인들을 보호하기 위한 조정의 요구는 진전되지 않았고, 여전히 청·일상의 시장 진출과 상거래는 더욱 늘어갔다. 마침내 시전상인들은 1886년 4월부터 통리아문에 외국상인의 침투로 인한 피해와 고통을 호소했다.

> 근래 각국에 개항한 후 우리들 삼전三廛의 물화가 각국 상인에 의해 동천서매東遷西賣(이리저리 옮겨다니며 상업함)되고 있어 속수좌시束手坐視(팔짱 끼고 보기만 함)하게 되었습니다. 하물며 우리나라 모리배들이 문득 각국 상인에게 붙어 무난히 매매하니 우리들은 빈 가게만 지키고 있으며, 그 세금이 거의 끊어져 봉공奉公할 길이 없게 되었으니, 어찌 한심하지 않겠습니까?[17]

시전상인들이 마침내 집단적 저항운동을 전개하기 시작한 것이다. 곧 조정에 청·일상의 상거래로 인한 피해를 호소했고, 일본인 가게들이 즐비한 진고개의 유경춘柳景春 집에 출장소를 두고, 매일 시전상인을 파견해 외국상인과 거래하는 내국인에게 일정한 세금을 거두기도 했다.[18] 이어 1887년과 1890년에는 청·일상의 도성 밖 철수를 주장하면서 철시撤市를 감행하고, 연좌시위를 벌여 자신들의 입장을 전달했다. 이런 노력에 힘입어 갑오 이전까지는 종로시전과 남대문·동대문시장 등이 건재할 수 있었고, 일상이 발을 붙이기 힘들었다.

1894년 갑오개혁 때 육의전의 금난전권을 전면 폐지함으로써 봉건적 특권이 폐지되자, 시전상인들의 어려움은 더욱 가중되었다. 한편으로 부국강병을 달성하기 위해 상공업 진흥과 육성에 많은 관심을 기울여, 1894년 9월에는 군국기무처軍國機務處가 미상회사米商會社 설립을 적극 추진했다.[19] 당시 조정은 현물 대신 현금으로 세금을 받으려는 세제개혁안을 수립하고, 이에 대비해 합자회사 성격을 갖는 미상회사를 설립하려 했던 것이다. 이때 미상회사 설립의 주체로 미전米廛의 대행수大行首와 경강상인 등을 설정해, 이로써 공납公納과 상업의 발달을 도모했다.

곧이어 1895년 11월 10일에 조정은 상무회의소商務會議所 규칙을 반포하고 민간단체인 상무회의소를 설치해 관권으로 보호하고자 했다.[20] 이듬해인 1896년에 서울에 한성상무회의소漢城商務會議所가 설립·발족되었다. 한성상무회의소는 조정에 도량형의 통일을 건의했고, 상무학교商務學校를 설립해 상업의 근대적 혁신을 도모했다. 그러나 1897년 5월에 농상공부 훈령에 의해 폐쇄되었다. 구체적 원인은 밝혀지지 않았지만, 독립협회 활동과 관련해 보부상 단체와의 알력에서 비롯된 것이 아닌가 싶다.

이후 광무 9년(1905)에 경성상업회의소京城商業會議所가 설립되었다. 한성상무회의소를 이어받아 재건한 것이었다. 이때 의장議長에는 김기영金基永, 부의장

경성상업회의소

곽성삼郭聖三, 총무의원總務議員 조진태趙鎭泰 등이 선출되었다. 1906년에 경성상업회의소는 왕실 하사금 2,000원과 이근택李根澤의 기부금 1,000원, 다른 유지들의 기부금 1만 원으로 종로의 옛 백목전도가白木廛都家를 구입해 2층 양식 건물을 짓고, 1907년에는 상품진열관 등을 완비해 일반에 공개했다.[21]

경성상업회의소를 설립한 주요 계기는 일제의 화폐개혁 단행에 있었다. 일제가 1905년에 화폐개혁을 단행함으로써 국내에 금융공황이 일어나, 종로의 시전상인을 비롯한 전통시장의 상인들이 막대한 타격을 입어 도산하는 자가 속출했다. 이때 신구 화폐 교환에 따라 자금 유통이 지체되자, 많은 상인들이 '폐시철업閉市撤業'하고 잠적하거나 도망간 자들이 많았다.

이처럼 시장 상인들의 피해가 커지자 현실적 타개 방안이 구체적으로 모색되었고, 서울 상인 30여 명이 독립관에 모여 경성상업회의소를 발족시켰던 것이다.[22] 당시 회원들은 정부에 대해 백동화(1892년 전환국에서 발행한 2전 5푼짜리 동전)의 교환기간 연장과 300만 원 대부 등을 요청했고, 1909년에는 국내 최초의 상업 전문지인 『상공월보』를 간행했으며, 1915년에 일본인 상공회의소에 통합될 때까지 계속 활동했다.

이와 같이 개항 이후 서울의 시장은 자본주의 제품의 무차별적 유입과 청·일상의 상권 침탈 등으로 위축을 면치 못하고 외국자본에 종속되는 방향으로 나아가고 있었다. 그러자 서울 상인들은 상회사 등을 설립하고 외국상인의 도성 철수를 주장하면서 새로운 약탈적 시장질서에 대응하고자 노력했다. 그러나 자본주의적 시장 논리에 대한 인식 부족과 자본력의 미흡, 봉건 정부의 수탈, 열강에 예속된 정부의 대응책 미숙 등으로 인해 성공적으로 대응하지 못한 채 쇠락의 길을 걸었다.

2. 전통시장과 근대시장 사이

종로 시전의 쇠잔과 근대적 상가로의 변신

시전은 나라에 각종 국역國役 부담을 짊어지는 대신, 난전亂廛을 규제할 수 있는 특권을 부여받은 관허상인으로서 존재해왔다. 개항 후에도 갑오 이전까지는 비단·무명·생선 등을 판매하는 육의전이 여전히 금난전권禁亂廛權을 갖고 있었고, 다른 시전들도 각종 명목으로 일정한 특권을 보유하고 있었다.

전근대적 시장질서에 익숙해 있던 시전은 개항에 대한 대응태세를 전혀 갖추지 못한 상태에서 약탈적 자본주의 경제체제에 던져졌다. 시전은 외세의 상권침탈에 큰 타격을 받았다. 청·일상은 수입물품뿐만 아니라 시전의 전매 물종인 국내산 물산까지 멋대로 판매했기 때문에 그 피해가 컸다. 특히 백목전과 어물전의 손실이 더욱 심했다.

> 근래 청인과 일인의 점포에서 금건金巾·한랭사寒冷紗, 그 외 면포류의 소매를 하므로 조선인은 크게 편리를 얻음과 동시에 그 목면과 견絹의 문옥問屋(육의전)은 홀연히 쇠퇴하게 되었고, 따라서 그 수매제점受賣諸店(육의전의 분점)은 모두 판로를 상실하고 어려운 처지에 처했습니다.[23]

금건과 한랭사는 모두 수입 공장제 면제품으로, 청·일상이 값싼 가격으로 시장과 전국에 대량 공급했다. 면포를 취급하는 백목전 상인이 큰 피해를 보았고, 이후 면화 생산이 위축되는 결과로 이어졌다.

그러나 그릇의 경우, 갑오 이전 단계에서 외국 수입품을 종로 시전에서 판매하는 것은 쉽지 않았다. 1891년 종로의 기전器廛(그릇 판매점) 상인이 요강·접시 등 일본 그릇 수천 금어치를 사들이자, 이 사실을 알게 된 한 공인貢人(왕실 등에 물자를 조달하는 공납청부업자)이 다음과 같은 말을 했다.

> 그러므로 "기전에서는 이전부터 왜기倭器를 매매한 적이 없는데, 지금 갑자기 보이니, 만약 이것을 중지하지 않으면 분원分院의 그릇은 피차간 서로 상관이 없을 것이니, 전후 회계를 깨끗이 청산한 뒤에 다시 거래하지 않을 것이다"라고 하니, 김정호金貞浩가 몹시 두려워하고 겁을 내면서 나에게 무사하게 해달라고 애걸복걸했다.[24]

당시 기전에서 판매하는 그릇은 주로 분원에서 구워온 것들이었다. 거래처인 분원의 공인이 수입 그릇의 판매 중지를 요청한 것이다.

청상과 일상의 상권 침탈이 심화되고 있었지만, 종로 시전 안에 직접 파고드는 것 역시 쉽지 않았다. 1895년까지도 일본상인은 종로 시전에 발을 붙이지 못했고, 청상도 '그 근방'에 머물고 있었다. 1895년에 일본인이 바라본 종로 등지의 상권 현황이다.

> 경성에서 가장 상업이 번창한 지역인 종루라든가 남대문이라고 하는 곳에는 (일본인의) 상점이 하나도 없습니다. 그 종루라는 곳은 동경으로 치면 은좌통銀座通으로서 그 근방에는 중국인이 지금까지 상점을 내고, 일본인이 살고 있는 진고개泥峴는 마포麻布(동경의 변두리 지명)와 같은 편벽한 곳인데 여기에 상전商廛을 내고 있습니다.[25]

외세의 시장 침탈 이외에도 시전은 여전히 국역 부담과 잡역雜役, 난전의 도전, 하인배의 가렴주구 등으로 어려움을 겪고 있었다.

입전立廛 상인들이 말하기를 "여러 해 동안 낙본落本(본전에서 밑진 것)이 80만여 냥이고 공사채公私債가 70만여 냥인데, 비단 값이 올라가서 지탱할 수 없으니, 명절과 설날·탄신에 진상하는 것 외에는 호조에서 사서 쓰도록 할 것입니다"라고 했습니다 …… 면주전綿紬廛 상인들이 말하기를 "진배할 때 매년 낙본落本한 것이 8~9만 냥이고, 근래 받지 못한 값도 20만여 냥이니, 수아주(비단의 일종)에 물감을 들이는 것과 평시서 군역軍役은 10년을 기한으로 살림이 나아질 동안 연기해 주고, 기타 바치는 것은 이미 무자년戊子年에 허가한 것이 있으니, 이에 따라 시행하게 할 것입니다"라고 했습니다.[26]

이와 같이 입전·면주전 등 시전상인들은 나라에서 요구하는 각종 물건을 진상하고 그 값을 받았지만, 제 가격을 받지 못해 본전에서 밑지는 경우가 허다했다. 특히 국역 부담이 가장 컸던 입전의 적체된 손실분이 수년간 80만여 냥이고 공사채公社債가 70만여 냥에 달한다고 한 것을 보면, 이들이 축적된 자본을 바탕으로 근대적 상인으로 거듭나 외국상인에 맞서는 것이 현실적으로 매우 어려운 일이었음을 알 수 있다.

또한 시전은 조정에 납품한 물건 값을 아예 받지 못한 경우도 허다했다. 면주전의 경우 20만여 냥에 이르고 있었다.[27] 그 외에 평시서 군역과 각종 잡역雜役에도 시달리고 있었다. 시전상인들은 고급 비단인 수아주에 물들이는 일, 왕이 거처를 옮길 때마다 도배하는 일 등 수리군修理軍·상족군床足軍·창호군窓戶軍·함내도군函內塗軍으로서 각종 국역을 부담하고 있었다.* 점차 시전의 형세는 쇠잔해지는데 공역 부담은 늘어나 이중 삼중의 부담으로 고통 받고 있었다.

* 『승정원일기』 고종 29년(1892) 12월 6일 (경신) ; 『고종실록』 같은 날짜. 이때 수리군은 궁궐과 관청의 수리를, 상족군은 상다리를, 창호군은 창과 문을, 함내도군은 상자 안 칠을 담당했다.

조병식

시전상인들을 힘들게 하는 또 하나의 어려움은 바로 난전의 활동이었다. 난전은 새로운 시장 흐름에 비교적 민첩하게 대응했으며, 때로는 외국상인과 결탁해 이익을 도모했다.

근래 각 시전상인들의 형편이 극히 쇠잔한데, 가장 어려운 것은 난매亂賣입니다. 난매를 금지하는 것은 법에 본래 엄격하게 밝히고 있고, 또 전후에 특별히 명령을 내린 것이 여간 간곡하지 않았습니다. 그러나 법을 무시하고 세력 있는 무리들이 제멋대로 난매하기를 조금도 두려워하지 않고 있으며, 심지어 다른 나라 상인들에게 붙어서 낭자하게 매매해, 원래 시전에서 일하는 사람들로 하여금 단지 빈터만 지키게 해서 흩어지거나 실업失業하는 지경에 이르게 하니, 어찌 이와 같이 통탄할 일이 있겠습니까?[28]

1894년 갑오개혁 때, 시전 육의전의 금난전권이 전면 폐지되었다. 이로써 시전상인의 보호막이었던 전근대적 특권이 사라져버렸다. 결국 시전은 생존을 위한 자구책을 강구하지 않을 수 없었기에, 1898년에는 황국중앙총상회皇國中央總商會를 조직해 외국상인의 침투에 대응하고 시전상인의 독점적 이익을 수호·유지하려 했다. 황국중앙총상회는 회장에 의정부 참정을 지낸 조병식趙秉式, 부회장에 참봉을 지낸 이종래李鍾來를 추대했고, 그 설립 배경을 다음과 같이 언급했다.

근래 외국인의 상업은 날로 흥성하는데 우리나라의 상업은 나날이 더욱 쇠잔해지고 있습니다. 이에 서울 상업계[廛界]는 모두 저들이 점령하고 오직 중앙의 한편에 겨우 손바닥만큼 남아 있으니, 많은 백성들이 분개해 총상회를 설립한 것

입니다.[29]

시장의 위기를 타개하기 위해 황국중앙총상회는 외국상인의 상행위를 일정 지역 내에 제한하고, 외국상인으로부터 보호되는 시장영역을 설정할 것, 농상공부의 허가인지許可印紙를 총상회가 위탁·관리해 무명잡세를 혁파할 것, 전국 상업을 총괄하는 상인협회 또는 상인조합을 설립할 것 등을 추진했다. 또한 독립협회와 연계해 1898년 10월 16일부터 상권수호운동을 전개했다. 그리고 10월 29일의 관민공동회官民共同會(독립협회 주최로 종로에서 열린 민중대회)에도 참여해, 가게 문을 닫고 철시투쟁을 전개하면서 독립협회 활동에 동참했다.[30] 그러나 12월에 독립협회와 함께 수구파 정부에 의해 탄압·해산당했다. 이로써 그들의 상권수호운동은 중도에서 좌절되었다.

1903년에는 서울 시중에 일본의 제일은행권과 청상 동순태同順泰의 전표錢票가 멋대로 발행되어 유통됨으로써, 쌀값을 비롯한 물가가 폭등하는 등 조선시장이 큰 피해를 보게 되었다. 종로 상인들은 두 화폐의 유통을 금지하기 위해 통문을 돌리고, 종로와 각지에 벽보를 붙여 두 화폐의 사용을 엄금할 것을 주장했다. 1904년에는 보안회保安會와 연계해 제일은행권 유통 반대와 일제의 황무지개척권의 불가함을 역설했다.[31] 그러나 일제의 강력한 제지로 성과를 거두지 못한 채 1905년 일제의 화폐개혁으로 이어졌다.

그러나 시전이 일방적으로 쇠락의 길을 걸은 것만은 아니었으며, 여러 방면에서 근대적 상가로 거듭나기 위해 노력해, 일부 상인은 자본을 축적해 근대적 상가로 변신하는 데 성공하기도 했다.

시전이 자리한 종로 거리는 1896년 9월부터 시행된 '황도건설사업皇都建設事業'과 1898년 초부터 시작된 전차부설사업으로 가가假家(가건물)들이 전격 철거되어 도로 폭이 넓어졌으며, 그 한 가운데로 전차가 왕래했다. 이어 1900년에는 종로 거리에 전등이 밝혀지기 시작해 밤거리를 밝혀주었다.[32] 종로의 도로 개수와 전차 운행은 종로 시전을 근대화시키는 동인動因이 되었다.

이후 종로 거리에는 낡은 시전행랑들이 서서히 자취를 감추기 시작했고, 대신 여기저기에 신식건물들이 들어서면서 상점들이 간판을 내걸고 장사를 시작했다. 이런 외형적인 변화뿐만 아니라 신문광고를 통해 자신의 점포와 상품을 선전하고, 수입품 등을 구비해 취급품목을 다양화했으며, 경영방식을 개선하는 등 근대적 시장으로 거듭나기 위한 노력을 기울였다.

개항 이후 서양의 공장제 면제품이 쏟아져 들어오면서 가장 큰 타격을 받았던 백목전 상인들의 노력 또한 주목된다. 1900년에 기계를 도입해 면포를 생산하는 종로직조사鐘路織造社를 세웠다.

> 종로 백목전 도가道家에 직조 기계를 설치하고 회사를 조직했는데, 사장은 민병석閔丙奭 씨요 부사장은 이근호李根澔 씨인데, 여러 사원들의 말을 들은즉 매 기계마다 매일 베짜는 것이 70척 가량이라고 하더라.[33]

이처럼 백목전 상인들은 수입 면직물에 대응하기 위해 '직조기계'를 설치하고 직물을 생산했다. 이는 곧 직물의 생산과 판매를 직접 관할함으로써 경쟁력을 강화하기 위한 방안이었다.

백목전 도중에서는 1905년에 창신사彰信社를 설립해 무역업에 진출했다. 창신사는 일본의 후지방적회사富士紡績會社와 특약을 체결하고 직물과 면사를 직접 수입했으며, 1908년에는 조직을 개편하고 재발족해서 일제 때도 계속 무역사업을 전개하고 있었다.[34]

종로 거리에는 1907년 상미전上米廛 자리에 2층 양옥이 들어섰고, 1908년 12월에는 삼창상회三昌商會와 한양상회漢陽商會가 설립되어 양복 부속품과 양주·서양담배·양탄자 등 각종 수입잡화를 판매했다. 특히 한양상회는 "장대한 가옥에 화려한 진열로 우리나라 제일되는 데파트먼트 스토아"를 자랑하

고 있었다.³⁵

이와 때를 같이해 종로에는 금융기관인 한일은행·대한천일은행이 들어서 위용을 뽐내고 있었고, 그 외 수많은 회사·조합들이 종로의 새 건물에 자리를 잡았다. 종로는 점차 근대화의 상징적 공간으로 비추어졌다.

이런 변화의 과정에서 종로 상인들은 다양하게 분화되었다. 많은 상인들이 파산·몰락하고 있었지만, 일부는 상거래 증가와 시장의 확대로 더욱 성장할 수 있었다. 대표적 상점으로는 김태희金泰熙가의 수남상회壽南商會를 들 수 있다. 가게와 경영을 확연하게 분리 운영했고, 서양의 복식부기 체계를 도입해 장부를 작성했다.³⁶ 또한 여러 신문에 광고를 게재해 선전했고, 수구적·개혁적 인물 및 친일적·반일적 인사들과 두루 접촉하면서 상업적 기반을 닦았다.

시전상인 백윤수白潤洙는 상류층을 대상으로 고급 견직물을 취급해 자본을 축적했다. 그는 일제강점기에 들어서 대창무역大昌貿易과 대창직물大昌織物 회사를 세워 외국과의 직거래를 도모하고 직포사업에까지 진출했다. 유재명柳在明 또한 종로의 포목상으로, 청상과 비단을 거래하면서 사업을 확장한 인물이다.³⁷ 그 외에 조진태趙鎭泰·백완혁白完爀·조병택趙秉澤 등도 시전 출신에서 기업가로 성장한 대표적 인물들이다.

남대문시장의 탄생

조선 후기 이래 서울의 3대 시장으로서 거래 규모와 자본이 시전을 능가했다고 알려진 칠패가 개항 후에 어떻게 변화했는지에 대해서는 잘 알려져 있지 않았다. 막연하게 외세의 상권 침탈로 쇠퇴했다거나 남대문시장의 전신으로서 언급될 뿐이었으나, 근래 남대문시장의 형성에 대한 글이 나와 새로운 사실들을 소개하고 있다.³⁸

우리가 주의해야 할 것은 칠패가 곧바로 남대문시장으로 재편된 것이 아니라는 점이다. 당시 남대문 안팎에는 2개의 대형 시장이 있었다. 하나는 남대문로의 시전행랑을 중심으로 번성했던 '남문내 장시'가 있었고, 다른 하나는 바로 남대문 밖에 자리한 '칠패'가 있었다. 이들 두 시장은 1896~1897년 남대문로 정비사업 과정에서 모두 선혜청 안으로 옮겨져 재편되었고, 이후 남대문시장으로 불리면서 오늘에 이르고 있다. 따라서 이들 두 시장의 변화와 남대문시장으로의 재편 과정을 함께 이해할 필요가 있다.

남대문 안쪽 시전행랑이 자리했던 곳에 형성된 '남문내 장시'는 개항 후에도 크게 위축되지 않고 번성한 모습을 보이고 있었다.

> 남대문내 조시朝市는 매일 새벽의 회시會市로서 곡물·채소·어육 등을 비롯해 일용잡화 및 땔감 등을 도성 내외의 거주자에게 공급하는 첫 번째 시장으로서 그 번창은 실로 현저했다.[39]

이때 '남대문내 조시朝市'는 새벽시장을 말하는 것으로, 주로 점포 상인들을 대상으로 도매시장의 기능을 수행한 것으로 보인다. 그것은 1880년대 서울에 왔던 미국인 길모어가 "여름이면 대여섯 시가 한창이다. 여덟 시쯤 되면 부패되기 쉬운 물건은 거의 다 팔리고, 그 다음부터는 점포나 노점에서 사야 한다"고 한 것으로도 알 수 있다.[40] 반면 낮에는 일반 주민을 상대로 소매를 한 것으로 보이는데, 선혜청 내 남대문시장에 소매상의 비중이 적지 않았기 때문이다.[41]

'남문내 장시'와 칠패는 끊임없이 이곳으로 진입하려는 외세의 침략적 손길에 맞서 힘겹게 대응하고 있었다. 특히 일본상인들은 자신들의 본거지인 진고개를 벗어나 '남문내 장시'로 들어가려고 해, 그 결과 1892년에 과자류를 판매하게 되었고, 1894년 청일전쟁 직전에는 30여 명의 일상이 남대문 조시에서 활동하고 있었다.[42]

![1890년대의 남대문 밖 풍경]

1890년대의 남대문 밖 풍경

　　칠패는 개항 후에도 외세의 상권 침탈에 대항하면서 서울에서 종루와 함께 "가장 상업이 번창한 지역"으로 손꼽히고 있었다.[43] 칠패 상인들은 이곳으로 파고들려는 외세의 야욕을 물리치기 위해 노력했다. 고종 25년(1888)의 자료이다.

　　남문 밖에 거하는 상인 강계환姜啓煥이 상소하기를 "소인은 목화전木花廛으로 생계를 유지하고 있습니다. 올 여름에 흥정이 뜸해져서 가게가 공허했는데, 이웃에 거하는 박운서朴雲瑞가 와서 말하기를 '이 가게가 공허하니 가을이 되기 전에 매일 2냥씩 임대로 빌려주시오'라고 해서 허락했습니다. 그런데 뜻밖에 일본인 삼등森䁬이 와서 보고 개시開市하려고 했기 때문에 소인이 말하기를 '만약 일본인이 상관하면 집을 빌려주지 않겠다'고 했더니, 일본인 말에 '박운서로 하여금 가게를 열게 할 것이며, 나는 상관하지 않겠다'라고 운운했습니다. 그러나 가게를 열자, 삼등이 가게에 와서 자리를 잡고 각종 물화를 설치했으니, 박운서가 외국인과 부화뇌동해서 속여 임대한 것이니, 극히 분합니다. 또 남문 밖은 상인들 생애의 요지인데, 만약 외국인이 가게를 열게 되면 칠패 각 동洞에서 장차 소인에 대해 등소할 것이며, 소인 또한 패업敗業하게 될 것이기에 감히 우러러 하소연합니다.[44]

이처럼 일본인이 칠패상인을 매개로 시장에 진출하려 하자, 상인들이 강력 반발하고 상소를 올려 집단적으로 대응했다. 이때 가게 주인 강계환이 가게를 운영할 자가 일본인이라는 사실을 전혀 몰랐는가에 대해서는 의문의 여지가 없지 않지만, 자신에게 쏟아질 동료들의 비난을 매우 두려워했음을 알 수 있다.

이런 칠패 상인들의 반대에 부딪혀 1895년경까지도 일본상인의 남대문 진출이 거의 이루어지지 못했다. 결국 1896년 남대문로 개수사업이 시작되어 선혜청으로 시장을 옮길 때까지 '남문내 장시'와 칠패는 외세의 진출을 저지하면서 독자적 상권을 유지해나갔다.

갑오(1894) 이후 정권을 담당한 개화세력은 종로와 남대문로를 비롯한 서울의 주요 간선도로 등을 대대적으로 정비했다. 도로개수사업 계획은 1895년 박영효 내각에 의해 구상된 적이 있었으나, 박영효가 실각함으로써 사업이 추진되지는 못했다.[45]

1896년 박정양朴定陽 내각이 들어선 이후 박정양과 한성판윤 이채연李采淵은 서로 협력하며 도로개수사업을 적극적으로 추진했다. 1896년에 내부령으로 '한성漢城 내 도로의 폭을 규정하는 건'을 공포했다. 이때 "황토현으로서 흥인지문까지와 대광통교로서 숭례문까지"에 이르는 도로, 곧 오늘날 종로와

구한말의 숭례문(남대문)

남대문로 전 구간의 도로 폭을 55척(尺)으로 정하는 동시에, 도로변에 있는 상가의 형태를 일정한 기준에 의해 허가하도록 했다.[46]

당시 개수 대상이 된 종로와 남대문로는 전통적 시전이 자리잡고 있던 거리로서, 가가(假家)와 상점들이 어지럽게 자리하고 있어 교통과 위생 문제를 유발하고 있었다. 그 때문에 도로를 침범한 가게들을 철거하고 대로변에 나와 상거래하는 것을 금하도록 했다. 특히 남대문로를 정비하면서 남대문로 좌우에 펼쳐져 있던 시장을 선혜청 안으로 이전하는 계획을 추진했다.[47]

이처럼 남대문로 정비공사의 준공을 앞두고 남대문로 좌우에 펼쳐져 있던 시장을 이설하려는 계획을 추진하고 있었다. 그것은 교통의 원활한 소통과 위생 문제를 우선적으로 고려한 조치였지만, 전문적 시장을 육성하기 위한 구상도 반영된 것이었다.

흥인문(동대문, 1880년대)

내각에서는 선혜청 동대청東大廳에 이어진 고간庫間과 마당을 시장 터로 제공할 것을 허용하고, 이후 그에 소요되는 건설비 2,196원元을 지출했다. 당시 선혜청 안으로의 시장 이설은 "후일에 합당한 곳을 득하기까지" 한시적으로 허락한 것이었으나, 이후에도 계속 유지되어 오늘날 남대문시장으로 이어졌다. 선혜청 안의 시장은 한성부 서서西署 양생방養生坊 창동倉洞에 속했으며, 지금의 중구 남창동 남대문시장 일대이다.

그런데 시장 이설공사는 예상보다 커서 공사비가 늘어났고, 내각에서는 1897년 5월에 400원을 추가로 지원했다.[48] 선혜청 안으로 시장을 이설하는 데 든 비용은 모두 2,596원이었고, 주변의 전 홍궁 터도 사들였던 것으로 보인다. 시장 이설 비용을 보면, 시장 건물을 새로 다시 지었다기보다는 선혜청의 기존 대청과 고간 등을 수리하고 손을 보아 사용한 것으로 보인다.

이때 조선은 재정이 매우 어려운 상태였다. 그런데도 상당한 비용을 부담하면서 시장 이설을 추진한 것을 보면, 당시 개화파 내각의 도로 정비와 시장 이설에 대한 관심의 정도를 알 수 있다. 이는 또한 '상판흥왕商販興旺', 곧 상업을 발전시켜 부국강병을 달성하려는 개화파들의 의지가 반영된 것이었다. 선혜청 내 시장은 '중앙시장'으로 구상되었던 것으로 보는 견해도 있다.[49] 또한 남대문로의 정비에 걸림돌이 되는 가옥은 한성부에서 시가대로 구입해 헐고 길을 넓혔다. 집을 팔지 않으려는 주민들의 저항이 심해 '발악'을 했다고 한다.[50]

그런데 문제는 이때 남대문 밖에 있었던 칠패시장도 함께 옮겨졌는가 하는 점이다. 이와 관련해 주목되는 자료가 있다. 『황성신문』 1898년 기사에 "남문내외南門內外 장시場市를 선혜청 내로 이설" 했다는 기록이 있다.[51] 그리고 1897년 남대문 밖에 있는 칠패의 조시를 문 내의 구 선혜청 동창東倉으로 이전했다는 기록이 있다.[52] 이를 보면 이미 1897년에 남대문 안의 시전과 더불어 남대문 밖의 칠패도 함께 이전한 것 같다.

그리고 칠패시장의 이전 가능성이 높은 것은 칠패시장 바로 뒤편으로 경인선 철도가 부설되고 있었던 점을 들 수 있다. 조선은 1896년 3월에 미국인 모스Morse, J. R에게 경인철도 부설권을 허용했고, 같은 해 7월에 농상공부 협판 이채연으로 하여금 경인철도 사무를 감독하라고 지시했다.[53] 이를 보면, 1896~1897년 사이에 철도 부설을 위한 계획과 부지 확보가 이루어졌다고 볼 수 있다. 따라서 경인선 철도 건설에 따른 부지를 확보하고 공사 진행을 원활하게 하기 위해 칠패시장 또한 선혜청 안으로 옮겼을 가능성이 높다.

이전한 선혜청 안 시장은 초기에는 크게 활성화되지 못해 매매가 '희소'했고, 남대문로 도로변에서 어물 등을 팔고 있는 모습이 목격된다.

남문내외南門內外 장시場市를 선혜청 내로 이설하기는 가로가 분잡하야 인마人馬

왕래에 편리케 한 것이거늘, 근일에 시민市民들이 여전히 대로상에서 어물과 과일 등을 매매하는 고로, 신설장시에서는 매매가 희소해 원성이 파다하니 장문파수場門把守하는 순검들이 수수방관하고 금단치 아니하니, 장시를 이설한 이유를 알지 못해 ……[54]

그러나 선혜청 내 시장은 점차 자리를 잡고 안정을 찾아갔고, 관리인으로 감독 1인, 총무원 1인, 서기 1인, 대고직大庫直 1인, 수직 2인, 수소군修掃軍 1인을 두었고, 연중무휴로 운영되었다. 선혜청 내 시장에 대한 세금 징수는 농상공부에서 담당해왔으나, 1901년 4월부터 내장원內藏院으로 이전되었으며 납세액도 매달 900냥으로 인상되었다.[55] 1900년에는 남문내 시장 상인들이 정부에서 정해진 액수보다 세금을 많이 걷는다고 호소한 일도 있었다.[56]

시장이 활성화되자 일본상인들의 남대문시장 진출도 늘어났다. 1902년에는 42명에 이르렀으며, 1903년까지는 "남대문 조시의 경우 일본인 노점으로는 과자상뿐"이라고 했으나, 꾸준히 늘어나 여러 가지 상품을 취급하고 있었다. 1907년경 남대문 조시의 상인은 250~300에 달했다. 그 가운데 한국인 5할, 일본인 3할, 중국인 2할의 분포를 이루고 있었다 한다.[57] 1909년 현재 탁지부度支部 사세국司稅局에서 조사한 바에 따르면 남대문시장의 개시일은 매일, 1년 거래고는 93만 4,035원이었으며, 주요 거래품목은 쌀·대두·소두·해산물·과일·담배·잡화 등이었다.[58]

선혜청 안 시장은 초기에는 '남문내 장시', '선혜청 창내장倉內場', '남문안장', '신창新倉 안장' 등으로 불렸다.[59] 그러나 점차 '남대문시장'으로 불렸으며, 1905년 자료에 '남대문시장'의 명칭이 나타나고 있는 것으로 보아 그 이전부터 사람들이 남대문시장으로 불렀을 것으로 추측된다.[60]

내장원에서 관할하던 남대문시장은 1905년 이후 송병준宋秉畯의 대리인격이던 김시현金時鉉이 새 관리자가 되었다. 그러자 시장의 각종 납세 부담이 점

탁지부와 그 산하의 건축소 입구　　　　　잡화점 풍경

차 늘어났다. 창고 사용료 이외에 부지 사용료인 지단세地段稅 등을 징수했다.[61] 1909년 9월 기준으로 남대문시장의 연간 거래액은 93만 4,035원으로 나타나 있다.[62]

이와 같이 남대문시장은 '남문내 장시'와 칠패의 두 시장이 선혜청으로 이전·재편되어 탄생했으며, 이후 한국의 대표적 시장으로 기능하면서 오늘에 이르고 있다. 남대문시장의 형성은 전통시장의 맥락과 대한제국기의 도시개조사업·상업장려책 등 국가의 정책적 의도가 절충되어 나타난 것이다. 남대문시장은 끊임없이 밀려드는 외세의 상권 침탈에 고전하기도 했지만, 서울에서 가장 거래액이 높은 시장으로 자리를 굳혀가고 있었다.

이현시장의 후신, 동대문시장

이현시장은 현 종로4가와 예지동 일대에 형성되어 있던 시장으로서, 조선 후기 서울의 3대 시장으로 널리 알려져 있으나, 개항 이후의 변화 과정에 대해서는 잘 알려져 있지 않다. 막연하게 1905년에 광장시장으로 이어져 오늘날 동대문시장의 전신이 된 것으로 이해되고 있을 뿐이다.

송파장시를 무대로 활동하면서 자본을 축적한 박승직朴承稷이 1896년경 이현시장에 진출해 면직물을 취급하는 '박승직상점'을 열었다. 이후 크게 번창해 지방에 지점까지 둔 것을 보면 이현시장의 경쟁력을 엿볼 수 있다.[63] 이

전차에 오르는 승객들

때 박승직이 제물포에서 수입상품을 직접 구입해서 판매했다는 것으로 보아, 박승직상점에서 취급한 면포는 서양산 수입품일 가능성이 매우 높다.

이현시장이 대대적 변화를 겪게 된 것은 대한제국기에 추진된 종로 거리에 대한 도로개수사업과 전차 건설에 말미암은 바가 크다. 앞에서 살펴본 것처럼 박정양내각은 1896~1897년간 종로와 남대문로에 대한 대대적 도로개수사업을 추진했다. 당시 남대문로를 개수하면서 '남문내 장시' 와 칠패시장을 선혜청 안으로 옮긴 것을 보면, 황토현~동대문 구간의 종로 거리를 개수하면서, 기존의 이현시장을 대폭 정비했을 가능성이 높다. 또한 1898년 10월부터 서대문에서 청량리를 거쳐 동대문에 이르는 전차 노선 건설공사를 시작했다. 같은 해 12월에 서대문에서 청량리 사이의 1단계 공사가 완공되었고, 1899년 5월에 전 구간의 공사가 완료되어 동대문에서 전차개통식이 열렸다.

종로 거리가 정비되고 전차가 개통되는 과정에서, 정부는 도로를 점거한 가게들을 철거하고 길가에서 장사하는 것을 제한했기 때문에, 기존의 상인들은 큰 타격을 받았다. 이현시장은 커다란 변동의 소용돌이에 휩싸이게 되었고, 상인들은 다른 장소에 새로운 시장을 개설하고자 노력했다.

1904~1905년의 러일전쟁에서 승기를 잡은 일제는 조선에 대한 침략을 본

전차가 있는 서대문 풍경

격화했다. 통신기관의 장악은 물론 군용지 확보를 위해 "선혜청시장은 신문新門 밖으로 옮기고, 이현시장은 동문東門 밖으로 이전하며, 푸줏간은 모두 문밖으로 축출"[64] 한다는 소문이 나돌았으며, "선혜창 내 장시를 종로로 이설" 한다는 풍설이 파다했다.[65] 실제로 이들 시장이 문밖으로 이전되지는 않았지만, 이런 풍문은 일제의 침략정책과 맞물려 널리 유포되고 있었다.

또한 일제는 조선에 대한 침략 기반을 다지기 위해 화폐정리사업을 실시했다. 구 백동화 환수 과정에서 자금이 유통되지 않아 많은 상인들이 금융상의 어려움을 겪고 파산했다. 이현시장 상인들 또한 화폐정리사업을 시행하는 과정에서 막대한 피해를 입었다.

이처럼 위기에 처한 이현 일대 상인들은, 자본력 있는 부상들을 중심으로

푸줏간

관료들을 끌어들여, 1905년 7월에 광장회사廣長會社를 설립하고 시장 건설을 적극적으로 추진했다.

광장준비 : 광장회사에서 고금股金(자본금) 300만 냥을 한데 모아 장시를 흥왕하기 위해 광교廣橋 이하 수표교 이상 천상川上에 가교건옥架橋建屋하기로 의정함은 이미 정했거니와 목석木石의 재료를 지금 이미 준비했는데, 음력 6월 초 5일부터 공역工役을 기공한다더라.[66]

광장회사가 300만 냥의 자금을 마련하고, 청계천의 광통교~수표교 사이의 하천 위에 다리를 놓고 건물을 짓는다는 계획을 세워, 나무와 돌 등 소요 물자를 준비해 7월 7일(음 6. 5) 공사에 착수한다는 것이다. 그러나 십여 일 뒤 신문에 실린 내용과 공사 구간 등에서 차이가 있는 것으로 보아, 이때 바로 공사에 들어간 것 같지는 않다.

광장회사에서는 시장 개설을 위해 농상공부에 청원까지 하기도 했다.[67] 이처럼 종로 거리에 대한 도로개수사업과 전차개통으로 인해 기존에 가가假家를 짓고 상거래를 해왔던 시장 공간이 대폭 축소되었고, 정부에서 도로를 침범해 장사하지 못하도록 했기 때문에 많은 상인들이 실업할 처지에 놓여 있었다. 그러자 광장회사는 상인들의 요구를 수용하고 화폐정리사업에 대응하기 위해 시장 건설을 적극적으로 추진했던 것이다.

이때 광장회사가 추진한 시장건설 방안은 두 가지였다. 첫째 종로 시전 남쪽의 청계천 구간과 그 남쪽 아래 개천 구간을 활용하는 것이었고, 둘째 이현시장 근처인 효경교 북쪽 조산造山* 옆 농포農圃(농작물을 가꾸는 밭)에 새로이 시장을 건설하는 방안이었다.68 이때 광장회사에서 주안점을 둔 것은 첫 번째 방안으로 보인다. 그것은 앞의 '광장준비'에서도 첫 번째 계획만이 보도되었고, 남대문시장 상인들의 반발 역시 첫 번째 안에 대한 것으로 보이기 때문이다.

* 청계천을 준설할 때 나오는 흙과 모래를 산처럼 높이 쌓아 놓은 것을 '가산(假山)' 혹은 '조산(造山)'이라 불렸는데, 이때의 조산 또한 청계천 준설 때 생긴 조산으로 보인다.

이때 주목되는 것은 첫 번째 안이, 전통적으로 종로 시전의 영향권이었던 모전교~하랑교 사이의 청계천 구간과, 바로 남쪽 아래 무교武橋에서 곡교曲橋까지의 하천을 이용한다는 점이다. 곧 개천 위에 가름대[橫架]로 복개하고 그 위에 2층의 누옥을 지어, 위는 집으로, 아래는 상가로 사용하는 방안으로, 이것을 '공중의 다락空中之樓'이라고 표현했다. 이처럼 종로 시전 바로 아래에 하천 시장을 세우려 한 점으로 보아, 광장회사의 시장 설립 계획과 추진에는 종로 시전과 이현시장 상인들의 의중이 반영된 것으로 보인다.

그러나 광장회사의 이런 계획은 선혜청 내 시장, 곧 남대문시장 상인의 반발을 불러일으켰으며, 일본공사관의 개입이 뒤따랐다. 일본공사관에서는 외부外部에 공문을 보내어 광장회사의 시장 설치가 남대문시장에 영향을 미쳐 '상계商界를 교란할 지경'이라고 주장하면서 시정할 것을 요구했다. 이에 대해 광장회사는 즉시 '남문시장에는 조금도 관계가 없다'는 내용의 광고를 신문에 게재했다.69

그런데 일본공사관이 왜 남대문시장을 들먹이면서 광장회사의 시장 건립에 이의를 제기한 것일까? 그것은 남대문시장에 진출해 있었던 일본상인들의 입김이 작용했기 때문이었다. 1902년에는 42명의 일상들이 남대문시장에서 활동하고 있었고,70 1907년경에 남대문조시에서 활동하는 상인 250~300명 중 30% 정도가 일본인이었기 때문이다. 그런 점에서 일본공사관은 남대문시장에 어렵게 진출한 자국 상민의 상권을 보호하기 위해, 중심가

일본공사관 일대

인 청계천변의 시장 건설에 적극 반대했을 가능성이 매우 높다. 그 외에 당시 정치적 이해관계가 복잡하게 얽힌 송병준宋秉畯의 전략적 입김이 작용했다는 설도 있다.

정부의 허가를 얻어 진행되던 당초의 시장건설 계획이 남대문시장 상인과 일본의 반대에 부딪히게 되자, 광장회사는 첫 번째 안을 철회하고 두 번째 방안을 중심으로 시장 건설을 추진했다. 이때 첫째 안을 철회한 것은 1905년 홍수로 하천 위에 가교를 건설할 수 없었기 때문이라고도 한다.[71]

광장회사는 두 번째 방안이었던 효경교 북쪽 조산造山 옆 농포農圃에 터를 잡고 공사를 진행했다.[72] 1905년 8월에는 시장 건설 자재인 나무와 돌을 사들이고, 주변의 인가를 매입해 공사를 진행했다.[73]

이처럼 광장회사의 시장건설에는 관권이 동원되어 목재와 석재를 헐값에 사들이고, 주변의 인가도 턱없이 싼값으로 매입해 주민과 마찰이 발생하고 있었다. 당시 광장회사의 총무장이었던 신태휴申泰休는 전 경무사로서 관권을 동원해 비판을 받았고, 주주였던 홍충현洪忠鉉은 집주인의 허락 없이 민가를 훼철해 문제가 되기도 했다. 이처럼 관권 행사가 이루어질 수 있었던 것은 정부의 지원이 있었기에 가능한 것이었으니, 이런 정황은 "국왕의 총애를 특별히 입었다"는 것에서도 엿볼 수 있다.

시장 건설이 완공되자, 기존의 이현시장이 옮겨와 자리를 잡았다. 새 시장은 "외국 장시를 모방"해 기와집 상점으로 건설되었고, 그 위용이 "자못 굉장"했다. 이를 보면 광장회사는 외국 시장을 표본으로 삼아 근대적 시장을 건설하려 했음을 엿볼 수 있다. 또한 농상공부의 인가에서 "외국인과 합자하지 말라는 교훈"이 담겨 있는 것을 보면, 외국자본의 침투를 우려해 조선 상인을 보호하려는 정부의 정책적 의도가 담겨 있었다.

이후 광장회사의 시장은 상거래가 매우 활발해 "극위흥왕極爲興旺"을 이루고 있다고 할 정도였다. 그러자 "일본유학생" 출신과 "별입시(임금을 사사로운 일로 만나는 일)" 중 일부가 돈을 낸 증서인 '고금장股金狀'을 일본인에게 양도하려는 움직임이 있어 비난이 쏟아지기도 했다.[74]

광장회사의 시장은 1909년에 근처의 동별영東別營 자리로 이전했다. 이미 1907년에 조선의 군대가 해산되어 이현에 있었던 친위대 영문營門도 폐쇄되었고, 일본군 3사단 사령부도 진고개로 이전해서, 이현 일대의 군사기지가 비어 있었다. 1909년 2월에 "이현 광장회사의 시장은 통내統內 전 친위대 영문營門으로 이설하기로 작정된다더라"는 기사가 신문에 실렸고, 3월에는 확인 내용이 게재되었다.[75]

이때 시장의 이전 배경은 정확히 알 수 없으나, 단순히 공간이 비어 있기 때문에 시장을 이설했다고는 생각되지 않는다. 다만 2월 26일 광장시장 이설계획이 보도되고, 3월 5일에 이전되었다는 내용이 기록된 것으로 보아, 시장 전체가 움직였다기보다는 일부 점포가 이동했을 가능성이 있다.

당시 광장회사의 시장은 '광장회사 시장', '이현 광장회사 시장', '광장내

구한말의 동대문시장

시장', '이현시장' 등으로 불렸고, 1905년 일본인이 조사·정리한 자료에 '동대문시장'의 명칭이 등장하고 있는 것으로 보아 '동대문시장'으로도 호칭되었을 것이다. 일제강점기에는 주로 '동대문시장'으로 불렸지만, 1930년대까지도 '이현시장'이라는 명칭이 여전히 사용되고 있었다.[76]

이현시장을 옮겨 광장시장 건립을 추진했던 광장회사는 오늘날 예지동 4번지에 설립했고, 당시 자본금은 12만 원(300만 냥)으로서 자본 규모가 상당히 컸다.[77] 이때 사장은 김종한金宗漢이었고, 사무장은 박기양朴箕陽, 총무장은 신태휴申泰休가 있었고, 주주로는 박승직·홍충현洪忠鉉·장두현張斗鉉·최인성崔仁成·김한규金漢奎 등 26명이 참여했다.[78] 광장회사는 설립 초기에는 '廣長會社'라 했다가 그해 '廣藏會社'로 변경했고, 1911년에 광장주식회사로 등기했다.[79]

사장인 김종한은 1894년 6월에 내무부 협판에 임명되었다가, 김홍집 내각에 참여해 군국기무처 회의원會議員이 되었고, 1895년에 궁내부 협판, 1897년에 함경도관찰사 등을 역임했다. 그는 1896년에는 독립협회 설립에도 가담했고, 1896년에는 조선은행, 1897년에는 한성은행 설립에

조선은행

도 참여했고, 1906년에는 출판사인 광학사廣學社의 사장이 되기도 했다. 그러나 1910년에는 친일단체인 정우회政友會의 총재직을 맡아, 그 공로로 1910년 10월에 일제로부터 남작男爵 작위를 받았다.[195]

사무장 박기양 또한 문과에 급제한 뒤 여러 관직을 역임한 관료로서 갑오개혁 이후 궁내부 특진관·의정부 찬정·장례원경 등을 역임했다. 그는 독립협회에도 관여했고, 1904년 일제가 황무지개척권을 요구하자 이에 반대하는 상소를 올렸고, 1905년에는 을사조약 체결에 반대하는 상소를 올리고 계속 반대운동을 벌이다가 체포되기도 했다. 그러나 그는 결국 일제로부터 1910년 10월에 남작 작위를 수여받았다. 신태휴는 무관 출신으로 갑오개혁 이후 1895년에 양주군수楊州郡守를 지냈고, 1898년에는 경무사를, 이후에는 궁내부 특진관 등을 역임했다.

홍충현은 1884·1885년 중국과의 무역중개업을 시작으로 수입무역업에 종사해 자본을 축적한 서울의 거상이었다. 1900년에 중추원 의관을 역임했으며, 이후 한성농공은행 설립위원, 경성상업회의소 의원, 조선상업은행 이사 등을 역임하며 조선 실업계의 중진으로 활약했지만, 1916년에는 내선內鮮융화를 목적으로 한 친일단체인 대정친목회大正親睦會의 발기인 겸 간사로 활동

했다.[81]

이후 동대문시장은 광장주식회사의 주주들이 운영·관리했고, 거래품목별로 상인조합을 결성하도록 했다. 따라서 조합원의 자격 규정만 갖추면 누구든지 시장에서 판매할 수 있었다. 남대문시장에 비해 구성원·자본·경영 등의 측면에서 상대적으로 민족주의적 성격을 띠고 있었으며, 일제 때도 광장주식회사가 경영권을 행사해 조선인 시장으로서의 명맥을 유지할 수 있었다.

개항과 철도 개통으로 무너진 경강 상권

경강은 조선 개국 이래 수상교통의 중심지로서 운수업과 유통·상업이 발달했으며, 미곡과 어물·목재 등 전국의 물산이 집산되어 거래되었으며, 이곳을 무대로 상거래 활동에 종사하는 경강상인과 객주·여각 등이 성황을 이루고 있었다. 그러나 개항 이후 경강 일대는 철도가 개통되면서 물류유통의 중심지로서의 위상을 상실하고 점차 쇠퇴해갔다.

개항 초기에는 외국과의 무역이 활발해지고 외국인의 거주가 늘어나면서, 경강 일대 상권 또한 일정하게 성장하고 있었다. 경강은 여전히 전국의 세곡을 실은 배들이 들어오고, 생선·소금·목재·땔감 등의 상품이 쉼 없이 밀려들고 있었다. 1882년에 경강의 미상도고米商都賈들이 "몇 만 석인지 알지 못하는"[82] 미곡을 매점매석해 물가를 위협할 정도로 경강에는 대자본가들이 적지 않았고, 여전히 전국적 물류 유통의 중심지로서 주목받는 시장이었다.

이전과 마찬가지로 한강의 각 포구에서는 궁궐과 관청의 종들이 임의로 무명잡세를 포탈해 상거래에 악영향을 미치고 있었다.[83] 조정에서는 1883년에 해관 설치를 계기로 장시와 포구 등지에서의 무명잡세를 혁파하도록 조치했으며,[84] 한강 연안의 무명잡세도 혁파했다.

한성부에서 "한강 연안의 무명잡세를 모두 혁파한 뒤 어디에서 관할하고, 언제

창설했으며, 어떤 물품의 세금을 얼마나 받았는지를 하나하나 상세히 조사하고 구별해, 장부를 만들어 의정부에 보고했습니다"라고 아뢰었다.[85]

땔나무 장수들

이와 같이 전국 장시와 포구에서의 무명잡세를 혁파하고 "종전의 악습"을 되풀이하는 자는 엄중히 다스리도록 했으나, 갑오개혁 이후에도 여전히 사회문제로 거론되고 있었다.[86]

경강 일대에 대한 외세의 침략은 1882년에 조중상민수륙무역장정朝中商民水陸貿易章程를 체결하고 1884년에 용산을 개시한 뒤로 본격화되기 시작했다. 원래는 고종 19년(1882)에 체결된 「제물포조약 및 수호조규속약」에 따라 1년 뒤에 양화진을 각국의 개시장으로 개방하도록 했으나, 일제가 양화진 대신 용산으로 바꾸어 개방할 것을 요구해, 결국 1884년에 용산이 각국의 개시장으로 개방되었던 것이다.[87]

용산 강안에서 마포진에 이르는 곳에는 길이 3리·너비 1리의 여러 외국인들의 공동거주지가 형성되었다. 용산 쪽은 일본인이, 마포 쪽은 청국인이 우세를 보였다. 마포 지역에 청상의 진출이 늘어나자, 청국은 1892년에 자국인을 보호하기 위해 마포나루에 경사국警察局을 설치하고 순사를 파견해 운영했다.

용산이 개방된 뒤 경강의 유통·상업은 더욱 활발해졌다. 근대적 증기선이 도입되어 운영되었고, 무역의 주도권 장악을 위한 경쟁도 심화되었다. 고종

용산 일대의 거류민 지역

25년(1888) 8월에는 한강에 처음으로 증기선이 운영되었다. 조희연趙羲淵이 설립한 삼산회사三山會社의 16톤급 '용산호龍山號'와 13톤급 '삼호호三湖號'가 마포~인천 간을 운항하기 시작했다.

외세들도 앞 다투어 경강에 증기선을 투입했다.[88] 1889년에는 독일계의 세창양행이 35톤급 '제강호濟江號'를, 1891년에는 미국상인 타운센트가 '순명호順明號'를 투입해 운영했다. 1893에는 청국상인 동순태同順泰가 용산에 화물마차회사를 설립해 육운陸運의 선취권을 장악하는 한편, '한양호漢陽號'를 건조해 용산~인천 간의 수운을 맡게 되었다. 일본 또한 청국이 자리잡은 부두 상류에 자기들의 부두를 설치하고 기선 운항에 뛰어들었다. 경강 일대의 수운水運을 둘러싸고 외세의 경쟁이 치열하게 전개되었다.

이와 같이 경강 일대의 유통·상업을 둘러싸고 외세의 경쟁이 심화되자, 조선에서도 전운국轉運局과 이운사利運社를 설치하고, 근대적 증기선을 도입해 세곡의 운송을 담당하도록 함으로써 외세의 진출에 대응하고자 했다. 그러나 증기선의 도입은 재래식 목선을 운영해왔던 경강선상船商에게 타격을 입혔고, 물류유통의 주도권에 변화를 가져오는 계기가 되었다.

당시 경강 일대에는 미곡 거래뿐만 아니라 강원도 등지에서 우피牛皮·우골牛骨(콩과 식물류) 등이 집하되어 수출이 활발하게 이루어졌고, 경기도 등지에서 들어온 두류豆類는 용산·마포·서강에 집하되었다가 수출되었다. 특히 용산에서 선적한 두류는 '용산대두龍山大豆'라는 이름으로 일본에까지 널리 알려

졌다.[89]

경강 일대에 대한 외국인들의 잠식은 상거래 영역에서뿐만 아니라 문화·종교 분야에서도 이루어졌다. 1893년에는 "프랑스·미국인 등이 의원醫院·교회·학교 등을 개설했고, 청상도 점방을 내어 영업을 했으며"[90] 일본인도 이 분야에 진출하기 시작했다.

경강 일대는 인천 개항으로도 큰 타격을 받았다. 1883년에 개항된 인천은 1890년대 이후 부산항을 제치고 최대의 곡물수출항으로 등장했다. 경강을 중심으로 형성되었던 미곡유통구조가 개항장 인천을 중심으로 재편되었고, 전국 곡물 유통의 주도권을 장악하기 위해 서울과 인천 간에 대립이 나타나고 쌀값이 등귀하기도 했다.[91] 그러자 경강에서 타지역으로의 반출을 금지하고, 강제로 인천항으로의 곡물수송을 차단하기도 했지만, 일제의 강력한 반대에 부딪혀 실효를 거두지 못했다.

대부분 전통적 목선木船으로 조세를 운반했던 경강상인들은 기선 이용 정책에 의해 피해를 입었고, 조세 금납화 정책으로도 큰 타격을 받았다.

그러나 1905년 이전까지 서울의 외국상인이 미곡 거래에 손을 대지 못했던 것은 경강상인의 강고한 지배권 때문이었다.[92] 1885년경부터 한강변에서 곡물상을 하던 박순형朴淳亨은 곡물과 소금을 취급해 번창했고, 일제강점기에도 매일 수백 명의 고객들이 끊이지 않는 '무곡계貿穀界의 대왕'으로 불린 인물이었다. 이종묵李宗默 또한 한강동에 근거한 곡물상으로, 1895년경부터 미곡과 소금을 취급해 성장을 거듭했다. 1927년경에는 운용 자금이 40만 엔에 이를 정도였고 '전 조선곡물계全鮮穀物界의 대왕'으로 호칭되기도 했다.[93]

이에 따라 경강 일대는 예로부터 도정업搗精業이 발달했고, 개항 이후 일본인의 도정업 진출에 맞서 기계를 이용한 근대적 도정업을 경영했다. 1890년경에는 서강西江 현석리玄石里(현 마포구 현석동)에 도정공장이 설립되었다가 수년 만에 폐업하기도 했지만, 1907년 이후로 전통적 경강상인의 근거지인 서강

·마포·동막 등지에 본격적으로 설립·운영되었다.[94] 그러나 당시 조선인은 대부분 선박으로 운반되어온 곡물을 도정한 데 반해, 일본인은 기차로 운송되어온 곡물을 도정했기 때문에, 자본과 미곡의 확보 등에서 열세를 면치 못하고 있었다.

경강의 유통·상업은 철도 개통으로 결정적 타격을 받게 되었다. 1900년 경인선의 완전 개통과 1905년의 경부선·경의선 개통은 국내의 유통구조를 전면적으로 재편성했다. 종래에는 수로水路 중심이었던 유통 루트가 철도를 중심으로 전환되면서, 점차 철도를 통한 유통이 수로유통을 압도하게 되었다. 주목되는 것은 일본 자본에 의해 건설된 철도는 단순히 유통 루트의 재편에 그치지 않고, 주로 수로에 의존한 조선상인을 압도하고 내륙의 상권을 장악하는 결정적 계기로 작용했다는 점이다.[95]

이제까지 한강을 통해 도성으로 유입되던 미곡·어류·목재 등의 상품이 본격적으로 철도를 통해 운송되기 시작했다. 특히 철도 운송은 도심과의 접근성, 침몰 등의 위험으로부터의 안전성, 신속성 등의 측면에서도 유리했기 때문에 빠른 속도로 유통 루트를 점령했다. 경강 일대의 유통망과 시장은 급격히 쇠퇴해가기 시작했다.

개항기 서울 지역의 곡물 수요는 50만 석 정도였다. 이미 1909년에 순도착분을 기준으로 절반에 가까운 24만 2,067석이 철도를 통해 유입되고 있었다. 철도와 한강 수운 이외에 우마를 이용해 유입되는 미곡이 1911년에 약 24,000석 정도로 상정되었던 점을 감안하면,* 1911년 서울에 유입되는 곡물의 양은 전체 50만 2,608석으로 볼 수 있다.[96] 따라서 1911년 서울로 들어오는 미곡의 수송은 철도 52%, 한강 수운 43%, 우마 5% 정도였음을 알 수 있다.

이처럼 경강의 유통·상업은 철도 개통으로 존립 근거가 흔들리고 있었지만, 일제 강점 무렵까지는 전통적 기반에 근거해 서울 지역 미곡 유통의 1/2

* 당시 우마 등을 통해 들어오는 미곡은 정확하게 알 수 없으나, 연간 약 24,000석 정도일 것으로 추산하고 있으며, 주로 고양(高陽)·양주(楊州)·광주(廣州)·이천(利川) 등 서울 부근 지역에서 들어왔다.

정도를 차지하면서 명맥을 유지하고 있었다. 그러나 이후 경강의 유통시장은 더욱 약화되어, 전국적 상권 중심지로서의 위상을 상실하고 그 명맥마저 붕괴되어갔다.

송파장시·누원점의 쇠퇴

조선 후기 서울 일대 사상도고들의 본거지로서, 유통·공급권을 장악하고 서울의 물가를 흔들었던 외곽지대의 시장들이 개항 이후에 어떻게 변화했는지는 자세히 알려져 있지 않다.

그러나 부산·원산·인천항의 개항과 증기선의 도입, 철도개통 등으로 원격지 무역이 안정적으로 구축되고, 이를 바탕으로 유통노선이 전면적 재편되자, 종래 육로 중심의 유통거점에 자리한 이들 상권은 힘없이 무너져 내리기 시작했다는 것은 분명하다.

송파장시는 충주·원주 등 한강 상류 지역의 물자가 집산되는 곳으로, 원래 5일장이었지만 상설시장으로 운영되었던 전국 최대 시장 가운데 하나였다. 그러나 상설시장으로 운영되었던 송파장시가 1910년경에 5일장으로 복귀해 있었던 것을 보면,[97] 송파장시의 상거래가 내리막길에 있었음을 알 수 있다.

두산그룹의 모체인 '박승직상점朴承稷商店'을 개설한 박승직이 "처음에 송파장에서 물품을 사가지고 내륙을 다니며 행상했으며, 뒤에는 수입품의 집산지인 제물포로 진출해 직접 물품을 구입했다"는 것으로 보아,[98] 종래 송파장시에서 물건을 구입했던 상인들 가운데 일부가 1883년 인천 개항 이후 제물포 등지로 발길을 돌렸음을 알 수 있다.

이때 송파장시에서는 우마 거래가 활발하게 이루어졌는데, 이 일대를 무대로 소를 훔치는 도둑들이 활개를 치기도 했다.[99] 그러자 송파장시에 소를 도살하고 고기를 판매하는 푸줏간, 곧 포사庖肆를 허가하고 세금을 거두어들

이면서 우마 거래를 관리했다.[100]

한편 송파장은 대한제국기에 보부상들의 집결처가 되기도 했다. 보부상을 기반으로 조직되었던 황국협회皇國協會가 독립협회와의 충돌로 해산된 후, 보부상들은 1899년 5월에 상무회사商務會社를 설립했다. 그런데 상무회사의 임원 선정 등을 둘러싼 주도권 싸움에서 남당南黨과 북당北黨으로 갈라졌고, 남당의 보부상 "수천 명"이 1899년 4월 송파장시에 모여 북당과의 결사적 투쟁을 기약해 여러 번 칙명을 내려도 해산하지 않았다 한다.[101] 광무 5년(1901) 1월에는 전국의 보부상들이 송파장시에 모여 상무회사 도두령都頭領인 길영수吉永洙·김광희金光熙·박유진朴有鎭 등의 협잡과 공금횡령 문제를 규탄하는 대회를 열고, 그들에 대한 징계를 요구하기도 했다.[102]

일제 때에도 송파장시는 우시장牛市場으로 유명해서, 삼남지방의 소장수들까지 이곳에 몰려들어 소를 거래했다. 그러나 일제가 1920년대 동대문 밖 숭인동에 경성부가축시장을 세우고 소와 돼지 등을 취급하자, 송파 우시장은 위축을 면치 못하고 쇠퇴하고 말았다.[103]

1925년 을축년 대홍수로 송파리松坡里 일대가 물에 잠겨 폐허가 되었을 때, 송파장시도 크게 파괴되어 폐쇄되었다. 송파 일대의 많은 주민들이 가락동으로 집단 이주했고, 송파장시 또한 주민들을 따라 가락동 410번지 4호 부근으로 옮겨와 새로이 송파장을 개장했다.[104] 이전한 송파장은 일제 말엽까지도 그 명맥을 유지했으나, 이후 소멸되어갔다. 한편 송파나루는 1960년대까지도 사람들을 실어 나르는 나룻배를 운영하고 있었지만, 1972년에 잠실대교가, 1976년에 천호대교가 건설되면서 그 기능을 완전히 상실했다.[105]

함흥·원산 등 동북지방에서 생산된 명태와 포목 등의 중간 집하장으로서 도성 시장에 막대한 영향력을 행사해왔던 누원점과 송우점·궁동점도 개항 이후 치명적인 타격을 받았다. 종래 함경도와 강원도 등지에서 생산된 명태와 포목·약재 등은 원산에 집하되었다가, 대부분 육로를 이용해 송우점·궁동점·누원점 등을 거쳐 서울로 들어왔다. 가끔씩 해로를 이용하는 방법도 있었으나 많지는 않았다.

그러나 개항 이후 기선汽船이 동해안 유통에 투입되면서 원격지 유통이 안정되자, 이전과 달리 함흥·원산 등 동북 지역에서 생산된 명태와 삼베[麻布] 등의 운송에 증기선을 이용하는 비중이 크게 늘어났다. 함경도 등지의 특산물인 삼베의 운송 루트의 변화를 보면 다음과 같다.

우시장

> 종전 마포麻布의 수출은 매년 4~5월 사이에 함경도 북부의 각 군으로부터 계속해 당항當港(원산)에 운반해오고, 이곳에서 육로로 서울·개성·평양·대구·공주·전주·해주·황주·안주 등의 각 지방에 나눠 보냈다 …… 근래 인천·부산·원산 및 함북 각 곳에 기선의 항로가 개발되었으므로 남부 각지에 수송하는 것은 모두 기선 편에 싣는 편의를 얻었다.[106]

함경도 등지에서 생산된 삼베의 경우, 이전에는 원산에 집하되었다가 육로를 통해 서울 등 전국 각지로 운반되었으나, 1895년경에는 이와 같이 기선을 이용해 전국 각지로 배송되었다. 명태도 이런 유통 과정을 통해 서울로 들어오고 있었다.

1900년 이후 경인선·경부선·경의선 등의 철도가 개통된 후, 동북지방의 상품은 대부분 해로와 철도를 이용해 서울로 운송되었다. 곧 원산에 집하된

을축년 대홍수 때의 노량진 지역

명태와 삼베 등의 상품이 동해안을 거쳐 부산으로 집결되었고, 부산에서 다시 경부선을 이용해 서울로 들어갔다. 1911년 무렵에는 원산에 집하된 명태의 거의 전부가 부산을 경유해 철도편으로 서울에 들어간 것으로 나타난다.[107] 이런 변화로 인해 종래 이들 물건이 들어오던 육로 유통의 요충지에 자리잡았던 송우점·누원점·궁동점 등은 유통거점으로서의 명성을 잃고 쇠락해갔다.

유통노선이 이렇게 재편된 것은 개항과 기선의 등장, 철도의 개통 등 외세의 침략적 손길과 맞닿아 있었다. 특히 일본인은 원산 개항 초기부터 현지에 '어류문옥魚類問屋'을 설치하고, 기선을 이용해 명태 등의 상품을 부산으로 운송한 뒤, 다시 서울로 실어 날라 남대문시장과 동대문시장의 어물상에게 넘겨주고 있었다.[108] 일제의 손에 의해 부설된 철도 또한 일본인의 특권적 유통 루트로 활용되었다.

1905년 이후 전국적으로 의병운동이 활발해지자, 송우점·누원점 등지의 시장도 의병들의 활동무대가 되었다. 1909년 10월에는 의병들이 송우시장으로 들어가 일본군 4명을 생포하고 1명을 살해했다는 기록도 나온다.[109]

시장풍경

광고와 브랜드의 등장

개항 이후에는 상거래 관행도 큰 변화를 겪었다. 전통적인 거래 방식이 어느 정도 유지되고 있었지만, 자본주의적 시장질서가 적용되면서 새로운 거래가 이루어지기 시작했다.

시전의 점포들은 대부분 예전과 마찬가지로 간판을 달지 않은 채 좁은 공간에 한정된 상품을 진열하고, 상인들은 좁은 가게에 앉아 손님을 기다렸으며, 여리꾼이 중간에서 활약하는 시스템이 유지되고 있었다. 값을 깎는 에누리 풍속, 거간꾼의 역할, 외상거래와 어음거래 또한 그대로 성행하고 있었다.

그러나 '상무흥왕商務興旺(상업을 발전시켜 부국강병을 이룬다는 것)'에 대한 관심이 높아지면서 기존의 상거래 풍습에 대한 비판과 개선 방안이 제기되었다.

첫째, 거짓말 하는 풍속을 먼저 고쳐야 되겠다고 하겠노라 …… 첫째 에누리해 30냥 달라던 것을 15냥 혹 10냥 받기를 부끄러이 여기지 아니하며, 하품 물품을 중품이라고도 하며, 중품을 상품이라고도 해서, 시골 사람이나 혹 물정 모르는 이를 속여 파는 것을 의례건으로 아는지라. 당초에 이런 악습이 여리꾼으로 말미암아 생긴 것인데, 여리꾼이라 하는 것은 상민도 아니오, 다만 힘 안 드는 거짓말 품 팔아 생애 하는 사람이라. 큰길가로 늘어서서 오고가는 행인을 바라고 무슨 소리를 지르다가, 지나가는 사람을 보면 따라가며, 각색 물명도 섬기고 끌고 다니며, 혹 희롱도 하고 애걸도 해서 걸인의 천한 행색을 나타내매, 점잖은 사람은 창피해 전방 앞으로 지나기를 싫어하며, 혹 시골 서투른 사람은 어찌할 수 없이 끌려 들어간 즉, 저희끼리 혹 변도 쓰며 으르고 달래어, 흉악한 물건을 몇 갑절씩 받고 팔아서 여리꾼의 수단으로 본값 외에 남기는 것은 나눠먹게 마련인즉, 물건은 정한 값이 없고 사람은 믿을 이가 없어, 상민만 천하고 물건 사는 사람만 성가신지라 …… 외국 점잖은 상민들은 신문에 광고를 내고 각색 제조물에 값을 미리 정해 놓고 전문에 각각 이름을 써 현판을 달고 혹 물명과 값도 기록해서 행인들이 보기 쉽게 하고, 문 앞을 화려하고 정결하게 해두어 들어오고 싶은 마음이 자연나게 하여, 손님이 들어오면 웃는 얼굴로 공손히 수작하고, 값을 부른 후에 얼마를 깎을 지경이면 이는 곧 그 사람이 나를 거짓말 하는 사람으로 대접하는 뜻인고로 정색하고 꾸짖어 내쫓는 법이라 …… 지금부터 종로 각 전에서 공론하고 여리꾼을 물리쳐서 돌아가 다른 생애들을 하게 하고, 각 전방에 이름을 써서 현판을 달고, 물종을 신문에 광고내고, 값을 정해 놓아 에누리를 절금해 신을 세울 것 같으면 외국 사람들과 차차 교섭이 될지라.[110]

1898년 10월의 『제국신문』에 실린 논설이다. 에누리와 품질에 대한 속임수라는 '악습'이 '여리꾼으로 말미암아 생긴 것'으로 분석하고, '천한 행색'으로 '거짓 말품을 팔아 생애' 하는 여리꾼을 시장에서 모두 축출해 다른 생업에 종사하게 할 것을 주장한다. 또 개선 방법으로는 여리꾼을 전부 물리칠 것, 각 점포에 상호를 표시한 간판을 달 것, 신문광고, 정가 판매, 에누리 엄금 등을 통해, 상거래에서 '거짓말 하는 풍속'으로부터 '신信(믿음)'을 세울 것을 역설하고 있다.

새로운 상거래 방식은 전통시장에도 서서히 적용되었다. 종로 시전거리의 도로가 확대 개수되었고, 그 위로 전차가 운행되면서 근대적 상가건물이 새로 들어서기 시작했다. 낡은 시전행랑들은 점차 자취를 감추어갔다. 점차 상인들은 자신의 가게를 효율적으로 알리기 위해 간판을 눈에 잘 띄게 내걸기 시작했고, 상품이 잘 보이게 하기 위해 유리 진열장을 마련하기도 했다. 이현·칠패시장 또한 동대문·남대문시장으로 이전되고 재편되면서 건물을 새로 짓거나 새 단장을 했다.

진고개와 수표교·명동 일대에는 일상과 청상들의 새로운 상가가 형성되었고, 자국의 상거래 방식에 조선의 거래 관행을 접목시켜 시장에 적용하고 있었다. 특히 청상은 청일전쟁 이전까지는 자기네 상거래 관습과 조선이 유사하다는 점을 이용해, 풍부한 자본을 토대로 조선인의 기호에 맞는 상품을 취급해 조선에서 우월한 입지를 구축했다.[111]

상거래 관행에서 가장 혁명적인 변화는 새로운 거래 방식과 광고의 활용이었다. 전에는 판매자와 소비자가 직접 만나 거래하는 것이 일반적이지만, 우편제도가 실시되고 철도가 개통됨으로써 우편 판매가 활발하게 시행되기 시작했다. 지방 판매를 촉진하기 위해 "우편소포로 요구에 응하고 대금을 인환引換(서로 맞바꿈)" 하는 방법을 썼고, 경품 판매도 등장했다.[112] 한 포목점에서는 개업 3주년을 기념해 50전 이상 구매하는 고객에게 물품교환권을 제공하기도 했다.[113]

마침내 광고가 등장하기 시작했다. 광고는 주로 신문에 게재했는데, 최초의 신문광고는 『한성주보漢城周報』 제4호(1886. 1. 19)에 실린 독일 무역상사 세창양행의 "덕상 세창양행 고백德商世昌洋行告白"이다.[114] 이 광고에서는 호랑이·수달·표범·소·말 등 동물 가죽과 동전 등의 수입상품을 제시했고, 판매 상품으로는 자명종·서양면포·양등洋燈·의복염료 등을 소개했다.

상품광고가 본격화된 것은 1896년에 발행된 최초의 민간신문인 『독립신문』에서부터 비롯되었다. 『독립신문』은 제1호 첫머리에 '광고' 란을 두어 신문구독을 선전했고, 영문과 한글로 상품광고를 싣는 면도 마련했다. 주로 서양 담배와 술, 세계지리서인 『사민필지士民必知』*나 『한영자전』 등의 상품을 소개했다.

『독립신문』 이후에 발행된 『황성신문』과 『제국신문』 등에서도 각종 상품광고가 쏟아졌다. 이들 광고는 담배와 맥주·안경·양산·모자·석유·석탄 등의 소비성

아지노모도 신문광고(동아일보, 1938년 1월 13일)

수입품에 초점을 맞추고 있었고, 그 외에 각종 약품류와 서적 광고가 높은 비중을 차지하고 있었다. 이들 상품광고는 주로 점포와 상품을 널리 알리고, 가격의 저렴함과 품질의 우수성 등을 홍보하는 내용이었으며, 특정 브랜드(상표)를 내세워 다른 상품과의 차별성을 강조하기도 했다.

신문광고가 늘어나면서 사실이 확인되지 않은 과대광고 또한 적지 않았다. 특히 의약품의 경우 그런 현상이 심했다.

> 남대문 밖 청파 사는 봉현이 김선달 집에서 갈홍葛洪의 신방으로 구전단 영사靈砂를 만드는데, 병인의 증세를 보아 각각 인증 약용해 이 구전단을 쓰면 백발백중하니, 세상 사람이 말하되 천명 외에는 죽을 리 만무하다 하기로, 내가 선전부족으로 죽게 되었더니, 그 약을 먹고 과연 완인이 되었기로, 창생을 광구하기 위해 이달 15일 다시 이 약 고으기를 시작하오니, 이 약을 먹고 싶은 첨군자는 찾아오시기를 바라오.**

이처럼 영사 즉 구전단九轉丹을 광고하면서 "천명 외에는 죽을 리 만무하다"는 내용을 사실처럼 싣고 있다. 안약의 경

* 미국인 선교사 헐버트가 세계 각국의 지리와 정치제도 등을 요약해서 만든 한글 책이다. 고종 32년(1895)에 간행되었다.
** 『제국신문』 광무 2년(1898) 12월 23일자 광고이다. 여기에서 갈홍은 신선술에 정통한 중국 진나라 사람을 가리키고, 영사는 수은에 유황을 넣어 9번 고아서 만든 약 곧 구전단을 뜻한다.

우에 "어둡던 눈도 다시 밝고, 눈이 늙지 않고, 또 예막(막이 눈자위를 덮는 눈병)도 벗어지고, 안채가 나고, 눈물도 흘리지 아니한다"고 선전하기도 했다.[115] 이런 상품광고는 자본제 상품의 수입과 소비를 부채질하고 자본 유출을 가속화시킨다는 점에서 문제가 있었지만, 상거래에서 새로운 '광고의 시대'를 열어가고 있었다.

특히 주목되는 현상은 특정 '브랜드(상표)'를 내세워 품질과 고급스러움을 강조하면서, 다른 상품과의 차별화를 시도하고 있었다는 점이다. 예컨대 담배의 경우 "학표 하아로"·"올도골 old gold·고로니알파 colonia"·"호오니 Honey"·"히이로 Hero" 등의 브랜드 담배가 품질과 재료의 우수성을 알리고 있었다. 그 밖에도 "웅표熊票 우유"·"영국 부루노못든회사 소다(양잿물)"·"평양석탄"·"호표양사虎票洋紗" 등이 고유한 상표를 표방함으로써 고급화·차별화를 시도했다. 실제로 당시에 사람들이 물건을 구입할 때 상표를 확인하는 경우가 적지 않았다고 한다.[116]

대한제국 궁내부 어용, 대일본 궁내성 어용
마셔요, 마셔요, 마셔요, 맥주. 맥주를 마시지 않는 자는 개화인이 아니다.
세상에 주류는 여러 백 가지 있으나, 맥주같이 몸에 해롭지 않고 도리어 효험이 많은 것이 없고, 개화한 국민은 능히 음용한 것이며, 맥주 중에 인물표 혜비수惠比壽맥주가 제일이며, 세계 각국인이 매우 칭찬한 것이오.
특약오사카매점特約大阪賣店 한성 이현泥峴 귀옥상전龜屋商廛 전화 27번[117]

어음

이처럼 인물표 혜비수맥주는 조선과 일본의 황실에 어용으로 판매되고 있음을 강조했으며, 특히 "개화한 국민"이 마시는 음료라고 선전할 정도로 상표의 가치를 부각시켰다.

시장에서는 여전히 어음을 많이 사용하고 있었다. 어음은 수백에서 수만 냥에 이르기까지 다양했고, 상품가격만큼 발행하는 경우가 많았다. 어음거래가 활발했기 때문에 상인들은 어음 용지를 다발로 사다놓고 썼다.[118]

상인들의 어음은 때로 관직을 거래하는 데도 이용되었다. 서울의 부상 배동익裵東益의 어음은 신용이 매우 확실해 고종도 매우 신임했다. 그래서 관직을 사려는 사람이 배동익의 어음을 가져오면 "이 어음이 배동익에게서 나온 것이냐?"라고 묻는 촌극도 벌어졌다고 한다.[119] 또 어음을 분실했을 경우에는 신문에 광고를 내어 분실한 어음의 무효를 주장하기도 했다.

3. 외국상인들, 진고개에서 남대문·명동으로

남대문·명동 일대로 상권을 확장한 일상

　전통적으로 서울에는 외국인의 상주常駐가 허용되지 않았다. 중국 사신들도 왕래만 했을 뿐 상주하지는 않았다. 외국인의 국내 거류는 원칙적으로 금지되었고, 소수의 일본인에 대해서는 동래의 왜관倭館에 유숙하는 것이 허용되었을 뿐이다.

　그러나 개항 이후 일본은 일본공사의 서울 상주를 강력하게 요구했고, 결국 1880년 11월 청수관清水館에 일본공사의 상주가 묵인됨으로써 외국인의 서울 상주가 시작되었다.* 이때 공사관에는 일본 국기가 게양되었고, 공사 이외에 서기관·수행원·경찰관·통역생 등 40여 명이 체류했다.[120] 당시 주민들은 서울에 일본 국기가 휘날리는 것을 매우 싫어했고, 일본인들이 거리를 활보하는 것도 못마땅하게 여겼다. 일본인들이 거리를 지날 때면 돌을 던지거나 옷을 잡아당기고 손가락질을 했으며, 1882년 임오군란 때는 일본인을 살상하고 청수관을 공격·방화했다.

　서울 거류 일본인은 초기에 임오군란과 갑신정변의 충격으로 그리 많지 않았다. 1893년 828명이었으나, 당시 서울에 있는 청상이 1,254명이었던 것에 비하면 상대적으로 열세였다. 그러다가 청일전쟁 이후 큰 폭으로 증가하게 되었다. 1895년에 일본인 거류민은 전년 대비 117% 늘어난 1,839명에 이르렀고, 1905년 을사조약 이후 폭발적 증가세를 보이면서 1910년에는 34,468명에 달했다.

　서울에 일본상인이 진출해 상주하게 된 것은 임오군란 이후로서, 물품 조달을 구실로 협동상회協同商會·대창조大倉組 등 10여 명의 일본상인이

* 서부의 성 밖(현 서대문구 천연동)에 위치하고 있었던 청수관은 원래 경기중영京畿中營(속칭 청수관)이 있던 곳으로, 이때 일본공사관으로 제공되었다. 임오군란으로 소실된 이후에는 남산의 진고개[泥峴(현 충무로 2가 880번지)]의 무장武將 이종승李鍾承의 집을 임시공사관으로 사용하였다. 그러다가 1883년 정귀방貞賢坊(현 종로구 경운동)의 박영효朴泳孝의 저택(2,177평)을 매수 공사관으로 사용하였으나, 이 또한 갑신정변시 민중의 공격으로 소실되었다. 갑신정변 후 남산 아래 김상현金尙鉉의 녹천정綠泉亭을 점유해 공사관으로 사용하다가 1893년 현 중구 필동에 일본공사관 건물을 세웠다. 을사조약 이후에는 통감 관저로, 강점 후 1939년까지 총독관저로 사용되었다.

일본영사관은 1885년 이래 남부 진고개에 있던 이종승의 한옥을 청사로 사용하다가, 1896년 충무로1가에 터를 마련해 청사를 신축 사용했으며, 강점 이후 1929년까지 경성부청 청사로 사용되었다.

청수관

들어와 활동했다.[121] 그러나 아직은 서울 주민을 상대로 상거래를 한 것은 아니었고, 상업 활동도 본격화되지는 못했다.

갑신정변 이후 일본공사관이 남산 산록에 자리하게 되자, 일본인들이 남산 일대에 거주하기 시작했고, 점차 남산동南山洞·호위동扈衛洞·종현鍾峴·저동苧洞 등 진고개 일대 10리에 달하는 지역을 점거해나갔다. 이와 함께 일본상인들도 자국 공관이 있고 자국민들이 집중 거주하고 있는 진고개 일대를 무대로 상권 확대를 도모했다.

1887년에 진고개 등지에서 상점을 열고 조선인을 상대로 영업하고 있던 일본인 상점은 수십 호에 달했다. 그 가운데 서양 물건을 취급하는 상점이 약 10호, 약종상 5호, 잡화상 10여 호, 과자상 10호, 전당포[質商] 10호 등이 있었다. 이들 일본인 가게는 성냥과 석유·금건金巾·방적사·궐련초·과자 등을 판매했고, 한편으로는 사금砂金·우골牛骨·홍삼 등을 구입해 수출했다. 이들 가게 이외에 무역에 종사하는 가게들도 상당수 있었다.[122] 조선인들 중에도 진고개의 일본인 가게를 찾아가 우산이나 방울 등을 구입하기도 했다.[123]

그리고 1887년 2월에는 상당한 자본을 가진 일본인들이 중심이 되어 경상업의회經商業議會를 발족하고 임원진을 선출해 3월에 개회식을 가졌다.[124] 이런 조직을 토대로 일본상인들은 점차 서울에서의 상권 확대를 도모했다. 1888년에는 일본상인들이 전라도에서 백목을 대량으로 구입한 다음 서울 시중에 염가로 판매해서 문제가 되기도 했다.

주로 진고개와 남산 일대에 자리잡고 있던 일본상인들은 가능하면 남대문과 종로 상권 중심지로 진출하려고 했으나, 조선상인들의 반대에 부딪혀 성과를 보지 못하고 있었다. 이미 1888년에 일본인이 조선인을 내세워 칠패에 점포를 임대 개설하려다 상인들의 집단 반발에 부딪힌 적이 있었다.[125]

전당포

청일전쟁 이전까지는 일본상인의 서울 진입은 그리 활발하지 못했고, 상권도 남산과 진고개 일대에 머물러 있었다. 일본인들의 말에 의하면, 이때는 "청상의 전성시대였고, 일상은 종시 악전고투"하고 있었다.[126] 그러나 이런 상황에서도 일상은 꾸준히 서울의 금을 사들여 1897년 일본의 금본위제 화폐제도 성립에 일조했고, 당오전 발행을 계기로 일본의 동을 들여와 이익을 보기도 했다.[127]

청일전쟁은 서울에서의 청상과 일상의 판도를 완전히 뒤바꾸는 계기가 되었다. 전쟁에서 패배한 청국 관리와 공관이 모두 철수하게 되자, 상당수의 청상들도 가게 문을 닫고 자국으로 돌아갔다. 이때를 틈타 일본인의 시장 진출이 크게 늘어났고, 일본 상품의 수입 또한 큰 폭으로 증가했다. 일본인들은 당시 일상의 활동을 "우리 국운의 진보와 개인 경제의 발전이 함께 일변해 대팽창大膨脹에 이르렀다"고 했다.[128]

일본상인들은 진고개에서 벗어나 그간 과제로 여겨왔던 남대문·종로 등지로 진출을 시도했다. 1894년 말에 일본인 고구레 나오지로木暮直次郎가 남대문통에 잡화점을 개설한 이후, 일상의 남대문 진출이 활발해지고 점포 개설이 늘어났다. 그 결과 1907년경 남대문조시南大門朝市 상인 가운데 30% 정도를 일상이 차지하게 되었다.[129] 종로 방면에도 진출하기 시작해, 종로 상인들의 거센 저항에 부딪히기도 했다.[130]

청일전쟁 이후 조선에 진출한 일본상인들은 초기의 모험 상인들과는 달리

명동성당이 보이는 진고개 일대

거상巨商이 많았고, 진고개에서 남대문에 이르는 지역을 차지하고 상업과 무역업에 종사했다. 한편 일상들은 제일은행 서울지점의 경제적 지원에 힘입어 '금괴金塊'를 매입해 본국으로 보내어 자국 정책에 적극 협조했다. 이처럼 일본상인들은 일본 정부의 정책적 금융 지원과 자본력을 바탕으로 서울의 상권을 장악하고, 단순히 개인적 이익만을 추구한 것이 아니라 자국의 침략 정책의 첨병으로서의 역할을 수행하고 있었다.

러일전쟁으로 일제가 한반도에서 확고한 침략적 발판을 마련하자, 일본인의 시장 진출과 상권 장악은 더욱 심화되었다. 특히 유통구조를 근본적으로 변화시킨 철도가 개통되면서 시장에 대한 일본상인의 지배력이 강화되었다.

러일전쟁 이후 서울 거주 일본인의 수가 급증하게 되자, 일본인을 위한 수산시장도 생겼다. 1905년 1월에 주식회사 경성수산시장이 경성역 앞에서 영업을 개시했고, 1908년 5월에 히노마루日の丸시장이 회현동에 세워져 운영되었다. 1909년 3월에 용산수산 주식회사가 용산에 세워져 각종 생선과 어물을 전문적으로 팔았다.[131] 이들 수산시장은 대부분 금융업·무역업에 종사하는 일본인 자본가들이 관여하고 있었고, 조선인의 어류시장을 잠식해 타격을 입히면서 일제 때까지 계속 운영되었다.

일상은 진고개 일대 상권 기반을 다지면서 남대문·명동·을지로 등지로 상권을 확대해 나갔으며, 조선의 전통적 시장과 차별성을 갖는 새로운 상가 공간을 만들어갔다. 이런 추세는 일제 강점 이후 조선의 전통시장과 대비되는 충무로·명동 중심의 남촌상가로 이어지게 되었다.

'전성시대'를 누리다 쇠잔한 수표교·명동 일대의 청상

조선과 중국의 관계는 조공을 토대로 한 속방과 종주국의 관계였으나, 이는 의례적인 것이어서 중국이 조선의 내정과 외교에 개입하거나 간섭하지는 않았다. 그러나 중국은 영국·프랑스 등 서구세력에게 문호를 개방하면서 국제적 관계와 위상이 변화하게 되자, 조선과의 관계도 개선하려 했다.[132] 곧 단순히 의례적인 관계에 그치지 않고, 외교·통상·군사와 같은 실질적인 내용으로 전환시키고자 했던 것이다.

1876년에 일본과의 강화도조약이 체결되자, 중국의 이홍장李鴻章은 영의정을 지낸 이유원李裕元에게 사적으로 편지를 보내어, 미국을 비롯한 서방제국과 우호 관계를 맺을 것을 권유했다. 그럼으로써 일본과 러시아의 조선 침략을 막고, 한반도에서 열강 간의 세력 균형을 유지하려 했다. 임오군란이 발생하자 청국은 오장경吳長慶을 지휘관으로 3천 명의 군사를 서울에 파견해 일방적으로 군란을 진압하고, 이후 조선의 내치와 외교에 대한 직접적 지배력을 행사했다. 마침내 전통적인 조공 관계는 형식만 남게 되었고, 정치·경제·군사적 특권과 이익을 추구하는 제국주의적 성격으로 변질되어갔다.

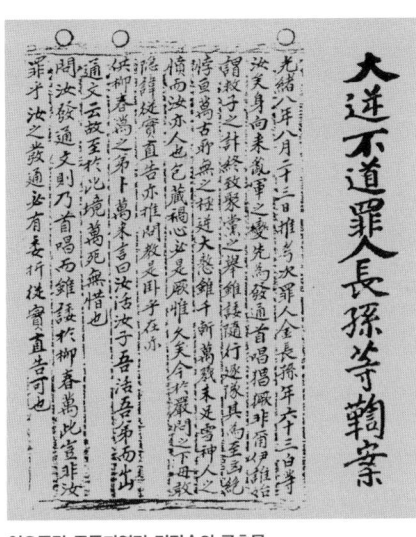

임오군란 주동자였던 김장손의 공초문

조선과 중국과의 관계가 근대적 형태로 전환된 것은 1882년에 체결된 조중상민수륙무역장정朝中商民水陸貿易章程으로 볼 수 있다. 청국의 일방적 강압으로 체결된 이 조약에 의해, 중국상인들이 서울에 들어와 직접 교역할 수 있게 되었다. 1883년에 청국공관이 낙동駱洞(현 명동2가)에 설립되었고,[133] 같은 해 9월에 청국의 진수당陳樹棠이 총판조선상무위원總辦朝鮮商務委員의 자격으로 부임해 남별궁*에서 업무를 개시했다. 이때 총판조선상무위원의 위상은 총영사와 같은 것이었으나, 상무위원이라는 명칭에 나타나 있듯이 청의 조선정책이 상업적 이익을 매우 중시했음을 알 수 있다.

진수당은 부임 후 날로 증가하는 청상을 보호하고 그들의

* 남별궁은 원래 태종의 딸 경정慶貞공주가 거주하던 저택이었다. 임진왜란 때 선조가 이곳에서 명나라 장수를 접견하자 남별궁이라고 불렀다. 이후 중국 사신의 접대 장소로 사용되어 오다가 폐지되었으며, 현재 중구 소공동 87번지에 있었다.

권익을 보장하기 위해, 주변의 가옥과 대지를 사들여 청국공관을 확장했다. 1883년 10월에는 낙동의 박씨 소유 가옥과 토지 480칸을 매수했고,[134] 1884년 1월에도 인근의 가옥·토지 60여 칸을 매수했으며,[135] 같은 해 5월에는 이범진 李範晉의 형제인 범조範祖·범대範大의 주택 142칸을 5,300냥에 사들여서 청국공

은방과 노점행상

관을 확장하고 청상회관을 설립했다.[136] 청상들 또한 조선인 가옥을 마구 사들여 "성내의 큰 집들이 다 청인들의 집이 되었다"고 할 정도였다.[137]

이런 주변 가옥의 매매에는 청나라의 힘을 배경으로 한 강제성이 개입되어 있었고, 그 과정에서 1884년 5월 29일에 '이범진사건'이 발생했다. 이범진 소유의 땅 때문에 청상회관의 통로가 막히자, 중국상인들은 이범진을 마구 두들겨 패고 강제로 진술서를 쓰도록 했다. 조선 관리에 대한 폭력 행사는 양국 간의 외교문제로 비화했다. 결국 진수당이 사과함으로써 이 문제는 일단락되었으나, 이후 이범진의 가옥과 대지는 청에 팔리고 말았다.[138] 당대의 세도가 이경하李景夏의 아들이자 양반관료였던 이범진에게 그런 강제와 폭력이 가해졌음을 보면, 집의 매매와 관련해서 일반 민중이 받았을 폭력성은 충분히 짐작하고도 남음이 있다.

전통적으로 중국과의 교역은 사신행차 때 이루어지는 조공 무역과 의주 등지에서 이루어지는 국경 무역이 대부분이었다. 서울에서 양국 간의 상거래가 시작된 것은 임오군란 때 청군을 따라 들어온 40여 명의 군역상인軍役商人으로부터 비롯되었다. 청국의 일반 상인들의 서울 정주定住는 장정이 체결된 1882년 9월 이후였고, 1883년에는 59명, 1884년에는 353명으로 크게 늘어났다.[139] 그중 165명은 비교적 부상들로서 47호의 점포를 가졌고, 나머지

구한말의 재판 광경

는 영세상인들로 노점·행상에 종사했다.

조중상민수륙무역장정 이후 대거 등장한 청상들은 자국의 강력한 보호 아래 거류 초기부터 거주나 영업·여행 등에 별로 구속을 받지 않았고, 조선인과 다름없는 자유를 누리고 있었으며, 필요에 따라 청국의 힘을 등에 업고 횡포를 일삼기도 했다. 청상들 중에는 동순태同順泰·공화순公和順 등의 거상들이 있었다. 특히 동순태는 막대한 자본을 바탕으로 서울에서 활발한 상거래를 주도해, 1892년에는 조선에 은 20만 냥을 빌려주기도 했다.[140]

청상들은 홍콩·상해 등지로부터 수입한 서양 면직물과 각종 잡화, 중국산 비단, 한약재 등을 판매했고, 조선으로부터는 인삼·우피·해산물 등을 구입해 수출했다. 이 가운데 조선인의 수요가 많았던 중국 비단과 한약재는 청상의 독점적 상품으로, 일상에 비해 비교적 우위를 점할 수 있는 상품이었다.[141] 청상 중 일부는 불법으로 홍삼을 밀매하거나 아편을 매매하다가 체포되기도 했다.[142] 당시 청상이 종사한 업종으로는 직물수입상·외래품잡화상·포목상·잡화소매·피혁모피상·여관 음식점 등이 있었다.

청상과 조선인 간의 거래가 활발해지자, 그와 관련된 소송사건도 빈발했다. 1884년 5월에 조선인 임학연林學淵이 청상 화흥순호和興順號의 상인 포성오包星伍로부터 두 차례에 걸쳐 철을 구입하고 그 값을 지불하지 않고 도망갔다. 그러자 청의 진수당이 개입해 임학연의 체포를 요구했고, 심지어 그의 외사촌형을 체포·조사할 것을 요구했다.[143] 이외에 상거래에서 발생한 부채를 부모형제와 친척 등에게 대납할 것을 요구하는 족징族徵을 강요하기도 했고, 채무자가 살고 있던 집과 전세를 약탈하기도 했다. 1898년에는 청상 화풍호和豊號에서 목포전木布廛 상인 박씨를 지불계약을 지키지 않았다는 이유로 붙잡아 가두어 문제가 되기도 했다.[144]

이와 같이 청상들은 상거래에서 문제가 생기면, 형제·친척들에게 대신 납부할 것을 종용하거나, 자국 관리의 힘을 동원해 조선에 압력을 행사하기도 했다.[145] 청상들의 이런 행위는 조선상인과 그와 관련된 많은 사람들의 적대감을 불러일으켰고, 이는 청국에 대한 부정적 인식으로 나아갔다.

1894년에 일어난 청일전쟁에서 중국이 패배했을 때는, 많은 청상들이 가게 문을 닫고 귀국하기도 했으나, 이듬해부터 다시 수표교 부근과 종로 등지로 돌아와 조선인을 상대로 상업 활동을 재개했다.[146] 조선은 1894년 11월에 청상을 보호하는 규칙을 반포했다. 청국인의 활동 범위를 서울과 인천·부산·원산 3항구에 국한시켰고, 거주지 관할의 지방관에게 성명과 직업 등을 보고하고 승인을 받도록 했다.[147]

광무 3년(1899)에 한청통상조약韓淸通商條約이 체결되고[148] 청국공사관이 다시 서울에 자리하면서 청국 상인들도 속속 들어와 상업 활동을 재개했다. 청상

수표교

동순태는 조선에서의 상업적 기반을 토대로 1903년에 화폐 모양을 모방한 화표貨票를 사적으로 주조해 사용했다. 그러자 조선에서는 동순태가 발행한 화표를 중지할 것을 요청하기도 했다.

그렇지만 1905년 을사조약 체결 이후 일제의 조선 침략이 노골화되면서 청상의 활동은 위축되었다. 1908년 서울에 거류하는 청국인은 1,990명에 불과했으나, 일본인은 21,789명이었고 그 가운데 상인만 15,052명에 달할 정도로 급증하고 있었다.

이와 같이 중국상인은 청일전쟁 이전까지는 자국의 후원과 풍부한 자본, 우세한 상술 등을 앞세워 그야말로 "청상의 전성시대"를 열어갔다.[149] 또한 공간적으로도 수표교·명동 일대에 새로운 상가지대를 만들어가면서 시장의 주도권을 장악해갔고, 일제 강점 이후 대표적 남촌상가로 떠오르게 된다. 그러나 청일전쟁 이후 자국의 공관이 철수하면서, 청상들 또한 무소불위의 상권을 또 다른 침략세력인 일상에게 넘겨주고, 서울의 시장 무대에서 그 세력이 점점 약화되어갔다.

4. 맥주와 미장탄

성냥·석유·커피의 등장과 '개화인'이 마시는 맥주

개항 통상으로 시장에는 세계 각국의 산물이 쏟아져 들어왔다. 수입 안남미가 등장하고, 맥주·커피·양복·구두·성냥·석유 등 이제까지 접하지 못했던 자본제 상품이 대거 출현해 생활문화의 대변혁을 몰고왔다.

물론 개항 이전에도 중국을 통해 서양 물건이 들어와 판매되었지만, 진기한 물건과 목면 등 일부 품목에 한정되어 있었다. 이항로李恒老는 외래품에 대해 "모두 기이하고 음교淫巧한 것으로 백성들의 일상생활에 무익無益"하다고 보고, 판매 금지를 주장한 바 있었다.150

개항 후 시장에는 "먼 나라의 진기한 물건들이 시장에 가득 차"151 있었지만, 주민들의 생활필수품은 여전히 조선의 전통적 산물이 중심을 이루고 있었다. 그러나 점차 값싸고 편리한 상품들, 곧 서양목·성냥·석유 등이 일상생활 속에 파고들면서 그 수요가 갈수록 늘어나고 있었다.

이와 같이 외래 자본제 상품이 밀려오자, 시장의 거래 상품은 폭발적으로 늘어났고, 소비자의 상품 선택권도 그만큼 확대되었다. 그러나 외래 상품에 대한 수요가 늘어날수록 자금 유출과 자본주의 세계시장으로의 예속이 심화되어갔다.(▶부록〉표7, 개항기 시장의 주요 거래 물품)

이 무렵에 주목을 끄는 상품 중 하나는 베트남에서 수입한 '안남미安南米'이다. 물론 이전에도 큰 흉년이 들면 중국 쌀, 곧 호미胡米를 들여와 충당한 적은 있었지만, 멀리 베트남에서 직접 수입한 경우는 없었다. 1901년 7월에 가뭄 등으로 서울의 쌀값이 치솟아 끼니를 굶는 사람들이 늘어나자, 정부에서는 안남미 30만 석을 수입해 시장에 풀어 판매했다. 안남미가 들어오자 주민들이 굶주림을 면하기는 했지만, 품질이 좋지 않다는 평이 분분했다.152 1901년 11월에 2차로 안남미를 수입해왔다. 이때 코끼리 2마리도 실어왔으나 도중에 죽었다. 1902년에도 10만여 포의 안남미를 수입했으며,153 이후 일제강점기를 지나 해방 후까지도 수입은 계속 이어졌다.

안남미의 수입은 흉년·매점매석 등의 요인도 있었지만, 구조적으로 일본으로의 미곡 유출 때문이었다. 곧 서울로 들어와야 할 곡식이 인천 등지의 개항장으로 유출됨으로써, 서울로 들어오는 미곡이 줄어들었기 때문이다.

고종의 행차(경운궁 대안문 앞, 1897)

고종

당시 안남미의 수입은 주로 내장원경內藏院卿 이용익李容翊이 담당해 추진했고, 중국의 상하이와 러시아의 여순旅順 등지로부터 들여왔으며, 영국의 기선汽船을 이용하기도 했다.

새로이 맥주·포도주·양주 등의 주류가 수입되어 판매되었다. 맥주는 고종 8년(1871)에 청나라 주재 미국공사 로우가 군함을 거느리고 와서 통상을 요구할 때, 군함을 방문한 우리나라 사람이 빈 맥주병을 안고 있는 사진이 남아 있다. 개항 이후 서구인이 왕래하면서 본격적으로 소개되었고, 신문광고에 "맥주를 마시지 않는 자는 개화인이 아니다"라고 선전하고 있는 것으로 보아, 개화를 추구하는 지식인들이 선호했던 것으로 보인다.[154]

커피는 개항 이후 서구인이 들어오면서 소개되었다. 주로 왕실과 상류층에서 음용했으며, 진고개 일본인 상점 등에서 판매하고 있었다.[155] 고종이 종종 양식洋食과 커피를 즐겼다. 광무 2년(1898) 9월에는 커피에 독약을 넣어 고종을 시해하려는 '김홍륙독다사건金鴻陸毒茶事件'이 발생했다. 이 사건은 고종과 러시아공사 베베르와의 통역을 담당했던 역관 김홍륙이 탐오한 죄로 귀양을 가게 되자, 이에 앙심을 품고 이 사건을 주도한 것으로 알려져 있으나,[156] 러시아 등과의 외교 문제가 개입되어 있는 매우 정치적인 사건이었다.

커피는 1902년 손탁호텔에서 처음으로 일반에게 음료로서 판매되었다.

복식 관련 제품으로는 여전히 전통적인 무명·모시·비단 등의 옷감이 거래되었지만, 서양의 공장제 목면 등이 전면 수입되어 널리 판매되고 있었다. 새로이 양복이 보급되면서 각종 양복 부속품과 그에 어울리는 구두와 양말이 거래되었고, 상투를 자르고 단발이 늘어나면서 중절모·중산모 中山帽·예모 禮帽 등 서양식 모자가 수입되어 판매되었다.[157]

손탁호텔

잡화점 신문광고문(황성신문, 1906년 3월)

개항 이후 가장 혁명적 변화를 몰고온 상품은 성냥과 석유·석탄 등 연료 관련 제품들이었다. 성냥이 우리나라에 처음 소개된 것은, 1880년에 수신사 김홍집 金弘集이 일본에 갈 때 동행했던 개화승 이동인 李東仁이 귀국할 때 성냥을 가지고 온 것에서 비롯되었다.[158] 이후 수입산 성냥이 판매되었으나, 1899년부터는 서울 고흥사 杲興社에서 직접 만들어 팔기도 했다.[159]

성냥이 들어오기 전에는 화로 등에 보존한 불씨를 이용해 불을 일으켰으나, 성냥이 들어옴으로써 때와 장소에 구애받지 않고 쉽게 불을 쓸 수 있게 되었다. 성냥은 부엌에서뿐만 아니라, 담배를 피울 때나 불이 필요한 모든 일상생활에 극적인 편리함을 제공했다. 성냥이 등장함에 따라 불씨를 지키기 위해 전전긍긍해야 했던 여인들이 불씨의 굴레로부터 해방될 수 있었고,

이동성이 담보됨으로써 언제 어디서나 불을 확보할 수 있게 되었으니, 생활 속의 혁명을 초래한 상품이었다.

석유도 중요한 수입 상품이었다. 당시에는 주로 밤에 불을 밝히는 용도로 사용되었는데, 주로 인도네시아 수마트라산 석유가 들어왔다. 석유 사용이 늘어나면서 석유등石油燈·유리등도 중요한 상품이 되었고, 고종이 석유등을 신하들에게 하사하기도 했다.[160] 석유가 언제 들어와 사용되었는지는 정확하게 알 수 없으나, 『매천야록梅泉野錄』에 의하면 경진년(1880)에 처음 들어온 것으로 보인다. 처음에는 색이 붉고 냄새가 매우 고약했으나 점차 색깔이 하얘지고 냄새도 없어졌다 한다.[161] 석유는 명성황후 민비의 시신을 불태우는 데 악용되기도 했다.[162] 석탄도 들어와 거래되었다. 일본석탄과 평양석탄 등이 진고개와 종로 등지에서 겨울철 연료로 판매되고 있었다.[163] 그리고 석유와 석탄이 점차 보급되면서 이것들을 연료로 사용하는 난로도 수입 판매되었다.

당시에 시장과 서점에서는 교재로 쓰이는 각종 책과 외국의 독립운동 관련 서적, 전문분야 서적, 소설 등이 쏟아져 나와 판매되고 있었다. 상업의 중요성이 강조되면서 『상업경영법』 등의 책이 판매되었고, 『홍도화』나 『치악산』 등의 소설도 거래되었으며, 서양의 음식 만드는 법을 번역·소개하는 책도 판매되었다.[164]

한 해 동안의 월일과 절기 등을 기록한 책력冊曆 또한 시장에서 판매되고 있었다. 1896년 1월 1일부터 양력을 사용하게 되자 양력과 음력을 섞어 만든 책력이 나왔으며, 연말에는 책력을 선물로 주고받는 풍습이 생겼다.[165]

당시에 시장 상품 가운데 주목되는 것이 바로 약품류인데, 금계랍·소독환 등 새로운 서구 약품이 들어오면서 질병 치료에 효과를 보고 있었으나, 한편으로 그 효능에 대한 맹신과 과대광고도 두드러졌다. 금계랍金鷄蠟은 염산키니네를 말한다. 개항 이후 수입되어 학질(말라리아) 치료의 특효약으로 널리 애용되었고, 해열·진통제로도 사용되었다.

이틀에 한 번 앓는 학질은 속칭 '당학唐瘧'이라고 하는데, 우리나라 사람들이 매우 두려워했다. 나이든 자는 10명 중 4~5명이 죽고, 힘센 소장년도 수년 동안 폐인이 되었다. 금계랍이 외양外洋에서 들어온 후로 사람들이 1전錢만 복용해도 즉시 나으니, 이에 '우두가 나와 어린이가 잘 자라고, 금계랍이 들어와 노인들이 명대로 살게 되었네'라는 노래가 있었다.[166]

의친왕 이강

소독환은 매독과 습병濕病 치료제로 이용되었고, 회충을 구제하는 회충산은 미국 등지에서 수입·판매되었으며, 회진산은 아편중독 치료제로 사용되었다.[167] 아편은 정부에서 법으로 금지하고 있었으나, 주로 중국인이 불법으로 들여와 판매했고, 1898년 2월에는 중국인이 아편을 매매하다가 체포된 사건이 있었다. 그런데 중국을 대변하는 영국공관에서는 아편을 구입하는 조선인이 있기 때문에 일어난 일로서, 그 잘못을 중국인에게만 돌릴 수 없다는 어이없는 주장을 하기도 했다.[168]

자행거自行車라 불리는 자전거도 판매되었다. 자전거 보급이 늘어나면서 부속품의 판매와 수리·대여를 하는 가게도 있었다.[169] 자전거는 서구인이 들어오면서 타기 시작했는데, 주로 상류층에서 타고 다녔고, 의친왕義親王 이강李堈이 자전거를 잘 탄 것으로 유명했다.[170] 1907년 6월에는 훈련원에서 자전거경기대회가 조선인과 외국인 등이 참가한 가운데 성대히 거행되기도 했다.[171]

담배는 조선 후기 이래 남녀노소가 즐기는 기호품으로 자리잡아, 여러 종류의 상품이 시장에서 판매되고 있었다. 개항 이후 외국산 담배들이 밀려들

백동전

었는데, 미국 담배인 "올도골old gold"과 "고로니알파 coloniα", "귀잉gypsy queen" 등의 궐련초가 수입되어 진고개 등 도처에서 거래되었다.[172] 당시 담배와 관련해 문제가 되었던 것은 어린아이들의 흡연이었는데, 경무청에서 아동의 흡연을 금하는 훈칙을 시달하기도 했다.[173]

또한 세안용 세숫비누와 세탁용 소다(양잿물)가 수입되어 판매되었고, 손목시계와 자명종·망원경·재봉틀·이발용품 등 수많은 상품이 거래되고 있었다.

물가 급등과 미장탄米場歎

개항 통상으로 시장의 물가는 생산물의 작황과 매점매석 이외에, 대외무역의 증가, 임오군란·청일전쟁, 악화인 당오전·백동전의 발행 및 유통, 일본 제일은행권의 유통, 청상 동순태同順泰 화표貨票의 유통 등 국가적·사회경제적 여건에 따라 그 변동의 폭이 컸다.

이런 시대적 격변과 맞물려 물가고로 인한 주민들의 생활고도 적지 않았다. 예컨대 1890년의 서울 집값은 1년 전에 비해 2배나 올랐고, 개항 초기에 비해 5배 이상의 폭등세를 보였으니,[174] 당시 물가가 얼마나 가파르게 오르고 있었는가를 알 수 있다. 쌀·북어·소금 등 일상생활용품의 가격 또한 집값 못지않게 큰 폭으로 올랐다. 특히 쌀값 상승과 쌀 공급 부족은 도성민의 생계를 위협하고 있었다.

당시에는 엽전, 곧 상평통보를 비롯해 당오전·백동전·대소은전大小銀錢·제일은행권·동순태 화표 등 여러 화폐가 통용되고 있었다.[175] 따라서 당시 물가의 변동을 이해하려면 각각의 화폐가치와 물가의 상관성을 염두에 두어야 한다.(▶부록) 표8, 개항기(1876~1910) 서울시장 물가 동향)

특히 1883년 10월 대비 1885년 말의 물가가 평균 2배 이상의 오름세를 보이고 있고, 1901년에는 3개월여 사이에 쌀값이 2배 정도 폭등했다. 오르내림에 변화가 있었겠지만, 전반적으로 서울의 물가는 폭등세를 이어간 것으로 나타나 있다.

먼저 쌀값을 보면, 1883년 10월 1일에는 중품 쌀 1되에 5전이었던 것이 1885년 12월에 1냥 3전으로 뛰어올랐으니, 2년여 만에 2.6배라는 폭등세를 보이고 있었다. 이후 1898년에는 9월 중품 쌀 1되에 엽전 1냥 1전 4푼이었고, 중국산 호미胡米는 1되에 5냥 5전에 거래되었다. 이때 호미의 값은 엽전이 아닌 다른 화폐였던 것으로 추정된다.

1901년에는 가뭄 등으로 시장의 쌀값이 다시 급등하기 시작했다. 7월 26일에는 하미下米 1되에 당오전 4냥 5푼하던 것이 11월 2일에는 하미 1되에 7냥 5전, 상미上米 1되에 8냥 5전으로 치솟았다. 이처럼 갑자기 쌀값이 2배 가까이 폭등하고, 또 쌀을 구입할 수 없어 주민들이 아우성을 치자, 정부는 싸전 상인들을 잡아가두고 순검을 한강에 파견해 불법행위를 조사했다.[176] 그러나 구조적인 수급불균형을 해소할 수 없게 되자, 베트남으로부터 안남미를 수입해 서울과 경기 지역 시장에 내놓았고, 가격은 1되에 엽전 1냥 1전 8푼으로 정했다. 하지만 이후에도 쌀값이 계속 올라 1903년 6월에는 11냥 5전에 이르렀다.

쌀값은 심할 경우 2~3년 만에 2~3배씩 폭등하고 있었고, 돈이 있어도 쌀을 구하지 못해 극심한 고통을 받았다. 쌀을 사기 위해 쌀가게에 모여 고생하는 내용을 읊은 '미장탄米場歎'이라는 탄식의 소리가 『황성신문』에 게재될 정도였다.[177]

팥은 1883년 10월 대비 1885년 12월 가격이 2배, 콩은 같은 기간에 3배 이상의 오름세를 보였다. 콩 값의 대폭 상승은 콩의 일본 유출과 밀접한 관계가 있는 것으로 보인다.

명태를 말린 북어는 1883년 10월에 1급級(20마리를 묶은 것)에 5전이었으나, 2

년여 후인 1885년 12월에는 2냥 8전으로 5.6배로 올랐고, 1887년 12월에는 3냥으로 뛰어올랐다. 당시에 북어 가격이 이렇게 폭등한 반면에, 미역 가격은 큰 변동이 없는 것으로 나타난다.

이 밖에도 소금, 품질 좋은 비단인 갑사甲紗, 명주·모시·삼베·면포 등이 모두 2배 이상 오른 것으로 나타났다.

땔나무인 시柴와 탄炭 가격은 약간의 오름세만 보이고 있었다. 주목되는 것은 석유가 생활필수품으로 등장해 그 가격이 신문에 게재되고 있다는 점이다. 1891년 2월에 석유 1통의 가격은 24냥, 석유등은 5냥에 거래되고 있었다.

같은 시기 금속류의 가격 상승 또한 눈에 띤다. 유철鍮鐵(놋쇠)과 동銅은 2배 정도이나, 숙철熟鐵(무쇠를 불려서 만든 쇠붙이)은 1884년 1월 1근에 1냥 5전이던 것이 1885년 12월에 8냥으로 2년 만에 무려 5.3배의 폭등세를 보였다.

술값은 그 양은 알 수 없지만 1회에 4전·5전·1냥 정도를 지급했는데, 세 사람이 술과 국수를 먹었을 때는 대략 3냥 정도를 냈다. 식사비는 장국밥집에서 2인분에 1냥 2전을, 4인분에 2냥을 지출했으니 1인분에 5~6전 정도 했음을 헤아릴 수 있다.

1883년 10월의 쌀(중품) 1되 값인 5전을 기준으로 주요 상품가격을 비교해보면, 쌀 1되는 팥 1되, 콩 1.6되, 북어 1급(20마리), 미역 4속, 명주 1자, 면포 2필 정도였다. 쌀이 흔한 오늘날 기준으로 본다면, 쌀값은 당시에 매우 높게 책정되어 있었다.

이때의 물가 상승은 경악할 만한 것이었다. 그것은 풍흉·매점매석 등 전형적인 요인에다가 국가적·사회경제적 정황이 복합적으로 작용했지만, 무엇보다도 구조적으로 일본으로 미곡이 유출되고 대신 면직물을 수입한다는 미면교환체제米綿交換體制에서 파생된 측면이 강했다. 이런 물가폭등은 아무런 준비 없이 세계무역체제에 편입된 시장이 치러야 할 혹독한 대가로도 볼 수 있지만, 그 고통의 몫은 고스란히 도성 주민들에게 전가되었기에 미장탄이라는 탄식의 소리가 흘러나오게 된 것이다.

5. 돈이 신이 된 풍조와 저항하는 상인들

'돈이 신이 된' 사회적 풍조

개항 통상으로 시장 환경이 급변하고 혁신적으로 사회가 변화하면서 상인들의 활동과 위상도 대변동을 겪었다. 상공업 중시 정책과 신분제 해체, 돈에 대한 중시 등으로 상업과 상인에 대한 인식이 크게 바뀌었다. 한편 기존의 상인들은 외세의 공격적 상권 침탈로 대부분 쇠락하거나 파산의 위기에 몰렸으나, 일부는 새로운 시장 흐름에 편승해 자본가로 거듭나기도 했다. 또한 상인들은 상권수호운동을 비롯해 각종 정치·사회적 활동에도 동참했고, 외세와 정치·사회적 입장에 따라 다양한 분파로 나뉘어져 극단적 대립으로 치닫기도 했다. 당시 상인들은 침략적 자본주의의 물결과 최일선에서 가장 치열하게 맞서야했던 만큼 그들의 궤적에는 당대의 과제와 고민들이 함께 묻어나 있다.

신분제 해체 현상은 조선 후기 이래 지속되었지만, 1894년에 '문벌과 반상의 등급 벽파[劈破門閥班常等級]'를 법제화함으로써 봉건적 신분제는 공식적으로 폐지되었다. 이에 따라 상놈 가운데서도 하층으로 취급되었던 상인들이 신분제의 사슬에서 자유롭게 되었고, 적어도 법제적으로는 양반과 평등한 지위를 갖게 되었다. 그러나 이후에도 상인에 대한 양반의 횡포는 여전했고, "양반이라 칭하고 상민商民을 침해·모욕"하는 자의 징벌을 주장하기도 했다.[178]

부국강병 달성을 위한 상공업 진흥책도 상인의 사회적 지위를 향상시키는 데 중요한 역할을 했다. 당시 "나라를 부유하게 하는 정사는 상업을 권장하는 일만 한 것이 없고, 상업을 권장하는 방도는 상업을 보호하는 일만 한 것이 없다"는 인식 아래 외국과의 통상을 장려하고 상회사 설립을 적극 권장했다.[179] 나아가 선비들도 상업에 종사할 것을 주장했다.[180]

특히 경제적 가치가 중시되는 사회적 풍조는 상인의 지위 향상에 중요한 역할을 했다. 곧 돈이 세상을 움직이는 힘이 된다고 보는 가치관이 늘고 있었고, 이런 사회적 분위기는 상업과 상인의 위상을 높이는 데 일조했다. 당시 "돈이 신"이 된 현실을 비판하는 『황성신문』의 논설이다.

> 대저 돈[錢]이 신이 되어 하늘의 조화를 빼앗을 수 있으며 귀신의 공용功用을 부릴 수 있어 변변환환變變幻幻에 기기묘묘해서 …… 공경의 지위도 얻으며 영총榮寵의 은혜도 사며, 골육지친도 이간하며 위세威勢의 권력도 빼앗으며 사형死刑도 속贖할 수 있으며, 덕행도 살 수 있고 충효도 꾸밀 수 있으니, 진실로 신이로다 …… 그런즉 천하의 능히 귀한 것도 돈이오, 천하의 재앙을 부르는 것도 또한 돈이라 할지라.*

* 『황성신문』 광무 3년(1899) 11월 17일 논설. 고대 중국의 노포魯褒가 돈을 중시하는 당대의 시류를 풍자한 '전신론錢神論'을 쓴 바 있었다. 필자는 이를 빌어 개항 이후 심화된 배금주의를 비판했다.

대내외 무역의 활성화와 외국인의 증가 등으로 시장의 상거래는 호조세를 유지했지만, 대부분의 조선상인들은 새로운 시장질서에 제대로 대응하지 못한 채 몰락의 길을 걷고 있었다. 그 결과 1899년경에는 "큰 점포와 진귀한 물건은 외국인의 상업이 아닌 것이 없고, 우리나라 상인은 왜옥倭屋 곁길에 품질 낮은 물건을 진열"하고 있다는 탄식이 나오는 형편이었다.[181]

하지만 일부 상인은 외래 수입품을 들여와 새로운 시장 환경에 적응하면서 비약적으로 성장하기도 했다. 곧 "부상대고富商大賈가 재화를 무역하고 시장 점포를 확장해 이익을 취하고" 있었다.[182] 또한 이전과는 계보를 달리하는 새로운 상인층이 등장해 세력을 확산해갔고, 이런 현상은 상인층의 분화의 다양화를 촉진하는 요인이 되었다.

박승직朴承稷은 경기도 광주에서 태어나 농사일을 하다가 송파장시에서 물품을 사가지고 내륙을 다니며 행상했고, 인천 개항 후에는 인천 제물포에서 수입 상품을 직접 구입해 경기도와 강원도 등지에 판매하면서 수익을 올리고 자본을 축적한 인물이다.[183] 그는 1896년경 서울의 배오개(이현) 시장에 진출해 박승직상점을 개설하고 수입 면포를 비롯한 포목을 도산매함으로써 크게 번창해 지방에 지점까지 둘 정도였다. 1905년에는 20,900원으로 공익사公益社라는 합명회사를 설립하고 초대 이사장에 취임했고, 같은 해에 광장주식회사 설립에 주주로 참여했다. 박승직상점은 이후 두산상회로 이름을 바꾸었다가 오늘날 두산그룹으로 이어지고 있다.

그 외에 종로 시전상인 출신인 백윤수白潤洙와 유재명柳在明·김윤면金潤冕 등이 견직물과 면포 등을 취급해 큰 성공을 거두었다. 그 가운데 김윤면은 1927년경 자본금이 30만 엔에 달했고 '개인면포個人綿布의 대왕'으로 불렀다. 또한 한강변에서 곡물상을 하던 이종묵李宗默·박순형朴淳亨·고윤묵高允默 등은 모두 개항 이후 곡물업에 뛰어들어 자본을 축적한 자들로, 일제강점기에도 성장을 거듭하고 있었다.[184]

자본을 축적한 상인들 중에는 정계와 관계·경제계 등에 진출해 사업 확장과 사회적 지위 상승을 꾀하는 자들이 적지 않았다. 1867년에 태어난 김형옥金衡玉은 1880년대 후반 서울에서 상업에 종사했다. 그는 1905년 6월 6일에 전라남도 관찰부 총순總巡 판임관判任官 6등에 임명되었고, 1906년 7월에는 광주농공은행 설립 위원, 1908년 9월에 동양척식주식회사 설립 위원, 1909년에 창평군수 등을 역임했다.[185]

김시현金時鉉 또한 처음에 남대문 내에서 백목전을 경영했다. 1906년에 대한천일은행 주주가 되었고, 1907년에 호남철도주식회사 정리위원, 1907년에 일본실업시찰원, 1908년에 한일은행 감사역 등을 역임했고, 1909년에는 백완혁白完爀 등과 한성미술품제작소를 설립하기도 했다.[186] 주성근朱性根도 서

동양척식주식회사

울에서 수입잡화상 광흥호廣興號를 경영하던 자로, 1906년에 한일은행 발기인으로 참여했고, 일제 때는 대정실업친목회 평의원, 조선식산은행 상담역 등으로 활약했다.[187]

상인들은 급격한 사회변화의 소용돌이 속에서 상권수호운동은 물론, 각종 정치·사회적 운동에도 동참했다. 상인들은 독립협회에 가입해 활동하기도 했는데, 쌀가게 상인 현덕호는 1898년 3월 10일에 열린 만민공동회萬民共同會의 회장에 추대되어 1만여 명의 대중 앞에서 "자주독립"을 주제로 연설을 하기도 했다.

> 우리 대한이 자주 독립하는 것은 세계만국이 다 한 가지로 아는 바이오. 훈련사관과 재정고문관을 외국 사람에게 맡기는 것이 대한 자주 독립 권리에 관계가 있음은 곧 대한 이천만 동포형제의 한 가지로 부끄럽고 분한 바이라.[188]

당시 현덕호가 연설한 내용은 러시아의 군사교관과 재정고문의 철수를 주장한 것으로, 당시 독립협회의 반러노선을 그대로 반영한 것이었다. 대규모 민중대회에서 상인이 회장으로 선출되어 연설을 했다는 것은 의미 깊은 일이었다.

보부상들은 1898년 6월에 황실과 관료인 이기동李基東·길영수吉永洙·홍종우洪鍾宇 등이, 독립협회를 견제하기 위해 설립한 황국협회皇國協會에 집단적으로 가담해서 주도적 구성원이 되었다. 부상들은 황국협회의 의도대로 1898년

11월에 만민공동회를 습격해 쑥대밭을 만들어, 독립협회 해산의 중요한 빌미를 만들었다.

보부상

이때 인화문 밖에 진복해 있는 인민들은 말하여 가로되, 우리는 진실로 충의 목적만 가진 터이라. 어찌 부상들과 같이 상패히(함부로) 처신하리요 하고 마음들을 더욱 견고이들 가지고 있더니, 어언간 부상 수천 명이 한발씩 거의 되는 물매 작대기들을 일방 가지고 앞뒤로 달려들어 인민들을 치는데, 부상의 앞장은 비서승 분부로 부천군수 길영수 양씨가 섰는데, 일장풍파에 큰 전장이 되었는지라 …… 어찌 능히 그 부상들의 승승한 기세를 당적하리요. 슬프다. 인민들이 부상들에게 맞으며 몰리며 밟히며 눌리어 중히 상한 자들을 창황 중에 이루 다 헤아릴 수 없다는지라.[189]

이처럼 보부상들은 길영수 등의 지휘 아래 만민공동회를 습격해 폭력적으로 군중을 짓밟아 쫓아내고 그 자리를 점거했다. 이런 소식이 도성 안에 퍼지자, 상인들은 울분을 터뜨리면서 가게 문을 닫았다. 일부 인민들은 정동 병문에 모여 "부상이 나오면 낱낱이 타살할 양으로 작은 돌을 길 위에 모아 놓"았고, 결국 부상 3명이 인민들에 의해 살해되었다. 이날 땔나무장수들은 황국협회 부회장이었던 이기동의 집을 습격해 파괴했으며, 조병식趙秉式 등의 집도 파괴되었다. 어떤 이는 부상이 내세우는 충군애국忠君愛國을 충군애국衝君哀國, 곧 임금을 찌르고 나라를 슬프게 하는 것이라고 조롱하기도 했다.

이와 같이 종로 시전상인 등이 가입한 독립협회와 보부상이 중심을 이룬 황국협회가 극단적 대립으로 치닫자, 시장의 거래에서도 이런 대립을 반영하는 현상이 나타났다. 한 백목전 상인은 부상에 협조하려는 고객에게 "부상배가 사람을 불러 모아 충군애국하는 만민공동회원을 타살할 양으로 모이는" 것이 "불의불충不義不忠"이라고 하면서 백목을 팔지 않았다 한다.[190]

1900년에는 부상들 100여 명이 모여, 이준용역모사건李埈鎔逆謀事件에 연루되어 처형된 안경수와 권형진의 시체를 내놓으라고 시위했다. 또 1902~1903년에는 종로 등지에서 일본 제일은행권의 유통을 반대하는 배척운동을 대대적으로 펼쳤다.[191] 1904년에는 보부상 일부가 한일의정서 조인에 적극 협조한 구완희具完喜의 집에 폭약을 투척한 사건이 터져, 종로에서 연설하던 나유석과 관련자들이 체포되었다.[192] 또한 1904년에는 종로 상인들이 황무지개척권에 저항하는 보안회保安會 활동을 적극 지지하는 뜻으로 철시를 단행했고, 1905년 을사조약 체결과 1907년 고종 양위 때도 많은 도성 상인들이 가게 문을 닫고 항거의 뜻을 표시했다.

교육열이 고조되고 '아는 것이 힘'이라는 사회적 분위기가 확산되면서 상인들도 자녀교육에 열성을 기울였다. 남대문시장의 한 상인은 딸을 이화학당에 보내어 개화사상가이자 당대 명문가인 유길준俞吉濬과 사돈을 맺기도 했다. 유길준의 손자 유병덕의 회고담이다.

> 어느 날 할아버지는 큰아들(병덕씨의 부친)을 장가보내시겠다고 이화학당을 찾아가 교장에게 며느리감을 추천해달라고 하셨답니다. 그때 추천받은 사람이 남대문시장 상인의 딸이었던 제 어머님이지요. 할아버지는 그냥 좋다고 하셨고 정동예배당에서 결혼식을 가졌는데, 이런 과정들을 못마땅하게 여긴 손님들이 결혼식 참석을 보이콧해서 썰렁한 결혼식이 됐다고 해요.[193]

이처럼 유길준은 이화학당에 다니던 남대문시장 상인의 딸을 자신의 큰 아들 유만겸俞萬兼의 처로 맞아들였다. 이후 유길준은 큰 며느리를 일본의 동경여자학원에 입학시켜 학업을 마친 후 집안에 들였다.

많은 상인들이 독립협회·황국협회 등 각종 조직·단체에 참여해 자신들의 목소리를 내고 있었지만, 부화뇌동하는 경우가 많아 "오늘은 독립협회 회원이 되었다가 내일에는 황국협회 회원이 되고, 또 내일에는 총상회 회원이 되고, 또 명일에는 부상패負商牌가 되어"[194] 시류에 흔들리는 모습을 보이기도 했다.

'문명적' 상업경영법의 도입과 모리를 꾀하는 상인들

상인들은 개항 통상의 여파로 급변하는 시장 환경에서 살아남아, 더 많은 이익을 창출하기 위해 여러 방면으로 노력을 기울였다. 이런 노력들은 시행 착오를 거듭하면서 어려움을 겪기도 했지만, 성공을 거둔 경우도 적지 않았다.

서구의 자본제 상품이 밀려들면서 가격 및 상품의 확보 등에서 열세를 면치 못한 상인들은, 아예 근대적 공장을 차려 제품을 생산·판매하는 방식을 채택하기도 했다. 성냥과 옷감 등 일부 품목에 제한되기는 했지만, 이런 시도는 매우 중요한 의미를 지니고 있다.

> 사동 충훈부 건너 고흥사에서 당성냥을 많이 만들어놓고 오늘부터 팔기를 시작하오니, 구경삼아 사 가시오. 우리나라 사람이 처음 만든 것으로, 외국 것보다 백층이나 더 낫소.*

* 『제국신문』 광무 3년(1899) 4월 21일 광고. 이때 성냥을 당唐성냥이라고도 했다. 아마도 중국상인들이 많이 판매했기 때문에 이런 명칭이 생긴 게 아닌가 한다.

당시 성냥은 '화로불씨'로부터의 자유를 가져온 획기적 제품으로 인기가 높았으나, 대부분 수입에 의존하고 있었다. 그러다가 1899년 고흥사에서 성냥을 직접 만들어 시중에 판매하면서 "우리나라 사람이 처음 만든 것"으로 외국 것보다 100배나 좋은 제품이라고 소개한 것이다.

1900년에 종로의 백목전 도가都家에서는 종로직조사鐘路織造社를 조직하고 기계를 설치해 직물을 생산했다. 기계당 생산량이 매일 70척 가량이라고 했다.195 종로직조사는 백목전 상인이 중심이 되어 만들었지만, 양반관료인 민병석閔丙奭·이근호李根澔를 각각 사장과 부사장으로 추대했다.

또한 상인들은 외세의 거대자본에 대응하고 상권을 지키기 위해 여러 명의 자본을 모아 회사를 설립·운영하기도 했다. 화폐정리사업 등으로 위기에 처한 이현 일대 상인들은 1905년에 5천만 원元 정도를 모아 광장회사廣藏會社를 설립했다. 이때 상인들은 외국의 선진적 시장을 모델로 해서 기와로 광장시장을 건축했고, 외국인 자본의 시장 잠식을 매우 경계했다.196 이후 일본인이 주주로 참여하려는 움직임을 보이자, 시중 사람들이 "한국동포 일대 기업基業"인 광장시장을 "일본인 기업이 되게 하고자" 하는 것으로 여기고 분통을 터뜨렸다.

1905년 10월에는 종로 백목전 상인 등 포목상 80여 명이 자본금 10만 환으로 창신사彰信社를 설립해, 직물과 면사를 수입하는 무역업을 개시했다. 창신사는 일본의 후지방적회사富士紡績會社와 특판계약을 체결해 상당한 이익을 보았으나, 일본인과 결탁한 일부 사원이 특약권을 유지한 채 이탈하는 사건이 발생했다. 박승직 등 일부 회원은 탈퇴해 합명회사 공익사公益社를 세웠고, 본래의 창신사는 일본의 다른 회사와 특약을 맺은 다음, 자본금을 15만 환으로 증자해 합명회사 창신사로 재발족했다. 그리고 1908년 2월 20일에 다시 낙성식을 거행하고 영업을 재개했으며, 일제 때까지 계속 운영되었다.197

상인들은 자본주의적 상업경영법을 도입해 적용하기 시작했으며, 신문에 광고를 내거나 우편을 이용해 지방에까지 판매를 확장하고 있었다. 이런 추세를 반영해 이른바 '문명적 상업의 방법'을 소개하는 『상업경영법』이 발간되어 시중에서 판매되었다.

상업경영법은 문명적 상업의 방법을 지도하며, 법률상 상사商事의 규정을 설명한 상업계의 고문顧問이오. 상업경영법은 상행위의 기묘한 술법術法과 상거래의 심오한 수단을 진술한 상업가의 비결이오. 상업경영법은 회사설립 절차와 수형행사법手形行使法과 은행거래 등을 논술한 상업 유지자의 좌우명이오. 상업경영법은 상업상의 원리와 경제상의 현상을 실제적으로 묘사한 실업학교의 교과서오.[198]

당시 제시된 문명적 상업경영은 상법 관련 규정과 상거래 방법·수단, 어음결제와 은행거래 및·회사설립 등을 제대로 이해하고, 이를 적용하는 것이었다. 상인들은 장부 기재에서도 서양식 부기簿記를 도입·적용했다. 종로에서 포목점을 경영한 수남상회壽南商會의 경우 이르면 1902~1903년경부터, 늦어도 1908년에는 서양식 복식부기를 도입해 차변借邊과 대변貸邊이 공간적으로 분리된 각종 장부를 작성했고, 경영과 가계를 분리했다.[199] 부기는 상업학교의 필수 교과목으로 채택되었으며, 상업학교에서는 부기 외에도 상업학·상법·화폐론·은행론·무역실무 등의 과목을 가르쳤다.[200] 그리고 한 잡지에서는 '상업부기'라는 제목의 글을 연속 게재해, 부기를 작성하는 방법을 구체적으로 소개하고 있었다.[201]

상인들은 신문광고도 활용했다. 주로 취급 상품과 점포의 위치 및 상호 등을 알리는 데 주력했다. 종로의 수남상회도 한말부터 광고를 적극 이용했다.

서울 상인들은 지방과의 상거래도 트고 있었다. 이들은 대리인이나 중개인, 또는 우편을 통해 상품을 주문 받아 소포나 화물운송 편으로 거래처에 보낸 후, 우체국을 통해 상품과 대금을 교환하는 우편인환引換의 방식을 주로 이용했다.

사립학교 설립과 운영에도 상인들이 적극 협조했는데, 1909년 3월에 종로 1가에 사립 삼흥학교三興學校가 설립되자, 인근의 종로 상인들이 매월 일정액

「상업경영법」 광고

의 의연금을 내어 학교 운영을 도왔다.[202] 상인들은 연말연시가 되면 새해 달력을 수십 부씩 구입해 돌렸고, 각 처 유지나 거래처 등에 연하장을 발송하거나 각종 물품을 선물로 보내기도 했다.

한편 여전히 도량형을 속이거나 매점매석을 통해 불법적 이익을 꾀하는 상인들도 있었다. 도량형을 속이는 방법은 자[尺]와 말·되의 길이와 크기를 다르게 하는 방식이 많이 이용되었다. 광무 2년(1898) 5월에는 한 쌀장사가 되를 3층으로 만들어 폭리를 취하다 경무청에 체포되었고, 1899년에는 혜화문 밖의 쌀장사가 됫박 2개를 조작해 사람들을 속이다가 발각된 적도 있었다. 또 품질을 속여 폭리를 취하는 경우도 있었는데, 주로 곡물에 이물질을 넣거나 상품과 하품의 물건을 섞어 파는 식이었다.[203]

흉년으로 쌀값이 폭등했던 1903년에는 내장원內藏院에서 수입산 쌀 3만 석을 풀어놓았는데, 쌀가게 상인들이 순검과 짜고 농간을 부려 주민들의 원성이 자자했다. 처음에는 매일 아침 1인당 1되씩 나누어주게 했는데, 부상대고富商大賈 등 모리배들이 쌀을 감추고 내놓지 않아 조시朝市만 지나면 빈민들은 돈을 가지고도 쌀 1홉도 구할 수 없게 되었다. 마침내 주민들이 상인들의 불법을 고발하기에 이르렀고, 결국 상인 4명이 처벌되고, 연루된 순검 25명이 파면 조치되었다.[204]

국역폐지와 시장세

조선시대 상인들은 갑오개혁 이전까지는 전통적 국역 부담을 그대로 안고 있었다. 그러나 1895년 3월에 "육의전 제도를 해제하고 아울러 각 공계가貢契價·진배물가進排物價* 등의 폐단을 폐절廢絶할 일"을 규정함으로써205 잔존하던 육의전의 특권을 완전히 폐지하고, 국역 형태의 물품 조달 체계를 혁파해 시장가격에 의한 물품 공급 방안을 구상했다.

* 공계가는 조정에 미리 공물을 납품한 공인들이 조직한 계에서 받는 물건 값을, 진배물가는 조정에 바친 물건 값을 의미한다.

육의전의 전근대적 특권이 해체되고 조정과 왕실의 소요물품 조달이 폐지되기는 했지만, 상인들의 상업세 납부는 계속되었고, 각종 잡세 또한 중첩되어 부과되고 있었다. 상인을 대상으로 한 1901년의 수세 관련 내용이다.

> 수세혁파호소. 경부警部에서 각 전廛 시민市民에게 명령을 내려 신칙하고 한창순韓昌淳의 수세收稅를 매 백두百頭 10냥씩 세금을 징수케 하라 했기로 속백粟柏 상민商民 노영완盧永完 등이 농부農部 문 앞에서 일제히 모여 호소하더라.206

1901년 2월 경부에서 상인들에게 수세 규정을 하달하고, 한창순韓昌淳으로 하여금 100명당 10냥씩의 세금을 거두어들이도록 했다. 이때 수세가 100명당 10냥씩이었으니, 상인 1명당 1전의 세금을 부담하는 것으로, 아직도 인두세의 성격을 벗어나지 못했음을 알 수 있다. 상인들은 정부의 이런 수세 조치에 대해 불만을 품고 농부 앞에서 6~7차례 격렬한 항의 집회를 열었으며, 결국 궁내부의 조종에 의해 이 수세 규정은 철폐되기에 이르렀다.207

1900년 7월에는 남문내 장시의 상인들이 수세감관收稅監官과 감독이 고금庫金, 곧 선혜청 창고 이용에 대한 세금을 규정 외로 더 받는다고 집단 항의했다.208 이를 보면 정부에서 시장 공간으로 선혜청 창고를 제공하고, 그 대가로 창고세를 별도로 받고 있었음을 알 수 있다.

시장 상인들에 대한 수세는 갑오개혁 이후 농부에서 관할해왔고, 농부는 각 시장에 수세감관을 파견해 상세를 징수해왔다. 반면 시장에서의 불공정

·불법 행위 등에 대한 단속 및 감독의 권한은 경무청에 부여되어 있었다.[209] 그러나 대한제국기 황실 제정이 강화되면서 각종 상업의 잡세에 대한 수세권이 농부에서 내장원으로 이관되었고, 남문내 장시를 비롯한 시장에 대한 수세권도 1901년경 내장원으로 이관되었다.[210]

시장세와 관련해 주목되는 것은 중추원 의장이었던 김가진金嘉鎭의 '상품인지세' 주장이다. 1900년에 김가진은 국가재정 보완책의 일환으로 물품의 가격을 정하고 "시장 물건에 인지를 붙여" 수세하는 방안을 제시했다. 그는 이 방안이 "상인들에게 해가 되지 않고, 국가의 재용財用을 넉넉하게 하는 것"으로서 "천하만국이 모두 시행하고" 있다는 점을 들어 적극 실시할 것을 주장했다.[211] 그러나 정부에서는 "나라를 넉넉하게 하고 상인을 도와주는 대정大政이기는 하나, 현재 무명잡세의 폐단"이 많아 번거로움을 가중시킬 수 있다는 점을 들어 시행하지 않았다. 김가진의 '상품인지세' 방안은 매매액을 기준으로 과세하는 근대적 과세 방안이라는 점에서 중요한 의미를 지닌다.

시장세에 대한 법적인 규정은 「지방세규칙地方稅規則」에 의해 구체화되었다. 이 법령은 1906년 12월 29일에 공포되었고, 1907년 1월 1일부터 시행하도록 명시되었다.[212]

지방세규칙

제1조 한성부 및 각 도는 좌左의 경비를 지판支辦(마련)키 위해 지방세를 부과함이라 ……
제2조 지방세의 종목은 좌와 같음이라.
　　　一 시장세 二 포구세 三 여각세 四 교세轎稅(가마세) 五 인력거세 六 자전거세 ……
제3조 시장세는 좌의 세율에 의해 물품방매자物品放賣者 및 그 매개자媒介者로서 개시開市할 때마다 이를 징수함이라.
　　　一 물품 방매 : 방매 물품가 1/100
　　　一 매개자 : 1인 매 시일市日 금 10전

이때 시장세는 '물품방매자'와 '매개자', 곧 상인과 중개인을 대상으로 부과하고 있었다. 상인은 상품 매상고의 1/100로, 중개인은 시장이 열리는 날을 기준으로 1일 10전으로 규정했다. 상인과 중개인에 대한 수세는 파견된 징수원徵收員이 직접 세금을 징수하고 "즉시 영수증을 교부"하도록 했다.[213] 이 시장세법은 거래액을 기준으로 한 근대적 과세 법안이라는 점에서 주목되며, 이전의 인두세적 시장세를 극복하고 있다는 점에서 평가할 만하다.

그러나 시장세 등을 규정하고 있는 이런 「지방세규칙」은 일제의 조선 침략정책과 밀접한 관련을 갖고 있다. 곧 서울 및 각 지방의 "도로·교량 기타 지방 토목에 관한 경비", 교육비·위생병원 구휼비 등을 마련하기 위한 것이라고 내세우고 있었지만, 그간 지방관이 장악하고 있던 조세권을 빼앗아 일제의 각종 식민사업에 소요되는 재정을 마련하기 위한 목적이 더 컸다.

1909년 4월 1일에 「지방비법地方費法」이 공포·시행되었고, 그간의 「지방세규칙」은 폐지되었으며,[214] 시장세는 「지방비법」의 적용을 받게 되었다. 일제가 「지방비법」에 근거해 본격적으로 상품 매매액의 1/100을 시장세로 거두어들이자, 전국적으로 저항이 거세게 일어났다. 1909년 10월에 개성상인들이 일제히 철시를 단행하고 시장세 납부를 거부했으며, 1910년에 들어서는 평안도 순천 등 서북 지역 상인들의 시장세 반대투쟁이 격렬하게 전개되었다.[215] 상인들의 시장세 반대운동은 생존권을 지키기 위한 것이었으나, 점차 서북 지역을 중심으로 기독교세력 등과 연계되면서 배일운동의 성격을 띠며 확산되었다.

한편 상인들은 상업세 이외에도 각종 무명잡세에 시달리고 있었다. 이미 고종 20년(1883)에 전국 장시와 포구에서의 무명잡세를 혁파하도록 조치했고,[216] 갑오개혁에서도 각종 무명잡세의 철폐를 구체화했으나, 잡세 수탈은 계속되고 있었다. 1901년에는 마포 상인들이 각 물종에 붙는 구문口文(홍정비 또는 구전) 수세를 금지시켜 달라고 호소했고, 1904년에는 용산·마포 등지의 소금장수들이 해세海稅(어장과 어획물 등에 부과하는 세금) 혁파를 주장했으며, 5강 상인들도 농상공부 앞에 모여 각종 잡세 혁파를 호소했다. 1903년에는 송축소頌祝所의 비용이 부족하다고 경강의 상선商船에 대해 대선大船은 30냥, 중선中船은 22냥, 소선小船은 15냥을 세금으로 부과했다.[217]

권력의 향배에 따라 부침하는 상인들

상인들의 조직·단체는 같은 시장 내에서 납세와 친목도모 등을 위해 만든 자체 조직이 있었고, 서울 및 전국 상인들로 구성된 대외적 조직도 있었다.

개항 이후에도 상인들은 각 시장별·물종별로 도중이나 계 등의 자체 조직을 운영하고 있었다. 다른 한편으로 나라의 상업정책과 정치적 의도, 상인들의 필요 등에 의해 서울 및 전국 상인을 대상으로 한 조직·단체들이 구성되었다. 상인계급을 대상으로 한 대외조직들은 시류에 편승하거나 정치권력과의 관계 속에서 부침을 거듭하는 경우가 많았다.

먼저 1883년(고종 20)에 고갈된 국가재정을 보충하고 시장 유통질서의 확립을 기하기 위해 보부상 중심의 상인조합으로 혜상공국惠商公局을 설치했다. 왕실이 직접 관할하는 혜상공국은 보부상들에게 영업허가증인 상표를 발급하고, 보부상을 '상대商隊'로 규정해 그들로 하여금 화적 등을 단속하게 하는 권한을 부여했다. 그러나 혜상공국이 정치적으로 악용되고 보부상들의 폐해가 심각해지자, 갑신정변 때 김옥균 등은 "혜상공국을 혁파할 것"을 주장했다.[218]

1885년(고종 22) 8월에 혜상공국을 상리국商理局으로 개칭하고 내무부內務府에 소속시켰고, 내무부 협판인 민응식閔應植·민영익閔泳翊·이종건李鍾健을 상리국 총판으로 임명했다.[219] 1894년 갑오개혁에서 상리국을 농상아문으로 귀속했다가, 1895년 3월에 상리국과 산하 각 임방任房을 해체하고 보부상들의 수세도 금지했다.[220] 나라의 보호를 받을 수 없게 된 보부상의 활동은 위축되었다.

1895년에는 상업 장려책의 일환으로 법률 제17호 「상무회의소규례商務會議所規例」를 반포했다. 이 법률에 의해 상무회의소는 "상업이 왕성하는 방법이나 쇠퇴함을 구하는 방법을 의결하고, 상업의 이해득실에 관한 의견을 보고하며, 상업에 관한 관청 자문에 답신答申하고, 관계자의 청구에 따라 그곳 상업에 관한 분분한 의론을 재결할 것"의 사무권한을 갖게 되었다.[221] 회원은 명예직으로, 해당 지방의 상업자 20~40명으로 구성하도록 했고, 임기는 2년이지만 1년마다 1/2의 회원을 다시 뽑게 했다.

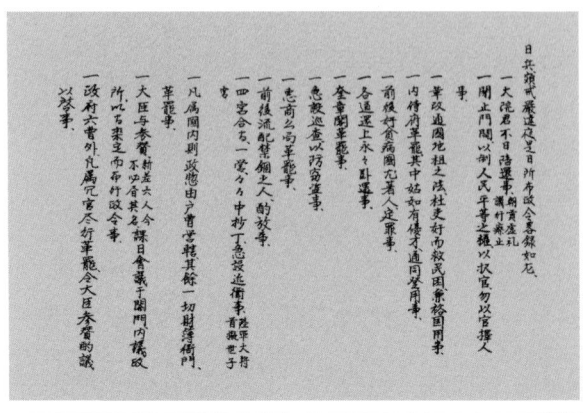
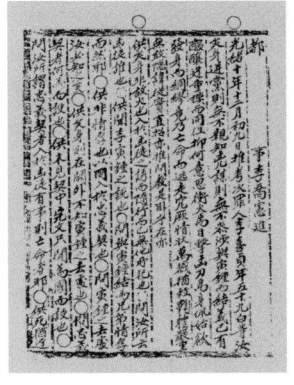
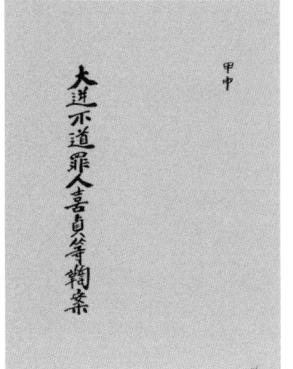

갑신정변 때 제시된 14개조의 개혁 정령

이 법률에 따라 1896년 서울에 한성상무회의소가 설립되었고, 그해 6월에 상무회의소 회장 김지선과 부회장 이승업, 그리고 회원들은 농상공부 대신 조병직趙秉稷 등 관계관들과 모여 상무를 의논하기도 했다. 1897년 3월에 상무회의소는 고을마다 서로 다른 "말과 되와 저울과 자" 등의 도량형을 통일할 것과 상무학교를 설립해 상업교육을 실시할 것을 주장했다.[222] 그러나 농상공부는 1897년 5월에 훈령을 하달해 상무회의소의 활동을 정지하도록 조처했다.[223]

한편 보부상들은 상리국이 해체 된 뒤에 이전과 같은 단체의 재건을 꾀했다. 보부상들은 1898년 6월에 황실 측근세력인 이기동李基東·홍종우洪鍾宇 등의 후원을 받아 황국협회皇國協會를 창립했고, 7월 7일에 훈련원에서 발회식發

조병직

會式을 거행하고 서울을 중심으로 활동했다.[224] 황국협회는 황실숭상과 충군애국忠君愛國을 내세우고 황제권 강화를 통한 군주제의 절대화를 지향했지만, 한편으로는 서구의 하원下院과 같은 민선의회民選議會 설치를 주장하기도 했다. 황실 측근세력과 결탁한 보부상들은 정부정책을 비판하는 독립협회와 대립하면서, 독립협회에서 주관하는 만민공동회萬民共同會를 습격해 충돌했다. 이 사건을 계기로 정부는 1898년 12월에 두 단체를 해산시켰다.

1898년 9월에는 시전상인들이 중심이 되어 황국중앙총상회皇國中央總商會를 조직해, 외국상인의 침투에 대응하고 시전상인의 독점적 이익을 수호·유지하려 했다. 황국중앙총상회는 회장에 의정부 참정을 지낸 조병식趙秉式, 부회장에 참봉을 지낸 이종래李鍾來를 추대했다.[225] 총상회는 독립협회와 연계해 "내지 각 군에 소재한 외국인 상점을 일일이 조사해 일체 철거"할 것을 외부外部에 건의하는 등, 상권 수호를 위해 적극적으로 활동했다.[226] 또한 만민공동회에 참여하는 등 독립협회 활동에도 적극 동참했다. 그러나 1898년에 정부가 황국협회의 만민공동회 습격사건을 빌미로 독립협회를 해산시킬 때 총상회도 함께 해체되었다.

1899년 5월에 정부는 칙령 제19호 「상무회의소규례 개정건」을 반포했다. 이때 "상무회의소는 상무사商務社로 개칭해 전국 상무를 통괄 의정"하도록 했다. 본사는 황성皇城, 곧 서울에 설치하도록 했고, 사장社長과 구관사장句管社長·부사장·사무장을 각 1명씩 두게 했다.[227] 상무사는 보부상 중심의 조직으로 재구성되었다. 여기에는 황실의 의중을 반영해 독립협회를 공격해서 해체한 공로에 대한 보상의 성격이 강하고, 황국중앙총상회와 같이 반정부활동에 동참한 상인단체를 경계하기 위한 목적이 자리잡고 있었다. 이는 "상민商民의 사설도회私設都會(사사로이 협회를 만드는 것)와 자중행패藉重行悖(권위에 의거해 행패를 부리는 것)는 일체 통금해 폐해의 근원을 방지할 것" 을 규정한 조항에도 잘 나타나 있다.

상무사 소속 보부상들은 서울의 치안유지에도 관여해 야간 순찰을 담당했다. 광무 3년(1899) 7월에 부상들이 도성의 야경을 돌았다. 별도의 암호를 사용해 병정들과 마찰을 빚었으며, 매일 밤 1인당 2전 5푼씩의 경비를 지원받았다. 이와 같이 경비가 지급되자, 놀고먹는 무리들이 부상에 들어가기를 원할 지경이었다.[228] 상무사의 폐단이 늘어나고 전근대적 악습이 되풀이되자, 정부는 1904년에 상무사를 혁파하도록 했다.[229]

1905년에는 화폐정리사업으로 위기한 처한 상인들이 경성상업회의소를 창립해, 일제 강점 이후까지 계속 활동했다. 경성상업회의소는 상인의 대표를 자임했고, 백동화 교환과 관련해 정부에 300만 원의 자금을 무이자로 대여해줄 것 등을 요구하기도 했다.[230]

한편 상무사가 혁파된 뒤 보부상들은 상민회商民會·진명회進明會·공진회共進會 등의 단체를 조직해 활동했다. 일제의 침략에 저항하는 운동을 벌이기도 했지만, 일제의 회유책에 포섭되어 친일협력단체로 전락하기도 했다. 결국 황실 권력에 기생한 보부상 조직은 왕권이 무력화되면서 해체의 길로 접어들었다.[231]

개항 이후 정치권력과 깊은 유착 관계를 유지하면서 준군사적 치안부대로서 역할을 수행했던 보부상은 크게 보상과 부상으로 구분된다. 보상은 보자기와 질빵에 물건을 싸들고 다니면서 판매하는 상인으로 '봇짐장수', '항어장수'로 불렸고, 주로 부피가 작고 가벼운 옷감·잡화 등의 물건을 취급했다. 부상은 지게와 등에 짊어지고 다니면서 물건을 판매하므로 '등짐장수'로 불렸고, 주로 생선·소금·그릇 등을 판매했다. 이들 부상들은 원형의 모자인 "평양자平陽子에 목화송이"를 달고 다녔는데, '장똘뱅이', '장돌림', '선길꾼', '도부꾼' 등의 천한 개념으로 불려졌다. 그러던 것이 개항 이후에 보부상들이 전국적 조직으로 재편되면서, 권력과의 유착 관계를 바탕으로 활발한 활동을 보였던 것이다.

무명잡세 수탈에 대한 저항

개항 이후 급격한 시장 환경의 변화와 중첩된 무명잡세, 외세의 시장 침탈 등으로 어려움에 직면하자, 상인들은 무능한 정부와 외세의 상권 및 국권 침탈에 대항하는 저항운동을 활발하게 전개했다.

먼저 내적인 저항은 국역 부담과 과세 및 잡세 수탈 등에 집중되어 있었다. 1892년 시전상인들의 소장訴狀을 보면, 조정과 궁궐에 물건을 납품하고 그 값을 받지 못한 것이 수만~수십만 냥에 이르렀고, 또 본전을 밑지고 납품한 액수도 그 이상에 달했다. 입전立廛·백목전白木廛·지전紙廛 등 해당 시전상인들은 소장을 올려 문제의 해결을 촉구했으며, 또한 잡역 대신 금품을 강요하지 말 것 등을 요구했다. 그 외에도 경강 등지에서도 잡세 수탈과 관리들의 가렴주구와 토색질(돈이나 물건을 억지로 달라고 하는 짓)을 호소했다.[233]

국역 부담이 사라진 갑오개혁 이후에는 부당한 시장세 징수와 무명잡세 수탈에 대한 항의가 부쩍 늘어났다. 하지만 여전히 중개상인들은 내장원·태의원 등으로부터 수세권을 위임받아 구문(구전) 등 각종 무명잡세를 거두어 들이고 있었다.

광무 2년(1898)에는 마포 일대의 상인들이 어물·과일에 대한 수세에 문제를 제기하자, 한성부에서는 "해당 어물과 과일에 대한 세금 징수와 구전이라는 명목, 기지基地에 대한 세금을 일체 금지하라"고 해서 각 마을에 고시문을 게시한 바 있었다.[234] 그런데 임은성林銀成이라는 자가 "한성부로부터 허가받은 지령"에 근거해 예전대로 거간구문을 징수하자, 상인들이 다시 그 부당함을 호소하는 소장을 올렸다. 한성부에서는 "구문을 전례에 따라 시행하되, 무명잡세를 함부로 토색질하는 것은 금지한다"라는 애매한 답변을 해서 구문 수세를 묵인했다. 1901년에도 마포 상인들이 궁내부 태의원太醫院 절목에 따라 구문 수세를 강요하는 행위를 금지시켜줄 것을 호소하자, 결국 농부는 구문 수세를 금지하게 했다.

1904년 3월에는 한강·서빙고·용산·마포 등 5강의 소금장수들이 해세海稅 혁파를 주장하자, 곧이어 5강상인 100여 명이 농상공부 앞에 모여 연강沿江의 각종 잡세를 없애줄 것을 간청했다. 1904년 4월에는 5강선인船人들이 선희궁宣禧宮의 각종 잡세로 인한 고통을 호소하자, 정부는 연강의 잡세 명목을 일체 혁파하도록 했다.[236]

광무 4년(1900) 7월에는 남문내 장시 상인 30여 명이 수세감관收稅監官과 감독이 농부장정農部章程을 빙자해 정액 이외로 창고세를 더 받는 부당함을 농상공부에 호소했다. 그리고 며칠 뒤에는 상인 60~70명이 미전을 철폐하고 농부에 모여 창고세금을 이전의 수준으로 해줄 것을 하소연했다.[237]

1901년 2월에는 상인들로부터 100명당 10냥씩의 세금을 징수하자, 상인 노영완盧永完 등이 농부農部 앞에 모여 수세 철회를 주장했다. 3월에도 100여 명의 상인들이 계속 '늑세勒稅(억지로 세금을 거둠)' 철폐를 주장하면서 농부 앞에서 시위를 전개하자, 농부는 궁내부와 협의해 수세를 철폐하기에 이르렀다.[238]

1903년에는 정부가 서울의 각 미전米廛에서 미 1석을 방매할 때마다 1/2되씩을 수납하고, 이 돈을 국립병원인 광제원廣濟院에 보내 병든 사람의 치료 경비로 쓰게 하는 조치를 취했다. 그러자 상인들은 이런 명목의 수세가 불가하다고 맞서기도 했다.[239]

1905년 1월에 정부는 일제의 식민지화 정책의 일환으로 강요된 화폐조례를 반포하고 6월 1일부터 실시하도록 규정했다.[240] 정부는 화폐교환소를 설치하고 백동화 등 구화폐의 교환·환수작업을 실시했다. 그 과정에서 전황錢荒(화폐 유통량 부족 현상)이 초래되어 시장거래가 경직됨으로써 많은 상인들이 파산의 위기에 처하게 되자, 상인들이 문제의 해결을 요구하며 시위를 벌였다. 당시 일본공사가 보고한 서울 상인의 동태이다.

> 그들은 자가自家의 곤궁에 대한 구제의 길을 얻기 위해, 우선 백동화 교환에 관한 정부의 조치가 완만하다고 공격하고, 당면한 구제수단으로 300만 원圓의 무이자·무저당대출을 정부에 요구하고, 근래에 조직한 상업회의소의 의議라 하여 수일 전에 참정대신과 탁지부대신에게 교섭한 바 있었는데, 한국대관大官들은 이들 파산상인들의 원의願意를 받아 들였으나, 300만 원의 대하貸下(빌려줌)를 실지로 결행할 수 없었기 때문에 상인의 격앙을 사서, 2~3일내 종로에서 다수상인이 집회를 열고 정부와 일본재정고문을 비난하는 공회公會 연설을 했고, 일진회원 또한 이에 가담하여 당국대신 등을 공격하게 되었다.[241]

상권과 국권 침탈에 대한 저항

개항 이후 청·일상과 자본제 상품이 시장에 밀려들어 점차 상권이 잠식당하게 되자, 상인들은 외세의 상권 침탈과 국권 침략에 대해 적극적으로 저항했다. 초기에는 상거래 과정에서 발생하는 사적인 채무 문제가 현안으로 대두되었고, 청국인 가게를 대상으로 한 절도 정도에 그치고 있었다. 그러나 시장 피해가 구체화되는 1880년대 후반부터 상인들의 투쟁이 본격화되었다.

1885년 말에 육의전 상인들은 도성 안에 자리잡고 있는 청·일상의 용산 이전을 요구했다. 조정에서도 청·일상의 도성 철수를 촉구했다. 청의 원세개袁世凱가 철수 방안을 수용할 수 있다는 입장을 밝혔지만, 조선에서는 청·일상의 점포 이전비를 마련하지 못해 결국 시행되지 못했다.[242]

1887년 2월 3일에는 시전상인 등이 청·일상 등 외국상인의 도성 내 가게 철수, 불평등한 조약의 개정 등을 요구하는 등소等訴(여러 사람이 이름을 잇대어 써서 관청에 올려 하소연하는 것)를 올리고 대규모로 시위를 전개했다. 이때 상인들은 미곡·어물 등 생필품을 제외한 모든 점포의 문을 닫고, 수천 명의 상인들이 노상에 모여 동맹파업 투쟁을 벌였다. 이튿날인 2월 4일에도 다시 등소를 올리고 철시·시위했으나, 관계자의 설득으로 해산했다.[243]

그러나 이들이 요구한 청·일상 점포의 도성 철수와 조약개정은 결국 이루어지지 않고, 오히려 청·일상의 시장 진출이 더욱 늘어나자, 1889년 말에 또 한 차례의 시위를 전개했다. 육의전 상인 등이 1890년 1월 6일부터 청·일·서양상인의 도성 내 철수와 성 밖으로의 이전을 등소하기 시작했다. 그러나 확실한 대답을 듣지 못하게 되자, 1월 7일에는 서울상인 수백 명이 통리아문統理衙門 안팎에 멍석을 깔아놓고 연좌시위에 들어갔고, 1월 9일부터는 시내 곳곳에 장문의 방榜을 붙여놓고 7일 동안 시위했다. 그러자 당황한 조정에서는 외아문독판 민종묵閔種默으로 하여금 청국과 교섭토록 했으며, 시위군중들은 민종묵의 설득으로 1월 12일에 해산하게 되었다.

또 광무 2년(1898) 10월에는 시전상인이 중심이 된 황국중앙총상회가 독립협회와 협조해, 외국상인의 도성 내 철수와 내지內地에서 점포를 개설하고 장사하는 것을 금지해 줄 것을 정부에 요청했다.[244] 이때도 정부는 외국인 점포의 이전 경비를 마련하지 못해 당장 실시하기 어려우니, 완전한 대책을 강구할 때까지 시일을 기다려야 한다고 답변할 뿐이었다.

일본의 제일은행권과 청상淸商 동순태同順泰의 화표貨票가 시장에 대량 유통되어 쌀값이 오르고 물가가 앙등하는 등 폐단이 야기되자, 1903년에 종로 상인들이 송수만宋秀萬의 지휘 아래 모여 두 지폐의 유통 금지를 요구하고 방을 게시했다.[245]

> 그런데 청상 동순태의 지표紙票와 일본은행의 새 은행권은 이미 적립한 본위화폐도 없고, 또 각국에 통용되지도 않는 것이므로, 단지 한 장의 휴지조각에 불과할 뿐이다. 저들은 무한히 만들어 낼 수 있는 인조물人造物을 가지고 와서 우

리의 유한한 천연자원을 가져가니, 장차 우리나라 3천리 안에 있는 재물이 모두 그들의 소유로 될 것입니다 …… 이번 14일에 일제히 종로 바리전鉢里廛 도가都家에 모여 힘을 합해 큰일을 이룩합시다.

이런 움직임에 대해 일본영사는 조선 정부와 이미 타협한 안건이라는 점을 들어, 제일은행권 유통반대 운동을 저지해줄 것을 요구했고, 운동을 주관한 송수만宋秀萬 등의 인적사항을 파악해서 알려줄 것을 요청했다.

1904년에는 일제의 황무지개척권 요구에 대한 반대운동이 보안회保安會를 중심으로 심화되자, 종로의 상인들 역시 가게 문을 닫고 이에 적극 호응했다.[246]

1905년에 을사조약이 체결되었을 때도 종로를 비롯한 서울의 상가는 철시撤市를 단행해서 그에 대한 반감을 표출했다.[247] 당시 양사동養士洞에 거주하면서 잡화상을 하고 있었던 우덕순禹德淳이 전하는 당시의 정서를 보자.

> 그것은 즉 한국과 일본의 황제폐하를 속이고 또 한국인민을 기만한 것으로 한국민의 원수仇敵이다. 기타 공작公爵이 통감으로서 하는 방법은 모두 한국민을 분개케 했으므로 모두 이등(이토 히로부미)에 대해서는 적의를 품고 있는데, 나는 그 5개조의 조약이 성립한 이래 이등을 살해하려는 생각을 일으키고 있었다.[248]

이때 '그것은' 을사조약 체결을 뜻한다. 이처럼 우덕순은 을사조약을 주도한 이토 히로부미伊藤博文를 원수로 여기고 살해할 생각을 품게 되었다. 이후 우덕순은 러시아 블라디보스톡으로 건너가 이름을 우연준禹連俊으로 고치고 엽연초葉煙草를 판매하면서 생활했다. 그는 1907년경부터 안응칠安應七, 곧 안중근을 알게 되었으며, 그로부터 이등박문 살해 계획을 듣고 조도선曹道先·유동하劉東夏 등과 함께 그 실행 방법을 구체적으로 모의했다. 그리고 1909

년 10월에 안중근과 함께 하얼빈까지 동행해 임무를 수행하다가 현장에서 체포되어 수감되었다.

1907년에 고종을 일본으로 송치하려 한다는 소문이 퍼지자, 서울 상인들이 점포를 닫고 철시했고, 수만 명의 도성민들이 종가鍾街에 모여 '결사회決死會'라는 깃대를 앞세우고 시위했다. 이때 시위 군중 가운데 시위대 병사 수십 명이 속해 있었는데, 일본인에게 총을 발사해 일본인 3명을 사살했고, 시위에 참가했던 사람들 가운데도 많은 사상자가 발생했다.[249]

이와 같이 상인들은 상권수호운동과 자주독립운동을 조직적으로 전개했다. 그렇지만 갑오농민운동 등에 대해서는 부정적 입장을 견지한 것으로 드러났다.[250] 조선이라는 무대에서 외세의 시장 잠식과 국권 침탈은 동일선상에서 진행되고 있었고, 조선상인들의 상권투쟁과 국권수호운동 또한 서로 밀접하게 연결되어 펼쳐지고 있었다.

시장풍경

조선상인과 청상·일상 사이에 벌어진 사건들

시장은 의례 그렇듯이 온갖 물건들이 장터에 넘쳐나고, 물건 값을 깎는 소리와 시장을 드나드는 사람들로 와자지껄한 모습을 보여준다. 하지만 종종 이전에 볼 수 없었던 생소한 물건들과 이방인들이 등장해 낯선 풍경들이 펼쳐지기도 한다.

상인과 손님, 상인과 상인 간에 벌어지는 마찰과 분쟁은 언제나 있는 법이다. 개항기에는 특히 이전과 달리 조선인과 청상이나 일상 사이에 자주 충돌이 일어났다.

1884년 1월에 광통교 옆 최택영약국崔宅英藥局에서 약재를 외상으로 사려는 청나라 군인에게 밀린 외상값 지불을 요구하다가 시비가 붙었다. 그 와중에 청군이 갑자기 약국 주인의 아들을 권총으로 쏘아 살해한 사건이 발생했다. 사건은 양국 간의 외교문제로 비화했고, 중국 측은 범인이 청군의 복장을 한 조선인의 소행일 가능성을 제기했고, 사건은 미궁으로 빠져들었다.[251]

1890년 6월에는 청상 가게에서 물건을 구입하려는 조선인 고객이 가격을 흥정하다가 중국 순검에게 몽둥이로 맞아죽는 사건이 발생했다.

> 본영本營 포대砲隊 병정 이덕명李德明이 금 초9일 출번出番하는 길에 포전병문 화상華商(중국상인) 가게에 이르러 당청화唐靑華(중국산 푸른 물감)를 사려고 값을 논했으나 맞지 않아 서로 힐난할 때 그 화상이 무단히 소란을 일으켜 억륵抑勒(억제)하려 하므로, 그 병정이 맞서지 못하고 급히 피신하려 할 때 중국 순포巡捕가 돌연히 나타나, 힘껏 뒤쫓아 달려와 큰 몽둥이로 때리고 발로 차서 마침내 중상重傷으로 기절 혼도昏倒에 이르렀으며, 움직일 수 없어 땅겨 돌아왔으나 먹은 것이 내려가지 않고 약을 먹지 못해 금 15일 신시申時쯤 죽었습니다.[252]

또 1899년 1월에는 신씨라는 사람이 이궁二宮 앞 청국인 가게에서 칼을 사려다가 남바위(추위를 막기 위해 머리에 쓰는 쓰개)를 떨어뜨려 주워놓으려 했다. 그런데 청상

구한말 서울 시가지

이 신씨를 도둑으로 몰아 고발했다. 뒤에 신씨는 혐의가 없는 것으로 밝혀져 풀려났다. 하지만 조선인이 외국인 점포 앞에서 오랫동안 물건을 구경한다든지 가격을 정하고 물건을 구입하지 않을 경우에 모욕을 당하기 일쑤였고, 심지어 물벼락을 맞는 등 "개·돼지 같은 학대를 당"하는 경우도 있었다.[253]

1901년 6월에도 청국인 가게에서 청국상인과 조선인 간에 분쟁이 발생했다. 청국 순사 2명이 조선인을 구타했다. 이때 지나가던 조선인 순찰 병정이 이에 항의하자, 청국 순사가 또 병정까지 난타했다. 그러자 이 싸움이 조선인과 청국인 간의 집단 난투극으로 확대되어 조선인 6명과 청국인 5~6명이 중상을 입었다. 이 사건으로 청국 측은 6,700여 원의 손해배상금을 청구했다. 정부에서는 배상을 거부했으나, 결국 3,100원의 배상금을 탁지부에서 지불하는 것으로 마무리되었다.[254]

1899년 1월에는 남문시장에서 어떤 사람이 물오리 다섯 마리를 백동전白銅錢 20매에 일본인에게 팔았다. 그런데 받은 돈 가운데 사전私錢 2매가 있어서 돈을 돌려주고 물오리를 되받으려 하자, 일본인이 돈을 돌려받고 나서 오리를 돌로 쳐서 죽이는 엽기적 행각을 벌인 일도 있었다.[255] 또 1899년 2월에는 남문 내에서 일본상인이 지나가는 숯장수를 불러다가 칼을 빼들고 숯을 부수면서 숯 값을 깎으려 했다. 숯장수가 일본영사관에 가서 따지자고 하니 일본상인이 물러섰다는 일도 있었다.[256]

일본영사관

이처럼 상거래를 둘러싸고 외국인과의 마찰이 잦았던 것은 서로 다른 상관습과 문화적 차이 때문이기도 하지만, 조선 정부의 무능함과 자국의 힘을 믿고 오만방자하게 굴었던 청상과 일상의 행태에서 비롯된 일이 많았다.

절도사건 또한 자주 일어났는데, 특히 외국인 점포에 대한 절도사건이 빈발했다. 1900년경 남대문 장시의 경우 순찰함에도 도둑이 자주 들었다고 수직과 순검이 증언한 것으로 보아,[257] 시장에서의 절도사건이 상당히 많았음을 알 수 있다. 1884년 4월에는 석동席洞(남대문로1가)에 있는 청상가게에 도둑이 들어가 양포洋布·오가피주 등을 훔쳐 달아났고, 그해 5월에는 종로의 세동細洞(돈의동)에 있는 청상가게 영래성행호永來盛行號에 명화적이 칼을 들고 침입해 베와 양침洋針 등을 빼앗아갔으며, 또 8월에는 수표교에 있는 청상가게에 도둑이 들어 은시계·조선동전 등을 훔쳐가는 등 숱한 절도사건이 벌어졌다.[258]

땔나무 장수들은 대개 말이나 지게에 땔나무를 가득 싣고 팔러 다녔다. 이런 땔나무 장수의 말을 노리는 강절도사건도 무척 많았다. 1898년 9월에 창능내벌에서 도둑이 땔나무 장수를 죽이고 소를 약탈한 사건, 1901년 1월에 남문 밖 청파에서 대낮에 강도가 나무장수를 협박해 소를 강탈한 사건, 1904년에 신문新門 밖에 있는 신흥사新興寺 중이 땔나무 장수를 살해해 소를 빼앗아 판매한 사건 등, 이동이 많아 거리에 노출되어 있던 땔나무 장수들의 수난이 끊이지 않았다.[259]

한편 시장은 예전과 마찬가지로 각종 국가·사회적 사건들과 애경사에 문을 닫고 동참했다. 고종 35년(1898) 1월에 고종의 어머니이자 흥선대원군의 부인인 여흥부대부인驪興府大夫人 민씨가 죽자 4일간 조회와 시장을 닫게 했고, 같은 해 2월에 흥선대원군이 죽었을 때도 같은 조치를 취했다.[260] 1898년 10월에는 상권을 수호하고 독립협회 운동에 동참하기 위해 종로상가 등이 가게 문을 닫고 철시 투쟁을 했다.[261] 또 1904년에는 백목전을 위시한 종로 가게들이 일제의 황무지개척권 요구에 대항하는 철시를 결행했고, 1905년의 을사조약 체결과 1907년의 고종 강제

퇴위에 저항하는 철시 투쟁을 단행하기도 했다.[262]

이렇듯 개항 이후 시장은 외국인과 거래하면서 일어나는 분쟁과 충돌이나, 외국인 가게를 대상으로 하는 강절도사건 등이 자주 목격된다. 또한 여전히 왕족이 죽었을 때 철시하는 풍속이 있었지만 그 범주가 대폭 축소되었고, 비를 기원하기 위해 시장을 옮기던 관행과 범죄인을 처형하던 고대적 유습은 거의 사라졌다. 반면에 시장의 상권 수호를 위한 집회와 시위, 국가·사회적 사건에 대한 철시 투쟁은 매우 적극적으로 펼쳐졌다. 시장의 이런 풍경 속에는 밀려드는 외래상품과 외국인에 대응하는 과정에서 겪는 상인들의 고통과 시련, 정부의 무능함과 외세의 오만함이 고스란히 드러나 있었다.

2부

1장

상권이 재편되다

"서울 구경을 했다는 사람은 백이면 백, 천이면 천 모두
진고개의 자태와 용모를 입에 침이 없이 칭찬하고……
그뿐인가. 여기를 구경하고 이곳에 홀린 사람은 갑이나 을을 물론하고 평생소원이
'진고개 가서 그 좋은 물건이나 맛 좋은 것을 사 보았으면 죽어도 한이 없겠다'는 소리를 하게 되어
마침내 그네들은 이 최고의 이상을 실현코자 기어이 서울을 다시 와서 바로 진고개로 간다……
아, 그러나 그네들이 이로 인해 조선의 살림이 죽어가는 사람의 피 말리듯
조선의 피가 말려드는 것을 꿈엔들 생각할 수가 있으랴.
아, 이 무서운 진고개의 유혹!
조선의 살림은 이 진고개 유혹의 희생이 되고야 말 것인가?"

1920년대 말, 『별건곤』에 실린 글이다.(제23호, 1929년 9월 27일)
서울 구경을 온 지방 사람뿐만 아니라,
서울의 부유한 고객들이 진고개의 미쓰코시백화점 등을 자주 찾고 있었다.
일본인들이 자리잡은 남촌 상가의 모습은 조선인에게 선망의 대상이 되었고,
지방에서 올라온 사람들의 관광 코스의 하나로 자리잡을 정도였다.
이에 남촌으로 집중된 상권과 소비문화를 우려하는 목소리 또한 적지 않았다.

2장
시장이 이원화되다
— 일제강점기

1. 일제, 식민시장을 재편하다

'시장규칙' 반포와 1~4호시장

개항 이후 조선은 부국강병 달성을 위한 근대화 정책을 펼쳤으나 자주적인 근대화와 민족국가 수립에 실패하고, 1910년 8월 29일에 "한국의 통치권"을 일본에 "양여"함으로써 일제의 식민지가 되었다.[1] 결국 한반도는 '조선'이라는 일본제국의 한 지방으로 편입되었고, 식민통치를 위해 설치된 조선총독부의 지배를 받게 되었다.[2]

일제는 1910년 10월 1일부터 서울의 공식 명칭이었던 한성부를 경성부로 고치고,[3] 서울을 경성, 곧 일본식 발음 '게이조(けいじょう)'라 불렀다. 또한 조선왕조의 수도로서 서울이 갖고 있던 상징성을 박탈하기 위해 경기도에 속한 일개 지방으로 격하시켰다. 그리고 잃어버린 나라에 대한 회한의 상징으로 연결되는 '한성'이라는 이미지를 탈각시키기 위해 다양한 노력을 기울였다. 경복궁 앞에 조선총독부를 세워 조선왕조의 정체성을 억누르고, 창경궁에 동물원·식물원을 세우는 등 많은 궁궐의 전각들을 훼손하고 민간에 불하함으로써 왕조의 흔적을 지우려 했다.

이 무렵에 인구는 대폭 증가했고, 식민지 공업화가 진행되면서 시장이 발

경성 중심지

달할 수 있는 여건은 성숙되고 있었다. 서울에는 새로운 형태의 시장과 상가가 들어서고, 백화점이 등장해 상권 변화를 주도했다. 하지만 유통과 시장의 주도권은 일본인의 수중으로 넘어가고, 조선인 시장은 힘겹게 명맥만 유지하고 있었다. 특히 일본인이 집중해서 모여 살던 서울의 도시 성격은 시장에 막대한 영향을 미쳤을 뿐만 아니라, 상권의 민족별·공간별 이원화와 양극화를 초래했다.

일제는 식민지 경제체제를 확립하기 위해 1910년 9월에 '토지조사령'을 공포하고 토지조사사업을 실시했다. 이어서 같은 해 12월에 '회사령'을 공포해 조선을 일제의 식량·원료의 공급지이자 상품시장으로서 제한하고자 했다. 또한 한국 시장을 통제하고 상권·유통망을 장악하기 위해, 토지조사사업과 병행해 1913년부터 1917년까지 시장조사사업을 실시했다.

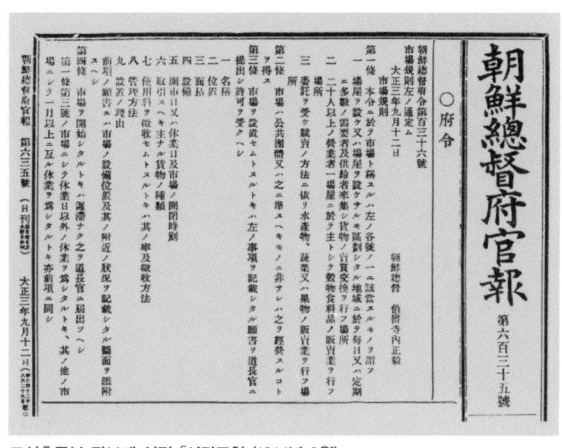

조선총독부 관보에 실린 「시장규칙」(1914년 9월)

일제는 이를 바탕으로 1914년 9월에 조선총독부령 제136호로 「시장규칙市場規則」을 제정·반포했다.[4] 강점 이전에도 매매액 기준으로 1/100의 시장세를 규정한 「지방세규칙」이 반포되었지만, 시장의 개설과 허가·운영에 관한 구체적 규정은 이 「시장규칙」으로 본격화되었다.

「시장규칙」은 전체 33개 조항과 수십여 개의 세부 항목으로 구성되었다. 모든 시장을 허가제로 하고, 시장 운영의 공영제公營制를 근간으로 하고 있었다. 이는 식민 권력의 영향 아래 조선의 시장을 통제하고 상권을 장악하려는 것이었다.

「시장규칙」 제1조에서는 시장을 제1·2·3호 시장으로 분류했다. 그것은 당시 시장의 실상을 반영한 것이 아니라, 그들의 통치 전략에 따른 시장 재편 전략이라 할 수 있다. 제1호 시장은 전통적인 조선 시장이었고, 2·3·4호시장은 전통시장과는 구분되는 이른바 '신식시장'이었다. 결국 일제는 한국의 전통적인 시장 질서를 무시하고 식민시장 건설에 초점을 맞추어 시장을 재편성하려 한 것이다.

제1호 시장은 "장옥場屋(햇볕이나 비를 피해 들어앉을 수 있게 만든 곳)을 설치하거나 또는 설치하지 않았더라도 구획된 지역에서 매일 또는 정기적으로 다수의 수요자와 공급자가 내집來集(와서 모임)해 화물의 매매교환을 행하는 장소"로 규정되었다. 제1호 시장에는 동대문시장·남대문시장을 비롯해 조선의 전통적 시장 대부분이 포함되었고, 다시 보통시장과 특수시장으로 나누어졌다. 제1호 시장에 대한 세금은 한말에 제정된 시장세 규정에 의해 판매액의 1/100을 거둬들였다. 그러나 세금 징수가 부작용을 낳고 상인들의 원성이 높아지

자, 1926년에 일제는 제1호 시장에 대한 시장세를 폐지했다.[5]

제2호 시장은 공설소매시장을 말하며,「시장규칙」에 의하면 "20인 이상의 영업자가 하나의 장옥場屋에서 주로 곡물·식료품의 판매업을 행하는 장소"로 규정되었다. 제2호 시장은 공공기관이 도시 주민을 위해 개설한 식료품과 일용품 시장을 의미했다. 현실적으로는 한국에 거주하는 일본인에게 생활 편의를 제공하려는 목적이 우선적이었다. 제2호시장은 제1차 세계대전 중 물가 폭등으로 인해 일본인의 생활 보호가 시급한 과제로 떠오르면서 본격적으로 건설되기 시작했다. 제1호 시장이 자연발생적 성격이 강한 반면, 제2호 시장은 지방행정기관이 직접 시장 건물을 설치하고 판매인을 지정해 영업을 관리하는 방식을 취했다.

그러나 개설된 공설시장이 서울 주민의 수요를 충당하지 못하자, 서울에는 사영공영시장私營公營市場이 생겨나게 되었다. 일제는 주민들의 수요를 고려해 사영공영시장을 묵인했으나, 나중에「시장규칙」에 저촉된다는 구실로 사영시장을 강제로 매수해 제2호 공설시장으로 만드는 방법을 택했다. 1920년대 말까지 서울에는 20인 미만의 영업자가 하나의 장옥場屋을 만들어 식품과 일용잡화를 판매하는 사설시장이 많이 있었다.

제3호 시장은 "위탁을 받아 경매의 방법에 의해 수산물·소채蔬菜, 또는 과일의 판매업을 행하는 장소"로 규정하고 있다. 제3호시장은 어채도매시장과 중앙도매시장으로 구분되며, 경매시장競賣市場 혹은 조매시장이라고 불렀다.

「시장규칙」에서는 시장을 설치하려면 일정한 양식을 갖추어 도장관道長官(도지사)의 허가를 받도록 했고, 이때 도장관은 공익상 필요할 경우에 허가를 취소할 수 있고, 또 시장의 이전 등을 명령할 수 있게 했다. 따라서 시장은 일제의 식민정책과 방침에 의해 언제든지 폐쇄·정지될 수 있었다. 그리고 도장관과 경무부·경찰서 등은 시장의 영업 상황과 출납 및 서류 장부 등을 검사할 수 있는 권한을 부여받았다.

이로써 한국 내의 모든 시장은 일제에 의해 경제 질서에 따라 시장의 개폐와 변경은 물론, 전통적인 상거래의 자율성마저 완전히 박탈당하고, 그들의 통치 전략의 범주 안에서 상거래를 해야만 했다.

1920년 4월 1일에는 조선총독부령 제38호로 「시장규칙」을 개정해 제4호 시장을 개설하게 했다. 이때 제4호 시장은 "매일 또는 정기定期에 영업자들이 모여 견본 또는 상표[銘柄]에 의해 물품 또는 유가증권의 매매취인賣買取引(매매거래)을 행하는 장소"라고 규정되어 있으며,[6] 곡물현물거래시장과 유가증권현물거래시장이 있다.

서울 지역의 곡물현물거래시장으로는 경성곡물상조합곡물시장이 있었고, 유가증권시장으로는 경성주식현물거래시장이 있었다. 경성주식현물거래시장은 1921년에 인천미두거래소仁川米豆去來所를 합병했고, 서울에서는 유가증권의 청산거래(매매 계약을 체결하고 일정한 기간이 지난 뒤에 물건과 대금을 주고받는 거래)와 실물거래를, 인천에서는 미두의 청산거래를 하도록 했다. 경성주식현물거래시장은 원래 한국 내의 주식거래를 위한 것이었으나, 실제로는 일본과 만주에 있는 큰 회사의 주식들이 거래되었고, 한국 내 주식은 종속이었다. 그러나 제4호 시장은 투기시장이 되어 그 폐해가 심해지자 1931년에 폐지했다. 그 대신 「조선거래소령朝鮮去來所令」을 제정·반포하고, 현물시장으로서 「정미시장규칙」을 제정했다.

이런 법적 장치 이외에도 일제는 상공업에서 "유리한 사업은 직간접적으로 일본인을 옹호·조장"하고 지원해서, 조선인의 상업은 더욱 위축되어갔다. 총독부의 자문기관인 중추원에서조차 서울의 상인과 양반계급의 쇠퇴를 안타까워하면서 "적극적으로 원조해 갱생의 길로 이끌어주길 간절하게 바라마지 않는 바이다"라고 했을 정도였다.[7]

시장은 전통적 토대 위에서 자주적으로 변모해야 했으나, 일제의 통치 전략에 따라 일방적으로 재편되는 아픔을 겪어야 했다. 또한 총독부는 법적

·제도적 장치를 마련하고 각종 경제적 지원을 통해 일본상인을 육성했고, 조선상인들은 유통과 시장의 주도권을 상실한 채 식민지 시장경제에 예속되었다.

게이조, 경성의 인구 증가

경성의 인구 증가는 시장의 확대와 성장, 유통시장의 활성화를 견인하는 중요한 요인이 되었다. 특히 일본인의 증가와 집중은 시장의 상권·거래·상품 구성 등에 거의 절대적 영향력을 행사했다. 일제강점기 서울의 인구는 1914년에 행정구역을 축소해서 잠시 감소한 것 이외에는 전반적으로 큰 폭의 증가세를 보이고 있었다. 1910년 대비 1942년의 서울 인구가 28만여 명에서 111만여 명으로 증가했으니, 무려 4배의 폭발적 성장세를 기록했다. 이런 대폭적 인구 변동은 인구의 자연증가뿐만 아니라 행정구역의 축소와 확대, 상공업의 발달 등 사회·경제적 여건의 변화에 기인하고 있었다.

일제는 1911년 4월 1일에 경성부의 행정구역을 개정해, 도성 안과 밖을 5부와 8면으로 재편했다. 이어 1914년에는 경기도 구역을 조정하면서 경성부 8개 면의 대부분을 경기도 고양군에 편입시켰다. 서울은 도성 안을 중심으로 재편되어 그 면적이 36㎢ 정도로 대폭 축소되었다. 이후 1936년에 경기도의 관할구역을 조정하면서, 고양군과 시흥군의 일부 지역을 다시 경성부로 편입시켜 그 면적이 136㎢로 대폭 확대되었다.[8]

이 무렵 인구 증가의 중요한 특징 중 하나는 일본인의 증가세가 두드러졌다는 점이다. 1910년에 38,397명이던 것이 1942년에는 16만 7,340명에 이르렀으니, 32년 동안 무려 4.4배라는 폭발적 증가세를 보였다. 그 가운데 상업 종사자는 1910년 12월말 2,520호에 2,702명이고, 가족까지 합하면 8,336명에 해당했으니, 상업 관련자가 일본인 전체의 21.7%를 점했다.[9]

인구 증가와 일본인 집중, 식민지 공업화의 진전 등으로 시장의 상품구매

신축 이전의 경성부청사

력이 대폭 커졌고, 무역 규모 또한 급격한 신장세를 보였다. 경성부의 무역액은 수출입·이출입 금액을 합해 1910년에 65억 3,896만 9천 원이던 것이 1912년에는 118억 1,065만 5천 원, 1918년에는 336억 5,307만 3천 원, 1920년에 이르러서는 503억 4,717만 4천 원으로 천문학적 증가세를 보였다. 1910~1920년의 10년 동안 무려 7.7배나 성장한 것이다. 1914년에 큰 폭의 행정구역 축소가 있었던 점을 감안하면 그 성장세는 더욱 두드러진다. 이런 무역량의 증가 추세는 이후에도 이어졌다. 이처럼 경성의 무역량이 천문학적으로 확대된 것은, 전국 물산의 집산지이자 대소비지로서의 경성의 위상이 강화되었음을 의미한다.

무역상품을 보면, 수이입품은 외국산 면제품과 밀가루·석유·과일·장류·도자기 등의 가공제품이, 수이출품으로는 쌀과 우피·금괴 등 원료품이 중심을 이루고 있었다.[10] 결국 경성의 무역구조는 원료를 수집해 일본에 공급하고, 일본의 완제품·공산품을 수입해 전국에 판매하는 물산의 집산지이자 배급지로서 기능하고 있었다 하겠다.

이처럼 확대된 무역과 상품의 유통·판매는 대부분 일본인들이 주도하고 있었다. 일본인들은 해외무역과 국내 상품의 유통 및 도매·소매를 담당했고, 상당수 상인들이 조선과 중국-일본을 연결하는 무역에 종사하면서 상권을 구축하고 있었다. 무역상은 각종 수입상품을 서울과 전국의 도매상과 소매상에게 공급하고, 조선의 쌀과 우피 등을 사서 일본·중국 등지에 수출했다.

일본인들이 유통과 시장 상권을 지배하고 주도한 사실은 상인들의 납세

현황으로도 잘 나타난다. 1917년에는 일본상인의 조선상인에 대한 총 납세액과 1인당 납세평균액이 1.5배를 약간 상회하는 정도였으나, 1923년에는 총 납세액의 10배, 1인당 평균납세액의 5배에 달해 그 편차가 더욱 벌어지고 있었다. 그만큼 일본상인의 판매와 거래가 활기를 띤 반면, 상대적으로 조선상인의 판매와 영업은 매우 저조한 것으로 드러나, 상권의 민족별 양극화 현상을 잘 보여주고 있다.

이처럼 일본인이 무역과 유통·시장을 장악하게 된 것은 조선총독부의 지원과 일본상인의 자본력·상거래기법 등과 밀접한 관계가 있지만, 철도 또한 중요한 역할을 했다. 1905년에 개통된 경부선·경의선을 비롯해, 강점 이후에 개통된 경원선·중앙선 등의 철도가 전국을 연결시켜, 물자의 유통과 운송의 편의를 제공했다. 일본상인들은 철도라는 전국적 네트워크를 활용해 상품의 국내 이출입과 공급·판매를 확대했고, 전국 유통망과 상권을 장악하는 데 철도를 적극 이용했다.

일본상인들은 급격한 성장세를 바탕으로 상권의 공간적 확대를 도모했다. 개항 이후 진고개(현 충무로)에 자리잡았던 일본상인들은 1894년 청일전쟁 이후부터 꾸준히 명동과 남대문로 일대로 진출했고, 강점 이후에는 욱정旭町(현 회현동)·황금정黃金町(현 을지로)·북미창정北米倉町(현 북창동) 등 서울의 중심부에 진출해, 조선상인을 누르고 상권의 주도권을 장악했다. 1920년대 이후에는 조선상인들의 본거지인 종로 일대까지 침투해 땅값이 치솟을 정도였다.

반면에 조선상인은 유통과 도매 분야의 주도권을 빼앗기고 대부분 소매업에 종사해 "조선인의 점포도 적지 않으나 대개는 소매업자"라고 평가되었다.[11] 또한 조선상인은 주로 국내에서 생산되는 쌀·명태·연초·소금·모시 등 농수산물의 유통과 판매를 담당했다. 따라서 고급품과 공산품을 취급하는 일본상인에 비해 상거래 이익이 빈약할 수밖에 없었다. 물론 종로 일대를 중심으로 포목상 등이 일대의 상권을 장악하고 성장하고 있었지만, 일본상인

일제강점기의 남대문 황금정 교차로. 일본어로 쓰인 간판들이 눈에 띈다.

의 성장세와 비교한다면 매우 초라한 형편이었다. 이와 관련된 1923년의 『동아일보』 사설이다.

> 경성은 여러분이 아는 듯이 상업의 도시오, 정치의 중심이라 …… 경성이 물론 상업의 도시라. 그러나 조선 사람의 상업의 도시는 아니며, 경성이 물론 정치의 중심이라. 그러나 조선 사람의 정치의 중심은 아니로다 …… 상업의 기관이 물론 수입을 낳고 따로 생계가 되는 것이 사실이나 그 상업의 기관은 대개 일본 사람의 수중에 있으니, 그 생계가 또한 조선 사람의 생계가 되지 못하는도다.[12]

이처럼 상권의 주도권이 일본인 수중으로 넘어가자, 조선인 상업지구는 날로 침체되었고, 공간적으로도 남대문로·명동 등의 중심에서 밀려나 청량리·왕십리·마포 등의 외곽지대로 내몰리고 있었으며, 1920년대에 들어서는

1935년경의 하왕십리 일대 모습

종로까지 위협받는 지경에 처했다.

   시장 상권의 급성장은 땅값 상승으로 이어졌다. 1915년에는 본정本町(현 충무로)1·2정목 일대가 150원으로 가장 높은 땅값을 유지했고, 남대문통3정목이 140원으로 그 다음이었으며, 종로1정목과 남대문통1·2정목이 120원으로 그 뒤를 잇고 있었다. 1918년에도 이런 추세는 큰 변화 없이 이어졌으나, 상권이 발달한 종로2가의 땅값 상승이 두드러져 남대문통의 땅값을 넘어섰다. 1919년에는 종로1·2정목의 땅값이 본정1·2정목을 앞질러 서울에서 가장 비싼 곳으로 등장했다. 몇 년 뒤인 1924년에는 종로 네거리의 땅값이 평당 최고 1,200원에 이르렀으니,[13] 이 일대의 땅값이 1915년 대비 10여 년 동안 최고 12배까지 폭등했다.

   이런 땅값 상승은 전반적으로 인구 증가와 소비 증가, 물가 상승 등에 기인한 것으로, 결국 집값 상승과 주택난으로 이어졌다.[14]

1933년 이전의 청량리역 앞

그러나 이 무렵에 이루어진 성장의 열매는 유통과 시장 상권을 장악한 일본상인에게 집중되었고, 한국인 시장은 쇠락을 면치 못한 채 식민지 유통체계의 하부

본정1정목 입구

기구로 전락했다. 또한 시장은 민족별로 이원화·양극화의 폐단이 심화되었고, 이는 마침내 공간적으로도 이원화·양극화되어 나타났다.

남루함과 화려함으로 대비된 북촌·남촌 상가

강점 후 거주지의 민족별 분리가 선명해졌고, 그에 바탕한 차별과 대립이 뚜렷하게 나타났다. 북촌과 남촌을 가르는 경계선은 청계천이었는데, 청계천 이북은 조선인의 북촌, 청계천 이남은 일본인의 남촌으로 구분되었다.

경성의 중앙을 기어 흐르는 청계천은 우연히 내지인 시가와 조선인 시가를 남 북촌으로 구분하게 되었고, 또 지명도 청계천 한편인 내지인촌은 대개 무슨 정 町이 되고 조선인촌은 무슨 동이 되어, 지리상으로 일선인 차별이 된 것처럼 된 것은 무엇보다도 일선 융화를 부르짖는 오늘날에 있어 썩 좋지 못한 현상이라 는 것으로 ......[15]

이와 같이 청계천은 민족별 정치·경제·사회적 구분선이 되어, 행정구역 명칭조차도 청계천 이남 일본인 지역은 주로 '정'으로, 청계천 이북 조선인 지역은 주로 '동'으로 차별화되어 있었다. 이때 정町은 '마치まち'라는 일본 의 행정구역명으로, 시市와 촌村의 중간 정도에 해당했다. 따라서 이름만 들 어도 일본인 동네인지 조선인 동네인지 알 수 있었다.

시장과 상가의 구분선도 명확했으니, 조선인의 북촌 상권과 일본인의 남 촌 상권이 바로 그것이다. 북촌 상권은 종로상가와 동대문시장 등 청계천 이 북의 전통적 상권이었고, 남촌 상권은 충무로·명동·남대문로 상가 등 청계 천 이남이었다. 다만 남대문시장은 지리적으로 남촌에 있고 일본상인의 비 중이 높아서 남촌 상권이었지만, 상인과 고객이 주로 조선인이었다는 점에 서 현실적으로는 북촌 상권과 크게 다르지 않았다.

북촌 상권은 종로상가와 동대문시장이 대표적이지만, 그 중심은 어디까지 나 종로상가였다. 또 남촌 상권의 중심인 충무로와 대척점에 서는 것도 역시 종로상가였다. 북촌의 상인은 대부분 소자본을 가진 소매상인이었기 때문 에, 유통과 시장 상권이 일본인 수중으로 들어간 식민지 현실에서 북촌 상권 은 위축을 면치 못했다. 고객들도 대부분 가난한 조선인이었고, 부유한 조선 인은 남촌의 충무로 등지의 백화점에서 쇼핑을 즐겼다. 따라서 북촌 상권의 성장은 제한적일 수밖에 없었다. 물론 박승직·김태희 등 자본 축적에 성공 한 북촌 상인들도 있었지만 제한적이어서, 당시 시장의 폭발적인 성장세에 비해 상대적으로 열세를 면치 못하고 있었다.

당시 북촌의 상가 모습은 "휑뎅그렁하게 비인 듯하며 어둠침침"해서 남촌 상가의 "휘황찬란하고 으리으리"한 모습과 극명하게 대비되고 있었다.[16] "우리네 살림거리는 우리네 상점에서 사는 것이 가장 손님에게 이로울 것" 이라고 하면서 "종로 네거리"의 조선인 상가에서 물건을 구입하라고 권유하기도 했다.[17] 이처럼 북촌의 상권이 위축되어가자, 일본인들이 북촌 상권마저 잠식해 들어갔고, 조선상인들은 변두리인 동대문·서대문 쪽으로 밀려나고 있었다.

> 경성 전체의 상가를 보면 남·북의 양촌으로 그 경계선이 너무 분명하게 되어온 지가 오랜 일이다. 그러나 때가 감을 따라서 그 경계선이 점점 북촌으로 다가감을 매년 깨달을 수가 있다. 이 말은 다른 것이 아니라 일본사람이 진을 치고 있는 남촌 상가의 구역이 조선인상점의 집합처인 북촌으로 확대되어 간다는 말이다. 이와 같이 남촌 상가가 확대됨을 따라서 조선사람들의 상점은 동대문·서대문 쪽으로 밀리며, 또 그 수가 줄어갈 뿐이라는 결과를 나타내고 있다. 즉 이것을 경성의 상계상商界相이라고 볼 수 있다.[18]

이런 상황에서 종로 네거리에 조선 사람이 직접 경영하는 백화점이 2개나 들어서자, 많은 사람들이 "조선사람이 경영하는 백화점이 둘쯤이라도 북촌 상가에 있다는 것"을 자랑거리로 여겼다. 그러나 1932년에 동아백화점이 화신백화점에 흡수·병합되자, 이를 매우 안타까워하면서 병합의 배경에 대해 의구심을 갖기도 했다. 그렇지만 많은 사람들은 화신백화점이 "북촌 상가의 활기를 돋우는 전위대前衛隊"가 되기를 기대했다.[19]

백화점도 조선인 백화점은 북촌인 종로 네거리에, 일본인이 경영하는 백화점은 남촌인 충무로 일대에 자리잡고 있었다. 종로의 화신백화점과 충무

미쓰코시백화점과 조선저축은행

로의 미쓰코시백화점은 북촌과 남촌 상가가 지닌 대립 구도의 상징이었다.

 일본상인들은 개항기에도 진고개를 발판으로 을지로와 남대문로 일대에 진출했지만, 강점 이후 일본상인들의 중심지로의 집중은 더욱 강화되었다. 충무로·명동·남대문로·을지로 일대는 거대한 일본인의 거리로 점차 변해 갔고, 이 일대가 이른바 '남촌'이었다.

 남촌의 중심지인 충무로와 명동·남대문로·을지로 일대는 상업과 정치의 중심지로서, 식민지 조선에 왜식倭式 또는 서양식 유행을 불러일으키는 곳이었다. 일본인들은 이들 지역에 상가를 조성하고, 대자본을 토대로 시장의 이익을 독차지하고 있었다. 남촌 상가의 운영자와 고객은 주로 일본인들이었고, 당시 부자의 대부분이 일본인이었음을 고려하면[20] 일본인의 자본력과 구매력이 절대적이었음을 알 수 있다. 이는 곧바로 남촌 상가의 급속한 성장으로 연결되었다.

 또한 남촌의 상가들은 "휘황찬란하고 으리으리하며 풍성풍성"하게 장식했고, 주변 환경도 "천만 촉의 휘황찬란한 전등불과 아울러 불야성"을 이루어 별천지에 들어선 느낌을 주도록 꾸몄다. 서비스 또한 "사람의 간장까지 녹여 없앨 듯한 친절하고 정다운" 태도로 손님을 끌어들였다. 더구나 일본에서 들어온 최신의 물화는 곧바로 남촌 상가에 유입되어 진열되었고, 남촌 상가는 유행을 선도하고 선진적인 소비문화를 창출하는 곳으로 서서히 인식되었다.

남촌 상가의 모습은 조선인에게 선망의 대상이 되었고, 지방에서 올라온 사람들의 관광 코스의 하나로 자리잡을 정도였다. 이에 남촌으로 집중된 상권과 소비문화를 우려하는 목소리도 적지 않았다.

> 서울 구경을 했다는 사람은 백이면 백, 천이면 천 모두 진고개의 자태와 용모를 입에 침이 없이 칭찬하고 …… 그 뿐인가. 여기를 구경하고 이곳에 홀린 사람은 갑이나 을을 물론하고 평생소원이 '진고개 가서 그 좋은 물건이나 맛 좋은 것을 사 보았으면 죽어도 한이 없겠다'는 소리를 하게 되어 마침내 그네들은 이 최고의 이상을 실현코자 기어이 서울을 다시 와서 바로 진고개로 간다 …… 아, 그러나 그네들이 이로 인해 조선의 살림이 죽어가는 사람의 피 말리듯 조선의 피가 말려드는 것을 꿈엔들 생각할 수가 있으랴. 아, 이 무서운 진고개의 유혹! 조선의 살림은 이 진고개 유혹의 희생이 되고야 말 것인가?[21]

서울 구경을 온 지방 사람뿐만 아니라 당시 서울의 부유한 고객들이 진고개의 미쓰코시백화점 등을 자주 찾고 있었다. 1927년 미쓰코시백화점의 하루 매상은 6천 원이었다. 조선인이 차지하는 고객은 4할, 매상고는 6할에 달했다.[22]

이처럼 일제강점기의 시장 상권은 청계천을 경계로 조선인의 북촌상가와 일본인의 남촌상가로 나뉘어져 민족별 이원화가 극명해졌다. 시장이 폭발적으로 성장했음에도 북촌의 시장은 위축을 면치 못했고, 남촌은 상권을 장악하고 소비문화를 주도하고 있었다. 이를 두고 사람들은 자조적으로 "경성이냐 게이조냐?"라고 반문하기도 했다.[23]

2. 전통시장의 빛과 그림자

저물어가는 저자거리, 종로상가

전통적으로 시전市廛이 자리잡고 있었던 종로는 일제의 강점 이후에도 여전히 상업 중심지로서의 역할을 수행하고 있었다. 일제 때 종로상가는 별도의 시장으로 구분되지는 않았지만 '상업지대'로 분류되었고,[24] 이전과 마찬가지로 거리 양편에 상점이 즐비한 서울의 대표적 시장이었다.

종로 거리는 대한제국기부터 도로 정비·전차부설사업 등으로 변모하기 시작했고, 강점 이후 1920년대 초까지는 큰 변화가 없었다. 그러다가 1926년에 조선총독부의 광화문 이전을 전후해 하수도가 생기고 도로포장을 새롭게 해서 주변 환경이 정비되었고, 상가의 외형과 점포 구성도 서서히 다른 변화를 보이고 있었다.[25]

종로상가의 점포들은 예로부터 포목전·어물전·유기전 등 '전廛'이라는 상호를 사용했고, 1920년대 중반까지만 해도 이런 '~전'이라는 상호가 상당히 많이 있었다. 그러나 점차 상호가 '~상점' '~상회'로 바뀌어갔고, 1930년대 이후에는 종로상가의 대부분이 상점이나 상회라는 간판을 내걸었다.* 이는 전통적인 전방廛房의 퇴조와 조선인 상권의 쇠락을 상징적으로 보여주는 것이었다. 당대의 한 지식인은 "상점으로 승차한 전방"의 거리 종로상가가 "적수赤手(맨손)와 공권空拳(맨주먹)으로 악전고투"하는 현실을 안타까워하기도 했다.[26]

종로상가는 북촌의 조선인 거주 지역을 배경으로 상권을 유지하고 있었지

* 조선사회에서는 '상점'이라는 용어를 사용하지 않았으나, 개항 후 외국인이 들어오면서 일본인 등의 가게에 '商店', '商會' 등의 상호를 사용했고, 이후 근대성을 지향하는 점포들이 상점·상회 등의 명칭을 썼다.

조선총독부 신청사 건설공사(1920)

만, 진고개 곧 혼마치 本町(현 충무로)를 중심으로 한 남촌의 일본인 상권에 비해 열세를 면치 못하고 있었다.

1920년대에 접어들면서 조선총독부의 광화문 이전에 대한 기대감이 반영되어 "이현泥峴(진고개)의 번화가 종로로" 전이될 것이라는 전망이 나돌기도 했다.[27] 우세한 자본을 가진 일본인들이 서서히 종로상가로 진출해 조선인 상권을 잠식해 들어가기 시작했다. 이런 현상은 "종로통에 일본인 상점이 늘어가는 것은 눈먼 장님이라도 딸각신 소리만 들어도 알 것이니"라고 할 정도였으니, 그만큼 조선인들은 일본인의 종로 진출에 위기의식을 느끼고 있었다.

종로상가뿐만 아니라 "경복궁 대궐을 중심으로 청진동·수송동·중학동·연동·송현동·팔판동·광화문통"[28] 등 북촌 전반에 걸쳐 "날마다 일본인의 집이 한 집씩·두 집씩 늘어" 가고, 조선인들은 성 밖이나 지방으로 쫓겨 가고 있었다. 일본인의 북촌 진출은 종로 일대의 땅값을 올리는 요인이 되었다.

> 서울 종로 네거리의 땅값은 근일에 이르러 한 평에 1,200원이라는 조선에 처음 되는 고가로 팔고사고 한다. 조선의 중심이 되는 서울의 땅값이 이제야 비로소 1천 원을 부르게 된 것은 오히려 늦었다는 생각이 없지 아니하다 …… 그럼으로 종로 네거리의 땅값이 오른 것은 이 일본 사람의 모든 세력이 종로로 옮겨오는 까닭이다. 다시 말하면 일인의 세력이 점점 커 가는 반면에 조선인의 세력이 점점 몰락하는 것을 알 것이다. 아 조선 사람아 이것이 서울에만 있는 일이 아니다. 죽겠느냐? 살겠느냐?[29]

옮겨진 광화문과 중학천

이처럼 1924년 5월에 종로 네거리의 땅값이 1평에 1,200원에 달하자, 그 원인을 일본인의 진출과 조선인의 몰락이라는 구도로 파악하고 있었다. 따라서 땅값 오르는 것은 환영했지만, 일본인 세력에 대한 위기감을 "죽겠느냐? 살겠느냐?"라는 말로 절박하게 표현한 것이다. 1915년에 종로2가의 평당 땅값이 100원이었던 점을 고려하면,[30] 당시 종로2가 일대의 땅값이 얼마나 폭등했는가를 충분히 헤아릴 수 있다. 이때 종로의 땅값 상승은 조선총독부의 광화문 이전에 대한 기대 효과에 말미암은 바 크고, 일본인의 종로 진출 또한 총독부 이전과 밀접한 관련이 있었다.

그러나 종로가 "상업의 중심"에 설 것이라는 예상과 달리, 1920년대 후반 중추원에서 조사한 자료에 의하면 "조선인 측의 상업은 더욱 위축·쇠미해져, 예부터 경성의 상업 중심지인 종로의 번성함은 이제 찾아보기 힘들 정도로 쇠퇴하고 있다"고 할 정도로 기울어졌다.[31]

> 북악과 남산이 에워싸고 있는 경성이 경성 안의 상가를 살피어봄에 이 어찌하면 이렇게도 칼로 비인 것과 같이 현저한 간격이 있을까. 남촌은 산 저자거리로 아무리 불경기의 때이라고 하나 앞으로 나아가는 세勢가 역력하다. 그러나 고개를 돌이켜 북촌의 중심인 종로 네마루에서 전후좌우를 보고 또 보아도 활기가 있는 것 하나도 눈에 안 뜨인다. 오직 저물어가는 저자거리로만 보일 뿐이다. 이 쓸쓸한 상가를 보고 돌아서는 이의 가슴은 누구나 답답하고 눈이 캄캄하다.[32]

만주사변 직후인 1932년 초, 종로상가 일대는 "저물어가는 저자거리", "쓸쓸한 상가"의 모습을 보이고 있을 정도로 불경기의 그늘에 허덕이고 있었다. 이와 같이 "몇백 년을 두고 만들어놓았다"[33]는 종로상가의 위축은 많은 사람들의 안타까움을 자아냈다. 그러자 "역시 우리네 살림 물품이야 우리네들의 종로 방면 상점이 역시 나을 것"[34]이라는 종로상인의 말을 인용해 종로상가의 이용을 권장하기도 했다. 한편으로 남촌의 일본인 상가를 찾는 조선인을 경계하면서 "그곳(진고개)에 조선 동포의 발이 잦아지고 수효가 느는 정비례로 종로 거리 우리네 상점의 파산이 늘고 우리 살림은 자꾸 줄어드는 것"[35]이라고 지적하기도 했다.

한편 종로상가의 부진을 안타까워하던 조선인들에게 동아백화점과 화신백화점이라는 존재는 매우 고무적인 대상이었다. 사람들은 두 백화점이 "조선인 상업계의 면목을 세우게 되었던"[36] 것이라는 자부심을 갖고 있었다.

그러나 종로의 상가와 상인들이 일방적으로 쇠락하기만 한 것은 아니었고, 여전히 조선인의 대표적 시장으로서의 위상을 지니고 있었다. 이 무렵 시장은 높은 성장세를 유지하고 있었고, 종로상가도 예외는 아니었다. 다만 일본인이 시장을 장악하고 있는 상황에서, 종로상가 등 조선인 시장의 성장은 제한적일 수밖에 없었고, 경기불황 등 변수가 생기면 제일 먼저 타격을 입고 몰락해가는 경우가 적지 않았다. 따라서 종로상가의 위축은 "절대적이거나 상대적이거나" 하는 측면이 동시에 내포되어 있는 현상이었다.[37]

종로상가에서 자본을 축적해 성장한 경우도 적지 않았고, 계속 성장세를 유지하면서 사업을 확장한 사례도 있으며, 성장과 몰락의 부침을 거듭한 경우도 있었다. 이들 자본력 있는 상점은 대부분 총독부 권력과 밀착되어 있었고, 적극적이거나 소극적이거나 식민지 권력에 협조·순응하면서 성장세를 유지해나갔으며, 그렇지 못할 경우 쇠락을 면하기 어려운 실정이었다.

수남상회壽南商會는 19세기말 종로에 자리잡았던 포목점으로, 집안사람들이 동업하는 합자회사 형태의 점포였다. 강점 후 1913년에 김태희金泰熙는 집안의 동업을 청산하고, 자신이 소유권·경영권을 갖는 개인기업으로 조직을 개편했다. 이후 수남상회는 계속 성장했고, 1910년대 후반에 큰 호황을 누렸다. 1920년 초 경기불황으로 매출액이 줄어드는 등 애로를 겪었으나, 1926년

말부터 일본에서 각종 직물을 수입해 국내 도매상·중개상 조직을 통해 전국 소매상에 판매함으로써 매출액이 큰 폭으로 늘어났다.[38]

무역상·도매상으로서 성공한 수남상회는 1930년대 전반기에 자본금을 종전의 2배 이상인 5만 원으로 늘리고, 점포도 부근 종로1가 55번지로 확장·이전했다. 이어 1935년에는 자본금 50만 원의 주식회사로 개편하면서, 꾸준하게 매출을 늘리며 성장세를 유지했다. 일제 말기에 김태희는 조선(경성)직물상동맹회의 회장으로서 전시체제에 적극 협조했으며, 해방 후에는 극우노선을 걸었다.

화신상회和信商會는 남대문통에서 금·은세공품을 제조·판매하던 신태화申泰和가, 1918년에 동업자와의 경영권 분쟁을 피해 종로2가로 이전하면서 종로의 대표적 상점으로 떠오르게 되었다. 1877년에 남촌의 무반가에서 독자로 태어난 신태화는 13살의 어린 나이에 종로 은방銀房의 직공이 되었다가, 19세이던 1895년에 구리개[銅峴, 현 남대문로]에서 금은세공업을 운영했고, 1908년에 신행상회信行商會를 설립해 본격적으로 금은세공품을 제조·판매했다. 이후 신행상회는 확대 발전을 거듭했으나, 자본을 투자한 동업자와 마찰로 문제가 발생하자, 신태화가 종로로 독립해 화신상회를 설립한 것이다.[39]

종로의 화신상회는 영업 실적이 향상되면서 "금은상으로 일류의 거상巨商"이라고 알려졌고, 이후 포목부와 잡화부를 설치하고 사업을 확장하면서 백화점식 경영을 시도했다. 화신상회는 1922년에는 300원의 영업세를 납부했으나, 1930년경에는 백화점으로 분류되어 758원의 영업세를 낼 정도로 외형적으로 성장했다. 그러나 1929년 이후 불어 닥친 대공황의 여파로 자금난을 겪게 되었고, 결국 박흥식朴興植에게 수만 원의 자금을 빌렸다가 제때 갚지 못해, 1930년 말경에 화신상회의 일체 권리와 재고 상품을 모두 박흥식에게 넘겼다.

화신상회를 인수한 박흥식은 조직을 대대적으로 개편하고, 목조 2층 건물을 콘크리트 3층 건물로 증개축해 1932년 5월에 문을 열었다. 이것이 바로 화신백화점의 출발점이었다. 또한 1932년 7월에 박홍식은 바로 옆의 동아백화점을 인수·합병함으로써 명성을 굳혔으며, 이후 꾸준히 성장세를 이어갔다.[40]

동아백화점의 역사는 동아부인상회東亞婦人商會에서 시작된다. 동아부인상회는 1920년 6월에 창립총회를 갖고 자본금 40만 원 규모로 설립되었으나, 이후 경영 상태가 좋지 못해 어려움을 겪었다. 그러자 최남崔楠이 1925년에 인수해 3층으로 증축했고, 이후 평양·대구 등 9개 지점을 개설할 정도로 크게 성장했다. 최남은 동아부인상회의 성장을 토대로 화신 바로 옆에 지하 1층·지상 4층의 대규모 건물을 신축하고 동아백화점을 열었다. 그러나 화신백화점과 같은 공간에 나란히 위치했고, 똑같이 조선인 고객을 대상으로 삼았기 때문에 경쟁이 치열할 수밖에 없었다. 두 백화점은 경품 제공과 할인대매출 등 출혈경쟁을 벌였고, 결국 화신이 동아백화점을 인수하면서 동아부인상회는 막을 내렸다.

백윤수상점白潤洙商店 또한 종로상가를 무대로 성장한 경우이다. 백윤수는 종로 시전상인 출신으로, 상류층 고객을 대상으로 고급 견직물을 판매해 자본을 축적했다. 대상인으로 성장한 백윤수는 한일은행韓一銀行*을 이용해 자금을 융통했고,[41] 1916년에는 주식회사 대창무역大昌貿易을 설립해 외국과의 직거래 무역을 시도했다.[42] 유재명柳在明도 견직물을 취급한 종로의 포목상 출신으로 1910년대에 백윤수와 함께 대표적인 조선상인으로 꼽힐 정도였으며, 1923년경에 남대문에 유재명상점을 경영했다.[43]

그 외에 종로의 자본력 있는 상점으로는 종로1가의 포목상 김희준상점金熙俊商店, 종로 포목상계의 거목 김윤면상점金潤冕商店, '두자 뜨면 넉자'를 준다는 배척주의倍尺主義로 유명한 손종수상점孫鍾洙商店, 백운영白運永이 운영하던 백상회白商會, 덕창상회德昌商會 등 많은 점포들이 있었다. 이 가운데 김윤면상

* 한일은행은 1906년 화폐정리사업에 대응하기 위해 설립된 보통은행으로, 서울에서 민간인이 주도해 설립한 최초의 보통은행이다. 일제강점기 조선 내 보통은행 중 예금·대출에서 조선인이 가장 많이 이용했던 은행이며, 조선인 상인의 자금 조달 및 회전에 기여했다.

점은 1930년대 중반에는 문을 닫았다.⁴⁴

1938년은 직물 경기가 호황을 이루어, 면포 등을 취급하는 직물상의 수익이 높았다. 포목을 제조하는 경성방적京城紡績은 그해 상반기에만 100만 원의 이익을 보아, 그중 50만 원을 군부에 바칠 정도였다. 종로상가의 포목점들도 높은 매상고를 기록하면서 수익을 올리고 있었다.⁴⁵ 김희준상점은 약 300만 원, 종로3가에서 견면포絹綿布를 무역하던 동순덕東順德은 250~260만 원, 화신직물부가 200만 원, 그 외 상점들도 100~200만 원 정도의 판매고를 기록했다. 이런 직물 거래의 이득은 포목 가격의 급등에 기인한 것으로, 그 피해는 고스란히 일반 소비자에게 돌아갔다.

1940년 무렵 조선인 재계·실업계의 1년 소득액 조사에서 화신백화점의 박흥식은 20만 원으로 3위를, 포목상 김희준金熙俊은 15만 원으로 7위를, 포목무역상 최남은 13만 원으로 9위를 기록했다.⁴⁶ 한편 소득액 1위를 기록한 인물은 광산왕鑛山王으로 불렸던 최창학崔昌學으로 24만 원이었고, 일본인 1위는 광산업에 종사한 고바야시 사이오小林釆男로 120만 원에 달해 최창학의 5배 소득을 올리고 있었다.

'조선 제일의' 남대문시장

남대문시장은 경성부 남미창정南米倉町(현 남창동) 282번지에 있었고, 「시장규칙」에 의해 제1호 사설시장으로 분류되었다. 그러나 1930년대 중반에 사설 제2호 시장으로 바뀌었다.⁴⁷ 남대문시장은 몇 차례의 대형 화재로 외형과 규모의 변화가 있었지만, 1924년 무렵 면적은 2,712평으로, 전부 기와지붕 벽돌조의 단층 건물이었고 과일도매점은 지하실에 있었다.

남대문시장의 이용 범위를 보면, 예전에는 경기도·충청도·강원도·황해도 등 전국의 물산이 집산되는 전국적 시장으로서 기능했다. 그러나 철도·도로 등의 교통이 발달하면서 전국의 물자가 생산지에서 소비지로 직접 공급되었고, 남대문시장의 이용 범위도 대폭 축소되었다. 1920년대 전반기에 남대문시장을 이용하는 범위는 부근 15리 내외에 그치고 있었다.[48]

남대문시장의 경영권에도 몇 차례 변동이 있었다. 1905년부터 김시현金時鉉이 남대문시장을 관할했으나, 1912년에 총독부가 선혜청 기지를 15년 연한으로 송병준宋秉畯의 조선농업주식회사朝鮮農業株式會社에 대부해줌으로써 시장 경영권이 조선농업주식회사로 넘어갔다. 이후 1922년에 남대문시장의 경영권 일체가 일본인 회사인 중앙물산주식회사中央物産株式會社로 양도되었고, 이후 중앙물산(주)에서 시장 경영을 주관했다.[49]

남대문시장은 경영자와 상인 가운데 일본인이 상당수 포함되어 있었지만, 대부분의 상인과 고객은 조선인이었고, 취급 물품 또한 조선인이 애용하는 상품들이 많았다. 상거래 환경도 전통적 요소가 강했다. 따라서 남대문시장은 일본인이 주도권을 장악한 남촌에 있었지만 "조선 사람과는 과거와 현재에 중대한 관계를 가진", "조선 제일의 조선인 시장"으로 간주되었고, 상인들도 "누백 년 역사"를 지닌 역사적 전통에 대해 자부심을 갖고 있었다.[50]

전통적으로 남대문시장은 도매와 소매를 겸했다. 1910년대 초, 남대문시장과 동대문시장의 상인 구성이다.

1910년대 초 남대문·동대문시장의 출시 상인 (단위 : 명)

업종별/시장별	미상米商		어류상魚類商		과물상果物商		잡화상	기타	계
남대문시장	36	여각 28 소매 8	20	中商 10 소매 10	43	여각 18 소매 25	19 (주로 소매)	30	148
동대문시장	31		12		11	15	26		95

※자료 : 조선총독부, 『경성상공업조사』, 1913, 124쪽.

남대문시장은 도소매시장이라고 할 수 있으나, 대형 소매시장에 가까운 모습을 띠고 있었다. 미곡과 어류·과일·채소 등 각종 농수산물과 식료품을 판매했고, 그 외에 육류·잡화 등 일상생활용품을 판매했다.

그러나 점차 남대문시장은 도매시장의 성격이 강화되었다. 1923년의 경우도매 93호, 소매 32호로 대부분 도매상이었다. 상당수가 도매와 소매를 겸하고 있었고, 순전히 소매만을 하는 상인은 소수였다.[51] 1935년 남대문시장의 상인은 177명이었는데, 도매상이 63명(36%), 위탁판매상 61명(34%), 소매상 33명(19%), 중매인 20명(11%)으로 나타났다. 이처럼 도매상과 위탁판매상의 비중이 전체의 70%를 차지할 정도로 도매시장의 성격이 강했다. 이때 업종별 비중을 보면, 미곡상 24명, 과일·채소상 69명, 건어물·염장생선상 33명, 과자상 11명, 잡화상 23명, 육류상 5명, 기타 12명으로 나타났다.[52] 그러다가 1939년에 중앙도매시장이 개장되면서 남대문시장은 소매시장으로 제한되었다.

남대문시장은 여전히 서울은 물론 전국의 대표적 시장으로서 기능하고 있었고, 1911년 무렵에는 남대문시장과 동대문시장의 연간 무역액이 15만 3,522원이었고, 취급 품목은 농산물·수산물·직물류·가축류 등이었다. 1918년경에는 남대문시장의 연간 거래액이 170만 7,300원에 달했다. 당시 연간 거래액이 50만 원 이상인 시장은 전국적으로 16개 시장이 있을 뿐이었다.[53]

1921년 10월 12일에는 남대문시장에 대형 화재가 발생해 대부분의 점포가 소실되었다. 당시 화재로 인한 피해액은 100만 원 이상이었고, 소실된 상점은 126호였다. 그중에서도 미곡상의 손해가 가장 컸다.[54] 조선농업주식회사는 신축 허가를 얻었으나, 1922년에 자금난 등으로 시장건축허가권과 경영권 일체를 일본인 회사인 중앙물산주식회사中央物産株式會社에 양도했다.[55]

남대문시장을 차지한 중앙물산(주)은 자본금 90만 원, 불입액 22만 5,200원, 대표 오무라 핫쿠조大村百藏, 설립 목적은 "생과生果·야채·수산물 및 잡곡 등의 위탁판매·매매중개, 창고 및 운송업, 시장경영"이었다.[56] 중역으로는 일본인들이 다수 참여했고, 대주주로 송병준이 참여하고 있었다. 이후 시장 이름도 중앙물산시장으로 변경했지만, 사람들은 여전히 남대문시장으로 불렀다.

중앙물산(주)은 시장 건물을 신축하고, 옆에 있던 남미창정시장南米倉町市場

을 병합해 남대문시장의 영역을 확장했다.[57] 건물 신축 뒤에는 이전 회사가 약속한 월세 6원 36전보다 몇 배나 많은 33원 50전씩 내라고 강요했다. 상인들이 월세가 너무 높다고 시정을 요구했으나 받아들여지지 않았다.[58]

남대문시장은 1923년 연간 거래액이 259만 8,800원에 달할 정도로 급성장했는데, 농산물 135만 7,000원(52.2%), 잡화 104만 4,000원(40.2%), 수산물 19만 7,800원(7.6%)이 거래되었다. 이는 화재로 건물의 대부분이 소실되었던 1922년의 거래액 109만 3,200원에 비해 2배 이상 성장한 것이며, 당시 동대문시장의 연간 거래액 158만 원에 비해 매우 높은 것이다.[59]

1929년 12월에 중앙물산(주)은 국유지였던 남대문시장 일대의 토지불하운동을 펼치기로 결정했고, 마침내 1931년 3월에 총독부로부터 남대문시장 기지基地 2,378평을 불하받았다. 당시 이 일대의 땅값이 평당 300원 이상이었는데 중앙물산(주)은 59원에 불하받았다. 그때 남대문시장을 경영하던 중앙물산(주)은 사업상 실패로 40~50만 원의 부채를 지고 있었기 때문에,[60] 세간에서는 '일개 회사'를 옹호하기 위해 국유지를 헐값에 매각한다는 비판이 있었다.*

중앙물산(주)은 1933년 1월부터 남대문시장의 점포 사용료를 4할씩 대폭 인상했다. 상인들이 이의를 제기하고 받아들이지 않자, 당국에 진정서를 제출하기도 했다. 또한 회사는 산지의 위탁 상품을 모두 회사에서 운영하는 하수조합荷受組合을 거치도록 통제했다.[61]

남대문시장 상인들은 회사의 과도한 점포료 인상과 일방적인 시장 운영에 대응하고자, 1933년 12월 26일에 성명신成明信 등 24명의 발기로 시내 식도원食道園에서 창립총회를 열고 남대문시장상인연합회南大門市場商人聯合會를 창립했다. 창립총회는 임시의장 김홍경金興慶이 진행했고, 참석한 상인은 107명이었다.[62] 이때 언급한 남대문시장상인연합회 창설 배경이다.

* 당시 남대문시장의 불하 면적과 평당 가격은 신문별로 차이가 있다. 『동아일보』에서는 2,378평의 부지를 약 15만 원(평당 59원)에 불하받았다고 보도하고 있고, 『조선일보』는 1,548평을 35원~40원에 불하받을 것이라는 내용과 이후 평당 48원에 불하받은 사실을 보도하고 있다.

첫째로는 오늘까지 경성 안 시장 중 첫손가락을 꼽는 남대문시장의 많은 상인들 새에 서로 연락을 취하고 나아갈 단체가 없었다는 것을 유감으로 생각해 연합회를 만든 것이라는 것이고, 둘째는 남대문시장을 관련하고 있는 중앙물산회사가 시장을 위하는 성의가 적고 또는 지난번에 집세를 올린 것에 대한 불만으로 동 시장의 자위책을 쓰기 위해 연합회를 창립한 것이라고 한다.[63]

이후 1936년 2월 현재 남대문시장상인연합회의 회원은 120명이었고, 회비는 1인당 매월 60전씩이며, 매년 상인운동회를 개최했다. 당시 상인연합회의 임원진을 보면, 회장 성명신成明信, 부회장 김흥경金興慶, 전무이사 최형근崔亨根, 상무이사 김흥열金興悅 등 8명, 감사 2인으로 구성되어 있었다.[64] 1936년 2월 무렵 남대문시장은 상주 영업자만 230명, 자본금은 7~800만 원, 1일 매상고는 8만 원이었고, 상주 상인 이외에 점포 앞이나 길가에서 장사하는 노점상은 매일 수백 명에 달했다.[65]

그런데 남대문시장은 「시장규칙」에 의해 1937년 3월 24일자로 영업허가권이 만료되어, 이후 시장의 문을 닫아야 할 입장에 처해 있었다. 당국에서는 남대문시장과 동대문시장의 허가 기한 만료를 계기로 경성중앙도매시장을 대신 건설할 계획을 구상했다. 군수식료품 운반을 염두에 두고 방공시설까지 계획하고 있었다.[66]

이런 현실에 직면한 남대문시장 상인들은 여러 가지 대책과 해결 방안을 모색했다. 우선 남대문시장이 그대로 존속될 수 있기를 희망했고, 경성중앙도매시장이 설립될 경우에는 대대로 장사해온 "기득권"을 인정해 자신들은 모두 수용해줄 것을 요구했다.[67] 나아가 업자와 상권 옹호를 목표로 경성식료품주식회사京城食料品株式會社 설립을 추진했다.

1936년 2월에 남대문시장 상인들은 자본금 100만 원 규모의 상사회사商事會社로서 경성식료품주식회사 창립을 결의하고, 5월에 두 차례의 발기인대회를 열어 취급 품목과 자본금 규모 등을 결정했다. 그리고 같은 입장에 처한 동대문시장 상인들의 가담을 권유하기도 했다. 이때 회사의 목적으로 과실과 채소·염간어·곡물의 도매, 그리고 취급 품목을 원료로 하는 식료품의 가공·제조·제품의 도매를 제시했으며, 자본금은 100만 원이고 그중 1/4을 불입拂入하기로 했다. 회사 존립 기한은 회사 설립일로부터 30개월로 규정했다. 1936년 9월 1일에 경성식료품주식회사 창립총회를 열고 자본금을 반감해 50만 원으로 결정하고, 사장에 사이토 규타로齊藤久太郎, 상무에 최형근崔亨根 등을 선출했다.[68]

또한 1936년 12월 8일에 남대문시장상인연합회 임시총회를 열고, 새로 개설되는 경성중앙사매시장京城中央卸賣市場, 곧 경성중앙도매시장 부근에 '종합소매시장'을 설치해 그곳으로 옮겨가 장사하는 방안을 결의했다.* 이때 종합시장의 건설 비용은 상인들이 마련하기로 하고, 경성부에 종합시장을 설치할 수 있는 부지를 마련해줄 것을 요청했다. 그러나 아마쓰라甘蔗 경성부윤은 부지 마련을 현실적으로 어려운 문제로 보고, 다만 "시장과 비슷한 형태로 상점을 죽 나열해 상점가商店街로서 존속해"가는 방안을 제시했다.[69] 1937년 3월에도 남대문시장상인연합회에서 경성부윤에게 탄원서를 제출해 중앙도매시장 부근에 종합시장을 설치하게 해줄 것을 계속 요청했다.[70]

남대문시장은 시장 허가 기한이 만료된 1937년 3월 24일 이후에도 당국의 묵인 아래 계속 장사를 했다. 그것은 바로 옆에 중앙물산(주)에서 운영하는 식료품시장이 있었고,[71] 아직 남대문시장과 동대문시장을 대신할 만한 경성중앙도매시장이 건설되지 않았기 때문이었다. 당시에 중앙도매시장 건설은 계속 연기되고 있었다. 만주사변과 중일전쟁으로 자금이 부족했기 때문이었다.

중앙도매시장은 1939년 4월 1일에 원래 계획보다 축소되어 문을 열었고,

*이때 경성중앙도매시장을 경성중앙사매시장으로 표기한 것은 도매를 뜻하는 일본어 '卸賣(おろし)'로 표기했기 때문이다. 따라서 언론에서는 두 용어가 구분 없이 사용되고 있었다.

남대문시장과 동대문시장은 소매시장으로 존속시켰다.[72] 도매 중심이던 남대문시장은 상권의 축소가 불가피해졌으며, 도매를 중심으로 하던 상인 50여 명은 대행회사·중매 등으로 전출을 희망했다. 결국 남대문시장은 소매시장으로서 겨우 명맥만 유지하면서 해방을 맞이하게 되었다.

조선인 자본으로 운영된 동대문시장

동대문시장은 경성부 예지동 4번지에 있었고, 광장시장 또는 이현시장으로도 불렸다. 1914년 「시장규칙」에 의해 제1호 사설시장으로 분류되었으나, 1930년대 중반에는 사설 제2호시장으로 바뀌었다. 1924년경 동대문시장의 면적은 2,803평으로, 기와지붕 245칸, 아연지붕 153칸, 가건물[牛上家] 77칸이 있었다. 점포세는 매월 '건평 1칸[間]'에 1등 점포는 4원 50전, 2등 점포는 4원, 3등 점포는 2원을 받았고, 시장 입장료는 1평당 1일 20전을 받았다.[73]

동대문시장은 도매와 소매를 했는데, 소매 전문 상인도 있었지만 대개 도소매를 겸하고 있는 경우가 많았고, 남대문시장에 비해 소매시장의 성격이 강했다. 1935년에 동대문시장 상인은 168명이었다. 그중 소매상이 108명(64%), 도매상이 60명(36%)이었다.[74] 이처럼 소매상의 비중이 높았기 때문에, 훗날 경성중앙도매시장의 개설로 인한 타격은 상대적으로 적었다.

동대문시장의 취급 품목은 미곡·어류·채소·과일·잡화 등 서울 주민들의 일상생활용품을 판매했다. 1910년대 초에 이미 동대문시장 출시出市상인은 95명에 달했다. 미곡상 31명, 어류상 12명, 과물상 11명, 잡화상 19명 등으로 나타났다.[75] 1923년경 동대문시장의 연간 거래액은 157만 9,020원이었다. 농산물 126만 7천 원(80.2%), 수산물 50,680원(3.2%), 잡화 26만 1,340원(16.6%)으로 나타났다.[76] 그 무렵 남대문시장의 거래액 259만 8,800원에는 훨씬 못 미치는 규모였다.

동대문시장의 경영권은 1905년 이래 줄곧 광장회사廣場會社에서 행사했고,

1911년 12월 21일에 광장주식회사로 상업등기를 했다. 1911년말 광장주식회사의 자본금은 78,000원이었고, 임원으로는 취체역取締役(이사)에 김종한金宗漢·홍충현洪忠鉉·김한규金漢奎, 감사역監査役에 박승직朴承稷이 있었다.[77]

1912년에 광장주식회사는 시장의 운영권을 둘러싸고 사장단과 실제 운영진 사이에 분규가 일어났다. 당시 신문에 게재된 내용이다.

> 남작 김종한씨는 양반의 출신이나 …… 1주 50원의 1,600주, 자본금 8만 원으로써 동대문 내 이현에 광장주식회사를 설립하고, 동대문 외로부터 수입되는 제화물諸貨物(여러 가지 물품)의 시장 및 창고업을 겸무兼務할 새, 김종한으로 사장을 추선推選(추천해서 선정)하고 박기양 외 2명을 중역으로 추선한지라. 양반 측에서 자금을 거집醵集(추렴해서 모음)했으나 실제 사무는 평민의 사용인에 위임한 바 …… 홍충현의 일파는 극력으로 주의 매수를 시도해 지금은 총 주 1,600주 중 양반 측의 소유주는 김남작의 200주 이외에는 겨우 120여 주에 불과해 마침내 평민 측의 천하를 형성한 후, 김종한씨를 유명무실한 사장의 공위空位(실권은 없고 이름뿐인 직위)에 두고, 총무의 명칭으로 홍충현은 일체 사무를 앙장鞅掌(번거롭고 바쁨)해 평민 측의 동류同類 박승직·김한규·김용집金用集의 3명을 뽑아 중역으로 한 이래로 연 1할 5푼 이상의 배당을 행해 …… 사장 김종한을 배척하는 음모를 기도해 전 일요일(14일) 오후 1시부터 열은 총회석상에 김남金男이 유고 결석함을 호기로 하여 …… 조선 귀족을 극구 매도하고 다시 김종한을 사장으로 대戴(추대)함은 광장회사의 불명예라 하여 다수의 결의로써, 정관定款에는 명확히 금후 3년간의 임기가 있는 김씨를 불법으로 배척하여 그 뜻을 서찰로써 김남에게 통지한 고로 …… [78]

위의 기사는 김종한의 입장에서 쓴 것이지만, 당시 사건의 내막은 대략 들여다볼 수 있다. 광장주식회사의 주식을 대부분 소유하고 실제 운영권을 행사해온 홍충현·박승직·김한규 등은, 양반귀족 출신의 김종한 사장을 퇴출시켜 명실상부하게 시장 운영권을 행사하려 했고, 그에 대비해 상당 기간 주식을 매입하는 등 준비를 해온 것으로 보인다. 그리고 1912년 2월 14일에 총회를 열어 "김종한을 사장으로 추대함은 광장회사의 불명예"라고 규정하면서 아직 임기가 남은 김종한 퇴출을 결정하고, 이를 통고함으로써 마무리하고자 했다. 그러나 김종한은 이런 일방적 처사에 반발해 문제를 제기했다. 사건은 '양반'과 '평민' 간의 싸움으로 번져 "귀족 전체에 대한 모욕 행위"로 간주되기도 했다.

이 사건은 결국 김종한과 홍충현이 사퇴하고, 박승직·김한규·김용집·심의석沈宜碩 등이 이사 및 감사로 취임해 광장주식회사의 운영권을 장악함으로써 일단락되었다. 1925년경 광장(주)의 임원진을 보면, 사장 김한규, 이사 박승직·장두현張斗鉉, 감사 최인성崔仁成·김태희金泰熙로 구성되었으며, 자본금 50만 원, 주식수 1만 주, 주주 22명으로 나타났다.[79] 따라서 1912년 이후 광장(주)의 운영권은 실제 상업·금융업 분야에서 활동하고 있는 인물들에게 돌아간 것으로 보인다.

광장주식회사의 사장이었던 김한규(1876~)는 원적이 서울 수하정水下町(현 중구 수하동)으로, 홍충현·박승직 등과 "평민 측의 동류"라고 한 것으로 보아 상인 출신 인물로 보인다. 그는 광장회사를 비롯해 조선상업은행·한일은행·조선생명보험회사 등 수많은 회사에 중역으로 관여해 활발하게 활동했다. 1940년에 발행된 잡지 『삼천리』에서 당시 서울 재산가들의 1년 동안의 소득을 조사해 발표했다. 최고 소득자는 광산을 경영한 최창학崔昌學으로 24만 원이었고, 김한규는 8만 원으로 기록되었다. 그는 실업가로서 경성골프구락부의 멤버가 되어 조선 내 고관과 일류명사 등 상류층들과 어울려 골프를 하기도 했다.[80] 그는 1942년에도 광장(주)의 사장 직임을 맡고 있었다.

김용집은 약국 사환으로 출발해 청상 동순태同順泰의 고용인으로 들어갔다가 독립해 기업활동을 한 인물이다. 1918년 11월에 총독부에 공동무역주식회사共同貿易株式會社 설립을 신청해 허가받았다. 이 회사는 포백布帛·모피·곡물·해산물 등의 무역 및 위탁판매를 목적으로 하고 있었다. 이때 공동무역주식회사에는 김용집 외 8명이 참여했고, 자본금은 50만 원에 달했다. 1924년에는 한성은행 취체역取締役을 맡았으며, 경성흥산주식회사京城興産株式會社의 주식 850주를 소유한 대주주였다.[81]

동대문시장은 운영자와 상인·고객이 대부분 조선인으로 구성된, 조선인의 대표적 시장이었으며, 남대문시장과 더불어 서울의 '양대시장'으로 간주되었다. 당시 서울의 인구 증가와 무역거래량의 증가로 동대문시장 또한 전반적인 성장세를 유지했으나, 남대문시장이나 남촌 상가에 비해 상대적으로 저조한 형편이었다.

1911년경 동대문시장의 연간 매출액은 남대문시장과 합해 15만여 원이었는데, 1922년에는 동대문시장의 연간 매출액이 179만 9,840원으로, 시장 중에서 가장 높은 거래액을 기록했고, 남대문시장의 109만 3,200원에 비해 70만 원이나 많았다. 그러나 1923년경 동대문시장의 연간 거래액은 157만 9,020원으로 줄어든 반면에, 남대문시장은 259만 8,800원으로 2배 이상 늘어난 것으로* 기록되어 있다.[82]

이처럼 두 시장 간 1922년 대비 1924년의 거래액이 큰 폭으로 역전된 것은, 1921년의 대형 화재로 남대문시장 건물이 모두 소실되어 소비자들이 동대문시장으로 몰려들었다가, 이후 시장건물의 복구와 경영진의 교체로 남대문시장이 새롭게 정비되었기 때문으로 보인다.

* 남대문시장의 경우 '대정 12년' 곧 1923년의 연도 표기가 명확하게 제시되어 있으나, 동대문시장은 연도 표기가 구체적으로 드러나 있지 않다. 그러나 동대문시장의 자료도 1923년을 기준으로 한 것으로 보인다.

점포료의 기준을 동대문시장은 1칸으로, 남대문시장은 1평으로 삼고 있었기 때문에 동일선상에서 비교하기는 어렵다. 그러나 1936년에 남대문시장 상인들이 동대문시장의 예를 들어 점포료 인하를 요구한 것을 보면, 동대문

1923년 동대문시장과 남대문시장의 현황

시장	소재지	면적(평)	설비	취급 물품	점포료(매월)	거래액(원)	상인수	이용 범위
동대문시장	예지동 4	2,803	기와단층 – 245칸 아연지붕 – 153칸 半가건물 – 77칸	농·수산물, 잡화	(건평 1칸당) 1등 – 4원50전 2등 – 4원 3등 – 2원	1,579,020	218호	경성 부근 15리 내외
남대문시장	남미창정 282	2,712	전부 –기와벽돌 단층 과물도매점 –지하 설치	농·수산물, 잡화	(건평 1평당) 1등 – 3원 5전 2등 – 2원35전 3등 – 2원 5전	2,598,800	125호	경성 부근 15리 내외

※자료 : 조선총독부, 대정 13년(1924), 『朝鮮の市場』, 286~288, 291~293쪽.

시장의 점포료가 상대적으로 낮게 책정되어 있었다.

　1936년 2월 현재 동대문시장은 자본금 350만 원 가량, 상주 상인 170명, 1일 매상고 만 원, 연간 매상고 300만 원에 달했다. 품목별 연간 매출액을 보면 농산물 150만 원, 생선(鮮魚) 18,000원, 염간어(鹽干魚) 4만 원, 기타 수산물 20만 원, 직물 18,000원, 잡화류 90만 원으로 집계되었다.[83] 이때 농산물은 대부분 대두(大豆)·소두(小豆)였고, 강원도·경기도 인근으로부터 들어왔다. 이처럼 동대문시장은 농산물이 50% 정도, 잡화류가 30% 정도, 수산물이 9% 정도를 차지하고 있었다. 상주 상인들 이외에 매일 800여 명의 장꾼들이 드나들며 매일 3,000원 정도의 매상고를 올렸고, 이용료로 한 지게에 4전씩 받았다. 이때 동대문시장의 거래액은 1923년 대비 2배 정도로 커졌지만, 당시 남대문시장의 자본금(700~800만 원)과 1일 매상고(8만 원)에 비해 상대적으로 열세였다.

　도매와 소매가 공존하고 있었던 동대문시장도 경성중앙도매시장 건립 계획으로 위기의식을 느끼고 있었다. 당시 동대문시장은 소매의 기능이 커서, 경성부 당국자는 "동대문시장은 현재에도 도매시장의 가치가 거의 없기 때문에, 중앙도매시장이 실현될 때는 소매시장으로밖에 못될 것"이라고 했다.[84] 그러나 동대문시장을 운영하는 광장주식회사는 그에 대한 대비를 서둘렀다.

최근 경성부의 중앙도매시장 문제가 대두되고 있는 차제 긴 역사를 가지고 있는 동시에 위치로 보던지 경영자로 보아서 경성에 없어서는 안 될 동대문시장의 경영자인 광장회사에서는 시장 내의 제반 시설의 확충을 도모하기 위해 작년 인접 금촌양행今村洋行의 부지와 건축물을 매수하는 동시에 시장건물의 개축에 착수하게 되었는데, 제1착으로 미곡부米穀部의 일부 건물을 3만 원의 예산으로 최근 착공한다고 한다. 이와 같이 제반 설비의 확충을 도모하는 동시에 동시장도 경성부의 중앙도매시장 실현에 임해 부내 다른 시장과 동일한 자격과 권리를 갖고 그에 참여할 계획이라 한다.[85]

1939년 4월 1일 경성중앙사매시장이 개점한 후 동대문시장은 소매시장으로 계속 존속되었다. 도매 중심이던 남대문시장에 비해 그 충격이 상대적으로 적었지만, 동대문시장의 축소는 불가피했다.[86]

동대문시장에는 각종 사건이나 사고와 분쟁이 있었다. 1916년에는 출통계出桶契, 곧 산통계算筒契*를 조직했다는 죄목으로 동대문시장 상인 몇 명이 수감되었다.[87] 그들이 출옥할 때 마중 나온 상인이 300여 명에 달해 그 감옥 개설 이래 최대 인파로 꼽을 정도였다.

1922년 7월에는 동대문시장 담배 소매상들이 경성연초원매팔주식회사京城煙草元賣捌株式會社를 상대로 연초 소매 이윤(100원에 60전)의 인상과 판매 대금 납기(2일간)의 연장을 요구하면서 1일 동안 판매를 중지하기도 했다.[88]

1831년에는 동대문시장의 상인 100여 명이 광장주식회사를 상대로 차지료借地料(땅을 빌려쓰고 내는 돈) 인하를 요구하고, 3월분 차지료를 불납하기로 결정했다. 당시 불경기로 거래가 줄어들어 어려움을 겪게 되자, 상인들은 매칸 5원이던 차지료를 4할 이상 인하해달라고 회사 측에 요구했다. 그러자 회사는

* 산통계는 금융을 목적으로 조직한 계의 하나로서, 계원이 정해진 곗날에 일정한 계전을 내고 통 속에 계알을 넣고 흔들어, 추첨해서 뽑힌 계원에게 다액(多額)의 할증금(割增金)을 주는 것이다. 탄 사람은 다시는 계전을 내지 않고 탈퇴하는 경우도 있고, 계가 파할 때까지 계전을 내도록 된 경우도 있다. 타먹는 동시에 탈퇴하는 것을 자빡계라고 한다.

역원회役員會(임원회)를 거쳐 차지료를 "얼마이고" 인하해주기로 결정했다.[89]

동대문시장은 조선인이 중심이 되어 조선인 자본으로 운영했기 때문인지, 남대문시장에 비해 경영주와의 마찰은 상대적으로 적었고, 상인연합회 등과 같은 조직 활동도 잘 드러나지 않았다. 그러나 해방 이후 1946년 1월에 "예전 동대문시장상인연합회를 부활" 했다는 기사가 있는 것으로 보아,[90] 일제 때 상인연합회를 조직했던 것으로 보인다.

1919년 3·1운동 때는 철시 등으로 동참했고, 1930년에는 태극기를 그린 격문이 동대문시장에 내걸려 문제가 되기도 했다. 1925년에는 출옥한 도적이 동대문시장에서 경찰 3명과 격투를 벌이다가 붙잡힌 적도 있고, 1930년 3월에는 화재로 점포 23호가 소실되고 100여 명의 이재민이 발생하기도 했다.[91]

3. 일용품 소매시장 — 공설과 사설시장

일용품을 판매하는 '제2호 공설시장'

공설시장은 「시장규칙」에서 규정한 제2호 시장에 속하고, 일반적으로 '2호 공설시장' 이라고 불렀다. 이때 제2호 시장은 "20인 이상의 영업자가 하나의 장옥場屋에서 주로 곡물·식료품의 판매업을 행하는 장소"로 규정되었다. 곧 공설시장은 도시민들에게 곡물과 식료품 등의 일용품을 판매하는 공설소매시장의 성격을 갖고 있었다.

일제는 1914년 반포한 「시장규칙」에서 조선의 재래시장과 구분되는 새로운 2호 공설시장의 설치를 규정해놓았지만, 곧이어 공설시장의 설치에 착수하지는 않았다. 그러다가 제1차 세계대전의 영향으로 해마다 물가가 치솟아 주민 생활을 위협하자, 본격적으로 검토하기 시작했다. 당시 물가를 보면 1911년의 물가지수를 100으로 놓았을 때, 1917년에는 155에 이르렀고, 1918

명치정공설시장

년에는 183, 1919년에는 259에 달했다.[92] 특히 1918~1919년의 물가 폭등은 살인적 수준에 이르러 주민들의 불만이 팽배해지자, 경성부는 1918년에 응급조치로 미곡과 생활용품을 싼값으로 공급했다. 그러나 쌀 등이 충분히 공급되지 않아 불만이 드러나고 있었으며, 1918년 8월에는 종로소학교의 염매소廉賣所에서 쌀이 매진된 것과 관련해 주민과 경찰 사이에 집단적 충돌이 일어나 헌병대까지 동원되기도 했다.[93]

이처럼 물가 폭등으로 주민들의 생계가 위협을 받게 되자, 일제는 급히 예산을 추가 편성하고 공설시장 건설에 착수했다. 경성부는 1919년 10월 20일에 종로공설시장鍾路公設市場과 명치정공설시장明治町公設市場의 설치를 신청하고, 10월 29일에 허가를 받았다.[94] 경성부는 예산 15,300원을 투입해 건설공사를 추진해 1919년 12월 23일에 두 공설시장을 개장했다. 이때 공설시장은 생활필수품의 염가廉價 공급에 목적을 두었고, 식료품과 생활필수품의 표준가격을 정해 물가를 조절했다.

용산공설시장

종로공설시장은 북촌의 견지동 110번지에 있었고, 면적 460평, 바라크 단층 건물 120평, 상수도·하수도 설비를 갖추고 있었다. 상인은 13명인데, 모두 소매를 했다. 1924년경 거래액은 총 92,892원이었다.

명치정공설시장은 일본인이 많이 거주하는 명치정2정목(현 명동2가) 25번지에 있었고, 면적 918평, 바라크 단층 건물 96평, 상수도·하수도 시설이 구비되었다. 상인은 모두 19명인데 전부 소매를 했고, 운영자와 이용자 모두 일본인이 주류를 이루었다. 1924년경 거래액은 총 29만 2,667원이었다.[95]

이어 1920년 9월에 경성부는 12,270원으로 경정京町(현 용산구 문배동)과 화원정花園町(현 중구 예관동)에 새로이 공설시장을 설치했다.

그러나 이들 공설시장은 이용자가 그리 많지 않았기 때문에, 경정공설시장은 1922년 10월에 한강로 3번지로 옮겨 용산공설시장으로 이름을 바꾸었다. 주로 곡물을 거래하던 종로공설시장도 거래가 한산해져 지세地稅도 내기 어려운 상황에 처하자, 경성부에서는 고시 제30호로 1925년 10월 20일에 폐지했다.[96] 이후 명치정공설시장도 이용자의 감소로 인해 1934년 3월에 폐지했다.

이처럼 처음 설치된 종로·명치정공설시장 등이 폐지되었지만, 한편에서는 새로운 공설시장이 세워져 운영되었다. 서대문공설시장이 1934년 12월 9일에 죽첨정2가(현 충정로2가)에 개점했고,[97] 영등포공설시장이 1937년 12월, 관동공설시장이 1940년 10월, 통인동·신당동공설시장이 1941년 6월, 돈암동공설시장이 1944년 7월, 혜화동공설시장이 1944년 12월에 설립·개장했다. 하지만 이들 공설시장은 폐지 또는 이전된 것이 적지 않았다. 왜냐하면 사유

안국동 정류장 부근

지에 개설한 경우 지주의 반환 요구에 의해 돌려주어야 했고, 시장으로서의 부적당한 자리에 자리한 경우에는 폐쇄되었기 때문이다.[98]

이들 공설시장은 경성부에서 설치했지만 직접 경영하지는 않았고, 시장 상인을 선정해 지정된 품목을 지정가격으로 판매하게 했다. 일제는 사회정책 시설이라는 취지에서 상인들에게 시장세와 사용료를 부과하지 않았지만, 대신 시중보다 싼 가격으로 물건을 판매하게 했다. 그리고 시장에서는 현금 거래와 가격표시제를 원칙으로 했다. 따라서 설립 초기에는 가격이 일반 시장에 비해 저렴해 물가 안정에 기여했고, 소매가격 통일에도 상당히 이바지한 것으로 평가받았다.[99]

그러나 1922년부터 경성부는 상인들에 대한 세금을 징수하고 시장 사용료도 부과했다. 1923년 이후에는 공설시장의 물가와 일반 시장의 물가 사이에 별 차이가 없어졌고, 이용자가 줄어들면서 거래가 한산해지자 폐지되거나

장작을 실은 소달구지

통폐합되는 경우가 있었다.

또한 공설시장은 가격 통제 등 당국의 과도한 간섭을 받는 경우가 적지 않았기 때문에 상인들도 달가워하지 않았다. 1920년에는 명치정 공설시장의 미곡상인들이 경성부에서 지정한 가격대로 판매할 경우 "이익은 고사하고 도리어 손해가 있다"고 항의하기도 했다.[100]

공설시장 가운데 화원정·용산·마포·영등포·관동·통인동·신당동·돈암동·혜화동공설시장의 10개 공설시장은 해방 후까지 존속하면서 소매시장으로서의 기능을 수행했다.

땔나무와 채소를 거래하는 공설 '시탄소채' 시장

땔감과 채소는 생활필수품 가운데서도 절대적 비중을 차지하고 있던 품목으로, 전통적으로 서울 근교의 소농들이 소·말의 등에 싣거나 짊어지고 도성 안에 들어와 여기저기 돌아다니면서 판매하는 경우가 많았다. 일부 사설 시탄시장이 운영되어, 「시장규칙」이 제정된 1914년에는 "십수 개소"에 달했지만, 전체 소비량 중 미미한 분량을 취급했을 뿐, 땔나무 장수들의 휴게소 같은 구실을 하고 있었다.

일제는 땔감과 채소 장수들의 길거리 판매를 "시중을 방황해 교통상 방해"가 되고, 또 도시 미관을 해친다는 이유로 정리하려 했다. 1920년에 이르러 경성부는 개인 경영의 시탄시장들이 허가 기한 만료로 폐쇄될 지경에 이르자, "교통상 장해障害를 방지하고, 또 거래상 개선을 도모함으로써 일반 부민의 시탄소채(땔나무와 숯, 그리고 채소) 등의 수급을 원활"하게 하기 위해 공설시

일제강점기의 태평로 사거리

2부 2장 시장이 이원화되다

탄시장을 설립해 부에서 운영하기로 했다.[101] 따라서 당시 시탄·소채시장은 새로 설립하기도 했지만, 기존의 사설시장을 인수해 공설로 전환한 경우가 적지 않았다.

경성부는 1920년 6월에 안국동시탄시장, 이어서 광희정시탄시장, 같은 해 12월에 돈의동시탄시장을 설치했고, 1921년 4월에 교북동시탄시장, 1922년 6월에 죽첨정시탄시장, 1923년 5월에 동대문공설시탄소채시장을 설치했다. 이어 1925년 9월에 서린동시탄소채시장을 설치했다. 1929년에는 폐지된 교북동·죽첨정시탄시장을 대신해 서대문공설시탄소채시장을 설치했다.

이후 지주의 반환 요구로 교북동시탄시장은 1923년 11월에, 죽첨정시탄시장은 1925년 5월에, 안국동시탄시장은 1934년 3월 31일부로 폐지되었다. 그리고 1930년에 동대문시탄소채시장은 부지 관계상 창신동으로 이전했다. 땅 주인들은 경성부로부터 약간의 지세를 받고 있었지만, 주택을 짓거나 다른 용도로 사용하기 위해 반환을 요구했다.

경성부는 이들 공설시탄소채시장을 설치하는 데 3,290원의 비용을 부담했으며, 시장 부지로 관유지 885평을 제공하고, 사유지 1,765평을 임차해 사용했다. 그런데 개인 땅을 사용할 경우에는 '토지 임차료'를 지급해야 하는 재정적 부담이 있었고, 지주가 반환을 요구하면 시장을 폐쇄해야 하는 어려움이 있었다. 1936년경 토지 임차료로 지불되는 금액이 2,272원에 달했다.

이들 시장은 매일 개시했고, 보통 해가 뜰 때부터 해가 질 때까지 장사했으며, 조선인을 대상으로 장작·솔잎 등 각종 땔나무와 채소·과일을 판매했다.[102] 따라서 이들 시장의 위치도 조선인들이 많이 거주했던 현 종로구를 중심으로 한 북촌과 서대문구 지역에 집중되었다.

이 가운데 돈의동시탄시장은 한성시탄장조합漢城柴炭場組合에서 운영했다. 1920년에 이르러 경성부는 이 시장을 인수해 부영(부에서 경영)으로 전환하고, 토지 소유자에게는 지세地貰로 연간 평당 3원씩을 지급했다.[103]

1919년 간행된 자료에 의하면, 이들 시장 외에도 의주로에 의주통시탄시장이, 태평로에 부래상시시장富來祥柴市場이, 효자동에 효자동시탄시장이 있었다.[104] 그러나 이후 이들 시장에 대한 기록이 잘 보이지 않는 것으로 보아, 허가 기한 만료로 문을 닫았거나 민간시장으로 남아 있다가 폐지된 것으로 보인다.

시탄소채시장은 보통 시장 주위를 철조망 같은 것으로 구획하고 출입구를 설치해 그 안에서 장사를 했고, 시설로는 공동변소 정도가 있을 뿐이었다. 시장에는 중개인이 있어 수수료를 받았다. 1924년경 땔감[薪炭]의 경우 1짐[駄]에 10전, 채소는 1짐[荷]에 20전을 받았다.

이처럼 일제는 시탄소채시장을 공설로 재편해 운영했지만, 여전히 "원시시대의 유치한 시장"이라는 시각을 갖고 있었다.

> 시탄소채시장은 지금의 시장 형태와는 거리가 멀고, 흡사 원시시대의 유치한 시장과 같은 느낌이다. 따라서 도시소비경제의 합리화에 대한 기여가 다른 공·사설시장처럼 크지 않다는 것은 시장의 체면상 참으로 유감스러운 일이다 …… 부府는 시탄소채시장 설립에 3,290원이라는 다액의 비용과 885평의 관유지官有地, 그리고 1,765평의 토지를 임차해 설립했다. 지금 다른 공설시장처럼 설비상 경비를 요하는 것은 없지만, 해마다 지불하는 토지임차료는 무릇 2,272원에 달해 …… 부내에 있어서 채소 총 거래액의 약 1분 3리, 땔감 총 거래액의 약 9분 3리를 취급하는 데 불과한 상황이다. 그렇지만 시탄소채시장은 그 설립 취지에 도달하는 때는 즉 길가 판매로 교통 방해와 같은 폐단이 교정되면 이미 그 사명을 달성한 것이라 말할 수 있으니, 그때는 본 시장의 존립도 의의를 잃게 될 것이다.[105]

이를 보면 알 수 있듯이, 경성부에서 시탄소채시장을 설치한 주목적은 "교

영락정 거리와 도로변 상가들

통 방해"를 제거하는 데 있었으며, 그 폐단이 시정되면 존립 의의가 사라지는 것으로 보았다. 따라서 시탄소채시장의 기본적 기능인 땔감과 채소의 원활한 공급과 거래 방식의 개선 등은 부차적 관심에 불과했던 것이다. 실제로 시탄소채시장의 거래량은 경성부 전체 거래량의 극히 일부분에 불과했다. 땔감은 경성부 총 거래액의 9.3%, 채소는 1.3%에 지나지 않을 정도로 미미했다.

이는 일제의 시탄소채시장 설치가 시장경제의 측면보다는 교통정책 차원에서 출발하고 있음을 보여주는 것이다. 그런 만큼 시탄소채시장은 땔감·채소의 수급 조절과 거래 구조 개선 같은 "도시소비경제의 합리화"에는 거의 기여하지 못했고, 주민의 이용 편의 등도 관심 밖으로 밀려나 있었다.

일본인에 의한, 일본인의 시장 – 사설 일용품시장

이 무렵에 서울은 인구 증가와 도시화의 진행 등으로 상품 수요량이 큰 폭으로 늘어나면서 소규모 사설시장들이 여기저기에 생겨나고 있었다. 사설 일용품소매시장은 대부분 공설시장 설립 직후에 등장했다. 공설시장 상인 선정에서 탈락한 소매상인들이 설치한 경우도 있고, 공설시장이 당시 주민의 수요를 충당하지 못하면서 사설시장이 생겨나기도 했다.[106]

사설 일용품시장에 적용할 법규가 없었던 시기에는 상인들이 임의로 시장을 운영했지만, 1930년 5월에 경기도령京畿道令으로 「일용품시장규칙」이 발포發布되면서 "10인 이상 20인 미만의 영업자"를 가진 시장도 일용품시장으로 규정되었다. 따라서 10~20개 점포를 가진 사설 일용품시장들이 대거 이 법규의 적용을 받게 되었다. 그러나 10개 점포 이하인 염매소 등의 사설시장은 이 법규가 적용되지 않았고, 해당 상인들이 임의로 운영하게 했다.[107]

사설 일용품시장의 규모와 취급하는 상품은 공설 소매시장의 경우와 큰 차이가 없었고, 주로 식료품·연료·생선·옷감·가구·방물·잡화 등을 판매했다. 이 가운데 방물은 '소간물小間物'로 표기된 상품으로, 주로 여자들의 화장품·장신구 등 자질구레한 물건을 의미한다.

이들 시장은 매일 개업하는 상설시장으로서, 영업시간은 보통 아침 기상 때부터 저녁 취침 때까지 운영했다. 휴업일도 시장마다 차이가 있었다. 보통 설날에 1~3일 휴업했고, 더러 매월 첫째 일요일 또는 셋째 일요일에 휴업하는 경우도 있었다.

이들 사설 일용품시장들은 주로 일본인이 많이 거주하는 남촌 지역에 설치되었다. 곧 오늘날 중구와 용산구에 집중되었으며, 운영자도 거의 다 일본인이었다. 조선인이 운영한 시장은 종로시장이 유일했지만, 그나마 1935년경에는 폐지되었다.[108] 이를 보면 대부분의 사설 일용품시장이 일본인에 의한, 일본인의 시장이었음을 알 수 있다.

시장풍경

아지노모도味の素·고무신·연탄·치약의 등장

이 무렵에는 생활양식이 다른 일본인이 크게 늘어나면서 시장의 상품도 매우 다양해졌다.

식생활 용품으로 쌀·보리·채소·육류·생선 등이 거래되었는데, 여기에 일본인이 즐겨먹는 오뎅·초밥·소바·왜간장 등 일본 식료품이 등장해 판매되었다. 김[海苔]은 일본인들이 매우 좋아하는 해초로, 1926년 기준으로 7년간 30배가 증가할 정도로 수요가 늘었고, 일본시장에도 다량 수출되었다.[109] 그 외에 '간스메'로 불리는 통조림이 들어왔고, 전통적인 떡이나 과자 외에 카스텔라나 슈크림 같은 빵과 초콜릿·눈깔사탕·캐러멜·비스킷·건빵 등이 등장해 아이들의 호기심을 자극했다.[110]

특히 인공조미료인 '아지노모도味の素'는 그 감칠맛으로 인해 선풍적 인기를 모았고, "아지노모도를 치면, 이렇듯 맛이 있을 줄이야"라는 광고를 앞세워 대대적으로 선전을 했다.[111] 아지노모도는 해방 후 국산조미료 '미원味元'이 등장할 때까지 우리 식탁의 입맛을 완전히 지배하고 있었다.

당시까지도 대부분의 사람들은 집에서 옷을 만들어 입었고, 일부만이 양복점이나 백화점에서 옷을 맞추어 입었다. 그러나 점차 양복과 양장 차림의 사람들이 늘어났으며, 특히 여성의 경우 '양장미인洋裝美人'은 세인의 이목을 집중시키기도 했다. 종로상가의 대부호였던 김희준金熙俊·최남崔楠 등도 포목을 주로 취급했고, 일본인 소유의 미쓰코시백화점도 포목점[吳服店]에서 출발하고 있었다. 당시 양복과 양장은 신식문화의 상징이 되어 '모던보이modern boy·모던걸modern girl'의 표상으로 비추어졌다. 반면에 한복은 식민통치를 받는 조선인의 복장으로 고착화되면서 사회적 차별의 요인이 되기도 했다.

그래 이 세상은 양복자洋服者만 살고 조선복자朝鮮服者는 못살 세상이란 말인가? 양복자의 행세, 한복자의 당욕當辱이 어찌 이때 이곳의 우리뿐이겠는가? 기차나

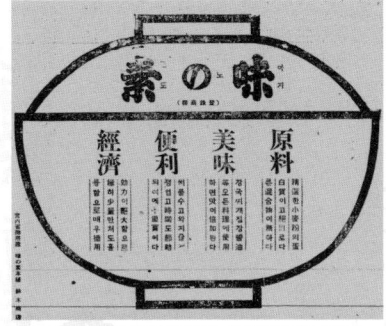
아지노모도 신문광고(동아일보, 1931년 12월 24일)

고무신 광고

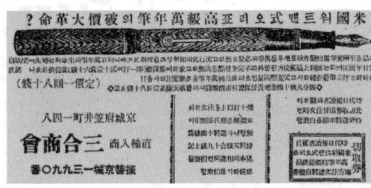
만년필 광고

치마분 라이온 광고

전차나 인력거나 자동차나 극장이나 연설단이나 연회석이나 모두가 모이는 그 장소, 또는 개인 간 교제에 어느 때 그 아니꼬운 양풍洋風이 득세를 아니하며, 우리 전래의 의복이 굴욕을 아니 당하는가?[112]

양복과 양장 차림이 늘어나면서, 여기에 어울리는 조끼·와이셔츠·넥타이·블라우스 등도 등장해 활발하게 거래되었다. 또한 속옷에도 변화가 나타나, 메리야스와 내복·사루마다 등이 판매되었다. 옷을 만드는 재봉틀이 시장에서 고가로 판매되었고, 재봉틀을 훔쳐 파는 전문 도둑들까지 생겨났다.[113]

신발의 혁명을 불러온 고무신도 등장했다. 짚신·미투리 등을 신던 시절에 등장한 고무신은 질기고 물이 새지 않아 실용적이었고, 가격도 그리 비싸지 않아 선풍적인 인기를 끌면서 대중화되었다. 당시 신문에 게재된 고무신 광고를 보면 "견고미려堅固美麗하고 가격저렴한 고무신"이라고 선전했다. 그 외에 운동화와 구두, 축구화·스케이트화 등의 스포츠 신발도 등장해 판매되었다.[114]

연탄의 등장도 연료의 혁명을 몰고온 상품이었다. 연탄은 장시간 타면서 난방효과를 내기 때문에 겨울철 난방에 매우 효과적이었다. 너도나도 연탄을 쓰는 사람이 증가하면서, 연탄가스 중독으로 사망하는 사람이 늘어나자 예방책을 홍보하기도 했다.[115] 연탄은 이후 1980년대까지 난방과 조리에 필수적인 주요 연료로 사용

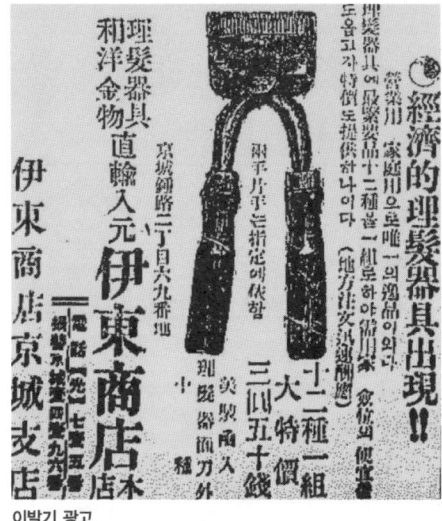

이발기 광고   전구 광고

되었다. 또한 난로가 등장해 겨울철 학교와 사무실 등의 난방에 널리 이용되었다.

성냥도 개항 이후에 등장해 널리 사용되었는데, 성냥놀이가 성행해 성냥개비로 인형 만드는 법이 신문에 소개되기도 했고, 종종 어린아이들이 성냥으로 불장난을 일으켜 문제가 되기도 했다. 또한 서대문경찰서에는 파리 박멸을 위해 성냥갑에 파리를 잡아오면 성냥갑 1갑을 주는 일도 있었다. 중일전쟁 이후 물자가 부족했던 1940년에는 성냥을 배급제로 구입할 수 있었고, 나중에는 아예 성냥이 품절되어 생활하기 어려운 지경에 처했다.[116]

시멘트와 유리, 일본인들이 마루방에 까는 다다미 등도 시장에서 쉽게 구입할 수 있었다. 각 가정에 전기가 보급되면서 전구를 비롯한 각종 전기제품이 등장했고, 그에 따라 전문적인 전기기구상도 생겨났다.

문구류로는 잉크를 넣어 쓰는 만년필이 각광을 받았는데, 문구점뿐만 아니라 행상이 돌아다니면서 만년필을 판매하기도 했다.[117] 이 밖에도 잉크와 펜·연필·고무지우개·필통 등의 새로운 문구류가 널리 유통되기 시작했다.

또한 완구점에서는 인형과 권총·칼·고무풍선·돈·폭약 등의 모조장난감을 판매했는데, 친일파 지주와 부호들을 위협해 독립자금 제공을 강요하는 데 권총완구가 이용되기도 했고, 강·절도와 같은 범죄에도 악용되는 희극적인 일도 벌어졌다. 한편 폭약완구는 실제 화재를 유발하는 경우가 있어서 판매금지 처분이 내리기도 했다.[118]

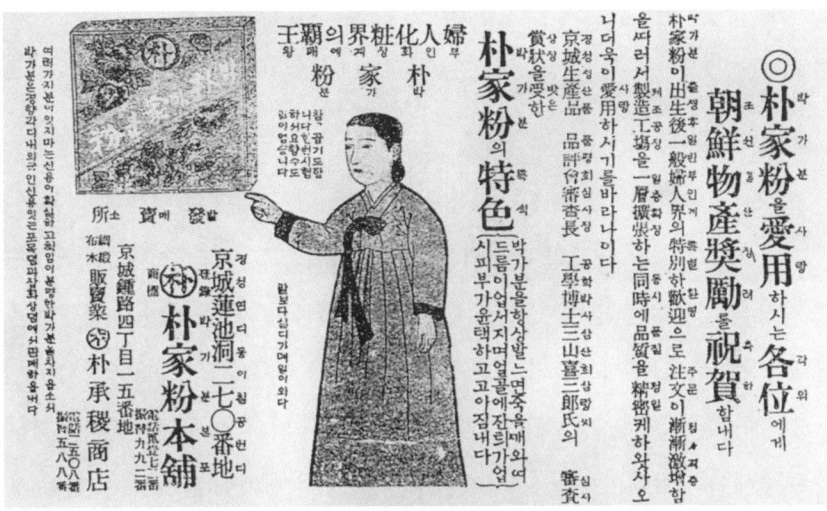

박가분 광고

    치약과 세안용 비누, 세탁용 빨래비누·양잿물 등도 널리 판매되었다. 당시에 치약은 '치마齒磨'라고 불렀는데, 가루치약을 치마분齒磨粉이라고 했기 때문이다. 또 치마분에 벌꿀이나 글리세린 등을 넣고 개어 만든 고급치약은 연치마煉齒磨라고 했는데, 유명한 상표로는 '구라부연치마クラブ煉齒磨'·'라이온치마Lion Toothpaste' 등이 "니 닦는 약"으로 광고·판매되었다. 양잿물은 원래 목적과 달리 자살을 하거나 다른 사람을 살해하는 수단으로 쓰이기도 했는데, 당시에는 생활고나 실연 등으로 자살하려는 사람들이 양잿물을 마시는 일이 많았다.[119]

    분과 크림·연지·로션·화장수·향수 등의 화장품과 머리에 바르는 동백기름·향유香油 등도 인기 있는 상품이었다. 분은 특히 '박가분'이 유명했는데, 광고에 "부인 화장계化粧界의 패왕覇王"이라는 문구를 넣어 화제가 되었다. 한편 화장품 오용으로 인해 피부질환이 생기는 경우가 허다해 주의를 당부하는 일도 벌어졌다.[120] 그 외에 각종 악기樂器와 축음기·레코드(음반)·라디오 등도 판매되었으며, 집에서 머리를 깎는 이발기理髮器도 거래되었다.[121]

    이 무렵에 새로 등장한 많은 상품들은 이후 한동안 우리 일상에서 필수품이었고, 특히 고무신·연탄 등은 일상생활의 구석구석까지 파급되어 혁명적인 변화를 일으킨 상품이었다. 공장에서 생산된 신식 상품들은 삶을 근대적 생활양식으로 바꾸었지만, 일본제 상품을 통해 식민제국 일본의 소비문화가 유입되면서 점차 식민지 근대성을 확산시킨 점도 결코 간과할 수 없는 사실이다.

4. 경매시장, 중앙도매시장, 특수시장

제3호 경매시장

「시장규칙」에 의하면, 제3호 시장은 "위탁을 받아 경매의 방법에 의해 수산물·소채蔬菜, 또는 과일의 판매업을 행하는 장소"로 규정하고 있다. 곧 제3호 시장은 경매라는 방법으로 소매상에게 수산물과 채소·과일을 공급하는 경매시장으로서, 도매시장의 성격을 갖고 있다.

경매시장은 시장을 경영하는 회사가 직접 상품의 경매를 주관하며, 시장 소속 중매인과 자격이 인정된 일부 소매상인 등이 경매에 참가할 수 있었다. 경매시장의 취급 상품은 거의 대부분 생선과 채소·과일이었다. 그중 생선은 대부분 수산시장이 전문적으로 공급했고, 농업생산물은 대부분 서울에 인접한 경기도 지역에서 생산된 것이었다. 경매시장을 이용하는 범위는 대체로 경성부와 경기도 일대에 한정되었다.[122]

우리나라에서 위탁 경매하는 3호 시장의 효시는 고종 26년(1889)에 일본인이 부산 남포동에 설립한 부산수산주식회사釜山水産株式會社의 어시장을 들 수 있다.[123] 서울에서는 일본인에게 생선을 공급하기 위해 1905년에 설립한 주식회사경성수산시장이 제3호시장의 효시였다.

제3호 경매시장은 주로 일본인에게 식료품을 원활하게 공급하기 위한 목적으로 설립되었고, 일본인이 즐기는 생선과 과일·절인 채소 등을 판매했다. 따라서 제3호 시장도 대부분 일본인에 의해 설립·운영되는 사설시장이었고, 1927년에 이르러서야 경성부에서 운영하는 경성부수산시장이 등장했다.

경성식량품시장은 위탁을 받아 경매 및 입찰 매매를 했다.[124] 중개인 수수료의 경우, 문옥問屋(도매상)은 위탁자로부터 매상고의 1/10을 징수했고, 중개상에 대해서는 매상고의 15/1000를 지불하게 했다.

이들 시장의 설비는 대부분 위탁 상품을 보관하는 창고 설비를 갖추었고,

동결과 부패를 방지하기 위해 지하실 설비나 냉장고도 두었으며, 상수도와 하수도 시설을 갖추고 있었다.

주식회사경성수산시장은 1905년 1월에 영업을 개시했는데, 자본 총액은 6만 원이고 불입액은 17,600원이었다. 이 시장은 서울 지역 수산물 도매시장의 효시였으나, 1911년에 히노마루(日の丸)수산시장에 병합되었다.

히노마루수산시장은 1908년 5월에 창업했고, 욱정현(회현동)에 있었다. 면적은 81평이었고, 영업소와 하수구 시설 등을 구비하고 있었다. 이 시장에서는 주로 선어(鮮魚, 말리거나 절이지 않은 물고기)를 취급했는데, 다른 수산시장과 마찬가지로 위탁을 받아 경매의 방법으로 도매했으나, 일부는 입찰을 하기도 했다. 이 시장은 수산시장의 1도시 1시장주의에 따라 1927년 경성부수산시장에 병합되었다. 이어서 용산수산시장이 1909년 3월에 창업했고, 경성어시장이 1911년에 개시되었지만, 이 두 수산시장은 1927년에 히노마루수산시장과 함께 경성부수산시장에 통합되었다.[125]

경성식량품시장은 상인 나카무라 도모지로(中村友次郎) 등이 일본인에게 식량품을 원활하게 공급하기 위한 목적으로 설립했다. 1912년 7월 5일에 영업허가를 받았다. 욱정1정목(현 회현동)에 위치했던 이 시장은 채소와 과일을 주로 취급했는데, 1923년 채소·과실 거래액은 33만 3,874원에 달했다.[126] 1936년에 이르러 중앙물산주식회사시장에 영업권을 양도했다.

중앙물산주식회사시장은 남대문시장을 경영하던 중앙물산주식회사가 1925년에 경매시장으로 개설한 것으로, 남대문시장 부근인 남미창정 283-1에 있었다. 면적은 개설 당시 1,051평에 달했고, 점포는 물론 제빙(製氷) 시설과 미국제·영국제 냉장고 등을 갖추고 있었다. 1925년 거래액은 18만 4,840원이었다.[127] 이후 1936년에 경성식량품시장을 합병해 1930년대 후반에는 경성부수산시장과 함께 서울의 양대 경매시장으로 자리잡았다.

일제는 생선과 식료품의 유통과 공급을 합리화한다는 명분을 내세우고,

대도시에서의 '1도시 1시장주의'를 관철시키고자 해서, 그 외에는 어채魚菜(생선과 과일 및 채소)의 매매를 금지시켰다. 1926년 10월에는 경성부 내 히노마루·용산수산시장과 중앙물산시장의 합병 진행 소식이 신문지상에 오르내리고 있었다.

1927년에 경성부는 히노마루수산시장과 용산수산시장·경성어시장의 3개 수산시장을 통합해 경성부수산시장을 발족시켰다. 경성부수산시장은 1927년 12월 21일에 설립 허가되었고, 1928년 1월초에 개장했다. 면적은 1,243평이었고, 경매장·창고·냉장고·세척장·사무소 등의 설비를 갖추고 있었다. 문을 여는 시간은 4~10월까지는 오전 7시에 개장해 오후 4시경에 폐장했고, 11월~이듬해 3월까지는 오전 8시 개장해 오후 4시경 폐장했다.[128]

이때 3대 어시장을 통합하면서 그 위치를 어디로 설정할 것인가에 대해서는 의견이 분분했다. 경성어시장 측에서는 경성역 구내로 이전할 것을 주장하면서, 남대문시장으로는 이전하지 않겠다는 성명을 발표하기도 했다. 당시 통합 대상이었던 3대 어시장은 주로 일본인을 상대로 하고 있었기 때문에, 조선인 중심의 남대문시장으로 이전하는 것을 반대한 것이었다. 결국 경성부수산시장은 의주통2정목(현 의주로2가)에 자리잡았다.[129]

경성부는 1938년 1월 27일에 임시총회를 개최해 경성수산시장 직영안을 가결했다. 이후 1939년 4월 1일에 경성중앙도매시장이 개설될 때 거기에 흡수되었다.[130]

경성중앙도매시장과 경성부가축시장

일제 때 중앙도매시장은 2개로 서울과 부산에 각 1개씩 있었다. 부산 대교동에 있는 부산중앙도매시장은 중앙도매시장의 효시로서 1935년에 개설되었고, 서울의 경성중앙도매시장은 1939년에 개설되었다. 그런데 조선에서는 중앙도매시장을 개설할 수 있는 법적 근거가 없었기 때문에, 일본의 중앙

명치정 거리

도매시장법을 준용했고, 「시장 규칙」에 의해 제3호시장으로 취급되었다.[131]

경성중앙도매시장 설치가 구체화된 것은 1932년으로, 경성부 권업계勸業係(산업장려부서)에서 "40만 부민 전체의 복리"를 목표로 준비 조사를 진행했다. 1937년에는 장차 건설될 경성중앙도매시장 생선부의 영업권을 둘러싸고 경성부와 경기도 간에 마찰이 일어났으나, 경기도가 양보함으로써 일단락된 적도 있었다. 1938년에 이르러 경성부는 54만 원의 예산으로 중앙도매시장 건설공사에 착수했고, 1939년 4월 1일에 시장을 개설했다.[132] 당시 경성중앙도매시장은 일본식 표현인 경성중앙사매시장京城中央卸賣市場으로도 불렸다.

경성중앙도매시장은 의주통1정목(현 의주로1가) 일대에 있었는데, 생선부生鮮部와 청과부靑果部를 두고 있었다. 이때 생선부는 기존의 경성부수산시장 부지를 보수·확장해 사용하게 했고, 청과부는 경성중앙청과주식회사를 흡수하고 육류·잡품 등을 취급하는 건물을 신축하기로 했다. 이 가운데 청과부는 1939년 11월에 일부 건물이 완공되었다. 이때 중앙청과주식회사가 이전해 개업했다.[133]

경성중앙도매시장 생선부는 경성부가 도매업을 직영하되 별도로 영업자를 두었다. 1940년 3월 기준으로 연 매상고가 250만 원 내외를 기록하고 있었다. 중개인仲買人의 수는 80명 이내이고, 위탁수수료는 판매액의 10/100을 지불하도록 했다. 청과부는 경성중앙청과주식회사에서 운영하게 했다. 매상고는 생선부와 비슷했다. 중개인은 100명 이내로 생선부보다 조금 많았고,

위탁수수료는 같았다.[134]

1942년 8월에 경성부는 경성중앙도매시장 한강분장漢江分場을 설치·개장했다. 한강분장의 설치는 1940년 경성부회京城府會에서 의결한 사항이었으나, 1941년 태평양전쟁이 발발하면서 지연되었다가 1942년 8월에 설치하게 된 것이다. 경성부는 대행 영업기관으로 한강어시주식회사京城府漢江魚市株式會社를 지정하고, 마포 일대에 집하되는 생선과 염간어鹽干魚 등의 도매를 통제했다. 그러자 마포 일대에서 염간어·생선을 취급하는 소매업자 400여 명으로 구성된 한강해산물소매상조합漢江海産物小賣組合에서는 생계를 잃게 된 어려움을 호소하고, 자신들이 소매를 담당할 수 있게 조치해줄 것을 요청하기도 했다.[135]

경성중앙도매시장은 개설 이후 태평양전쟁에 돌입하면서 상품의 수급이 원활하지 못했지만, 중앙도매시장으로 기능하면서 해방 이후 서울중앙도매시장으로 이어졌다.

가축시장은 예로부터 소의 거래가 중심을 이루고 있었기 때문에 우시장牛市場으로 불려지는 경우가 많았고, 보통 나루·포구 등지를 중심으로 발달했다. 가축시장은 대부분 재래시장에 부설되어 있는 경우가 많았고, 전문적 가축시장은 소가 특별히 많이 나오는 지역이나 도회지에 제한되어 있었다.[136]

가축시장은 조선 초기 청계천 수표교 근방에 형성된 적이 있었고, 조선 후기에도 우전牛廛과 마전馬廛이 있었다. 그러나 영조 무렵 폐지되어 1922년 이전까지는 서울에 별도의 가축시장이 없었다. 따라서 서울에서는 근교의 광주군 송파가축시장과 양주군 의정부가축시장을 이용했다. 그렇지만 닭은 남대문시장과 동대문시장에서 취급하고 있었고, 두 시장 모두 1만 우羽 이상을 처리했다.[137]

경성부는 1922년부터 가축시장 설치를 구체적으로 추진해 나갔다. 1922년 7월에 숭인동으로 장소를 정하고 가축시장 건설에 착수했고, 1922년 11월 5일에 경성부가축시장을 개장했다. 이 시장은 동대문 밖 숭인동에 있었기 때

자전거 닭행상

문에 숭인동가축시장·동대문 외 가축시장 등으로도 불렸다.[138]

경성부가축시장은 제1호 공설 특수시장으로 분류되었고, 경성부에서 운영했다. 위치는 숭인동 242번지이며, 면적은 7,434평이었다.

1923년 현재 경성부가축시장은 중개인을 매개로 소매를 했으며, 수육도매상 5명, 중개인[仲買人] 약간 명이 있었고, 중개인 수수료는 매매가격의 2/100를 받도록 했다. 시장 입장료도 있었다. 우마의 경우 1마리당 24개월 이상은 5전, 24개월 미만은 3전, 양·돼지·개는 2전씩을 받았으며, 그 외 축사 사용료는 1마리당 하룻밤에 10전을 받았다.[139]

설립 이후 경성부가축시장은 성황을 이루어, 인접한 경기도 일대의 가축시장이 위협 받을 지경이었다. 성황을 이루자 1923년 8월에 증축 논의가 있었고, 1924년에는 가축시장의 개혁 논의도 있었다. 경성부가축시장의 거래액을 보면, 1937년 7월 한 달 매출액은 33만 4,518원이었고, 1938년 1년 동안의 거래액은 714만 5,123원이었다.[140]

1937년 10월에 이르러 경성부는 가축시장과 도수장(屠獸場(도살장))을 왕십리역 부근으로 이전할 계획을 세웠다.[141] 이때 용지 매입지로 14만 원을 책정했고, 1938년에는 25만 원을 들여 가축시장을 더욱 개선하기로 했으며, 가축시장 자리는 땅값이 오를 때를 기다려 매각처분하려 했다. 그러나 해방 이후 1951년에도 여전히 숭인동에서 소고기 매매를 한 것을 보면, 실제로 이전이 추진된 것 같지는 않다.[142]

경성부가축시장의 거래액과 거래량은 소의 비중이 절대적이었고, 특히 거래액은 94%를 웃돌았다. 돼지는 거래량에서는 20% 정도였지만, 거래액의 비중은 5% 정도에 불과했다. 말은 거래량과 거래액 모두 0.5% 이하로서 명맥만 유지할 정도였다.

당시 매매된 가축의 한 마리당 평균 가격을 보면, 소는 104원, 말은 140원, 돼지는 23원 정도였다. 같은 시기인 1935년 11월 27일에 현미 1가마의 값이 25원 70전이었으니, 소는 현미 4가마, 말은 5.5가마, 돼지는 1가마 정도의 가격에 거래되었음을 알 수 있다.

1935년 8월 경성부가축시장에 말의 흑사병으로 알려진 마비저馬鼻疽가 발생했다. 경기도 위생과는 서울에 있는 말을 모두 검사하기로 하고, 광희문光熙門 밖 신당리新堂里 주재소 앞에서 청량리·안암리·신당리 일대의 말 2천 두를 일일이 점안검사點眼檢査하기도 했다.[143]

조선 후기 이래 곳곳에 현방懸房이 있어 소의 도살과 쇠고기 판매를 담당해왔다. 1911년 6월 현재 서울에는 관설官設 '도우장屠牛場'이 서대문 밖과 동대문 밖 2곳에 있었고, 그 외에 일본인민단도우장日本人民團屠牛場도 있었다.[144] 그런데 1934년 자료에 의하면,[145] 서대문 밖 현저동峴底洞에 있던 경성도수장京城屠獸場을 10여 년 전 동대문 밖으로 옮겨왔다고 했다. 이를 보면 1924년경에 도수장을 동대문 밖으로 옮기면서, 이때 두 도수장을 통폐합한 것이 아닌가 싶다. 참고로 1932년 경성가축시장의 조사에 의하면, 당시 설 명절에 소요되는 쇠고기는 83,000여 관貫 규모였고, 가격은 13만 3천여 원에 달했다고 한다.[146]

1934년 11월에 동대문 밖 경성도수장에서는 이전 10주년을 맞아, 죽은 동물들의 혼을 위로하는 수혼비獸魂碑를 세우고 위령제를 지냈다.

금년은 경성도수장이 현저동으로부터 동대문 밖으로 옮겨와서 개축된 지 10주년에 상당하므로 그 기념제記念祭로 수혼비 제막식을 오는 18일 오전 11시에 경성 동대문 밖 도수장 안에서 거행하기로 되었다. 그 동안 10년에 도수한 수효는 총계 31만 1,287두로 종별을 다음과 같다. 우牛 219,351두, 마馬 1,161두, 돈豚 90,680두, 양羊 93두, 견犬 2두[147]

이를 보면 동대문 밖 도수장에서는 주로 소와 돼지를 도살해 서울 주민의 식용으로 제공했고, 그 외에 말과 양·개고기도 제공했음을 알 수 있다. 경성부가축시장은 해방 후 동대문가축시장으로 이어졌고, 1958년에 마장동으로 이전했다가 이후 폐지되었다.[148]

제4호 시장과 야시장

현물과 유가증권을 취급하는 제4호 시장에 대한 규정은 「시장규칙」을 개정한 1920년에 비로소 등장했다. 일제는 1920년 4월 1일 조선총독부령 제38호로 「시장규칙」을 개정하면서 제4호 시장을 "매일 또는 정기에 영업자들이 모여 견본 또는 상표[銘柄]에 의해 물품 또는 유가증권의 매매취인賣買取引을 행하는 장소"로 규정했다.[149] 제4호 시장에는 곡물현물거래시장과 유가증권현물거래시장이 있었다.

곡물현물시장이 상품거래소로서 본격 등장하게 된 것은 개항 이후 조선 쌀의 일본 유출과 밀접한 관련을 맺고 있다. 곡물현물시장의 효시로는 1899년에 일본영사관의 인가를 받아 설립한 주식회사 인천미두거래소仁川米豆去來所를 들 수 있다. 이후 군산·부산·목포 등지에 곡물현물시장이 들어서 일본으로의 미곡 유출에 앞장섰다. 서울에는 1910년에 곡물현물시장이 들어섰다.

곡물현물시장이 일본에 대한 식량공급지로서의 중요성이 커지자, 일제는 시장의 지위를 강화하기 위해 제4호 시장에 대한 규정을 별도로 마련했던 것이다. 일제는 지방장관의 허가를 받게 한 1~3호 시장과는 달리, 4호 시장은 특별히 총독의 허가를 받도록 규정했다. 그만큼 식량공급기지로서 곡물

일제 강점기의 목포항 전경(왼쪽)과 부산항(오른쪽) 전경

현물시장을 직접 통제하려는 일제의 의도가 강했음을 엿볼 수 있다.

1920년 4호 시장에 대한 규정이 발효되면서 종래 회사령의 적용을 받았던 인천미두거래소는 선물시장先物市場으로 허가를 받았고, 서울 등지의 곡물현물시장은 새로운 4호 시장 규정에 맞게 조직을 재편해 허가를 받았다.

서울의 곡물현물시장은 1921년 12월에 '경성곡물상조합곡물시장京城穀物商組合穀物市場'으로 허가를 받아 1922년 3월에 개장했다. 남대문통 4-76번지에 있었고, 현물거래와 선물거래 방식을 채택하고 있었으며, 조합원은 15명이었다.[150]

이후 곡물현물시장에 대한 투기로 그 폐해가 커지고, 1929년 세계대공황의 여파로 경영이 악화되자, 일제는 1931년에 「시장규칙」을 개정해 제4호 시장에 대한 규정을 폐지하고, 그 대신 「조선거래소령朝鮮去來所令」과 「정미시장규칙正米市場規則」을 반포했다. 그리고 경성주식현물거래시장과 인천미두거래소를 합병해 주식회사 조선거래소朝鮮去來所를 설립하고, 서울에 본점을, 인천에 지점을 두었다.

이어 1939년에 「조선미곡시장주식회사령朝鮮米穀市場株式會社令」을 반포하고 미곡거래시장을 폐지함으로써, 조선거래소는 유가증권만을 취급하게 되었다. 태평양전쟁 이후 전시체제로 들어서면서 일제는 1943년에 「조선식량관

1895년에 종각(왼쪽)에 보신각(오른쪽)이라는 현판이 내려져 그때부터 보신각으로 불렸다.

리령朝鮮食糧管理令」을 반포하고 조선식량영단朝鮮食糧營團을 창설해, 해방 때까지 본격적으로 식량배급 통제를 실시했다.[151] 이처럼 일제는 조선의 미곡에 대해 생산·유통·소비를 완전히 통제해 자유시장의 기능을 마비시켰다.

이런 정기 시장 이외에 김장시장과 야시장夜市場 등 임시 시장이 열리곤 했다. 김장시장은 겨울철 김장에 대비해 배추·무 등의 채소를 공급하기 위해 개장한 한시적 시장으로, 해마다 김장철이 되면 1달 정도 열렸다. 1923년에는 서린동에 '임시종로공설소채시장臨時鍾路公設蔬菜市場'을 개설하고, 11월 9일부터 40일 동안 밤·낮으로 운영했다. 이외에 동대문과 죽첨정竹添町(현 충정로) 시장에도 김장시장이 열렸다.[152]

야시장은 1916년부터 운영되었다. 당시 종로 야시장은 보신각 앞에서 파고다공원에 이르는 구간에 열렸는데, 종로경찰서 앞에 야점사무소夜店事務所를 두고 야시를 개점한 상인들로부터 2~3전의 출장료出張料를 받았다. 그 외에 서대문 밖과 영락정永樂町(현 중구 저동)·장곡천정長谷川町(현 소공동) 등지에도 야시가 열렸다.[153] 이 가운데 장곡천정 야시는 종로 야시에 대응하기 위해 열렸다.

이들 야시는 3·1운동으로 폐지되었다가 1920년 봄에 다시 열었다.[154] 야시장이 처음 개설된 1916년에는 6~10월까지 5개월 동안 밤 7~12시까지 운영되었으나, 1920년대에는 4월 1일에 개장하는 경우가 많았고, 1921년 4월에는

정오부터 밤 10시까지 개장하기도 했다.[155]

1929년 3월에는 야시장 가입 상인 336명을 모집하는 데 무려 10배에 달하는 3,150명이 모여들어 혼잡을 이루었다.[156] 야시를 주관하는 중앙번영회中央繁榮會는 추첨을 통해 당선된 자에게만 야시를 허락했다. 당시 야시장 지원자는 전년에 비해 3배나 격증

종로의 야시장

한 것으로, 생활난에 빠진 가난한 사람들이 호구를 해결하기 위해 야시장 참여를 많이 희망했기 때문이다.

종로 야시장은 많은 사람들이 모여들어 매우 혼잡했는데, '싸구려! 싸구려!'를 외치는 소리가 진동했다. 이런 야시장의 분잡한 풍경을 "싸구려 소리꾼 악소리 사람의 소리 착잡한 교향악"[157]이라고 묘사하기도 했다. 야시장에는 술 취한 사람들의 싸움이 끊이지 않았고, 강·절도와 소매치기가 횡행했으며, 시계를 훔치다가 경찰에게 붙잡히는 경우도 있었다.[158] 종로의 야시장은 1940년 이후 등화관제燈火管制(야간 공습이 있거나, 그에 대비해서 일정한 지역의 등불을 모두 가리거나 끄게 하는 일)를 이유로 폐쇄되었다.[159]

5. 백화점의 출현

근대의 쇼윈도, 백화점의 등장

백화점은 '근대의 쇼윈도show window', '자본주의의 꽃' 등으로 불릴 정도로, 근대 자본주의의 대표적 산물로 평가되고 있다. 그만큼 백화점의 역사는 곧 자본주의 역사와 맥을 같이한다고 볼 수 있다.

백화점은 여러 가지 상품을 부문별로 조직·판매하는 대규모 소매상으로

미쓰코시백화점(신세계백화점의 전신)

서, 수많은 매점賣店에서 필요한 상품을 동시에 구입할 수 있는 새로운 형태의 시장이라 할 수 있다. 백화점은 서비스의 향상, 경영과 회계의 합리화, 상품권의 발매 등 대자본이 기업화한 대규모 소매시장이라는 점에서 기존의 시장과 확실히 구분된다.

세계 최초의 백화점은 1852년 프랑스 파리에 세워진 봉마르셰Bong Marche 백화점이었고, 일본에는 1904년에 미쓰코시三越백화점이 처음 등장했다. 우리나라에는 대한제국 말엽에 종로의 한양상회漢陽商會가 "우리나라 제일되는 데파트먼트 스토아"를 자처했지만, 백화점이라기보다는 잡화점에 가까운 것이었다. 1916년 종로에 김윤백화점金潤百貨店이 등장했지만, 도자기와 철물류를 다루는 잡화점에 지나지 않았다. 이외에도 상당수 가게들이 백화점식 경영을 표방했지만, 잡화점의 성격에서 거의 벗어나지 못했다.[160] 우리나라에서 백화점이 본격적으로 등장한 것은 1920년대였고, 영업이 본격화된 것은 1920년대 말이었다.

일제 때 서울에는 6개의 백화점이 있었다. 미쓰코시三越·조지아丁字屋·미나카이三中井·히로다平田·동아·화신백화점이 있었다. 이 가운데 동아백화점은 1년도 채 안 되어 화신백화점으로 흡수되었으므로, 실제로는 5개의 백화점이 있었다고 할 수 있다.

일제 때 서울 지역 백화점 현황

구분	위치	설립시기	대표·중역	비고
미쓰코시백화점 三越百貨店	경성부 본정1정목 32 (현 충무로 1가) → 본정1정목 52 이전	1905 三越吳服店 1929 일본 三越百貨店 지점 승격	三輪邦太郎 (지점장,1938)	1906 일본 三越百貨店 출장소 개설 1930 건물 신축 이전 현 신세계백화점의 전신
조지아백화점 丁字屋百貨店	경성부 남대문통2정목 (현 남대문로2가 123)	1904 남대문통 지점 개설 1929 신축, 백화점 출발	小林 가문	1921 법인 주식회사 전환 미도파백화점의 전신
미나카이백화점 三中井百貨店	경성부 본정1정목 45 (현 충무로1가)	1911 三中井吳服店 개설 1922 주식회사 전환 1929 신축, 백화점 출발	中江勝次郎1	1922 자본금 300만 원 1929 자본금 증자
히로다백화점 平田百貨店	경성부 본정1정목 51 (현 충무로1가)	1906 영업소 개시 1926 주식회사 전환 및 신축 개관	平田智惠人	1926 자본금 20만 원
동아백화점 東亞百貨店	종로2정목 (현 종로2가)	1931 동아백화점 1932 화신에 경영권양도	최남崔楠	4층 건물 1932 화신에 경영권 양도
화신백화점 和信百貨店	종로2정목 3번지 (현 종로2가)	1931 화신상회 인수 1932 주식회사 전환	박흥식朴興植	1932 증·개축 1937 신관 개관

※자료 : 동아경제시보사, 『조선은행회사요록』, 1921·1927년 ; 일본백화점통신사, 소화 13년(1938), 『일본백화점연감』, 소화13년판, '전국백화점요람' ; 『동아일보』·『매일신보』·『조선일보』 ; 서울특별시사편찬위원회, 『서울상공업사』, 2003.

이들 백화점은 '오복점吳服店'이란 명칭에 드러나 있듯이 초기에는 대부분 옷감을 취급하는 포목점으로 출발했다. '오복점吳服店'이란 옷감을 의미하는 일본어 '吳服(ごふく)'에서 비롯된 것으로, 포목점을 일컫는 말이다. 대부분 여러 가지 잡화를 취급하다가 1920년대 후반에서 1930년대에 들어 백화점식 경영을 시작한 것이다.

백화점 가운데 미쓰코시三越·조지아丁字屋·미나카이三中井·히로다平田백화점은 모두 일본인이 설립한 것이다. 경영자는 대자본을 가진 일본인들이었고, 중역들도 거의 대부분 일본인들이었다. 또한 이들 백화점은 일본인의 거리라 불리던 혼마치本町(현 충무로)와 남대문로에 집중되어 있었다. 이들은 우세한 자본과 경영 능력을 기반으로 새로운 상품의 구비, 차별화된 서비스 제공 등 적극적 판매 전략을 구사했고, 상당수 부유한 조선인들이 이들 백화점을 찾아 쇼핑을 즐겼다.

조선인이 세운 동아백화점과 화신백화점은 조선인의 거리로 불리던 종로에 있었다. 이때 조선인들은 북촌北村 상가에 조선인이 경영하는 백화점이 생겼다는 것에 자부심을 갖고 환영했다. 그러나 두 백화점은 대자본을 가진 일본인 백화점에 비해 경쟁력이 떨어지고 있었다. 일부에서는 "기세를 못 펴고 발발 떨고 있는 조선백화점을 부지扶持(유지)시키자. 이것이 곧 조선사람된 의무이다"라고 하면서 조선인에게 일본인 백화점 이용을 자제할 것을 촉구하기도 했다.[161] 조선인이 일본인 백화점으로 가는 것은 동아·화신백화점의 경영 방법에 문제가 있다는 지적도 뒤따랐다.

한편에서는 동아·화신백화점을 '얼치기' 백화점으로 보고, "남촌의 백화점을 대항함에는 적어도 미쓰코시三越·조지아丁字屋에 대등한 진용을 안 가지고는 하나마나가 아닐까 한다"[162] 하면서 자본과 경영의 측면에서 비관적 입장을 개진하기도 했다. 그나마 동아백화점이 화신백화점에 흡수되자, 1932년 7월 이후 조선인 백화점은 화신백화점이 유일한 존재가 되었다.

이와 같이 일제 때 백화점은 각각 일본인 상권 중심지와 조선인 상권 중심지에 위치하고 있었으며, 고객 유치를 위해 상호 간에 치열한 경쟁을 벌였으나 대체로 화신백화점이 일본인백화점을 상대하기에는 버거운 상태였다.(▶부록)표9, 서울 지역 백화점의 연간 매상고(1935~1939))

당시 5개 백화점의 연간 총 매상고는 1935년에 1,217만 9,001원이었던 것이 1939년에는 1,915만 5,246원으로 증가해 4년 만에 57%의 높은 성장세를 보였다. 비슷한 시기인 1934년에 동대문시장의 1년 거래액이 181만 9,000원이었고, 남대문시장이 527만 7,714원였던 것을 보면,[163] 이 시기에 백화점이 얼마나 거래를 많이 했는지 그 정도를 헤아릴 수 있다.

이들 백화점은 대자본을 바탕으로 대규모로 상품을 매집해 판매하고 있었으므로, 영세한 자본을 소유한 기존의 시장 상인과 소상인들이 큰 타격을 받았다. 더구나 1929년 세계대공황의 여파가 겹치면서 중소상인들의 피해는 더욱 커졌다. 1932년에 박흥식이 "조선인 중소상업자의 궁경窮境(어려운 지경)은 약간이 아니다. 참으로 위기에 직면해 있다. 이대로 1년을 간다면 조선인 중소상업자는 모두 파멸의 길밖에 없다"라고 할 정도였다.[164] 당시 조선인 중소 상인들이 얼마나 어려운 현실에 처해 있었는지를 잘 보여주고 있다.

조선 최대의 미쓰코시백화점

오늘날 신세계백화점의 전신인 미쓰코시백화점은 1905년 12월 진고개에 설립된 미쓰코시오복점三越吳服店으로부터 비롯되었다. 일본의 대재벌 미쓰이三井가 1904년에 일본 최초의 백화점인 동경 미쓰코시백화점을 설립하고, 곧이어 조선의 수도 서울에 미쓰코시오복점을 개설했던 것이다. 그리고 1906년에 미쓰코시오복점 전무의 요청으로 출장소 개설이 추진되었다. 개설 초기에는 수출입을 주업으로 했고, 그 명칭에 드러나 있듯이 포목 중심의 잡화점을 겸업했다.

그런데 일본 재벌 미쓰이가 왜 일본도 아닌 조선의 서울에 그토록 성급하게 미쓰코시오복점을 개설한 것일까? 그것은 순수한 상업 전략의 측면에서 접근한 것이라기보다는 이른바 '일한병합日韓倂合'을 염두에 둔 식민통치 전략과 맞물려 있는 것이며, "내지문화의 이입"을 도모한 것이었다. 훗날 그들은 미쓰코시백화점에 대해 "일한병합 후 조선통치사업 수행과 함께 물자배급상 다대多大한 공적을 쌓았다"고 평가했다. 곧 미쓰코시오복점의 개설은 식민지 통치와 관련된 정치·경제적 의도가 주목적이었음을 그대로 보여주고 있다.

미쓰코시오복점은 강점 후 남촌 본정本町의 대표적 상점으로 성장했다. 1921년에 발간된 자료에 의하면, 위치는 본정1정목(현 충무로 1가) 32번지이고, 자본금 1,200만 원, 불입금 800만 원, 주주 1,114명, 주식 24만 주, 배당률 20%였다. 또한 전무인 구라치 마사오倉知誠夫를 비롯한 이사·감사·대주주가 모두 일본인이었다. 이런 규모는 다른 백화점과는 비교되지 않을 정도로 큰 것이었다.

미쓰코시오복점은 1916·1925년 두 차례에 걸쳐 증개축을 시행했고, 1929년에 이르러 일본 미쓰코시백화점의 출장소에서 지점으로 승격해 백화점으로서의 명목을 갖추게 되었다. 또한 이전에 경성부 청사가 자리했던 장소, 곧 본정1정목 52번지 730여 평의 공간을 매수하고, 그곳에 백화점 건물을 신축해 1930년 10월에 준공·개관했다. 미쓰코시백화점은 이때부터 비로소 본격적인 백화점으로서 출발했다고 볼 수 있다. 당시 백화점은 지하 1층·지상 4층 규모로, 대지 730평, 연건평 2,300평에 달했으며, 종업원 360명을 거느린 조선·만주 일대 최대의 백화점이었다.

이후 미쓰코시백화점은 비약적 성장을 거듭했고, 일본 미쓰코시백화점의 지점 가운데 "제1위의 성적"을 기록했다. 그렇지만 서울 미쓰코시백화점의 최종 기획은 일본 본점에서 맡고 있었다.[165]

백화점의 매장 구성을 보면, 지하에는 주방용품과 식료품 및 일반잡화 코너가 있었고, 고객용 간이식당이 있었다. 1층에는 약국과 여행안내소·선물 코너, 화장품과 신발·고급 식료품을 판매하는 매장이 있었다. 2층에는 일본인 취향에 맞는 의류를 취급했다. 맞춤복과 기성복을 골고루 갖추고 있었다. 3층에는 신사양복·숙녀양장 코너가 있었다. 재단사와 옷 만드는 공장을 갖추고 맞춤복의 봉제도 직접 실시했다. 4층에는 귀금속·가구매장·대형 홀,

그리고 커피숍과 식당을 겸한 대형 식당 등이 있었다.[166]

미쓰코시백화점은 전문적 경영인과 조직을 구비하고 체계적으로 백화점을 운영했다. 총 책임자인 지점장 아래 차장이 있었고, 그 아래 인사·서무·경리·선전·식품·오복·잡화·의류·조선물산부 등 9개부가 조직되었다. 종업원의 구성은 일본인과 한국인이 7 대 3 정도를 유지했으나, 한국인은 주로 보일러·전기의 수선과 청소·배달 등 잡역을 맡고 있었다.

미쓰코시백화점의 운영 방식은 직영直營을 원칙으로 했으나, 귀금속이나 식품류는 임대했으며, 수수료는 매출 외형의 10% 정도를 적용했다. 또한 이 백화점은 정찰제를 실행했고, 상품을 세일 판매하는 대매출 행사는 1년에 2번, 곧 2월말과 9월말에 정기적으로 실시했다. 이때는 원가 수준으로 판매했다. 영업시간은 보통 오전 9시부터 오후 6시까지였으나, 대매출 기간에는 오전 9시부터 오후 9시까지 12시간이나 운영했다.

미쓰코시백화점은 화려한 쇼윈도우, 최첨단 유행상품, 세련된 상품 진열로 명성을 떨쳤고, 엘리베이터·미술관·옥상정원 등의 시설을 갖추었던 조선 제일의 백화점으로서 그 위용을 자랑했다. 이런 백화점의 모습은 부정의 대상이 되기도 했지만, 한편으로는 동경의 대상이었다.

미쓰코시백화점은 일본인을 주 고객으로 했으나, 조선인 고객도 적지 않았다. 조선의 친일적 상류층을 비롯해 호기심 어린 조선인의 발길이 이어졌다.

> 풍부한 자본과 굉대宏大한 점포에다가 가관可觀의 설비를 해놓은 까닭에 특별히 선전방법을 쓰지 않을지라도 조선사람의 손님은 호기심을 내어 발길은 미쓰코시에 향해간다.[167]

이처럼 일본인뿐만 아니라 조선인의 발길이 이어지자, 조선인 상권 위축에 대한 우려가 높아갔다. 곧 "미쓰코시왕국의 작은 집" 미쓰코시백화점과

조선인 백화점 간의 현격한 격차를 비교하면서 분발을 촉구하기도 했다.[168]

> 미쓰코시오복점이야말로 일본에서 백화점의 왕이라는 칭稱을 받는 곳의 지점인 만큼 그 규모가 조선 제일이 되어 있는 것은 당연한 일이다. 더구나 본정本町 입구에다가 최신식의 대건축에 참신한 설비를 해놓았은즉, 말이 대치이지 감히 조선인백화점이 곁눈질도 못하고 있는 상태이다.[169]

미쓰코시백화점은 당시에 소설의 무대로 등장하기도 했다. 채만식蔡萬植의 장편소설「태평천하」에는 "우리 저기 미쓰코시 가서 난찌 먹구 가요?"라는 구절이 있다. 이때 난찌는 '런치lunch'를 의미한다.[170] 또한 우리 문학사에서 가장 인상적인 장면의 하나로 손꼽히는 이상李箱의「날개」의 마지막 무대 또한 미쓰코시백화점 옥상이었다.

> 나는 어디로 디립다 쏘다녔는지 하나도 모른다. 다만 몇 시간 후에 내가 미쓰코시 옥상에 있는 것을 깨달았을 때는 거의 대낮이었다 …… 날개야 다시 돋아라. 날자, 날자, 날자, 한번만 더 날자꾸나. 한번만 더 날아보자꾸나.

이처럼 조선 최대의 백화점으로서 명성을 떨쳤던 미쓰코시백화점은 상류의 친일적 조선인들이 이용하고 있었지만, 대부분 조선인들에게는 '가까이 하기엔 너무 먼' 존재였다. 미쓰코시백화점은 해방 이후 동화백화점으로 상호를 변경했다가, 1963년에 신세계백화점으로 개칭해 오늘에 이르고 있다.

조지아·미나카이·히로다백화점

조지아丁字屋백화점은 미쓰코시백화점과 더불어 일본인의 대표적 백화점이었다. 조지아백화점은 원래 일본에서 서양산 양복·잡화를 취급해 자본을

미쓰코시백화점 옥상 카페(1930년대)

축적했던 고바야시小林가문이 1904년 러일전쟁 때 부산에 들어와 상점을 열고 한국 진위대鎭衛隊(지방의 각 진에 둔 군대)에 물품을 조달하다가, 1904년 9월 남대문통에 지점을 개설한 것에서 비롯되었다. 이 상점은 궁내부 등에 어용물품을 조달했고, 이후 수요가 증가해 날로 번창했다.

1921년에 이르러 조직을 법인法人으로 고치고 주식회사 조지아丁字屋를 설립함으로써 백화점으로서의 출발점을 구축했다. 이때 자본금 150만 원 전액을 불입했고, 본점을 서울로 옮기고 본격적으로 영업을 추진했다. 1929년 9월에 점포를 신축 완공해 백화점으로서 본격 출발했으며, 1930년에 다시 증축 공사를 추진했다.[171] 조지아백화점에는 휴게소가 있었고, 미혼남녀의 교제 알선과 결혼 문제를 자문하는 결혼상담소가 설치되어 운영되기도 했다.[172]

남대문통2정목(현 남대문로2가)에 위치한 조지아백화점의 1938년경 현황을 보면, 자본금 150만 원, 건물 철근콘크리트 3층, 총면적 2,000평이었다. 임원진은 모두 일본인으로 구성되어 있었고, 취체역사장取締役社長 고바야시 겐로쿠

조지아백화점(미도파백화점의 전신)

小林源六, 이사取締役 고바야시 기타로小林喜太郎 등이었다. 종업원은 405명인데, 남자 270명, 여자 135명이었고, 그 가운데 조선인은 165명으로 40% 정도를 점하고 있었으며, 점원 기숙사가 있었다.

조지아백화점은 조선인이 즐겨 찾는 광목 같은 상품을 취급했기 때문에, 다른 일본인 백화점에 비해 조선인의 이용 비율이 높았다.

> 점포에 있어서는 미쓰코시에 손색이 없지 않으나, 그 내부의 설비에는 도리어 조선 손님을 끄는 데 더 힘 있게 되어 있다. 그러고 조지아에서는 미쓰코시보다 조선인 손님의 흡수책을 비교적 많이 쓰고 있다. 그래서 때때로 조선인 수용需用의 광목廣木·인조견人造絹 같은 것을 염가로 판다는 선전을 하여 조지아 내에는 흰옷 입은 손님이 가득 차는 때가 많다.[173]

해방 후 중앙백화점으로, 다시 미도파백화점으로 상호를 바꾸고 한때 진통을 겪었으나, 이후 성장을 거듭하면서 백화점계를 풍미했다.

미나카이三中井백화점은 일본인이 집중 거주하고 있는 본정本町의 번화가에 있었다. 부산·대구·대전·원산·함흥 등 전국 11개 주요 도시에 지점을 둔 대규모 백화점이었다.

미나카이백화점은 1911년 3월에 나카에 가쓰지로中江勝次郎가 서울에 미나카이오복점三中井吳服店를 개설해 경성본점의 기초를 닦은 것에서 비롯되었다. 이에 앞서 일본에서 옷감을 취급하던 나카에中江 가문의 후손 나카에 도미주로中江富十郎 등이 1904년 러일전쟁 직후 조선에 들어와, 대구·진주에서 조선인을 상대로 잡화상을 경영했다. 이후 사업이 성황을 이루자 포목점으로 전환하고, 1911년에 이르러 서울에 3칸의 소옥小屋을 마련하고 포목점을 개설했던 것이다.

이후 미나카이오복점은 날이 갈수록 번창했고, 1922년에 이르러 자본금 300만 원의 주식회사로 조직을 변경했다. 1929년에 자본금을 다시 증자增資하고, 일대 혁신을 기하기 위해 건물을 대대적으로 신축해 1929년 9월 30일에 제1기 신축공사를 완성했다. 이로써 비로소 백화점으로서의 모습을 갖추게 되었고, 본격적으로 백화점식 경영을 개시했다.

미나카이백화점은 본정1정목 45번지에 있었고, 1938년 무렵 자본금 500만 원, 주식 5만 주였으며, 지상 6층의 콘크리트 건물로서 부지 808평, 총건평 2,504평이었다. 임원진은 모두 일본인으로 사장 나카에 가쓰지로, 이사取締役 니시무라 규지로西村久治郎 외 4명, 감사 등이 있었다. 점원은 354명인데, 그중 남자 172명, 여자 182명이었다.[174]

"6층으로 하늘을 찌를 듯이 솟아"[175] 조선 상권을 위협했던 미나카이백화점은 해방 후 한일백화점으로 상호를 변경했다가 폐업했다.

히로다平田백화점 또한 일본인 밀집지대인 본정1정목 51번지에 있었다. 히로다백화점은 창업자 히라타 지에토平田智惠人가 1906년 진고개에 영업소를 개설함으로써 비롯되었다. 이후 영업실적이 호조를 보이자, 1926년에 주식회사로 전환하고 자본금 20만 원을 전액 불입했고, 약 700평에 달하는 2층 목조건물을 건축했다. 이로써 백화점의 기초를 갖추게 되었다.

이 백화점의 운영진 또한 모두 일본인으로 사장은 히라타 잇페이平田一平이고, 그 외 전무·감사 등이 모두 일본인이었다. 종업원은 200명인데, 상호 부조를 목적으로 한 공영회共榮會를 조직해 운영했고, 길야정吉野町에는 독신 점원 40명을 수용할 수 있는 합숙소가 있었다.

히로다백화점은 일용 잡화와 식료품 등을 대량으로 매입해 염가로 제공했으며, 이런 대중적 경영 방법은 고객들의 선풍적 인기를 끌었다. 또한 결혼을 앞둔 젊은이들을 대상으로 화장품·가구 등을 판매하기도 했다.[176]

히로다백화점은 자본금과 규모에서 다른 일본인 백화점과 비교할 수 없을 정도로 작았지만, 조선인 손님을 끌어들이는 데는 제일이라고 했다.

'조선 사람의 유일한' 화신백화점

화신백화점은 1931년에 박흥식朴興植이 화신상회和信商會를 인수하고 주식회사로 전환하면서 본격적으로 출발한 것으로 볼 수 있다. 그러나 이전부터 화신상회는 백화점식 경영을 시도하고 있었고, 화신상회의 시원이 1895년까지 거슬러 올라간다는 점에 주목할 필요가 있다.

화신상회를 세운 신태화申泰和는 원래 서울 남촌 무반가武班家에서 태어나 종로의 한 은방에서 직공을 하다가, 1895년 동현銅峴(현 남대문로)에 가게를 얻어 금은세공과 판매를 겸했다. 이곳에서 상업적 기반을 닦은 그는 1908년에 김연학金然鶴의 자금을 끌어들이고 점포를 확대해 신행상회信行商會를 설립했다. 그리고 노동자를 고용해 각종 패물과 장식품, 그릇[器皿], 은제 문방구 등을 생산했다.

신행상회는 성장을 거듭해 1910년대에 서울의 대표적 금은세공업체로 자리잡았고, 경쟁업체와의 대결에서도 우세를 보였다. 특히 1916~1918년에는 경기 호황을 틈타 사업을 대폭 확장하는 등 공격적 경영을 시도해 높은 성장세를 보였다. 1918년 3월에 신태화는 동업자에게 신행상회 본점을 넘기고, 종로로 진출해 광신상회廣信商會을 개설했으며, 곧이어 상호를 화신상회和信商會로 고쳤다. 반면 신행상회 본점은 1920년대 말이나 1930년 초 폐업한 것으로 보인다.[177]

화신상회는 1919년 1월경 종로2정목 5번지에서 3번지로 이전했다. 새 점포는 2층 서양식 건물로 2개의 쇼윈도를 갖추고 있었다. 이후 화신상회는 성장을 거듭했고, 1921년경 포목부布木部를 두고 여러 가지 잡화雜貨를 취급해 백화점식 경영을 도모했다. 이때 자본이 부족해지자 대한제국기 법부대신을 역임했던 한규설韓圭卨

화신상회와 신태하 관련 기사(1927년 1월)

로부터 자금을 지원받았다. 1927년 1월 현재 화신상회는 자본금 20만 원, 직공 60여 명을 거느리고 있는 서울에서 제일가는 금은귀중품상으로 평가받고 있었다.[178]

그러나 1929년 세계대공황의 여파로 불황이 깊어지고 1930년에 자금을 지원한 한규설이 사망하자, 자금 압박에 몰렸다. 신태화는 1930년에 박흥식으로부터 수만 원의 돈을 빌렸다. 그러나 부채를 제때 갚지 못하고, 결국 1931년초에 박흥식에게 36만 원을 받고 화신상회의 일체 권리와 재고 상품을 모두 넘겼다.[179]*

화신상회를 인수한 뒤 박흥식은 1931년 9월에 주식회사로 전환하고 백화점식 경영을 선보였으며,[180]** 종래의 목조 2층 건물을 3층 콘크리트 건물로 증·개축했다. 1933년 발행된 자료에 의하면, 화신상회(주)는 자본금 100만 원, 불입금 25만 원, 주식 2만 주, 주주 14명이고, 설립 목적은 "백화百貨의 판매 및 제조, 이에 부대하는 일체의 업무"였다. 화신의 규모는 미쓰코시백화점에 비교하면 1/10에도 못 미치는 것이었다. 사장은 박흥식, 회장은 신태화, 이사에 이기연李基衍·박경석朴經錫 등이 중역으로 참여했다. 「불놀이」 등의 시를 발표해 유명한 주요한朱耀翰이 한때 화신백화점 이사로 근무하기도 했다.[181]

* 박흥식이 화신상회를 인수한 시점은 정확하지 않으나, 오미일은 '1930년 말 내지 1931년 초'로 보고 있고, 『동아일보』 1931년 3월 13일자에 "화신상회의 경영을 조선인의 자본가들이 100만 원의 주식회사로 그 조직을 변경"할 것이라는 소문이 기록되어 있는 것으로 보아, 1931년 초반으로 보인다.

** 화신상회의 주식회사 전환 시점은 정확하지 않으나, 『일본백화점연감』에 소화 6년(1931) 9월에 '주식회사 화신'을 창업한 것으로 기록되어 있다.

1932년 1월에 화신상회 바로 옆 빌딩에 동아백화점이 문을 열면서 화신상회와 동아백화점은 치열하게 경쟁했다. 경쟁이 심화되면서 화신상회가 '만년경품부대매출萬年景品附大賣出'을 자주 실시하자 "조선사람의 손님은 경품 맛에만 끌리는 줄 아는지 1년간을 두고 경품부대매출이 아닌 때가 없다"는 비판을 받기도 했다.[182]

화신백화점은 1932년 7월에 옆의 동아백화점을 인수·합병했다. 당시 합병의 배경에 대해서는 불경기라는 시장 여건, 두 백화점의 과도한 경쟁, 일본인이 운영하는 백화점과의 경쟁 고려, 동아백화점의 자본가 권모權某와의 알력, 동아백화점의 '대용단大勇斷' 등이 거론되었다. 이처럼 두 백화점의 합병에 대해서는 구구한 설들이 있었지만, 많은 사람들은 화신백화점이 "북촌상가의 활기를 돋우는 전위대"가 되기를 기원했다.[183]

동아백화점을 인수한 화신백화점은 두 건물 사이에 육교를 가설해 양쪽을 오가면서 쇼핑을 하게 했다. 1933년경 화신백화점의 풍경이다.

서울 종로 네거리 보신각 맞은편에 날 보아라 하듯이 우뚝 솟은 호화장려豪華壯麗한 4층 백악白堊의 대건물! 이 건물 속에는 320명의 점원이 매일 평균 내객 10,000명을 맞아들여 많이 팔리는 날이면 17,000원, 적은 때도 보통 3, 4천 원어치씩 팔아낸다. 이 4층의 건평 800여 평 속에는 고양이 뿔 이외에 잡화·포목·금은·미장美妝·과실, 심지어 식당까지 모두 갖추어놓았는데, 언제든지 40만 원 이상의 물품이 진열상陳列床에 가득 들어차 있다는 근대백화점의 왕, 주식회사 화신상회의 전모다.[184]

1934년에 화신백화점은 전국에 1천 개의 연쇄점을 개설하기 위해 모집 광고를 대대적으로 냈다. 7월 15일까지 응모한 사람이 3천 명을 돌파했다. 1938년경 화신의 연쇄점 수는 전국적으로 400여 점에 달했다. 화신연쇄점은 연말

이면 전국적으로 '화신연쇄점 연합대매출'을 실시하고, 대대적으로 경품을 제공하기도 했다.[185]

1935년 1월 27일, 화신백화점에 큰 불이 일어났다. 저녁 7시 반경에 서관西館 2층 완구부에서 일어난 불은 삽시간에 서관을 다 태우고 동관東館까지 번져 소실되었다. 이 화재로 종로 네

건설 중인 화신백화점(1936년경)

거리 일대가 암흑천지가 되었고, 화신백화점은 막대한 피해를 입었다.[186]

화재 뒤 박흥식은 복구공사에 착수했고, 1936년 12월 4일에 전체 6층 규모의 백화점 건물을 준공 완료했다. 이때 백화점의 총 건평은 829평, 공사비는 26만 원이 소요되었다. 1년 7개월 만에 완공된 것이었다. 특히 화재 방지에 중점을 두어 방화셔터와 비상계단 등을 설비했다.[187] 이어 화신백화점은 서관西館에 인접한 부지를 매입하고 새로이 신관新館을 건축해 1937년 10월 9일에 준공했으며, 11월 10일에 개관식을 거행했다. 신관은 지상 6층, 지하 1층의 철근콘크리트 건물이었고, 공사비는 93,000원이 소요되었다. 당시 화신백화점은 한국인에 의해 건립된 최대의 건물이었고, 엘리베이터와 에스컬레이터 시설이 구비되어 있었다.[188]

화신백화점은 신관 전면 남측 옥상에 조선 최초로 '화신전광뉴스판'을 설치했다. 길이가 무려 12칸이나 되었는데, 동양 최대의 것으로 손꼽히고 있었다. 또한 옥상 동편과 북쪽에 '和信'이란 금문자金文字를 박아 휘황찬란하게 보이게 했으며, 1층 내부를 대리석으로 장식해 호화스럽고 고급스럽게 꾸몄다. 옥상에는 분수와 작은 새와 동물을 구비한 '옥상정원屋上庭園'을 꾸며놓고, 산책과 담소를 즐기는 휴식 공간으로 활용했다. 그리고 경성전기주식회사와 협의해 전차정류장 이름을 "화신 앞입니다"로 해서 선전효과를 거두었

일제강점기의 전차 정류장

다.

1938년경 화신백화점의 현황을 보면, 위치는 종로 번화가의 중심인 종로2정목 3번지, 부지 324.8평, 총건평 2,034평, 본관은 지하 1층, 지상 6층, 동관東館은 지상 5층이다. 화신백화점의 종업원은 500명인데, 남자 300명, 여자 200명이었으며, 남자 독신 점원을 위한 기숙사가 공평정公平町(현 공평동)에 있었다. 백화점의 점원들은 친목과 상호부조를 목적으로 한 '화우회和友會'를 조직해 운영했다.

주식회사 화신은 평양에 화신백화점 지점을 거느렸고, 방계 사업으로 화신연쇄점주식회사·선일지물주식회사鮮一紙物株式會社·대동흥업주식회사大同興業株式會社 등을 거느리고 있는 '재계의 총아'였다.[189]

화신백화점은 "우리 조선 사람의 손으로 경영하는 유일한 백화점"임을 누구나 자랑삼아 말하게 되고 "적막한 조선상계朝鮮商界를 대표해 면面치레라도" 하는[190] 기업으로 인식되고 있었다. 이와 같이 조선인 유일의 백화점이라는 상징성을 가진 화신백화점은 종로의 명물이자 조선 전체의 자랑거리였다.

화신백화점은 또한 국내 최초로 엘리베이터와 에스컬레이터를 가설했다는 점에서 유명했다. 특히 서관에 가설한 엘리베이터와 에스컬레이터는 장안의 화제가 되었으며, 시골사람들의 관광코스가 될 정도였다. 화신백화점에서는 무료 편물강습회編物講習會와 미술전람회 등을 열기도 했다. 또 백화점 직원들의 운동회를 열었다. 여직원들의 체조댄스가 인기를 끌기도 했다.[191]

이와 같이 화신백화점은 북촌의 종로 중심가에 위치한 조선인 유일의 백화점으로, 상업적 이익 추구와 함께 사회문화적 유행을 선도하는 공간이라는 이미지를 만들어나갔다. 화신백화점은 민족의 이름을 등에 업고 성장했지만, 그 자본은 상당 부분 조선은행·식산은행 등 식민 권력으로부터 지원받고 있었고, 경영자 박흥식도 친일적 경향이 농후했다. 따라서 화신백화점의 민족적 성격은 매우 제한적 측면에서 이해해야 한다.

북촌 상가의 장관, 동아백화점

동아백화점은 1932년 1월 초 종로 네거리의 상권 중심지에 문을 열었고, 콘크리트 4층 서양식 건물로 총건평은 640평에 달했다. 이 건물은 당시 경성 부자로 유명했던 민규식閔奎植의 소유였는데, 백화점 진출을 도모했던 최남崔楠이 임대해 새로이 단장하고 백화점으로 문을 열었다. 건물 임대료는 1년에 2만 원으로 책정되었다 한다.[192]

개장 첫날 동아백화점의 매상고는 11,108원 35전에 달했고, 첫날 판매액의 1/100인 111원 8전을 『동아일보』와 『중앙일보』에 나누어보내 빈민 구제 비용으로 충당하도록 했다.[193]

화신상회 바로 옆에 '동아백화점'이라는 간판을 달고 등장해 북촌상가의 자존심을 세워주는 자랑거리가 되었고, 남촌의 미쓰코시·조지아백화점과 어깨를 나란히 겨룰 수 있는 백화점으로 기대되었다.

「북상가北商街의 위관偉觀, 동아백화점 출현,

초일初日 매상고 1/100은 빈민구제에 제공」

남촌의 백화점을 능가할 만한 대백화점 동아가 북촌상가의 한복판인 종로 네거리에 출현했다. 최근 콘크리트 4층 양관洋館으로 총건평이 실로 640여 평, 미쓰코시나 조지아에 지지 않게 백화를 진열한 것은 북촌 상계에 큰 이채를 나타내게 되었다. 이 동아백화점은 다년간 사계에서 분투하던 동아부인상회 주인 최남씨의 경영으로, 씨는 현하의 조선실업계의 모든 사정과 조선문화 시설 기타를 참작해 최신·최대·최고 백화점을 만들려고 실로 고심참담한 바 있어 이번에 그 실현을 보게 된 것인데, 그는 작년 가을부터 준비에 착수해 물건을 사들이는 한편으로 100여 명의 점원을 받아 훈련을 시켜놓았다 한다.[194]

동아백화점은 바로 옆의 화신백화점 및 대자본의 일본인 백화점과 대항하기 위한 전략으로 "다른 백화점보다 싸면 쌌지 비싸지 않은 점"을 부각시키고자 했다. 이를 위해 일본 오사카大阪에 직원을 배치하고 상품을 직수입해 구비했고, 조선 물산도 함께 진열했다. 또한 백화점의 대매장을 중심으로 대규모 '십전균일시十錢均一市(10센트 스토아)'를 벌여 고객을 끌어들이려고 했으나, 사람들에게 잘 알려지지 않아 효과를 거두지 못했다.[195]

이처럼 동아백화점은 최신·최대·최고를 지향하면서 기존 백화점과의 차별화를 시도했으나, 화신상회와의 지나친 출혈 경쟁과 남촌의 일본인 백화점을 의식한 무리한 경쟁, 1929년에 시작된 세계대공황의 여파로 인한 불경기가 겹치면서 어려움을 겪게 되었다. 결국 자금력이 취약했던 동아백화점은 많은 손해를 보게 되었고, 자금 압박에 시달렸다. 결국 개점한 지 6개월여 만인 1932년 7월에 동아백화점은 화신백화점에 흡수·병합되었다. 당시 두 백화점 간 계약 내용이다.

- 이 계약을 유효케 하기 위하야 1만 원을 계약금으로 박흥식씨가 최남씨에 지불할 일.
- 8월 1일로부터 동아백화점의 상품을 조사해 이 원가에 대한 7할의 시세로 대금代金을 지불할 일.
- 따라서 동아의 상호商號와 외상대금外上代金·부채 등 일체를 박흥식씨가 인수하는 동시에 최남씨는 1년 이내에 동성질同性質의 영업을 안 하기로 된 일.
- 동아의 점원을 화신에게 그대로 계속 사용할 일.[196]

이처럼 동아백화점은 원가의 7할에 상품 인수, 점원의 승계 등을 조건으로 계약을 체결하고, 그 운영권 일체를 화신에 넘겼다. 이로써 조선 최고의 백화점을 꿈꾸었던 동아백화점은 역사 속으로 사라졌다.

6. 야미와 10전 균일점

물가통제와 야미의 성행

일제강점기 시장의 물가는 농사의 풍흉, 생산물자의 수급 등 자연·경제적 요인 이외에, 일제의 조선정책과 만주사변·중일전쟁·태평양전쟁 등 대내외적 정세에 큰 영향을 받고 있었다. 강점 이후 물가는 불안한 상태를 면치 못했다. 특히 제1차 세계대전의 영향으로 1918년 이후 물가가 폭등해 주민 생활을 위협하는 지경에 이르렀다.

경성부 주요 물품 가격의 변화(1914~1919) (단위 : 円)

물품	정미[精米]	보리[大麥]	밀[小麥]	조[粟]	콩[大豆]	팥[小豆]	명태	계란	소고기	석유
연도	1석	1석	1석	1석	1석	1석	1태	100개	1근	1관
1914	15,674	4,321	7,793	9,800	8,155	11,606	22,875	1,400	300	1,920
1915	11,670	4,300	8,185	8,290	5,470	7,813	22,375	1,650	300	1,955
1916	12,845	4,370	8,770	10,678	7,370	9,863	22,435	1,365	300	2,892
1917	14,900	4,900	8,500	16,000	8,400	13,305	28,440	1,550	350	2,845
1918	26,420	7,100	17,230	17,500	14,200	18,100	43,500	1,650	340	1,450
1919	45,970	9,963	21,810	19,740	19,840	31,180	59,510	3,600	408	5,392

※자료 : 경성부, 1941, 『京城府史』 제3권, 附表 16쪽, '경성부 주요물품가격 일람표'

1914년~1917년까지 안정세를 보였던 물가는 1918~1919년에 폭등세를 보이고 있다. 쌀 1섬[石]의 값은 1915~1918년 사이에 2배 이상 올랐고, 1919년에는 무려 4배 가까이 폭등했다. 보리와 밀·콩·명태·계란 등의 가격도 2~3배 뛰어올랐다. 식생활의 기본 품목인 쌀과 보리 등 곡물가격의 폭등은 주민들의 생계를 위협했다. 특히 봉급생활자와 하층민의 어려움이 컸다.

이와 같은 가격 폭등으로 일제의 식민통치에 대한 불만이 고조되자, 일제는 응급조치로 쌀 등을 싼값에 방매·공급함으로써 물가를 안정시키고자 했다. 경성부는 1918년 8월 14일에 경성구제회京城救濟會를 설립하고, 소학교 등 9곳에 염매소廉賣所를 설치해 쌀을 시세보다 싸게 판매했다. 그러자 많은 사람들이 염매소로 몰려들어 오후 2시경이면 지정된 쌀이 모두 팔려버려 빈손으로 돌아가는 경우가 적지 않았으며, 주민들의 불만 또한 높아갔다.[197]

1918년에 쌀을 염매하는 과정에서 폭력을 행사한 일제 경찰과 서울 주민들 사이에 충돌이 일어났으니, 이른바 '쌀 염매소 폭동'이 바로 그것이다.

28일 오후 2시쯤 되어 경성구제회의 쌀 염매소의 하나인 종로소학교 판매소에서는 조그마한 일로 폭동이 일어나서 약 1시간 뒤에 진정되었더라 …… 우연히 소요를 일으킨 종로소학교의 염매소는 그날 아침부터 쌀을 사러오는 군중이 많아서 그 수효가 일천여 명에 달했는지라. 그 혼잡함을 취체(단속)할 차로 종로경찰서로부터 순사 1명, 순사보 3명이 가서 극력 취체한 때문에 아침내로는 무사했고, 오후 2시 가량 되기까지는 무려 700~800명이 순차로 쌀을 사가지고 흩어져갈 때, 당일의 쌀이 마침내 다 팔렸으므로 계원과 경관은 그 뜻을 사는 자에게 이르고 돌아가라 한 즉, 별안간 모인 사람 중에서 한 노파가 욕설을 하며 경관에게 달려들며 경관의 설유도 듣지 않고 말다툼질을 하던 중, 들이밀리는 군중으로 인해 그 노파는 엎어져 절식이 된 모양이매, 신경이 흥분되어 있던 군중들은 옆에 있던 경관에게 향해 경관이 인민을 때려죽인 것은 불법행위라고 떠든 때문에, 이 말을 들은 약 200여 명의 군중은 경관이 노파를 때려죽인 줄로 알고 그중 순사보 하나를 에워싸고 장차 뚜들기고자 하며 서두르는 고로, 다른 경관들도 이를 제지코자 하다가 마침내 군중과 경관 간에 대충돌이 일어나서 큰일에 이르고자 함으로, 즉시 종로경찰서에 급보해 응원을 구한즉 …… 미처 날뛰는 약 200명의 군중은 이리저리 몰려다니며 야단이었으나, 서원의 증가로 인해 일시는 진정되었더라. 그런데 이 일을 들은 다수의 군중은 그 수효가 1천여 명이나 되었는데, 그중에 어떤 자 3명이 있어 서단상에 나타나며 큰 소리로 군중에 향해 극히 선동적의 열렬한 말을 해서 조금 진정했던 군중도 별안간 분기가 나서 다시 폭동을 하는데, 밖으로부터 구름같이 모여든 군중도 이에 참가해 맹렬히 폭행을 하고 …… 일장 대수라장이 된 바, 교사 중서북 편에 세운 2층 한 채는 계상 계하가 모두 유리창이 파손되고 수십 명의 사람은 교실로 들어가서 그 안에서 유리창을 타파하고 기물을 파괴하는 등 폭행이 낭자했더라.[198]

위의 내용은 총독부 기관지인 『매일신보』에 게재된 것으로, 경찰의 입장에서 일방적으로 정리된 것이다. 사건의 발단은 쌀의 매진에 항의하는 노인에게 경찰이 힘을 행사해 "엎어져 절식"할 상황으로 치달은 것에서 비롯되었다. 이를 본 주민들은 "경관이 인민을 때려죽인 것은 불법행위"라고 주장하면서 순사들과 크게 충돌했다. 이때 주목되는 것은 종로소학교에서 소동이 일어나자 "밖으로부터 구름같이" 사람들이 몰려들어 합세했다는 점이다.

분노한 주민들의 집단적 항거로 수세에 몰린 경찰은 종로경찰서의 지원은 물론, 헌병대사령부 용산분대까지 동원해 시위를 진압하고 100여 명을 종로경찰서로 잡아갔다. 이후 9월 26일에 최도현崔道鉉 등 관련자 28명에 대한 공판이 이루어졌다. 징역 8개월에서 태형笞刑 40대에 이르는 형벌이 내려졌다. 이들 가운데는 60여 세의 짚신 장사 노인과 16세 되는 소년도 있었다.[199]

종로소학교 쌀염매소에서 일어난 주민들의 저항은 단순히 쌀 문제만이 아니라, 그 동안 축적된 민족적 불만이 함께 폭발한 것이었다. 이 무렵 쌀값을 비롯한 물가 폭등에 대한 주민들의 불만과 움직임은 3·1운동에도 많은 영향을 미쳤을 가능성이 높다.

이와 같이 쌀값 폭등과 일상생활용품 가격의 등귀에 대한 서울 주민들의 불만이 높아지고 쌀값 항쟁으로 이어지자, 일제는 쌀과 일상생활용품을 안

태형 광경

소년들이 만든 1일 가마니시장

정적으로 공급하고 시중의 물가를 조절할 목적으로 공설시장을 설치·운영했던 것이다. 그러나 공설시장의 물가가 시중보다 오히려 비싸다는 지적이 있었고,[200] 운영 방식의 이질성 등으로 대부분 조선인에게 외면당했다.

3·1운동 이후 서울의 물가는 등귀와 하락을 거듭했다. 1927년 6월에는 쌀과 콩 등의 값이 등귀했고, 1928년에는 대체로 물가가 내려 안정세를 보였다. 1930년 2월에는 경성의 물가가 많이 올랐다. 경성의 물가가 동경보다 높다는 지적이 있었다.[201] 1934년 하반기부터 1935년 상반기에 다시 물가가 폭등했다. 특히 쌀과 잡곡 및 직물류의 가격이 폭등했으나 하반기에 안정을 되찾았다.[202] (▶부록)표10, 서울시장 주요 상품 소매가격(1932년 12월 2일))

특히 1932년 12월의 물가를 보면, 돼지고기가 쇠고기보다 비싼 값으로 거래되었다는 점이 눈에 띈다. 그러나 일반적으로는 쇠고기가 돼지고기보다 약간 비싼 값으로 판매되었으며, 이후 이런 추세는 계속되었다.[203]

연탄 사용이 늘어나면서 무순탄·일본탄·관제연탄·함흥탄 등이 1톤당 14~19원에 판매되었다. 이 가운데 무순탄은 만주의 푸순[撫順]에서 생산되는 연탄을 말하는데, 조선에 많이 들어와 판매되고 있었다.

1937년 중일전쟁 발발 이후 물가는 요동을 치면서 등귀했다. 소폭 내림세를 유지할 때도 있었으나 전반적으로 높은 오름세였다.[204] 1938년 4월에 물가는 천정부지로 치솟았다. 양잿물이 500근에 38원 하던 것이 100원으로 올랐고, 성냥은 한 곽에 10전 하던 것이 15전으로 인상되었으며, 그 외에 거의 모든 생활용품의 가격이 급격하게 올라 주민들의 일상생활을 위협했다.[205]

일제는 1938년에 물가조정과를 신설해 본격적으로 물가를 관리하고자 했으며, 경성상의京城商議 주최로 물가조정협의회·물가조정간담회 등을 개최해 물가를 조정하려 했다.[206] 또한 가격통제령과 배급제 등으로 물가를 다잡으려 했다.

1939년 10월에 가격통제령을 적용·실시해 물자의 암거래·암시세 형성을 저지하려 했다. 가격통제령은 모든 물품의 가격을 1939년 9월 18일 가격, 곧 '9·18가격'으로 동결해 가격을 통제하려는 조치였다. 그러나 이 조치 이후 상품의 품귀현상이 심화되었고, 경찰의 눈을 피해 '암거래'가 성행했다. 暗거래를 의미하는 '야미ゃミ'라는 말이 해방 후까지 유행할 정도였다.[207]

또한 일상생활용품을 배급제로 전환·공급함으로써 물자 부족과 물가 불안을 해결하려 했다. 1940년 4월 1일에 가격형성중앙위원회價格形成中央委員會을 열고 쌀·된장·간장·소금·성냥 등의 필수품을 전표제로 할 것을 결정하고 6월 1일부터 실시했다.

1941년의 태평양전쟁 발발 이후에는 모든 자원과 물자가 전쟁용품 생산에 우선 동원되었다. 일상생활용품의 생산과 공급은 더욱 줄어들었고, 시장은 점차 차갑게 얼어붙게 되었다. 주민들의 생활 또한 더욱 궁핍해져서 기아선상에서 헤매는 자들이 크게 늘었다.

'10전 균일점'과 상거래 관행의 변화

이 무렵 상거래 관행은 근대적 방식의 확대와 백화점의 출현 및 일본인 상가의 증가 등으로 큰 변화를 겪었다. 상거래 방식의 변화는 개항 이후에 자본제 상품의 유입과 청·일상의 등장으로 점차 추동되고 있었지만, 본격화된 것은 이 시기부터였다.

에누리와 덤·외상 등의 전통적 상거래 방식은 "유치한 시대"의 "비문화적 악습"으로 간주되어 타파 대상이 되었고, 일제와 조선 지식인의 혹독한 비판을 받았다. 언론은 시장의 전통적 거래 관행을 "폐풍"으로 여겨 통렬하게 비판했는데, 거기에는 일본인 상권에 밀려 침체를 벗어나지 못하는 조선인 상권의 활성화를 견인하기 위한 의도도 있었다. 당대의 지식인 서춘徐椿은 덤제를 "손님을 쫓아버리는 폐단"이자 "속이는 것"으로 간주하고 폐지할 것을 주장했다.

> 더음(덤의 옛말)제가 유치한 시대에 있어서의 손님을 끄는 한 가지 방도이었던 것은 의심할 바 없는 사실이다. 그러나 손님의 지식이 발달해 향상한 결과로 더음 더 주는 것으로 생각지 아니하고, 속이는 것으로 생각하는 이가 많아지는 오늘에 와서는 벌써 그런 수단은 오려는 손님을 쫓아버리는 폐단은 될지언정 손님을 끄는 수단은 되지 못하는 것이다. 만약 에누리와 더음이 손님을 끄는 유일한 방책이 되며, 또한 그 밖에는 손님을 끄는 방도가 없다고 하면, 진고개 상인들은 다 굶어죽을 것이 아니냐.[208]

에누리 풍속도 "신용과는 양립할 수 없는 것"이자 "쌍방의 신용을 다 떨어치는 것"으로 간주되어 타파 대상으로 지목되었다.[209] 당시 에누리 관행의 실상이다.

> 그때 서울 상계商界를 보면 3원짜리면 손님을 보아가며 10원도 부르고 5원도 부른다. 부르는 것이 값이다. 손님 측에서는 의례히 깎는다. 그래서 잘 깎으면 3원짜리를 제3에, 또는 원가도 끊는 2원 4~50전에라도 사고, 잘못 깎으면 7원·8

원·10원에도 사게 된다. 에누리가 어떻게 많은지 도무지 고객은 대중할 수 없어 불안했다.[210]

이 에누리 관행의 문제를 해결하기 위한 대안으로 제시된 것이 바로 정찰제였다. 동아백화점을 운영했던 최남이나 화신백화점을 경영한 박흥식 등도 에누리의 문제점을 인식하고, 정찰제 실시를 위해 노력을 기울였다. 그러나 에누리에 익숙해 있던 사람들에게 잘 받아들여지지 않아 진통을 겪었다.

외상제도 미수未收와 장부 누락에 따른 손실을 우려해 극복의 대상으로 지적되었고, 그 방지책으로 현금매출주의가 권장되었다. 외상 거래는 현금 수입이 불안정한 경제 사정과 관련된 것으로, 조선인들의 현실적 입장을 보완하는 역할을 했다. 그러나 일제는 무조건 외상 거래를 소매상인의 자금 회전을 어렵게 하고 소매가격을 인상시키는 비경제적인 악습이라고 비판하면서, 그것이 조선인의 문화적 후진성 때문이라고 혹평했다.[211]

또한 상점 앞에서 손님을 끌어들여 흥정을 붙이는 여리꾼이 1929년에도 "갓 사요, 망건 사 가요, 바늘이나 실 사가요"라고 외치면서 여전히 종로상가에 존재하고 있었다. 이런 여리꾼의 호객 행위를 한 지식인은 "감개가 자못 깊은 동시에 희극이라기보다 역시 일종 비극이다"라고 했다.[212] 점차 여리꾼의 존재는 사라져 시장에서 자취를 감췄다.

시장에서의 거래 관행의 변화는 계도 과정을 거쳐 점진적·자율적으로 추진해야 함에도 불구하고, 일제는 1923년에 매점매석 방지와 전통적 상거래 관행을 타파하기 위한 목적으로 「폭리취체령暴利取締令」을 반포해 시행했다. 그리고 '문명적' 거래 관행을 정착시킨다는 명목 아래 가격표시제·미터제의 실시를 강요했다. 되와 말이나 저울 등의 도량형기를 수시로 점검했고, 매년 12월마다 시장의 도량형기를 검사했다.[213] 1927년 8월 1일부터는 미터제를 실시했다. 이는 그간 자로 길이를 재고, 말과 되로 분량을 측정하고, 근수로 무게를 다는 방식을 폐지하고, 대신 미터(m)와 킬로그램(kg)을 사용하게 하는 것이었다. 일제는 미터제 정착을 위해 계몽 포스터를 붙이고, 행정력과 경찰력을 총동원해서 전 시장을 순시하면서 감시했다.[214]

전시체제였던 1938년에 일제는 군수물자와 생활용품의 가격 안정을 도모하기 위해 「폭리취체령」을 개정·강화했다. 그에 따라 1938년 7월부터 가격 표시제를 강제로 실시했으며, 심지어 가격 표시를 하지 않거나 허위 보고하는 경우에는 29일 이하 구류, 20원 이하의 과태료를 부과하도록 했다. 1940년 2월에는 동대문시장을 일제히 검색해 가격을 표시하지 않은 상인 100여 명을 적발했다. 그 가운데 60여 명을 동대문경찰서에 호출해 전부 즉결 처분하기도 했다.[215]

이런 제도의 시행은 기존의 거래관행을 변화시키는 데 중요한 역할을 했지만, 오랫동안 내려온 상거래와 관행과 도량형기가 사라진 것은 아니었으며, 여전히 전통적 되와 근 등이 통용되고 있었다.

당시 조선상인들은 점포에 앉아 손님을 기다렸으며, 가게 앞에 상품을 죽 나열해 놓고 중요한 물품은 안에 들여놓았다가 손님이 요구하는 경우에만 내놓는 경우가 많았다. 게다가 출입문을 한쪽 구석에만 만들어놓아, 손님이 자유롭게 들어와 물건을 구경하는 것을 부담스럽게 했다.[216]

이처럼 점포에 앉아 마냥 손님을 기다리고 여리꾼을 두어 호객하던 거래관행은, 점차 광고와 경품행사·할인행사 등을 통해 손님의 발길을 끌어들이는 마케팅으로 변화했다. 종로상가의 경우 1925년 가을부터 '종로 중앙연합 경품부 대매출'을 시작해 정례화했고, 경품 활동과 활동사진 상영, 군악대 행렬 등과 같은 각종 이벤트를 실시해 손님을 끌어들였다.[217] 1932년 5월에는 화신백화점에서 증축낙성 기념으로 경품부 대매출을 실시했다. 경품으로는 1등에게 20평짜리 기와집 1채를, 2등에게는 백미 20가마니를, 3등에게는 금강산 왕복여비 등을 제공했다.[218]

상품의 진열도 "나도 하나 사 볼까?" 하는 구매력을 불러일으키는 방향으로 변화하면서, 유리진열창 도입이 크게 늘어났다. 간판에 대한 관심도 증대되어 취급 상품을 특징적으로 표현하고, 눈에 잘 띄도록 설치하려고 노력했다. 이에 따라 종로상가의 간판과 취급 상품 등이 진고개의 일본인 상가지대와 흡사한 모습을 보이기 시작했다.

　　광고도 상점과 취급상품에 대한 정보를 널리 알려 소비자를 불러들이는 상거래 방식의 하나로 자리잡았다. 광고는 개항 이후 이미 상품의 판매에 활용되고 있었는데, 이 시기에 더욱 본격적으로 활용되었다. 당시 광고 활용을 적극적으로 주장하면서 소개한 다양한 광고 방안이다.[220]

1. 신문 잡지나 기타 서적에 내는 법
2. 광고지를 박아서 각지로 우송하는 법
3. 광고지를 인쇄해 인근 다수인이 눈에 띄우기 쉬운 데 첩부貼付하는 법
4. 상점용 건물을 번적하게 지어 통행하는 사람의 눈에 번적 띄우게 하는 법
5. 제사일祭祀日 일요일 기타 사람의 출입이 많은 때를 타서 광고지를 살포하거나 또는 점전店前(가게 앞)에 음악대 유성기들을 사용해 통행인의 주의를 환기하는 법
6. 상품을 싸는 포장 노끈에 상호 품명 기타를 인쇄해 사용하는 법
7. 서간용지 대투對套(뒤) 기타 유사한 물건에 상호 품명을 기입하는 법
8. 전차 칸에 광고지를 첩부하는 법
9. 활동사진 연극장 같은 데 막을 만들어주는 법
10. 물품에 상표를 붙이는 법
11. 철도 연변沿邊(길을 끼고 따라가는 언저리) 같은 데 광고판을 만들어 세운 법
12. 개점기념일開店紀念日 기타 축제일祝祭日·명절·대회일大會日을 이용해 상품의 할인대 매출을 하는 법

이처럼 포장용 노끈에 상호商號·품명 등을 인쇄하거나 상섬 앞에서 음악내·유성기를 사용하는 방안 등 '현대식 광고법'을 제시한 것은, 비용 때문에 "광고 내기를 꺼리는" 조선상인들에게 광고 활용을 적극 권장하기 위한 방안으로 제시된 것이었다.

상거래와 관련해 '서비스'가 물품 구매에 중요한 영향을 끼친다는 인식이 확산되면서 서비스 강화를 위한 조치들도 잇따랐다. 특히 남촌의 일본인 상가의 서비스는 본받아야 할 모델로 여겨졌으며, 조선인 상가에 서비스 수준을 높일 것을 주문했다.

> 그리고 한번 그네들의 상점에 들어서면, 사람의 간장까지 녹여 없앨 듯한 친절하고 정다운 일본인 상점원들의 태도에 다시 마음과 정신이 끌리고 말아, 한번 이 같은 유혹의 쾌미를 맛본 후는 한 푼어치도 그리고 두 푼어치도 그리로 …… 이 같이 하여 우리 수중의 있는 많지 않은 '돈'은 그네들의 손으로 옮기고 마는 것이다. 그래서 그곳에 조선 동포의 발이 잦아지고 수효가 느는 정비례로 종로 거리 우리네 상점의 파산이 늘고 우리 살림은 작고 줄어드는 것이다.[221]

이런 인식이 확산되면서 종로상가를 비롯한 조선인 상가에서도 점원에 대한 친절·봉사 교육을 강화하고, 친절한 서비스를 판매 전략으로 내세웠다. 이런 친절·봉사 등의 서비스 이외에도 화신백화점에서는 소영화관을 신설해 상품구매자에 한해 무료로 개방함으로써 구매와 연관시키려 했다.[222]

또한 당시 미국 등지에서 성공을 거둔 '10센트 스토아'를 모방한 '10전 균일점十錢均一店'이 등장했다. 최초로 10전 균일점을 연 것은 동아백화점을 경영한 최남이었다. 그러나 당시 사람들이 10전 균일점이 무슨 말인지 이해하지 못했으므로, 삐라와 찌라시를 돌리고 "큰 깃발을 세우기도 하고 북 치고 나팔 불며 풍각쟁이를 시중에 순행케 했으며, 또한 신문에도 광고를 내는 등" 선전에 전력했으나, 큰 효과를 거두지 못했다.[223]

7. 일제시대의 상인들

여점원 '쇼프걸'의 등장

강점 이후 서울은 비록 독립국가의 수도로서의 지위는 박탈당했지만, 여전히 "상업의 도시요, 정치의 중심"[224]으로 한반도의 중심도시로서 기능하고 있었다. 대한제국 이래 서울을 중심으로 철도가 사방으로 뻗어나가면서 교통·운송의 중심지로서의 기능이 강화되었고, 금융·산업의 발달과 인구의 증가로 시장이 성장할 수 있는 여건이 구비되었다 이에 따라 시장에 종사하는 상업 인구도 크게 늘어났다.[225]

1930년의 서울 인구에 한해서 살펴보면, 39만 4,240명 가운데 직업을 가진 유직자有職者는 13만 6,728명으로 35%였다. 1/3정도가 직업을 갖고 있었고, 2/3가량은 직업이 없는 무업자無業者였다. 당시 직업인 가운데 여성은 26,170명으로 19%였다. 가사사용인으로 고용된 경우가 가장 많았고, 다음으로 상업·공업 등의 순으로 나타났다. 이때 가사사용인이란 개인 가정에 고용된 '식모食母'와 유모·운전사 등을 가리키는 것으로, 남성보다 여성의 비중이 높은 유일한 직업이었다. 주로 주인집에서 부엌일과 각종 허드렛일을 담당했던 이른바 '식모'의 월급은 1937년에 2원 50전~9원이었다. 그 무렵 1등 쌀 1kg의 가격이 22전 5리였던 점을 감안하면 대략 11~40kg의 쌀을 받고 있었던 셈이다. 식모는 남촌의 일본인 가정에 고용된 경우가 많았고, 북촌에서는 상대적으로 식모난을 겪기도 했다.

상업 인구의 수는 계속 늘어났지만, 그 비중은 27.5~32.5%로서 대체로

30% 내외를 크게 벗어나지 않았다. 1930년 서울의 상업인구가 41,451명, 30.3%로 가장 높은 비중을 차지했다. 이때 '상업적 직업' 인이 28,421명으로 가장 높았고, 요리점 등 접객업 종사자가 11,696명, 금융·보험업 종사자는 1,334명으로 그 비중이 낮았다.[226] (▶부록) 표11, 상업 인구의 내부 구성(1930년))

상업종사자의 구성은 고용인의 비중이 41.4%로 가장 높고, 업주가 39.1%, 소상인 17.5% 순이었다. 업주와 소상인의 비중이 높았던 전국적 성향과 상당한 차이를 보이고 있다. 그것은 서울에 백화점·상가 등에 고용된 점원이 많았기 때문이었다.

한편 백화점 등 대자본 상가의 등장과 발전이 중소상인의 생계를 위협하고 있었다.

> 오늘의 자본주의 경제에 있어 대자본에게 중소자본이 압박을 받고 구축을 당하고 있는 터이다. 그래서 대자본의 횡포가 나날이 심대해 간다. 이곳에서 쓰러는 소위 백화점이란 것도 역시 대자본 횡포의 산물 중 하나이다. 중소상업의 뒷덜미를 누르고 손님이란 손님의 발길은 모두 끌려고 하는 것이 곧 백화점의 주안점이다.[227]

화신백화점을 경영한 박흥식도 중소상업자들이 위기에 직면해 있다고 진단했다. 중소상인들이 결합해 백화점에 대항하고자 했지만, 현실적으로 큰 성과를 거두지는 못했다.[228]

이 무렵의 상업종사자 가운데 주목되는 것은 고용인의 존재이다. 1938년경 화신백화점의 경우, 500명(남자 300명, 여자 200명)의 종업원이 있었고, 그 외에 미쓰코시·조지아백화점 등도 수백 명의 점원을 두고 있었다.[229]

당시 상점 점원들은 고객의 무단한 횡포와 폭력 등에 시달리기도 했고, 주인의 돈을 훔쳐 달아나기도 했다. 또한 자신들의 권익을 지키고 점원 간의 친목을 도모하기 위해 단체를 조직하기도 했다. 1930년 10월에는 포목상점원친목회布木商店員親睦會가, 1931년 12월에는 지물상점원친목회紙物商店員親睦會가 창립되었다. 각 백화점에도 점원들의 친목회가 조직되어 활동하고 있었다.²³⁰

특히 백화점의 여점원은 당대로서는 보기 드문 직업여성으로서 '쇼프걸shop girl'이라 지칭되기도 했다. "나비같이 경쾌하게 서비스하는", "제복의 처녀"로서 세간의 주목을 받았고, 젊은 남성들에게 '색시감'으로서도 인기가 있었다. 이들은 대부분 여자상업학교와 유명 '고등여학교' 출신들이었으며, "인물과 스타일"을 갖춘 여성으로 각광을 받았다.²³¹ 1936년 화신백화점의 여점원 채용 기준이다.

여점원 한 20명을 모집하겠습니다 …… 여자 점원 학력은 중등학교 졸업 정도입니다만, 주로 여상 출신을 많이 씁니다. 물론 신체도 건강해야 하겠지만 체격도 좋고 손님에게 좋은 인상을 가지도록 인물도 안 보는 바는 아닙니다. 그리고 제일 손님에게 친절히 하며 눈치가 빨라서 손님의 의향을 잘 맞추어 물건을 내놓아야 되니까요. 그리고 결혼한 여자는 집안일까지를 한꺼번에 감당하기가 어려우니까 미혼여자만을 쓰게 됩니다. 의복에 있어서는 일정한 빛깔로 된 사무복이 있으니, 반드시 그것을 입어야 합니다. 안경 같은 것은 자유로되, 아직 조선 사람은 단발한 여자를 보면 이상하게도 서툴니 보기 때문에 그 점만은 고려합니다. 그 밖에 혹은 양복을 입거나 머리를 지지고 화장을 잘하는 것은 다 자유입니다. 어떻든지 손님에게 친절하며 품행이 방정한 여자를 선택합니다.²³²

1930년에(서울 기준) 상품을 판매하는 업주 9,449명 가운데 조선인 6,342명(67.1%), 일본인 2,725명(28.8%), 중화민국인 360명(3.8%) 등인 것을 보면,²³³ 일본인의 비중이 매우 높다는 것을 알 수 있다. 그 외에 서구 상인을 비롯해 터키·그리스 상인들도 있었는데, 그들은 서울에서 주로 담배와 잡화상을 운영했다.

1920년에 본국이나 중국으로 이사할 준비를 하고 있었다는 기록이 있다.[234]

그런데 문제는 단순히 일본인 비중이 높다는 것이 아니라, 그들이 지닌 자본력과 상권 장악력이었다. 1923년경 조선상인의 납세액은 일본상인의 1/10에도 미치지 못하고 있었으니, 시장의 주도권은 이미 일본인이 독점하고 있음을 알 수 있다. 결국 서울의 주요 상권은 일본인에게 넘어가고, 조선인은 대부분 중소상인의 범주에서 크게 벗어나지 못했다.

배금열의 만연과 상인의 사회적 활동

강점 이후 전통적 가치는 구시대적인 것, 또는 극복해야 할 대상으로 간주되어 쇠락의 길을 걸었고, 돈에 대한 가치가 그 자리를 대신해 위력을 떨치고 있었다.

> 이후 총독정치가 시작되며 이래 십년간에 학식도 문벌도 사상도 인격도 다 쓸데가 없고 오직 돈만 있으면 신분 좋은 사람 축에 들어 …… 다시 한 번 돈의 위력을 느끼었고, 최근의 만세운동과 같이 문화운동을 시행할 새 이것저것 시설할 것은 부지기수인데, 돈 한 가지 없어 …… 가장 절실하게 돈의 필요를 느끼었다 …… 그래서 오늘 우리 사회에서는 일부 식자계급을 제除한 외에는 돈 있는 사람이나 없는 사람이나 다 같이 소리를 아울러 돈! 돈! 한다. 그렇다 하여 무슨 큰 돈을 생산하는 것도 아니오 자못 귀하다 하여 그를 부르고자 할 뿐이다. 이것이 소위 배금열拜金熱이라는 것이다.[235]

위의 글은 "학식도 문벌도 사상도 인격도" 소용없고, 오직 돈만이 중요한 가치로 작용하는 식민지 조선사회의 배금열을 통렬하게 비판한 내용이다. 이런 지적은 도처에서 볼 수 있었다. 1926년 한 신문은 사설에서 "인정도 없고, 의리도 없고, 도덕도 없고, 염치도 없어진", "황금에 대한 숭배열"을 "참

극"이라고 한탄하기도 했다.[236]

이처럼 돈이 세상을 지배하는 주도적 코드로 자리하게 되자, 상품 거래를 통해 돈을 버는 상인들의 사회적 위상 또한 높아졌다. 신분 등 태생적 조건에 의해 사회적 활동이 제한되었던 전통시대에 비해, 이제 상인이라는 직업은 더 이상 사회적 진출과 출세의 장애로 작용하지 않게 되었다. 특히 자본력 있는 상인들은 정관계와 경제·문화계 등 사회 전반에 걸쳐 폭넓은 활동을 펼쳤다.

'천부적인 사업의 거장'으로 평가받았던 박흥식은 1903년 평남 용강군에서 태어났으며, 평남 진남포에서 미곡상을 하다가 선광인쇄소鮮光印刷所를 개업 경영했다.[237] 이후 서울로 진출해 선광인쇄소를 운영했고, 1926년 선일지물주식회사鮮一紙物株式會社를 설립해 사장이 되었다. 1931년에 화신상회를 인수하고 1932년 동아백화점을 합병했으며, 사은경품판매와 연쇄점 운영 등 당시로서는 획기적 경영기법을 도입해 대자본가로 성장했다. 1944년에는 조선비행기회사를 설립하고 사장이 되었고, 해방 이후 반민족행위특별조사위원회의 조사에 의하면 그의 사유 재산은 5억 3천만 원에 달했다.[238]

박흥식은 이런 성공을 바탕으로 동양척식주식회사 감사, 조선총독부 물가위원회 위원, 조선중앙임금위원회 위원, 국민총력조선연맹 이사, 조선영화제작주식회사 취체역取締役, 주식회사 『매일신보』사 감사역, 광신상업학교 이사장 등을 역임했고, 이외에 각종 기업의 이사로 참여했다. 또한 그는 총력연맹總力聯盟·임전보국단臨戰報國團·국민동원총진회國民動員總進會 등 여러 단체의 간부가 되어, 젊은이들에게 학병·징병으로 나갈 것을 강요하는 데 앞장섰다. 그는 이런 공로를 인정받아 일본천황과 악수하는 '영광'을 누리기도 했다. 해방 이후 친일파로 단죄되어 구속되었으나, 이후 다시 경제활동을 재개해 신신백화점·화신백화점을 경영했다.[239]

1880년대 후반기에 상업에 종사했던 김형옥金衡玉은 대한제국 말기 관직에

조선식산은행

진출했다가, 강점 후에는 1915년에 광주농공은행장, 1918년에 조선식산은행 설립 위원, 1920년에 호남은행 이사 등을 역임했다. 대한제국기에 수입잡화상을 운영했던 주성근朱性根도 강점 이후 1918년에 조선식산은행 상담역, 1919년에 인천미두취인소仁川米豆取引所 이사, 1921년에 친일 단체인 대정실업친목회 조도부장調度部長, 1921년에 한성은행 이사 등을 역임했다.[240]

동대문시장에서 포목상을 경영했던 박승직朴承稷은 중추원 의관에 임명되었고, 일제 때는 중앙번영회 조합장, 경성상공연합부조합장, 경성포목상조합장 등을 역임했다.[241] 수입품의 중개상을 했던 홍충현洪忠鉉은 중추원 의관을 거쳐 한성농공은행 설립 위원, 경성상업회의소 의원, 조선생명보험주식회사 감사, 친일단체인 대정친목회大正親睦會 임원 등을 역임하면서 활발한 사회활동을 펼쳤다.

그러나 이들 상층 상인들의 활동은 상당 부분이 총독부의 식민지 정책에 협조하는 것이었고, 식민권력과의 유착관계를 바탕으로 자신들의 이익을 확대·재생산하는 친일적 성격을 갖고 있었다. 그런 점에서 생존권을 위협하는 시장정책 등에 대응하면서 힘겹게 장사했던 소상인과는 확연히 구분된다.

자본력 있는 상인들은 상류사회 진입을 지향했으며, 이들 중 상당수는 '이왕李王전하'를 비롯해 총독부 고관과 '일류명사' 및 대재산가 등으로 구성된 사교클럽 경성골프구락부에도 가입해 유명인사들과의 친목을 도모했다. 경성골프구락부에 가입한 자로는 박흥식·최남 등이 있었다. 당시 경성골프구락부는 뚝섬 능리陵里(현 능동)에 있었는데, 입회비 200원과 연회비 60원을 내

고도 매월 20~30원의 돈을 내야 했다.[242]

　1940년 잡지 『삼천리』에서 재계·실업계의 1년 소득액을 조사·발표한 적이 있었다. 이때 소득액이 10만 원 이상이 되는 조선인 20여 명 중, 박흥식은 20만 원 소득으로 3위, 김희준金熙俊은 15만 원으로 7위, 최남崔楠은 13만 원으로 9위를 기록하고 있었다.[243] 참고로 당시 조선인 최고소득자는 광산왕으로 유명한 최창학崔昌學으로 24만 원이었고, 일본인 최고소득자는 광업왕으로 알려진 고바야시 사이오小林采男로 120만 원에 달했다. 최고소득자의 조선인·일본인 간 격차가 무려 5배였으니, 자본가 계급 내에 존재하는 민족별 간격의 실상을 충분히 알 수 있다.

시장 사용료와 두 개의 상업회의소

　상인들에 대한 수세는 갑오개혁 이후 매매액을 기준으로 시장세를 부과하는 방안이 검토되었고, 1907년부터 판매고의 1/100을 시장세로 부과하는 「지방세규칙」이 본격 시행되었다.

　'사회정책적 시설'로 간주된 공설시장을 제외한 모든 시장은 시장세를 납부해야 할 의무가 있었다. 정부는 시장세를 관리 경영자로부터 징수했고, 경영자는 상인들로부터 점포 사용료 등을 받아 시장세에 충당하고, 각종 시장 관리 비용에 충당했다.[244] 1935년경 남대문·동대문시장의 상인들이 부담하는 점포 사용료와 시장 사용료를 살펴보면, 남대문시장이 동대문시장에 비해 훨씬 낮게 책정되어 있음을 알 수 있다.[245] (▶부록)표12, 점포 사용료와 시장 사용료(1935년경))

　시장 점포의 등급은 그 위치와 환경·구조·이용도 등 여러 조건을 감안해 책정되었다. 점포의 크기는 동대문시장의 경우 2~4평 정도에 달했다. 1·2등 점포는 4평, 3등 점포는 2평이었다.

　시장에 상품 등이 들어올 때는 '입장료' 명목의 시장사용료를 징수했다.

동대문·남대문시장 모두 징수액이 같았다. 우차는 한 수레 당 20전 이내였고, 짐수레[荷車]는 한 수레 당 8전 이내, 짐꾼은 1짐 당 4전 이내의 입장료를 받았다.

또한 상인들은 필요한 자금을 빌려 쓰는 경우가 많았다. 백화점이나 큰 시장을 경영하는 대자본가는 은행을 이용하기도 했는데, 대부분 상인들은 사채를 이용하는 경우가 많았으며, 고율의 이자를 부담해야 했다. 1935년경 상인들은 매월 평균 5~6푼分의 이자를 내고 자금을 이용했는데, 더러는 매월 7~8푼이나 심지어 1할 이상의 이자를 부담하기도 했다.[246]

상인들은 상거래 이익을 지키고 친목을 도모하기 위해 각종 조직과 단체를 만들어 운영했고, 고용된 점원들도 자신들만의 모임을 만들어 활동했다. 이들 조직은 각 시장별, 취급 상품별 등 다양한 형태로 구성되어 있었다.

경성상업회의소京城商業會議所는 1905년 일제의 화폐개혁에 대응하기 위해 설립되었고, 일본인들은 이보다 앞서 경성일본인상업회의소를 설립해 운영하고 있었다.

일제는 1915년 7월에 전문 22조의 「조선상업회의소령朝鮮商業會議所令」을 공포하고, 전국의 상업회의소를 정비하려 했다. 이는 일본의 「상업회의소법」을 기초로 하면서도 식민지적 특성이 가미되어 있었다.[247]

조선상업회의소령 제정 이후 민족별로 이원화된 두 개의 상업회의소를 합하려는 움직임이 일어났다. 조선인·일본인 유지 120명이 발기인이 되어 조선인·일본인의 상업회의소를 통합한 '경성상업회의소'의 설립인가를 신청했다. 단일화된 경성상업회의소는 1915년 12월 4일에 총독부의 인가를 얻어 공식 출범했고, 기존의 상업회의소는 해체되었다.[248] 그러나 경성상업회의소는 일본인 중심으로 운영되었고, 조선인은 들러리에 불과했다. 초대 평의원評議員의 구성을 보면 일본인이 다수를 점하고 있었는데, 1916년 회원 586명 가운데 조선인이 146명, 일본인이 440명이었다.[249]

남대문통 거리(1930년대)

　남대문시장 상인들은 1933년 12월에 남대문시장상인연합회를 조직해 일제의 시장정책에 집단적으로 대응하면서 생존권을 수호하고자 했다. 그러나 이후 이 연합회는 일제에 의해 강제 해산되었다.[250] 그리고 해방 후인 1946년 1월초에 "예전 동대문시장상인연합회를 부활" 했다는 신문기사로 미루어보아,[251] 동대문시장 상인들도 일제 때 상인연합회를 구성했던 것으로 보이나 확실한 것은 알 수 없다.[252]

　포목을 취급하는 상인들도 경성포목상조합京城布木商組合을 만들어 활동했다. 1920년 4월에는 박승직朴承稷이 조합장으로 있었고, 상해·일본 등지에 사원社員을 특파해 여러 물산을 직수입하는 문제 등을 협의하기도 했다. 이 조

합에서는 점원들의 복지를 위해 휴일을 제정해 시행하는 문제를 검토하기도 했다.[253]

생명선인 상권을 지키고, 민족해방을 위해

일제의 무단 통치 아래 저항을 한다는 것은, 그것이 어떤 성격이든 간에 매우 어려울 뿐만 아니라 제한적일 수밖에 없었다. 그럼에도 불구하고 이때 시장의 상인들은 생존권을 위협하는 일제의 시장정책에 대해, 그리고 일본인 경영자에 대해 상인연합회 등을 결성해 자신들의 입장을 적극적으로 반영하려고 노력했다. 나아가 민족독립운동에도 적극 동참했다.

1922년 남대문시장의 경영권이 일본인의 중앙물산주식회사로 넘어간 후, 시장 상인들은 점포세 인상과 일방적 영업 방침에 불만을 품고 중앙물산주식회사와 대립하는 경우가 많았다. 특히 점포세는 1922년 6원이던 것이 1936년 29원으로 올라 상인들의 불평이 집중되었고, 건물의 노후화, 불성실한 수선 등도 원성의 대상이었다.[254]

　1931년 중앙물산주식회사가 국유지였던 남대문시장 기지基地 2,300여 평을 조선총독부로부터 싼값에 불하받아 시가時價로 판매하려 했다. 상인들은 민유지民有地로 변경되었을 때 예상되는 사용료 인상과 자신들에 불어 닥칠 불이익을 우려해 반대 입장을 취했다.[255] 실제로 민유지로 된 이후 점포 평수의 재조사 등을 거쳐 점포세를 대폭 인상했다. 남대문시장 상인들은 중앙물산주식회사의 횡포에 대응하기 위해 1933년 12월 26일에 남대문시장상인연합회南大門市場商人聯合會를 조직해 친목과 상권옹호를 위해 노력했다.[256]

　일제는 「시장규칙」에 의해 남대문시장 등의 허가 기간이 1937년 3월로 만료되는 것을 계기로, 기존의 시장을 폐지하고 대신 경성중앙도매시장京城中央都賣市場을 건설하려는 계획을 세웠다. 생존권의 위협을 느낀 상인들은 "대대로 장사해온 기득권"을 인정해줄 것 등을 요구했다.

　이 시장 기한이 닥쳐와서 걱정이던 차에 경성부에서 중앙시장을 개설케 되면 몇 개 큰 회사와 자본 많은 사람들만 중앙시장에 수용되고 지금의 남문장은 시장으로서의 기능이 없어져서 한산해지고 영업을 지탱해갈 수 없게 될 것이니, 한심한 노릇이다. 우리 수백 명 상인은 한집안 같이 이 장 안에서 대대로 장사해온 기득권旣得權이 있는 터이니, 중앙시장이 아무리 부민을 위한 도매시장이라 할지라도 우리들 남대문시장 상인은 한 사람도 빼지 말고 중앙시장에 수용해 주어야 할 의무가 있는 것이오. 우리는 그것을 주장할 권리가 있는 터이라고 상권옹호商權擁護를 부르짖고 있다 한다.[257]

또한 남대문시장상인연합회는 1936년 12월에 총회를 개최해 다음과 같은 사항을 결의하고 경성부윤에게 진정했다.

1. 중앙사매시장 인접지에 종합시장을 설치해줄 것.
2. 종합시장을 당국이 직영하기 불능하거든 그 필요한 기지 3천 평 구매와 시설에 대한 일체를 알선해줄 것.(이에 드는 비용은 상인연합회에서 부담하겠다)[258]

이후에도 남대문시장상인연합회에서는 계속 회의를 열어 그 대책을 도모하고 경성부와 경성부회京城府會 등지에 탄원서를 제출했다. 그럼으로써 자신들의 "생명선인 상권"을 지키고자 많은 노력했다.[259]

상인들은 또한 항일민족운동에 개인적·집단적으로 참여해 자신들의 입장을 표출했다. 국권 회복과 독립국가 건설을 목표로 한 신민회新民會 사건에도 상인이 개입되어 있었다. 북부北部에 거주하면서 잡화상을 경영했던 이재윤李載允은 신민회 관련 혐의로 체포되어 조사를 받았고, 1911년 10월 18일에 보안법保安法과 총독모살미수죄總督謀殺未遂罪가 적용되어 징역 5년형을 받았다. 이후 1913년 3월 20일에 윤치호 등 지도부를 제외한 관련자 99명을 석방할 때 이재윤도 석방되었다.[260]

1919년에 일어난 거족적인 3·1독립만세운동 때도 상인들은 적극 동참했다. 3월 1일에 파고다공원에서 시작된 독립만세운동이 시내 전역으로 펼쳐나가고 시위대의 만세 함성이 진동하는 가운데, 상인들 또한 곧바로 철시에 들어갔으며, 8일까지 완전 철시하고 3월말까지도 계속 철시·항쟁했다.[261] 특히 만세운동이 종로와 동대문 지역에서 활발했기 때문에, 이 지역 상인들이 철시하고 시위에 동참하는 경우가 많았다.

당황한 일제는 상인 대표 60명을 초청해 수차례 개점開店을 설득했으나 거부되었고, 4월 1일부터 경찰을 동원해 강제로 가게 문을 열게 했으나 큰 효

3·1운동 때 성곽 위에 모인 민중들

과를 거두지 못했다. 당시 상인들의 일제에 대한 적개심은 매우 강해 일제의 효유와 설득이 통하지 않았다.[262]

1920년에 상해 대한민국임시정부는 조선 내외 각지에 내무부 포고布告 제1호를 발포한 뒤, 3·1운동 1주년을 맞이해 "혈전의 끝으로서, 혈전의 준비로서" 독립만세를 절규할 것을 주문했다. 상인에게는 상업을 폐지하고 만세운동에 동참할 것을 요청했다.

> 3월 1일은 대한민국의 부활한 성일聖日이다. 독립선언 최초의 기념일을 세워 축하하라. 금년은 독립혈전의 개시될 제1년이므로 일층 축하하라. 이날에는 상인은 상업을, 공인工人은 공업을, 학생은 학업을 모두 폐지하고 2천만민千萬民 제성齊聲(일제히 소리를 지름) 대한의 독립만세를 절규하라. 혈전의 끝으로서, 혈전의 준

비로서. 대한민국 2년 2월 2일 이동녕李東寧.[263]

1920년 미국의원단의 경성 방문 때도 서울 상인들은 철시를 단행함으로써 자신들의 적극적 의지를 보여주었다. 1920년 8월 24일에 동양 시찰을 명목으로 한 미국의원단 일행 49명이 경성에 도착했다. 그러자 이를 기회로 한국인의 독립에 대한 열망과 의지를 미국 의원들에게, 나아가 세계만방에 알리려는 움직임이 활발하게 일어나고 있었다.

만주의 광복단군영光復團軍營에서는 결사대를 특파해 미국의원단이 서울에 도착하는 당일에 총독부와 종로경찰서에 폭탄을 던질 계획을 세웠으나, 결사대 단장 김영철金榮哲 등이 체포되어 실행되지는 못했다. 또한 광복단군영에서는 조선 내에 경고문을 배포해 주민들의 협조를 요청했다. 이보다 앞서 상해의 대한민국임시정부에서도 미국의원단이 8월 5일에 상해에 도착하자, 조선독립에 대한 진정서를 제출했다.[264]

8월 24일 서울에 도착한 미국의원단이 대한문 앞을 지나갈 때, 한국 청년들은 조선공론사朝鮮公論社 앞에서부터 대한문 앞 넓은 공간까지 돌연히 '만세!'를 부르짖으며 시위를 전개했다. 시위 군중들은 매일신문사 앞을 지나 구리개 네거리로 가서 그곳에서 다시 만세운동을 벌였고, 다른 천여 명의 군중들은 종로 네거리로 나아가 만세를 불렀다. 경찰들은 만세 부르는 군중들을 몽둥이와 칼자루로 구타하고 육혈포를 쏘아 시위대를 진압했다. 이때 종로경찰서에 체포된 청년이 40여 명에 달했다. 같은 날 오후 7시경 의주통(현 의주로)에서도 인력거꾼들이 만세를 불렀으며, 여기에 군중들이 합세해 만세 시위를 전개했다.

상인들 또한 미국의원단이 서울에 도착하는 8월 24일 당일부터 철시에 들어가 일제에 항거하는 모습을 보여주었다. 종로상가를 비롯해 동대문·남대문시장을 비롯해 모든 상가가 문을 닫았고, 심지어 무교동 등지의 골목 상점

들도 문을 닫았다.[265]

경찰은 각 상점 주인을 경찰서로 불러다가 문을 열 것을 간절히 설득하기도 했고, 경찰들이 직접 상인을 찾아가 회유하기도 했으며, 때로는 강제로 상점 문을 뜯고 들어가기도 했고, 심지어 종로의 철물점 주인을 포박하기도 했다. 그러나 상인들은 경찰이 있을 때는 문을 열었다가 돌아간 뒤에

인력거(1905)

다시 문을 닫았다. 이때 상점 주인들은 '독립당獨立黨'이 게시한 경고문에서 철시를 하지 않으면 처벌한다는 점을 내세웠으나, 이는 어디까지나 명분에 불과한 것이었다.

이와 관련해 종로경찰서는 철시한 종로상가의 상인들을 3일간씩 검속檢束했다. 350여 명이 해당되었다. 8월 27일에는 본정本町경찰서에서도 철시한 상인들을 불러다가 구류 처분을 내렸다. 포목상인협회장이었던 박승직朴承稷이 상업회의소 오무라大村 서기장書記長을 방문해서 상인들이 속히 상업에 종사할 수 있게 협조해줄 것을 요청하기도 했다. 미국의원단이 8월 25일에 출국하자, 상인들은 8월 26일부터 다시 상점을 열고 장사를 했으나, 8월 27일까지도 철시한 상점들이 있었다.[266]

1921년에는 종로에서 땔나무 장수를 하던 정법모鄭法謨·정영모鄭英謨와 미곡상이었던 이혁로李赫魯가 구국단救國團에 가입하고, 대한민국임시정부와 연결해 군자금을 모집하다 검거되기도 했다.[267]

1929년에 서울과 전국에서 광주학생운동에 호응하고 일제에 항거하는 민족운동이 대대적으로 일어나자, 종로의 상인들이 일제히 상점 문을 닫고 철

시를 단행함으로써 항일운동에 동참하는 뜻을 보여주었다. 난감해진 일제는 폭력을 행사해 상점 문을 열도록 강제했나.[268]

1935년에는 종로에서 무역상을 경영하던 김창석金昌錫(28세) 등 4명의 청년이 메이데이 운동을 계획한 혐의로 경찰에 검거되기도 했다.[269]

이와 같이 상인들은 '생명선인 상권'을 위협하는 일제에 맞섰고, 3·1운동과 미국의원단 방문 등에도 철시를 단행하고 시위에 동참함으로써, 수많은 상인들이 경찰에 연행되어 구속되기도 했으나, 결코 자신들의 뜻을 꺾지 않았다. 상인들의 저항운동은 일본인의 상권 잠식에 대한 불만과 민족의식의 성장이 함께 맞물려 전개되고 있었던 것이다.

시장풍경

식민지배 아래 일어난 숱한 사건들

식민지 자본주의가 진전되었고, 상권은 민족별로 분리되었다. 시장의 풍경에도 갖가지 식민지적 상황이 연출되었다. 칼을 찬 순사들이 수시로 시장에 돌아다니면서, 일제가 정한 각종 법규의 위반 여부를 취체取締, 곧 단속했다. 관리들은 말과 되·저울 등의 도량형기를 정기적으로 단속했고, 가격표시제·미터제米突法 등을 시행할 때는 모든 경찰력과 행정력을 동원해 시장을 철저히 감시하고 단속했다. 교통에 방해된다는 이유로 땔나무를 파는 시탄상柴炭商을 단속하고 처벌했으며, 운동화와 고무신을 팔던 상인들을 폭리를 취한다는 명목으로 검거하기도 했다.[270] 단속에 걸린 상인들은 경찰서의 조사를 거쳐 구류·과태료 등의 처벌을 받았다.

이런 시장 단속과 처벌에도 민족적 차별성이 깊이 개입되어 문제가 되곤 했다. 1922년 7월에 종로경찰서 순사 임수창任壽昌이 종로 야시장에서 발[簾]을 사다가 발장사가 값을 깎아주지 않는다며 발로 차는 등 폭행을 가해 살해했다. 1929년 4월에는 일본인 순사 도이 분이치土井文一가 백주 대낮에 남대문시장 앞에서 과일행상을 지게 작대기로 때리고 과일을 짓이겨 버렸다.[271] 1931년 5월에는 남대문시장 중앙물산회사 소속 야경夜警 일본인 누마타 산조로沼田參三郎가 임신 7개월의 임산부를 곤봉으로 난타해 중상을 입혔다.

임신 7개월 된 이옥순은 생활이 빈곤하여 동시장에서 과물상을 하는 친한 사람에게 가서 과물을 팔고 나면 과물상자에 남는 겨를 얻어갔었다. 금 11일도 전일과 같이 그 겨를 얻으러 갔었으나, 과물이 경매되지 아니한 까닭으로 기다리고 있다가 그 옆에 있는 쓰리기통에서 양배추 껍데기 버린 것을 주워가지고 전기前記 과물상점 앞으로 오자, 전기前記 누마타는 약 2허 가량 되는 곤봉으로 불문곡직하고 무수히 난타한 것이다. 상처로는 피가 흐르고 양편 다리에서도 피가 흐르며 허리에는 먹장 같은 상처가 나되, 오히려 그치지 아니하고 난타를 계속했다.[272]

누마타 산조로는 1개월 뒤인 1931년 6월에도 남대문시장 상점에 고용된 14살

독립문

소년을 단장칼短杖刀로 난타해 혼절시키고, 창고의 궤짝 틈에 감금해버려 소년이 위독한 지경에 이르게 한 인물이다.[273]

이 무렵의 시장은 옛날에 왕이 죽거나 천재지변 등이 있을 때 철시撤市한 것과 달리, 독립운동에 동참하기 위해서 시장 문을 닫는 경우가 많았다. 1919년 3·1운동 때는 서울 전역의 상가 대부분이 철시하고 만세운동에 동참함으로써 일제에 항거하는 뜻을 표출했다. 일제 경찰이 점포 문을 열 것을 강요했지만, 시장은 4월 중순까지 의연히 철시를 계속했다. 1920년 미국의원단이 방문했을 때도 '독립당'에서 각 시장에 철시를 요구하는 게시문을 부착하자, 전 시장 상인들이 철시를 단행해 적극 협조했다.[274] 1926년 4월에는 순종이 위독하다는 소식을 듣고 종로 일대와 북촌의 상가가 모두 철시했고, 순종의 인산因山(왕이나 왕족의 장례) 날인 6월 10일에도 서울 시내의 모든 시장이 철시했으며, 순종의 대상大祥(죽은 지 두 돌 만에 지내는 제사) 때도 철시하고 가무음곡歌舞音曲을 일체 정지했다.[275]

1919년 2월 하순에 양말공장 직공이었던 전대진은 손병희孫秉熙의 독립선언서를 받아서 종로 야시장에 배포해 만세운동 참가를 독려했다. 1930년 8월에는 신간회 회원이었던 홍영섭洪榮燮과 송경윤宋慶潤이 격렬한 내용을 담은 '백의대중白衣大衆에게 격檄함'이라는 격문을 동대문시장에 붙였다. 조선장지朝鮮壯紙에 각종 표어를 쓰고 한복판에 태극기를 채색해 그려 넣은 격문이었다.[276]

당시 시장에서는 화재 사고도 자주 일어났다. 1921년 10월 12일에 남대문시장에서 큰 화재가 발생해 시장 전부가 소실되고 100만 원 이상의 손해가 발생했다. 1926년 1월 25일에는 화원정공설시장花園町公設市場에 큰불이 일어나 시장 전부와 부근을 태워 일대가 완전히 폐허가 되었다. 이후에도 1933년 4월 29일 남대문시장의 일본식 건물 화재, 1935년 1월 27일 화신백화점의 대형 화재 등, 심심치 않게 대형 화재가 터졌다.[277]

시장에는 사람이 많이 모이기 때문에 전염병도 나돌았다. 1940년 2월에 동대문시장에서 품팔이를 하는 안봉욱安奉旭이 천연두에 걸리자, 동대문시장 일대와 그가 하숙하던 종로5가 하숙집 일대를 소독하는 소동이 벌어졌다.[278] 마침 이 무렵 서울에 천연두가 유행하고 있었고, 당국에서 방역을 실시했지만 천연구가 연일 맹위를 떨치고 있는 상황이었다.

일제강점기에도 다른 때와 마찬가지로 시장에는 여전히 강·절도가 들끓고, 위조지폐가 나돌며, 사기가 횡행하고 있었다. 1923년 3월에 동대문시장에서 땔나무[薪木]를 훔쳐 달아난 절도범을 체포한 사건, 1933년에 종로 네거리에 있는 유명한 금은상점에 "점잖은 여인네"가 들어와 반지·팔찌 등을 사고는 값을 지불하지 않고 달아나 버린 사건, 1940년에 중앙시장에서 강도가 식도로 노인을 위협하고 금을 빼앗아 달아나는 사건 등, 당시의 신문과 잡지에는 이런 사건 기사가 끊임없이 등장했다.[279]

백화점을 대상으로 한 강도·절도 사건도 꽤 많았다. 부녀절도단이라든가, 대학 졸업생이 백화점 전문절도범이 되었다는 기사도 나온다. 1935년 11월에는 화신백화점 안에서 승강기를 타고 내려오는 손님의 손가락에 끼어 있던 시가 200원짜리 다이아몬드반지를 빼서 도망친 사건도 있었다. 백화점에서 이런 사건들이 횡행하자, 백화점 직원들이 합심해 범인을 붙잡기도 했는데, 1937년 1월에 미쓰코시백화점 직원들이 협력해서 절도3범을 체포했다는 기사도 볼 수 있다.[280]

이런 사건 가운데는 눈물 없이 볼 수 없거나, 입이 딱 벌어지게 하는 경우들도 많았다. 배기오裵基五라는 소년 절도범은 화신 등 시내 백화점을 돌아다니면서 돈을 훔쳐왔다. 그런데 나중에 알고 보니 훔친 돈을 아편쟁이 아버지와 고생하는 어머니를 위해 시골에 보내왔다는 "그늘에 가리워진 효심"이 드러나 사람들의 안타까움을 자아냈다. 또 "희대의 천재 절도"로 알려진 배철안裵哲安은 서울 백화점 등을 무대로 100여 건의 절도 행각을 벌여, 장안이 떠들썩했다. 한번은 조선신탁회사 사장인 일본인 집에 들어가 브로우닝 6연발 권총과 실탄을 털기도 했다. 나중에 그가 훔친 물건은 경찰에 밝혀진 것만도 103건에 6만여 원에 이를 정도로 엄청난 것이었다.[281]

위폐나 사기와 관련된 사건도 종종 등장했다. 1934년 1월에는 동대문시장에 1원짜리 위조지폐가 돌아다녀 시끄러웠고, 1936년 6월에는 박창규朴昌圭가 동대문시장의 상인 20~30명의 인장을 위조해 상인들 명의로 채용증서를 만들어주는 방식으로 4천 원 가량을 사취詐取한 사건이 발생했다. 1936년에는 동대문 밖 가축시장에서 3인조 사기단이 78세의 노인에게 자기들이 아들 친구라고 하면서 100여 원을 사취한 사건도 있었다.[282]

저자 후기

우리의 일상생활은 늘 시장과의 소통으로 이루어진다. 먹을거리·입을거리·텔레비전·컴퓨터·핸드폰 등 일상에 필요한 거의 모든 것들이 시장과 연결된다. 시장은 우리 일상사에서 절대적 비중을 차지하고, 시장에 대한 의존도는 점점 높아지고 있다. 과연 시장이 우리 일상생활을 지배하고 있다 해도 과언이 아닐 지경이다.

하지만 이처럼 우리 삶의 중요한 축을 이루고 있는 시장에 대한 연구는 생각보다 빈약한 실정이다. 유통 전반을 다루는 상업사 연구는 경제사 분야에서 어느 정도 진행되었으나, 구체적 시장의 역사에 대한 접근은 거의 없다. 근래 시장을 소개하는 책들이 나오지만, 대개 특정 시장을 소개하는 현장 르포 같은 성격을 지니는 경우가 많다.

필자가 구체적 시장의 역사를 다루게 된 직접적 계기는 일터인 서울특별시사편찬위원회에서 시리즈로 발간하는 '내 고향 서울'의 집필을 맡게 되면서였다. 여러 주제 중에서 시장을 선택했는데, 그것은 '그때 그 시절' 사람들의 역동적인 삶의 모습을 가장 실감나게 들여다볼 수 있을 것이라는 기대 때문이었다. 나아가 전통사회에서 자본주의사회로 이어지기까지의 시련과 절망, 성장과 발전의 궤적을 상징적으로 보여줄 수 있다고 기대했기 때문이기도 했다.

처음에는 시장의 역사적 변천을 중심에 놓고 자료 검토와 정리를 해나갔다. 그런데 먼 옛날부터 시장에서는 어떤 물건을 사고팔았는지, 어떤 방식으로 거래를 했는지, 물가는 어떠했는지, 무슨 일들이 벌어졌는지 등에 대한 궁금증이 증폭되었다. 그러나 필자가 알고 싶었던 '그 시절' 시장의 상품·물가·거래 관행·이모저모 등에 대한 답은 어디에서도 주어지지 않았다.

그래서 다시 궁금증들을 찾아 헤매기 시작했고, 관련 사실들을 찾아 모았다. 그러나 어지럽게 흩어져 있는 자료의 편린들을 어떻게 조합하여 정리해낼 것인지 아둔한 필자로서는 여간 고민스러운 일이 아니었다. 더구나 경제사 전반에 대한 이해 부족과 무지로 인해 더욱 버거운 작업이 되었다.

그럼에도 불구하고 쌓인 자료들을 분류·정리하고, 나름대로 가닥을 잡아가면서 다양한 시장의 모습을 하나씩 엮어보았다. 그 과정에서 필자는 지금까지 접하지 못했던 전혀 생소하고 낯선 사실들과 마주치기도 했고, 상품과 거래 풍습·상인들·사건사고 등에 담겨진 변화를 통해 그때 그곳 사람들의 일상생활과 유행·풍속 등을 들여다볼 수 있었다. 또한 전통사회일수록 정치적·사회적 통제가 시장에 강하게 작용하고 있음도 알 수 있었다. 또한 격동의 시대적 변화를 생생하게 오늘로 전해주는 시장의 생명력과 역동성은 재미와 감동을 선사하고, 오랜 작업의 지루함을 달래주었다.

이 책은 시장의 역사적 변천을 중심축으로, 거래 상품과 물가, 상거래 풍습, 상인들, 시장에서 일어나는 다양한 풍경들을 폭넓게 담았다. 그 가운데 구체적 시장으로는 서울지역을 중심으로 정리했고, 시기적으로는 고대에서부터 근대까지, 곧 1945년 8·15해방 이전까지를 다루었다.

필자는 '시장'이라는 주제를 가지고, 거칠게나마 고대에서 현재에 이르는 전 시기의 자료를 직접 더듬어볼 기회를 갖게 된 것을 커다란 행운으로 생각한다. 비록 제한된 범주이지만, 시장이라는 코드를 통해 한국사의 전체상을 그려볼 수 있는 기회를 가진 것은 엄청난 소득이었고, 앞으로 공부하는 데 많은 도움이 될 것으로 본다.

이 책이 완성되기까지 많은 분들의 도움을 받았다. 함께 공부하는 선후배들과 직장 동료들, 가족들, 모두에게 감사드린다. 특히 자기 일에 묻혀 사는 마누라, 맘껏 일할 수 있도록 배려를 아끼지 않는 남편 이병근 님과 두 딸 이인영·이서영에게 감사의 마음을 전한다.

끝으로 변변치 못한 원고를 재미있게 읽어주시고 흔쾌히 발간을 맡아주신 역사비평사와 기획·편집을 도맡아 예쁜 책으로 만들어주신 조원식 선생님, 그리고 관계자 여러분께 진심으로 감사드린다.

2008년 11월
박은숙

부록

참고문헌

표

미주

참고문헌

사료

삼국사기(三國史記)
삼국유사(三國遺事)
고려사(高麗史)
고려사절요(高麗史節要)
조선왕조실록(朝鮮王朝實錄)
경국대전(經國大典)
비변사등록(備邊司謄錄)
승정원일기(承政院日記)
속대전(續大典)
만기요람(萬機要覽)
한경지략(漢京識略)
각전기사(各廛記事)
각사등록(各司謄錄)
구한국관보(舊韓國官報)
대한계년사(大韓季年史)
윤치호일기(尹致昊日記)
하재일기(荷齋日記)
매천야록(梅泉野錄)
황성신문(皇城新聞)
독립신문(獨立新聞)
제국신문(帝國新聞)
한성부래거문(漢城府來去文)
대한제국관원이력서(大韓帝國官員履歷書)
구한국외교문서(舊韓國外交文書)
구한국외교관계부속문서(舊韓國外交關係附屬文書)
일한통상협회보고(日韓通商協會報告)
주한일본공사관기록(駐韓日本公使館記錄)
통감부통계연보(統監府統計年報)
조선총독부관보(朝鮮總督府官報)
조선총독부통계연보(朝鮮總督府統計年報)

단행본(저서 및 편저)

강만길, 『고쳐 쓴 한국근대사』, 창작과비평사, 1994.
강만길, 『고쳐 쓴 한국현대사』, 창작과비평사, 1994.
강만길, 『조선후기 상업자본의 발달』, 고려대출판부, 1993(초판 1973).
강진화, 『대한민국인사록(大韓民國人事錄)』, 내외공보사, 1949.
경성부, 『경성부사(京城府史)』, 1936.
경성부산업조사회, 『배급기관에 관한 조사(配給機關ニ關スル調査)』, 1936.
고승제, 『한국경제론』, 신명문화사, 1956.
고원섭, 『반민자죄상기(反民者罪狀記)』, 백엽문화사, 1949.
국사편찬위원회, 『고종시대사(高宗時代史)』, 1968.
국사편찬위원회, 『대한민국사연표』, 1984·1985.
국사편찬위원회, 『자료 대한민국사』.
국사편찬위원회, 『한국독립운동사 자료』.
국사편찬위원회, 『한국사』.
김양희·신용남, 『재래시장에서 패션네트워크로』, 삼성경제연구소. , 2000.
김영진, 『반민자대공판기(反民者大公判記)』, 한풍출판사 , 1949.
김일산, 『동대문시장을 보면 돈이 보인다』, 도서출판두남, 2002.
대한민국건국십년지편찬위원회, 『대한민국건국십년지(大韓民國建國十年誌)』, 1956.
대한상공회의소, 『동란후 서울지구 상공실태』, 1953.
대한상공회의소, 『한국의 상공업백년』, 1985.
동아경제시보사, 『조선은행회사요록(朝鮮銀行會社要錄)』.
박경룡, 『중구의 시장, 어제와 오늘』, 2000.
박용운, 『고려시대사』, 일조각, 1988.
박운봉, 『서울재건상』, 1953.
박평식, 『조선전기상업사연구』, 1999.
서울특별시, 『새서울행동계획』.

서울특별시, 『서울시세일람』.
서울특별시, 『서울통계연보』.
서울특별시, 『시보』.
서울특별시, 『시정백서』.
서울특별시, 『시정상식 100』, 2001.
서울특별시, 『시정』.
서울특별시, 『시정개요』.
서울특별시사편찬위원회, 『동명연혁고』, 1968~1992.
서울특별시사편찬위원회, 『사진으로 보는 서울』.
서울특별시사편찬위원회, 『서울상공업사』, 2003.
서울특별시사편찬위원회, 『서울육백년사』, 1977~1996.
서울특별시사편찬위원회, 『서울인구사』, 2005.
서울특별시사편찬위원회, 『서울특별시사』, 1965.
서울특별시사편찬위원회, 『시사자료』.
서울특별시사편찬위원회, 『시정주요일지』.
서울학연구소, 『서울 남촌 : 시간, 장소, 사람』, 2003.
서울학연구소, 『종로 : 시간, 장소, 사람』, 2002.
서울학연구소, 『서울상업사연구』, 1998.
손정목, 『일제강점기 도시사회상연구』, 일지사, 1996.
손정목, 『한국개항기 도시변화과정 연구』, 일지사, 1982.
신세계, 『신세계 개점 70주년 기념 화보집』, 2000.
신세계백화점, 『한국의 시장상업사』, 1992.
신용하, 『갑오개혁과 독립협회운동의 사회사』, 서울대출판부, 2001.
이영훈 편, 『수량경제사로 다시 본 조선후기』, 서울대출판부, 2004.
이우성·임형택 번역 편찬, 『이조한문단편집(李朝漢文短篇集)』, 1978.
임명덕(林明德), 『원세개여조선(袁世凱與朝鮮)』, 1984.
재상해일본총영사관(在上海日本總領事館), 『조선민족운동연감(朝鮮民族運動年鑑)』, 1946.
전국경제조사기관연합회 조선지부(全國經濟調査機關聯合會朝鮮支部) 편, 『조선경제연보』, 1939.
전태일기념관건립위원회, 『어느 청년노동자의 삶과 죽음』, 돌베개, 1983.
정승모, 『시장의 사회사』, 웅진출판, 1992.
정승일, 『패션밸리 남·동대문시장』, 경춘사, 2000.
조병찬, 『한국시장사』, 동국대학교출판부, 2004.
조선식산은행, 『조선식산은행20년지(朝鮮殖産銀行二十年誌)』, 1938.
조선신문사, 『조선인사흥신록(朝鮮人事興信錄)』, 1935.
조선실업신문사, 『재조선실업가사전(在朝鮮實業家辭典)』, 1913.
조선은행, 『경제연감(經濟年鑑)』, 1949.
조선총독부, 『조선의 시장(朝鮮の市場)』 1924.
조재곤, 『한국 근대사회와 보부상』, 혜안, 2001.
주식회사인천미두취인소, 『주식회사인천미두취인소연혁(株式會社仁川米豆取引所沿革)』, 1922.
중외상공정보사, 『전국상공대감』, 1950.
차문섭, 『조선시대 군사관계 연구』, 단국대출판부, 1996.
최덕수, 『개항과 조일관계』, 고려대출판부, 2004,
최완기, 『조선시대 서울의 경제생활』, 서울학연구소, 1994.
하원호, 『한국근대경제사연구』, 신서원, 1997.
한국역사연구회, 『고려의 황도 개경』, 2003.
한국정신문화연구원, 『한국민족문화대백과사전』.
한철호, 『친미개화파연구』, 1998.
혁신출판사, 『민족정기의 심판』, 1949.
화신산업주식회사, 『화신50년사』, 1977.

표

⟨표 1⟩ 조선 전기 시전 현황

시전명	자료	비고
미곡전米穀廛	태종 10년(1410) 2월 갑진	
잡물전雜物廛	태종 10년(1410) 2월 갑진	
면주전綿紬廛	성종 16년(1485) 7월 을축	시장 이전 반대
철물전鐵物廛	성종 16년(1485) 7월 을축	시장 이전 반대
어물전魚物廛	연산군 5년(1499) 3월 병술	"국초부터 획급한 시전"(『승정원일기』 숙종4년(1678) 4월 3일)
우마전牛馬廛	연산군 8년(1502) 5월 신묘	소·말의 판매, "우마시사牛馬市肆"
목화전木花廛	선조 40년(1607) 윤6월 갑신	면자전과의 합설 반대
면자전綿子廛	선조 40년(1607) 윤6월 갑신	목화전과의 합설 반대
모전毛廛	『미암집眉巖集』 선조 원년(1568) 1월 23일	각종 과일 판매
입전立廛	『승정원일기』 영조 28년(1752) 12월 17일	"국초 가장 먼저 설립" 각종 수입비단 판매
백목전白木廛	『승정원일기』 영조 28년(1752) 12월 17일	"300년 유민遺民"(불명) 각종 면포 판매
의전衣廛	『승정원일기』 영조 28년(1752) 12월 17일	"300년 유민遺民"(불명) 헌옷 판매
화피전樺皮廛	『승정원일기』 영조 28년(1752) 12월 17일	"300년 유민遺民"(불명) 채색 물감 판매
상·하미전米廛	『승정원일기』 영조 28년(1752) 12월 17일	"국초 설립" 상미전 : 종월鐘越 서쪽 하미전 : 종월 동쪽
문외미전門外米廛	『시민등록市民謄錄』	"국초 설립" 소의문 밖 소재
모자전帽子廛	『승정원일기』 정조 12년(1788) 9월 4일	"국초 설립"
대시목전大柴木廛	『일성록』 정조 13년(1789) 12월 14일	뚝섬에 소재, 땔나무·재목 판매
내염전內鹽廛	『승정원일기』 영조 3년(1727) 3월 11일	"국초 설립"
용산염전	『시폐市弊』	"국초설립 도성내외 좌시행매坐市行賣"
축농전杻籠廛	『시폐市弊』	"가정 임오년(1522) 창설"

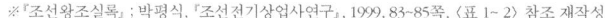

※『조선왕조실록』; 박평식, 『조선전기상업사연구』, 1999, 83~85쪽, ⟨표 1~ 2⟩ 참조 재작성.

〈표 2〉 조선 전기 시장의 거래 상품

구분		상품명	비고
식생활 품목	곡식류	쌀(멥쌀·찹쌀·백미·현미), 보리, 밀, 조, 기장, 콩, 팥 등	
	고기류	육류 : 소·말·돼지·닭·염소·양·오리·토끼·노루·사슴·꿩고기 등	쇠고기·말고기 판매, 불법 규정
		어류 : 대구·북어·은어·숭어·문어·준치·민어·망어·홍어·고등어·새우 등	
	채소	채소 : 배추, 무, 고사리, 오이, 가지, 죽순, 버섯 등	
	과일류	과일 : 능금, 배, 감, 앵두, 살구, 자두, 대추, 밤 등	
	조미료류	소금, 간장, 젓갈, 식초, 참기름, 들기름, 들깨, 참깨 등	젓갈 종류 다양
	음료, 기호식품	술, 차, 유밀과, 떡 등	
복식 품목	옷감류	비단, 모시, 목면, 삼베 등	옷감별 종류 다양
	모자류	갓, 초립 등	
	신발류	짚신, 나막신, 가죽신 등	
	기타	이엄, 무릎덮개[護膝], 띠[帶]	
주거 관련 품목		땔나무(장작·나무류 등), 목재, 철물, 기와, 띠[茅], 짚, 문고리, 자물쇠, 못, 갈고리 등	
생활 문화 품목	문구	종이, 붓, 먹, 벼루 등	
	그릇	금기金器, 은기銀器, 동기銅器, 유기鍮器, 사기沙器 목기木器, 칠기漆器 등	
	약재	수달쓸개, 웅담, 지네, 오가피, 청심원, 소합원 등	우리나라 생산약재 62종(세종 때)
	돗자리	돗자리 : 용문석龍紋席, 만화석滿花席, 황화석黃花席 채화석彩花席, 청룡문석, 왕골자리 방석류 : 만화방석, 털방석, 가죽방석, 만화침석滿花寢席	
	가죽	호랑이·표범·해달·사슴·담비·곰·여우가죽 등	외국 사신들, 표범·호랑이가죽 선호
	귀금속	금, 은, 동, 옥, 수정, 진주, 산호, 명박明珀 등	
	기타	소·말먹이 꿀, 곡초穀草, 족자, 부채, 장남감 등	새와 짐승·인물 등을 조각한 장난감

✻자료 : 『조선왕조실록』

<표 3> 조선 후기 시전 유분각전의 위치와 판매 물품

구분	시전 이름	국역(분)	위치	판매 물품
육의전	선전線廛, 立廛	10	광통교 주변	중국산 비단 공단貢緞·대단大緞·궁초宮綃·생초生綃·설한초雪漢綃 일광단日光緞·월광단月光緞
	면포전 綿布廛, 銀木廛, 白木廛	9	광통교·종루 주변	무명과 은 강진목康津木·해남목海南木·상고목商賈木 군포목軍布木·서양목西洋木 등 천은天銀·정은丁銀
	면주전綿紬廛	8	종루 주변	국산 명주明紬
	지전紙廛	7	남대문로1가 주변	각종 종이류 백지白紙·장지壯紙·대호지大好紙·화초지花草紙 등
	저포전苧布廛	6	종로3가 주변	각종 모시류 : 저포, 황저포
	내·외어물전內外魚物廛	내-5 외-4	내어물전-종루 외어물전 -서소문 밖	좌반佐飯·염어鹽魚·건어류乾魚類 북어·관목貫目魚·민어·석어石魚·광어·문어·가오리 전복·미역·김 등
	포전布廛	5	남대문로1가	무명류 농포·세포·중산포·오승포·심의포 등
	청포전靑布廛	5		중국3승포, 양모자羊帽子, 바늘류 중침·세침·수바늘·다홍삼승·녹전·홍전 등
육의전 외 유분각전	연초전煙草廛	3		각종 담배 및 서초西草
	생선전生鮮廛	3	종로 서쪽	민어·석어·석수어·도미·준치·고등어·낙지·소라·오징어·조개 등
	상전床廛	1~3	종로 등 각처	피물皮物·말총·서책書冊·참빗·얼레빗·쌈지·줌치·허리띠 등
	미전米廛 - 5곳			상미·중미·하미·찹쌀·좁쌀·기장쌀·녹두·청태·팥 등
	상上미전	3	철물교 서쪽	
	하下미전	3	철물교 동쪽	
	문외門外미전	2	남대문 밖	
	서강西江미전		서강	
	마포麻浦미전		마포	
	잡곡전雜穀廛	3	철물교 서쪽	미곡 이외의 잡곡
	유기전鍮器廛, 鉢里廛	2	어물전 뒤쪽	각종 유기그릇 조반기·대접·주발·탕기·종지·보시기·양푼·쟁반·요강 등
	은국전銀麴廛	2	입전 병문 근처	누룩
	의전衣廛, 고착전古着廛, 넝마전	2	종루 주변	의류 대여업 및 헌옷 판매
	면화전棉花廛, 綿子廛	2	광통교 주변	면화 등 솜 판매
	이전履廛, 鞋廛	2	종루 등 각처	각종 가죽신 판매
	화피전樺皮廛	1	종루 동쪽	각종 채색의 물감, 중국산 과실
	인석전茵席廛	1	수진방	왕골과 부들로 만든 돗자리류
	진사전眞絲廛	1	의금부 주변	중국 실·국산 실, 갓끈·주머니끈 등
	청밀전淸蜜廛	1		각종 꿀
	경염전京鹽廛	1	이현梨峴	소금·젓갈류(꼴뚜기젓·황새기젓 등)
	체계전髢髻廛	1	내전-광통교 외전-서소문 밖	부인들이 머리에 얹는 가발류
	내장목전內長木廛	1	각처 산재	가옥 건축용 목재
	철물전鐵物廛	1	각처 산재	각종 주물鑄物 철물류
	연죽전煙竹廛	1	각처 산재	담뱃대·재떨이
	내외시저전內外匙箸廛	1	내전-종루 주변 외전-서소문 밖	유기鍮器 수저류
	우전牛廛	1		소
	마전馬廛	1	동대문 안	마필馬匹

※자료 : 고동환, 「18세기 서울의 상업구조변동」, 『서울상업사연구』, 서울학연구소, 1998, 132~134쪽 ; 『한경지략漢京識略』 권 2, 시전市廛 ; 『만기요람萬機要覽』 재용편 5, 각전各廛.
주 : 육의전은 대체로 선전·면포전·면주전·지전·저포전·어물전이 해당되나, 청포전·포전은 영조·정조 때 육의전에 포함된 적이 있었다.

〈표 4〉 조선 후기 시전 무분각전의 위치와 판매 물품

시전 이름	위치	판매 물품	시전 이름	위치	판매 물품
외外장목전	성 밖 각처	가옥 건축용 목재	승혜전繩鞋廛		미투리·짚신
채소전菜蔬廛	송루·칠패	각종 채소·나물류	등전鐙廛	광통교 주변	말안장 등 마구
과전果廛, 隅廛, 毛廛	각처 산재	각종 과일류	백립전白笠廛		백립(갓)
혜정교 잡전雜廛	혜정교 옆	양산·편박·횃불 등	초립전草笠廛		초립(갓)
세물전貰物廛	각처 산재	혼인·상례물품 대여	흑립전黑笠廛		흑립(검은 갓)
양대전凉臺廛	종루 주변	양태(갓 제작 재료)	교자전轎子廛		교자
내외전립전戰笠廛	각처 산재	군병들의 우모전립	백당전白糖廛	각처 산재	엿 종류
잡철전雜鐵廛	각처 산재	솥·못 등 철물류	좌반전佐飯廛	각처 산재	조린 어물 등 반찬류
염전鹽廛		소금	승혜전繩鞋廛		짚신 판매
침자전針子廛		바늘류 판매	월외전月外廛		
내외분전粉廛	내-종루 주변 외-서소문 밖	화장품류 여인이 판매(여인전)	모자전帽子廛		중국산 모자
족두리전		여성 패물류 : 족두리	징전徵廛		우마 발굽에 박는 징
생치전生雉廛	생선전 병문	꿩고기	모의전毛衣廛		갖옷
망건전	아침-서소문 밖 낮-종루 주변	망건	절초전折草廛		절초
고초전藁草廛		볏짚(지붕용) 싸리(울타리용)	거자전炬子廛		횃불
이저전 履底廛, 鞋底廛, 昌廛	입전동 주변	가죽신발 밑창	우방전牛肪廛		소의 기름
저육전猪肉廛	도성 안 각처	돼지고기	판자전板子廛		판자류
파자전笆子廛		발(울타리 제작용)	축농전柵籠廛		바구니류
합회전蛤灰廛		조개류	사립전蓑笠廛		도롱이·삿갓
전족전箭鏃廛	동대문 안	화살촉	마포염전	마포	소금
도자전刀子廛	새벽에 종루 주변 노점	각종 패물류 : 가락지 비녀·노리개 등	마포칠목전	마포	목재류
염수전鹽水廛, 艮水廛		간수(두부제조용)	마포잡물전	마포	잡화류
종자전種子廛	각처 산재	각종 채소 종자	마포간수전艮水廛	마포	두부 제조용 간수
남문외 해전醢廛	남대문 밖	젓갈류	토정土亭고초전	마포 토정	볏짚·싸리 등
칠목전漆木器廛, 樻廛	광통교	칠목기류 : 궤·장농	토정시목전柴木廛	마포 토정	땔감류
상하목기전	상전-육조거리 하전-이현	각종 목기류	두모포시목전	두모포	땔감류
현방懸房	도성 내외 23곳	쇠고기	용산시목전	용산	땔감류
그림전	광통교 아래	각종 그림	용산소小시목전	용산	땔감류
초물전草物廛	서소문 밖	왕골·볏짚으로 만든 물건과 나막신 등	옹리합회전瓮里蛤灰廛	용산 옹리	조개류
약전藥廛	구리개 주변	각종 약재 판매	서강시목전	서강	땔감류
계전鷄廛	광통교 주변	닭	흑석리시목전	서강 흑석리	땔감류
계아전鷄兒廛	계전 이웃	계란 판매	뚝섬시목전	뚝섬	땔감류
복마제구전卜馬諸具廛		말에 필요한 마구류	뚝섬소小시목전	뚝섬	땔감류
내외세기전貰器廛		그릇 대여			

※자료 : 고동환, 「18세기 서울의 상업구조변동」, 『서울상업사연구』, 서울학연구소, 1998, 134~137쪽 ; 『한경지략漢京識略』 권 2, 시전市廛 ; 『만기요람萬機要覽』 재용편 5, 각전各廛.

<표 5> 조선 후기 시장에서 판매된 물건들

구분		품목
먹을거리	곡식	쌀(하미·중미·상미)·찹쌀·좁쌀·기장쌀·보리·밀·녹두·청태·적두·마태·중태·기름태 등
	반찬류	해산물 : 북어·청어·꼴뚜기·민어·조기·통대구·광어·문어·전복·해삼·도미·준치·전어·고등어·낙지·오징어·가오리·가자미·조개·새우·자반·다시마·미역·파래·김·우뭇가사리 등
		채소 : 무·배추·부추·파·시금치·고사리·감자·가지·오이·호박·고추·마늘·미나리·토란·수박 등
		육류 : 돼지고기·쇠고기·꿩고기·닭고기·계란·소기름
		조미료 및 기타 : 소금·마늘·깨·기름·꿀·식초·각종 젓갈·두부·간수 등
	과일	배靑梨·黃梨·곶감·홍시·밤·대추·호두·잣·포도·경도·오얏·석류·유자·복숭아·용안·여지·중국산 과실 등
	기타	주류(소주·막걸리·약주), 과자(엿·민강사탕·오화당·연환당·옥춘당), 담배, 누룩
복식 관련 상품	옷감류	비단 : 사라·능단·공단·궁초·생초·설한초·일광단 등
		무명 : 강진목·당진목·해남목·군포목·상고목商賈木·공물목·무녀포巫女布·함흥오승포·안동포·왜포·당포·서양목 등
		삼베 : 다홍삼승 청삼승
		모시 : 백저포·세저포·상저포·흑저포·황저포·청저포 등
		기타 : 모직물·털옷, 면화솜, 각종 헌옷 등
	신발류	가죽신·나막신·미투리·짚신·신발밑창 등
	모자류	갓·양태·전립·망건·백립·초립·흑립·도롱이·삿갓 등
	장식품	족두리·쌈지·주머니·허리띠·보료·담요·주머니끈·갓끈·다리(딴머리)·용잠·봉잠·쪽비녀·가락지·노리개(대삼작 소삼작)·장도(옥장도 은장도 대모장도) 등
	바늘류	중침·세침·수바늘·실 등
주거 관련 상품	지붕	지붕 잇는 볏짚, 울타리 엮는 싸리, 울타리용 발 등
	건축 자재	가옥 건축용 목재, 판자, 각종 철물 등
	땔감	장작, 숯, 시목柴木 등
생활 문화 용품	종이	백지·장지·대호지·설화지·죽청지·화초지·백면지·자문지·상소지·모토지·시축지 등
	문구·책	붓·벼루·먹, 각종 책, 각종 그림 등
	약재	인삼·사삼·현삼·황련·황금·황백·진피·청피·대복피·감초·자초·하금초·우황·웅담·구담·정향·당사향·용뇌·용안·용골·소합환·광제환·태을환·청심환·안신환·포룡환·만응환·운모고·우황고 등
	그릇류	재료별 : 유기鍮器·목기木器·사기沙器·옹기·은기銀器·칠목漆器 등
		용도별 : 숟가락·젓가락·조반기·대접·주발·탕기·보시기·종지·바리·탕기·양푼·쟁반·접시·향로·요강·촛대·조치·타구 등
	보석	금·은·진주·주옥 등
	미용품	화장품(분·화장수·연지, 머릿기름 등), 빗(면빗·참빗·얼레빗) 등
	승용품	교자·가마, 말안장, 말굽용 징 등
	가축	소·말·돼지·양·닭·꿩 등
	기타	시권試券, 공자유상眞像, 역서曆書, 초피貂皮·서피鼠皮·호피虎皮 등 가죽류, 부채, 횃불, 재떨이, 담뱃대, 동철, 양산, 물감, 화살촉, 채소종자, 돗자리, 병풍, 조총 등

※자료 : 『한경지략漢京識略』 권 2, 시전市廛 ; 『만기요람萬機要覽』 재용편 5, 각전各廛 ; 『한양가』 ; 박지원, 『연암집燕巖集』 별집, 예덕선생전穢德先生傳 ; 고동환, 「18세기 서울의 상업구조변동」, 『서울상업사연구』, 1998, 132~134쪽.

<표 6> 일본인·청국인의 서울 분포와 상인 현황(1883~1893)

지역		서울				인천				원산				부산			
연도		거류민	가옥	상인	상점	거류민	가옥	상인	상점	거류민	가옥	상인	상점	거류민	가옥	상인	상점
1883	청			99	19	68		54	8			10여				20여	
	일					348											
1884	청			352	48			235				13		15		10	3
	일					116											
1885	청			111	25			50				13	13				
	일	66		71	15	562											
1886	청				14			205				12	12			28	
	일	151	26			764	116	289		284	76			1,930	443		
1887	청																
	일	248	77		26	778	115			352	83			2,208	475		
1888	청																
	일	405	83	370		1,480	133	1,359	155	442	94	415		2,860	575	2,700	
1889	청			600여	80여												
	일	447	123		85	1,730	163			572	112			2,646	570		
1890	청			625	100여												
	일	547	132	625		1,624	251			669	141			3,762	672		
1891	청			751				563								138	
	일	774	129			2,345	334			708	145			5,726	901		
1892	청			957				637				63				148	
	일	902	156			2,204	352			708	152			5,303	962		
1893	청			1,254	142			711	117			75	10			142	
	일	828				2,560				716				4,778			
1894	일	848				3,201											
1895	일	1,839				4,148											
1896	일	1,749				3,904											
1897	청	1,273															
	일	1,582				3,949											
1898	일	1,734				4,301											
1899	일	1,985				4,218											
1900	일	2,113				4,215											
1901	일	2,490				4,628											
1902	일	3,034				5,136											
1903	일	3,673				6,433											
1904	일	5,323				9,484											
1905	일	7,677				12,711											
1906	일	11,724		2,428[1]		12,937											
1907	일	14,879		2,610[2]		11,467											
1908	청	1,990															
	일	21,789		15,052[3]		11,283											
1909	청	1,756															
	일	28,788				10,907											
1910	청	1,828															
	일	34,468				13,315											

※자료 : 김정기, 「1890년 서울상인의 철시동맹파업과 시위투쟁」, 『한국사연구』 67, 1989, 86쪽 ; 이헌창, 「1882-1910년간 서울시장의 변동」, 『서울상업사연구』, 서울학연구소, 1998, 248쪽.

주 : 김정기와 이헌창의 표 사이에는 거류민 수에서 상당한 차이가 있다. 1893년까지는 김정기의 자료를, 1894년부터는 이헌창의 자료를 따랐다. 그 외 1906~1908년간 일본인 상업종사자는 다음의 자료를 이용했다.

1) 통감부, 『제1차 통감부통계연보』, 1907, 21쪽, 1906년 12월말 현재 서울 상업종사자.
2) 통감부, 『제2차 통감부통계연보』, 1909, 45쪽, 1907년 12월말 현재 서울 상업종사자.
3) 통감부, 『제3차 통감부통계연보』, 1910, 55쪽, 1908년 12월말 현재 서울 상업종사자.

〈표 7〉 개항기 시장의 주요 거래 물품

분류	종류	품목
먹을거리	곡류	쌀·보리 등 각종 곡식, 호미胡米, 수입 안남미, 수입 밀가루
	육류	도가니, 정육, 돼지족, 닭, 꿩
	조미료	소금, 간장, 된장, 수입 왜간장·왜된장, 설탕
	음식	국수, 국밥
	기호식음료	삼해주三亥酒, 소주, 탁주, 청주, 포도주, 맥주, 양주, 커피, 우유
복식관련상품	의류	등토시, 털토시, 왜비단, 수입모직, 서양 목면·비단, 양항라洋亢羅, 항라, 삼팔주三八紬, 좌응표坐鷹票, 삼마표三馬票, 속옷
	모자·신발·장식용품 등	대갓끈竹纓, 풍차風遮(방한모), 댕기, 서양 모자(중절모·운동모), 짚신, 미투리, 진신[泥鞋], 나막신, 구두, 양말, 장갑, 수건
주거관련상품	지붕·땔감 등	기와, 짚, 억새, 이엉, 땔나무, 성냥, 양초, 석유, 석유등, 난로, 풍로, 수입 석탄, 평양석탄, 장판지
	기타	건축용 기계·철물, 재목
생활문화용품	주방용품	솥, 주전자, 냄비, 각종 그릇, 수입 일본그릇, 서양자기
	서적·문구류	통감通鑑, 명심보감, 술몽쇄언述夢瑣言, 방약합편方藥合編, 미국독립사, 법국혁신전사法國革新戰史, 정선산학精選算學, 중등만국사, 상업경영법, 지방자치제론, 지형측량술, 소설 홍도화, 소설 치악산, 책력, 모장지毛壯紙, 왜필세倭筆洗, 서양종이
	약품류	인삼, 홍삼, 환약, 고약, 소독환, 회진산(회진산), 소다, 일수산一壽散, 칠정단七精丹, 구전단九煎丹, 신해산神解散, 금계랍金鷄蠟, 콩병약, 안약
	기타	담배, 담뱃대, 안경, 안경갑, 왜밀倭蜜, 분, 향수[花露水], 비누, 양잿물, 시계, 자명종, 망원경, 자전거[自行車], 재봉틀, 난로, 유리등갓, 이발용품, 혈침穴鍼, 자물쇠, 가짓잎쟁이, 가위, 다리미, 양산, 우산, 서양 양산·우산, 왜양산, 거울 광동경

※자료:『하재일기』荷齋日記;『독립신문』;『황성신문』;『제국신문』;『고종실록』;『한성주보』등.

<표 8> 개항기(1876~1910) 서울시장 물가 동향

품목		단위·가격	출처·연월일
먹을 거리	곡식류	쌀中米 1되 → 5전	『한성순보』 1883. 10. 1
		쌀(중미) 1되 → 7전 5분	『한성순보』 1884. 1. 21
		쌀(중미) 1되 → 9전	『한성순보』 1884. 8. 21
		쌀(중미) 1되 → 1냥 3전	『한성주보』 1885. 12. 21
		쌀(중미) 1되 → 9전	『한성주보』 1887. 12. 11
		쌀 1되 → 2냥 8·9전@	『하재일기』(1) 1891. 10. 5
		쌀(중) 1되 → 3냥@	『독립신문』 1896. 6. 6
		쌀(중) 1되 → 엽전 7전 4분	『독립신문』 1897. 10. 16
		쌀(중) 1되 → 엽전 1냥 1전 4푼(쌀값 하락세)	『제국신문』 1898. 9. 13
		쌀胡米 1되 → 5냥5전@	『황성신문』 1898. 9. 13
		쌀(하) 1되 → 엽전 1냥 3전(쌀값 오름세)	『황성신문』 1901. 7. 23
		쌀(하) 1되 → 당오전 4냥 5푼	『황성신문』 1901. 7. 26
		안남미 1되 → 엽전 1냥 1전 8푼(조정 고시가)	『황성신문』 1901. 9. 30
		쌀上 1되 → 8냥 5전@	『황성신문』 1901. 11. 2
		쌀 1되 → 당전 11냥 5전(쌀값 오름세)	『황성신문』 1903. 6. 15
		쌀(중) 1되 → 엽전 1냥 7전(내장원 수입미 고시가)	『황성신문』 1903. 7. 4
		팥[赤豆] 1되 → 4전 7분	『한성순보』 1883. 10. 1
		소두小豆 1되 → 6전	『한성순보』 1884. 1. 21
		소두 1되 → 7전	『한성순보』 1884. 8. 21
		소두 1되 → 1냥	『한성주보』 1885. 12. 21
		콩太 1되 → 3전	『한성순보』 1883. 10. 1
		대두大豆 1되 → 5전	『한성순보』 1884. 1. 21
		대두 1되 → 5전	『한성순보』 1884. 1. 21
		대두 1되 → 1냥 4전	『한성주보』 1885. 12. 21
	생선 및 해조류	북어 1급級(20마리) → 5전	『한성순보』 1883. 10. 1
		북어 1급 → 1냥	『한성순보』 1884. 1. 21
		북어 1급 → 1냥 2전	『한성순보』 1884. 8. 21
		북어 1급 → 2냥 8전	『한성주보』 1885. 12. 21
		북어 1급 → 3냥	『한성주보』 1887. 12. 11
		미역[甘藿] 1속 → 1냥 3전	『한성순보』 1883. 10. 1
		미역 1단丹 → 2냥	『한성순보』 1884. 1. 21
		미역 1단 → 1냥 7전	『한성순보』 1884. 8. 21
		미역 1단 → 2냥 5전	『한성주보』 1885. 12. 21
		미역 1단 → 1냥 5전	『한성주보』 1887. 12. 11
	채소 과일류	대추[棗] 1말 → 4냥	『한성순보』 1884. 1. 21
		대추 1말 → 4냥	『한성순보』 1884. 8. 21
		대추 1말 → 30냥	『한성주보』 1885. 12. 21
		대추 1말 → 6냥	『한성주보』 1887. 12. 11
		밤[栗] 1말 → 3냥	『한성순보』 1884. 1. 21
		밤 1말 → 3냥 5전	『한성순보』 1884. 8. 21
		밤 1말 → 10냥	『한성주보』 1885. 12. 21
		밤 1말 → 3냥	『한성주보』 1887. 12. 11
	육류	도가니 1부 → 10냥	『하재일기』(1) 1891. 3. 10
		돼지족(소) 1개 → 5냥	『하재일기』(1) 1891. 11. 18
		영계軟鷄 10마리 40냥(1마리 → 4냥)	『하재일기』(1) 1891. 6. 3
		영계 10마리 → 23냥(1마리 → 2냥 3전)	『하재일기』(1) 1891. 6. 3
	조미료	소금 1석 → 7냥	『한성순보』 1884. 1. 21
		소금 1석 → 7냥 5전	『한성순보』 1884. 8. 21
		소금 1석 → 13냥	『한성주보』 1885. 12. 21
		소금 1석 → 15냥	『한성주보』 1887. 12. 11
		소금 25석 → 975냥(1석 → 39냥)@	『하재일기』(1) 1891. 2. 12

	기호식음료	소금(중) 1석 → 35냥@	『독립신문』 1896. 6. 6
		술 1되 → 엽전 1냥 4전	『독립신문』 1899. 5. 27
		담배 1근 → 2냥	『하재일기』(1) 1891. 8. 18
		담배 1근 → 4냥	『하재일기』(1) 1891. 12. 3
		담배 18포 → 51냥 6전 5푼(1포 → 2냥 8전 7푼)	『하재일기』(1) 1891. 12. 14
복식 관련	옷감류	비단[甲紗] 1척 → 5냥	『한성순보』 1883. 10. 1
		비단(갑사) 1척 → 6냥	『한성순보』 1884. 1. 21
		비단(갑사) 1척 → 7냥	『한성순보』 1884. 8. 21
		비단(갑사) 1척 → 10냥	『한성주보』 1885. 12. 21
		비단(갑사) 1척 → 10냥	『한성주보』 1887. 12. 11
		백목中 7척 → 1냥	『한성순보』 1883. 10. 1
		옥양목 1척 → 6전	『한성순보』 1883. 10. 1
		양사洋紗 1척 → 3전 5분	『한성순보』 1883. 10. 1
		양사 10필 → 227냥(1필 → 22냥 7전)	『하재일기』(1) 1891. 8. 11
		포布, 中 1필 → 15냥	『한성순보』 1883. 10. 1
		명주綿紬, 中 1척 → 4전	『한성순보』 1883. 10. 1
		명주(중) 1척 → 5전 5분	『한성순보』 1884. 1. 21
		명주(중) 1척 → 5전	『한성순보』 1884. 8. 21
		명주(중) 1척 → 1냥 1전	『한성주보』 1885. 12. 21
		명주(중) 1척 → 1냥	『한성주보』 1887. 12. 11
		분홍명주 6자 → 12냥(1척 → 2냥)	『하재일기』(1) 1891. 7. 21
		모시苧布(中) 1필 → 15냥	『한성순보』 1883. 10. 1
		모시(중) 1척 → 5전	『한성순보』 1884. 1. 21
		모시(중) 1척 → 4전	『한성순보』 1884. 8. 21
		모시(중) 1척 → 1냥	『한성주보』 1885. 12. 21
		모시(중) 1척 → 1냥	『한성주보』 1887. 12. 11
		흰모시 25자 → 50냥(1척 → 2냥)	『하재일기』(1) 1891. 8. 12
		면포(중) 1척 → 2전 5분	『한성순보』 1884. 1. 21
		면포(중) 1척 → 2전	『한성순보』 1884. 8. 21
		면포(중) 1척 → 8전	『한성주보』 1885. 12. 21
		면포(중) 1척 → 5전	『한성주보』 1887. 12. 11
		삼베麻布(중) 1필 → 15냥	『한성순보』 1884. 1. 21
		삼베(중) 1필 → 16냥	『한성순보』 1884. 8. 21
		삼베(중) 1척 → 1냥 5전	『한성주보』 1885. 12. 21
		삼베(중) 1척 → 1냥 5전	『한성주보』 1887. 12. 11
		면화綿花 1근 → 2냥	『한성순보』 1884. 1. 21
		면화 1근 → 2냥	『한성순보』 1884. 8. 21
		면화 1근 → 8냥	『한성주보』 1885. 12. 21
		면화 1근 → 5냥	『한성주보』 1887. 12. 11
		면화 3근 → 30냥(1근 10냥)	『하재일기』(1) 1891. 11. 7
		서양목(중) 1자 → 2냥	『독립신문』 1896. 6. 6
	신발류	미투리 2켤레 → 2냥 4전(1켤레 → 1냥 2전)	『하재일기』(1) 1891. 4. 24
		진신[泥鞋] 1켤레 → 15냥	『하재일기』(1) 1891. 5. 2
		진신 1켤레 → 33냥	『하재일기』(1) 1891. 12. 4
		마른신 1켤레 → 25냥	『하재일기』(1) 1891. 7. 21
	기타	장갑 1켤레 → 3냥	『하재일기』(1) 1891. 10. 27
		대갓끈[竹纓] 1건 → 23냥	『하재일기』(1) 1891. 5. 25
		망건 1립 → 22냥	『하재일기』(1) 1891. 5. 25
		등토시 1건 → 4냥 5전	『하재일기』(1) 1891. 5. 27
	땔나무	시柴 1태駄 → 7냥	『한성순보』 1884. 1. 21
		시 1태 → 6냥 5전	『한성순보』 1884. 8. 21
		시 1태 → 15냥	『한성주보』 1885. 12. 21
		시 1태 → 10냥	『한성주보』 1887. 12. 11

주거 관련		시 1짐[擔] → 5냥	『하재일기』(1) 1891. 10. 5
		시 10짐 → 40냥(1짐 → 4냥)	『하재일기』(1) 1891. 11. 19
		탄炭 1태 · 5냥 5전	『한성순보』 1884. 8. 21
		탄 1태 → 7냥	『한성주보』 1885. 12. 21
		탄 1태 → 7냥	『한성주보』 1887. 12. 11
	기타	석유 1통 → 24냥@	『하재일기』(1) 1891. 2. 1
		석유 1궤 → 72냥@	『독립신문』 1896. 6. 6
		석유 1상자 → 14냥@	『독립신문』 1897. 10. 16
		석유등 1개 → 5냥	『하재일기』(1) 1891. 5. 2
생활문화관련		장지壯紙 1권 → 4냥	『한성순보』 1883. 10. 1
		후지厚紙 1권 → 4냥	『한성순보』 1884. 1. 21
		후지 1권 → 4냥 5전	『한성순보』 1884. 8. 21
		후지 1권 → 10냥	『한성주보』 1885. 12. 21
		후지 1권 → 10냥	『한성주보』 1887. 12. 11
		백지中 1권 → 6전 5분	『한성순보』 1883. 10. 1
		백지(중) 1권 → 8전	『한성순보』 1884. 1. 21
		백지(중) 1권 → 1냥	『한성순보』 1884. 8. 21
		백지(중) 1권 → 1냥 2전	『한성주보』 1885. 12. 21
		백지(중) 1권 → 1냥 2전	『한성주보』 1887. 12. 11
		백지 1축 → 20냥	『하재일기』(1) 1891. 11. 7
		소설 〈치악산〉 1권 → 40전	『황성신문』 1909. 5. 14
		이충무실기李忠武實記 1권 → 25전	『황성신문』 1909. 5. 14
		왜청倭靑 40근 → 4천냥(1근 → 100냥)	『하재일기』(1) 1891. 11. 6
		광동경廣東鏡 1건 → 4냥 5전	『하재일기』(1) 1891. 2. 14
		분粉 3갑 → 2냥 2전(1갑 → 7전 3푼)	『하재일기』(1) 1891. 12. 4
		담뱃대 1개 → 5냥 8전	『하재일기』(1) 1891. 8. 13
		가위 1개 → 2냥 2전	『하재일기』(1) 1891. 7. 27
		다리미 1개 → 5냥	『하재일기』(1) 1891. 6. 19
		주머니칼 1개 → 4냥 5전	『하재일기』(1) 1891. 5. 19
		자물쇠 1개 → 2냥 3전	『하재일기』(1) 1891. 11. 14
		우산 1개 → 12냥	『하재일기』(1) 1891. 5. 2
		일본 우산倭傘 1개 → 13냥	『하재일기』(1) 1891. 5. 19
		금색방울 1개 → 2냥	『하재일기』(1) 1891. 5. 19
금속류		유철鍮鐵(놋쇠) 1냥중兩重 → 3전	『한성순보』 1883. 10. 1
		유철 1근 → 4냥	『한성순보』 1884. 1. 21
		유철 1근 → 5냥	『한성순보』 1884. 8. 21
		유철 1근 → 8냥 5전	『한성주보』 1885. 12. 21
		유철 1근 → 8냥	『한성주보』 1887. 12. 11
		정철[正鐵] 1근 → 1냥 7전	『한성순보』 1883. 10. 1
		숙철熟鐵 1근 → 1냥 5전	『한성순보』 1884. 1. 21
		숙철 1근 → 5냥	『한성순보』 1884. 8. 21
		숙철 1근 → 8냥	『한성주보』 1885. 12. 21
		숙철 1근 → 8냥	『한성주보』 1887. 12. 11
		납[鉛] 1근 → 2냥	『한성순보』 1883. 10. 1
		동銅 1근 → 1냥	『한성순보』 1883. 10. 1
		동 1근 → 1냥 5전	『한성순보』 1884. 1. 21
		동 1근 → 2냥 5전	『한성주보』 1885. 12. 21
		동 1근 → 3냥	『한성주보』 1887. 12. 11
		금 1냥兩 → 275냥	『독립신문』 1897. 10. 16
		은 1냥 → 7냥 2전	『독립신문』 1897. 10. 16

※ 자료: 『한성순보』; 『한성주보』; 『하재일기』荷齋日記; 『황성신문』; 『독립신문』; 『제국신문』 등.
주 : 1896년 1월 1일(음 1895년 11월 17일) 이전은 음력을, 이후는 양력을 기준으로 했다.
'@' 표시된 가격은 화폐의 종류를 확인하기 어려운 것이다.

〈표 9〉 서울 지역 백화점의 연간 매상고(1935~1939) 단위 : 엔円

연월일	백화점 수	매상고	백화점당 평균 매상고
1935. 5. 1	5	12,179,001	2,435,800
1937. 5. 1	5	14,719,461	2,943,892
1938. 5. 1	5	15,947,860	3,189,572
1939. 5. 1	5	19,155,246	3,831,049

※자료 : 경성부, 「물품판매업조사」 1권(1935, 42쪽)·2권(1937, 39쪽)·3권(1938, 40쪽)·4권(1939, 40쪽) 부표 참조.

〈표 10〉 서울시장 주요 상품 소매가격(1932년 12월 2일) 단위 : 원

상품명	단위	가격	조사 장소	상품명	단위	가격	조사 장소
백미白米	가마니俵	10.00(상) 9.70(중)	전동시장 종로정미소	모직와이셔츠	1매枚	4.00(상) 2.90(중) 2.50(하)	화신백화점
적두赤豆	〃	10.00	〃	본견넥타이	〃	3.50(상) 1.80(중) 0.80(하)	〃
백태白太	〃	7.50	〃	타월	〃	0.80(상) 0.20(중) 0.10(하)	〃
조粟	〃	8.00	〃	손수건	〃	0.15(상) 0.10(중) 0.03(하)	〃
찹쌀가루	1근斤	0.25	전동시장 종로제분소	메리야스 (남성용)	〃	1.70(상) 1.00(중) 0.75(하)	〃
맵쌀가루	〃	0.16	〃	메리야스 (여성용)	〃	1.00(상) 0.85(중) 0.75(하)	〃
콩가루	〃	0.15	〃	중절모자	〃	23.00(상) 2.50(중) 0.80(하)	〃
고추가루	〃	0.55	〃	지갑	〃	2.70(상) 0.60(중) 0.25(하)	〃
송화가루	〃	0.30	〃	남성양화洋靴	1개	7.00(상) 6.00(중)	〃
소고기牛肉	〃	0.35(상) 0.30(하)	전동시장 신일정육점	여자양화	〃	8.00(상) 7.00(중)	〃
돼지고기豚肉	〃	0.40(상) 0.35(하)	〃	남자고무신	〃	0.50(상) 0.40(중) 0.35(하)	〃
무순탄撫順炭	1톤噸	15.60	공평동 협신상회	여자고무신	〃	0.42(상) 0.40(중) 0.36(하)	〃
일본탄	〃	14.50	〃	참빗	〃	0.30(상) 0.20(중) 0.10(하)	〃
관제연탄官製煉炭	〃	19.00	〃	모본단毛本丹	1척尺	1.00	대창무역회사
궁자연탄宮字煉炭	〃	17.00	〃	양단洋丹	〃	2.80	〃
함흥탄咸興炭	〃	14.00	〃	하부다에(일본비단)	〃	0.55	〃
지탄枝炭	1표俵	1.20	〃	삼팔三八	〃	0.25	〃
백탄白炭	〃	1.00	〃	광목廣木	〃	0.22	〃
근탄根炭	〃	1.10	〃	옥양목玉洋木	〃	0.27	〃

※자료: 「조선일보」 1932년 12월 4일, 조간 3면.

〈표 11〉 상업 인구의 내부 구성(1930년) 단위 : 명(%)

구분	경성	전국
계	28,421(100)	358,875(100)
업주	11,119(39.1%)	162,834(42.2%)
고용인	11,777(41.4%)	103,060(26.7%)
소상인	4,986(17.5%)	116,939(30.3%)
기타	539(1.9%)	3,039(0.8%)

※자료 : 이준식, 「일제강점기 경성부의 인구 변동과 사회적 변화」, 『서울인구사』, 2005, 497쪽 ; 서울특별시사편찬위원회(조선총독부, 『소화5년 조선국세조사보고』, 전선편全鮮編 제1권).

〈표 12〉 점포 사용료와 시장 사용료(1935년경) 단위 : 원

구분	점포 사용료(평당 월액)				시장 사용료				
	1등	2등	3등	등외 대지료	소달구지 1대당	마차 1대당	수레 1대당	짐꾼 1짐당	우마 1짐당
남대문시장	2.10	1.80	1.60	1.00	20전 이내	16전 이내	8전 이내	4전 이내	8전 이내
동대문시장	4.50	4.00	2.00	–	20전 이내	16전 이내	8전 이내	4전 이내	8전 이내

※자료 : 경성부, 『配給機關ニ關スル調査(市場ノ部)』, 경성부산업조사회 보고 제7호, 1936. 3, 29~30·44·60쪽.
주 : 그런데 위의 자료에서 같은 내용이 29쪽에는 '일액日額'을 기준으로, 동대문시장(44쪽)·남대문시장(60쪽)의 항목에서는 '월액月額'을 기준으로 기록되어 있어 서로 어긋나 있다. 그러나 다른 자료 및 물가 등과 비교해볼 때 '월액'으로 보는 것이 타당하다고 생각된다.

주석

〈프롤로그〉

1) 『樂學軌範』 권 5, 시용향악정재(時用鄕樂呈才) ; 정승모, 『시장의 사회사』, 1992, 32쪽.
2) 박영효, 「사화기략(使和記略)」 1882. 9. 21 ; 『고종실록』 고종 21년(1884) 8월 18일 등.
3) 『만기요람(萬機要覽)』 재용편 5, 각전(各廛). "行商所聚交易而退者 謂之場 如鍾街梨峴七牌是也"
4) 「시장법」 제2조.(법제처 홈페이지(http://www.moleg.go.kr) '연혁법령' 법률 제704호)
5) 『조선일보』 1938년 7월 27일.
6) 『동아일보』 1930년 9월 7일. 「상거래의 합리화, 다음제를 폐지하라―徐椿」.
7) 『제국신문』 1898년 10월 18일 논설 ; 유광렬, 「종로네거리」, 『별건곤』 제23호, 1929. 9. 27.
8) 『태조실록』 태조 1년(1392) 9월 壬寅(24일) ; 『태조실록』 태조 4년(1395) 10월 乙未(5일).
9) 『태종실록』 태종 10년(1410) 10월 임술(29일) 柳伯淳 상소문 ; 『정조실록』 정조 15년(1791) 6월 무신(5일) ; 『비변사등록』 영조 17년(1741) 6월 10일 ; 『비변사등록』 헌종 6년(1840) 11월 24일 ; 『비변사등록』 헌종 12년(1846) 4월 29일 등.
10) 『숙종실록』 숙종 29년(1703) 8월 기묘(6일). "千金之子 不死於市"

〈1부, 1장〉

1) 『삼국유사』 권 1, 紀異 1, 고조선 왕검조선.
2) 김정배, 「청동기시대의 사회와 문화」, 『한국사』 3, 국사편찬위원회, 1997, 265~266쪽.
3) 『漢書』 地理志 ; 최몽룡, 「고조선의 문화와 사회경제」, 『한국사』, 국사편찬위원회, 1997, 145~146쪽.
4) 송호정, 「부여의 문화」, 『한국사』 4, 국사편찬위원회, 1997, 231쪽 ; 이현혜, 「동예의 사회와 문화」, 『한국사』 4, 국사편찬위원회, 1997, 244~245쪽 ; 이현혜, 「삼한의 문화」, 『한국사』 4, 국사편찬위원회, 1997.
5) 『삼국사기』 권 17, 미천왕 20년 冬 12월.
6) 『삼국사기』 권 45, 列傳 5, 온달전.
7) 『악학궤범』 권 5, 時用鄕樂呈才條에 수록되어 전한다.
8) 『삼국사기』 권 28, 백제본기 6, 의자왕 20년 춘2월.
9) 『삼국사기』 권 3, 신라본기 3, 소지마립간 12년.
10) 『삼국사기』 권 4, 신라본기 4, 지증마립간 10년 ; 『삼국사기』 권 8, 신라본기 8, 효소왕 4년.
11) 『삼국사기』 권 38, 잡지 7, 직관 상, 동시전·서시전·남시전 참조.
12) 전덕재, 「경제」, 『한국사』 7, 국사편찬위원회, 1997, 233쪽.
13) 박현숙, 「백제 漢城 지역의 호구」, 『서울인구사』, 서울특별시사편찬위원회, 2005, 125~126쪽.
14) 『삼국사기』 권 17, 미천왕.
15) 『삼국사기』 권 45, 列傳 5, 온달전.
16) 김기홍, 「경제구조」, 『한국사』 5, 국사편찬위원회, 1996, 207~208쪽.
17) 『삼국유사』 권 2, 武王.
18) 『삼국유사』 권 1, 기이 1, 태종춘추공. "城中市價 布一疋租三十碩 或五十碩 民謂之聖代" ; 『삼국유사』 권 5, 孝善 9, 貧女養母 ; 『삼국유사』 권 5, '憬興遇聖'. "視筐中乾魚也 從者呵之曰爾着縕袈負觸物耶"
19) 김기홍, 「사회구조」, 『한국사』 5, 국사편찬위원회, 1996, 217쪽 ; 권태원, 「사회구조」, 『한국사』 6, 국사편찬위원회, 1996, 237쪽.
20) 『삼국사기』 권 16, 고구려본기 4, 신대왕 2년(166). "若大王據法定罪 棄之市朝惟命是聽"
21) 『삼국사기』 권 26, 백제본기 4, 삼근왕 2년(478).
22) 『삼국사기』 권 4, 신라본기 4, 진평왕 53년(631).
23) 『중종실록』 중종 35년(1540) 5월 기축(10일).
24) 『삼국사기』 권 4, 신라본기 4, 진평왕 50년(628). "夏大旱 移市畵龍祈雨 秋冬民飢 賣子女"
25) 『삼국사기』 신라본기 성덕왕 14년(715) 6월 ; 『三國史記』 백제본기 법왕 2년(600) 춘정월.
26) 『삼국사기』 권 45, 列傳 5, 온달전.
27) 『삼국사기』 권 28, 백제본기 6, 의자왕 20년(660).
28) 박평식, 『조선전기 상업사연구』, 지식산업사, 1999, 20쪽.
29) 『고려사』 권 79, 志33, 食貨 市估, 숙종 7년(1102) 9월.
30) 박평식, 『조선전기 상업사연구』, 지식산업사, 1999, 21~23쪽.
31) 『고려사』 권 85, 志 39, 형법 금령, 후禑 원년 2월.
32) 강만길, 「상업과 대외무역」, 『한국사』 5, 국사편찬위원회, 1975 ; 안병우, 「고려시대 수공업과 상업」, 『한국사』 6, 한길사, 1994 ; 박용운, 『고려시대사』, 일지사, 1988, 238~242쪽 ; 김동철, 「상업과 화폐」, 『한국사』 19, 국사편찬위원회, 1996.

33) 『고려사』 권 1, 世家 1, 태조 2년(919) 1월 봄 정월 ; 徐兢, 『高麗圖經』 권 3, 城邑 坊市.
34) 『고려사』 권 53, 志 7, 五行-火-火災 ; 권 21, 世家 21, 희종 4년 7월 丁未.
35) 『고려사』 권 79, 志 33, 食貨 2, 貨幣 市估.
36) 『고려사』 권 36, 世家 36, 충혜왕 후3년(1342) 2월 ; 김동철, 「상업과 화폐」, 『한국사』 19, 국사편찬위원회, 1996, 385쪽
37) 『고려사』 권 77, 志 31, 百官 京市署.
38) 서성호, 「개경의 시장」, 『고려의 황도 개경』, 한국역사연구회, 2003, 173~175쪽.
39) 김동철, 앞의 글 ; 안병우, 앞의 글.
40) 『고려사』 권 39, 世家 39, 공민왕 5년(1356) 7월. "壬午 禁人率家出城 自相地南京 人心動搖 負戴南行者 如歸市 故禁之"
41) 『고려사』 권 122, 列傳 35, 方技 金謂磾.
42) 김창현, 「고려시대 남경의 인구」, 『서울인구사』, 서울특별시편찬위원회, 2004.
43) 김창현, 앞의 글.
44) 『고려사』 권 114, 列傳 27, 任君輔.
45) 홍승기, 「신분제도」, 『한국사』 15, 국사편찬위원회, 1995, 18~19쪽.
46) 『고려사』 권 79, 志 33, 食貨 2, 貨幣 市估.
47) 서성호, 「개경의 시장」, 『고려의 황도 개경』, 한국역사연구회, 2002, 179쪽.
48) 김동철, 「상업과 화폐」, 『한국사』 19, 국사편찬위원회, 1996,
49) 『고려사』 권 89, 列傳 2, 后妃, 忠惠王.
50) 『고려사』 권 79, 志 33, 食貨 借貸.
51) 『고려사』 권 124, 列傳 37, 嬖幸 2, 노영서(盧英瑞) 부 송명리(宋明理) "王嘗作儺戱 命明理主之 賜布二百匹 役百工 奪市中物 以供其費 市鋪皆閉."
52) 『고려사』 권 135, 列傳 48, 禑王 10년(1384) 6월 庚午. "禑 率嚴竪倡妓 過市 擊市人以爲樂 人皆奔匿 失貨者甚衆"
53) 박평식, 『조선전기 상업사연구』, 지식산업사, 1999, 34~35쪽.
54) 『고려사』 권 85, 志 39, 형법, 금령.
55) 『고려사』 권 79, 志 33, 食貨 2, 貨幣 市估. "八年六月 都評議使司 榜曰 民生之本 在於米穀…"
56) 『고려사』 권 127, 列傳 반역, 李資謙.
57) 『고려사』 권 113, 列傳 26, 崔瑩 ; 『고려사』 권 133, 열전 46, 우왕 2년(1376) 6월.
58) 서성호, 「개경의 시장」, 『고려의 황도 개경』, 한국역사연구회, 2003, 185~186쪽.
59) 『고려사』 권 85, 志 39, 刑法 禁令 成宗.
60) 『고려사』 권 85, 志 39, 刑法 禁令. "路多帝服之奴 巷遍后飾之婢"
61) 서성호, 「개경의 시장」, 『고려의 황도 개경』, 한국역사연구회, 2003, 185~186쪽.
62) 李仁老, 『破閑集』 上.(서성호, 위의 글, 184쪽)
63) 『고려사』 권 85, 志 39, 刑法 禁令 우왕 1년(1375) 2월.
64) 『고려사』 권 85, 志 39, 刑法 禁令 충렬왕.
65) 『고려사』 권 85, 志 39, 刑法 禁令. "今也 無貴無賤 爭賀異土之物"
66) 『고려사』 권 79, 志 33, 食貨 貨幣 市估.
67) 위의 책, 辛禑 7년 8월.
68) 이종봉, 『한국중세도량형제연구』, 2001, 131·154·185쪽 참조.
69) 『고려사』 권 177, 列傳 30, 제신 이첨(李詹).
70) 『고려사』 권 23, 列傳 23, 고종 20년(1233) 12월.
71) 『고려사』 권 98, 열전 11, 제신 김부식(金富軾) ; 『고려사』 권 19, 世家 19, 명종 3년(1173) 9월 ; 『고려사』 권 22, 世家 22, 고종 8년(1221) 3월 ; 『고려사』 권 23, 世家 23, 고종 21년(1234) 3월 ; 『고려사』 권 96, 列傳 9, 尹瓘·尹鱗瞻 ; 『고려사』 권 98, 列傳 11, 金富軾 ; 『고려사』 권 35, 世家 35, 충숙왕 후4년(1335) 7월 ; 『고려사』 권 117, 列傳 30, 鄭夢周.
72) 『고려사』 권 84, 志 38, 刑法 大惡 ; 『고려사』 권 18, 世家 18, 의종 14년(1160) 1월 ; 신호웅, 「형률제도」, 『한국사』 15, 국사편찬위원회, 1995, 219쪽.
73) 『고려사』 권 84, 志 38, 刑法 大惡 ; 『고려사』 권 18, 世家 18, 의종 14년(1160) 1월 ; 신호웅, 「형률제도」, 『한국사』 15, 국사편찬위원회, 1995, 219쪽.
74) 『고려사』 권 45, 世家 45, 공양왕 2년(1390) 3월.
75) 『고려사』 권 4, 世家 4, 현종 2년(1011) 4월 丁卯. "以久旱 禱雨于宗廟 移市肆 禁屠宰 斷繖扇 審冤獄 恤窮匱"
76) 『고려사』 권 30, 世家 30, 충렬왕 11년(1285) 4월 己未. "以旱 巷市 禁笠扇" ; 『고려사』 권 35, 世家 35, 충숙왕 후4년(1335) 5월 壬午. "以旱 徙市 聚巫禱雨"
77) 『고려사』 권 6, 世家 6, 정종 2년(1036) 5월 辛卯 ; 『고려사』 권 16, 세가 16, 인종 12년(1134) 5월 庚戌 ; 『고려사』 권 30, 世家 30, 충렬왕 11년(1285) 4월 己未 ; 『고려사』 권 35, 世家 35, 충숙왕 후4년(1335) 5월 壬午 ; 『고려사』 권 44, 세가 44, 공민왕 22년(1373) 4월 辛卯.
78) 최종성, 「國行 무당 기우제의 역사적 연구」, 『진단학보』 86, 진단학회, 1998, 51~53쪽.
79) 『고려사』 권 30, 世家 30, 충렬왕 13년(1287) 6월 戊寅.
80) 『고려사』 권 113, 列傳 26, 崔瑩.
81) 『고려사』 권 117, 列傳 30, 鄭夢周.
82) 『고려사』 권 35, 世家 35, 충숙왕 10년(1323) 1월 己酉. "林淑甚貪婪 侵漁萬端 民不堪苦 今復之任 吾輩奚罪"
83) 『고려사』 권 54, 志 8, 五行, 金.
84) 『고려사』 권 54, 志 8, 五行, 金.

〈1부, 2장〉

1) 『태조실록』 태조 1년(1392) 7월 丁未(28일). "國號仍舊爲高麗 儀章法制 一依前朝故事"
2) 『태조실록』 태조 1년(1392) 7월 丁酉(18일).
3) 『태조실록』 태조 1년(1392) 7월 丙申(17일), 8월 壬戌(13일), 11월 丙午(29일) ; 태조 2년(1393) 2월 庚寅(15일).
4) 『태조실록』 태조 1년(1392) 8월 신해(2일) ; "置功臣都監" ; 최승희, 「개국초 왕권의 강화와 국정운영체제」, 『한국사』 22, 국사편찬위원회, 1995, 28~29쪽.
5) 『태조실록』 태조 1년(1392) 9월 丙午(28일) ; 최승희, 「개국초 왕권의 강화와 국정운영체제」, 『한국사』 22, 국사편찬위원회, 1995, 29쪽.
6) 『태종실록』 태종 1년(1401) 7월 경자(13일).
7) 『태조실록』 태조 1년(1392) 9월 壬寅(24일) ; 『태조실록』 태조 4년(1395) 10월 乙未(5일).
8) 『중종실록』 중종 11년 5월 壬辰(12일). "上曰 農本也 工商末也"
9) 『태조실록』 태조 2년(1393) 12월 己丑(18일) ; 『태조실록』 태조 4년(1395) 4월 戊子(25일).
10) 『성종실록』 성종 3년(1472) 6월 己巳(4일). "古者 四民之中 士農爵於朝 而工商不與焉者 以業賤也"
11) 『태종실록』 태종 10년(1410) 10월 壬戌(29일).
12) 『태조실록』 태조 1년(1392) 8월 壬戌(13일).
13) 『태조실록』 태조 1년(1392) 8월 甲子(15일), 9월 辛巳(3일).
14) 김용국, 「서울 奠都의 동기와 전말」, 『향토서울』 1, 서울특별시사편찬위원회, 1957 ; 『고려사』 권 122, 列傳 35, 金謂磾 ; 『태조실록』 태조 3년(1394) 8월 辛卯(24일).
15) 『태조실록』 태조 3년(1394) 9월 戊戌(1일)·丙午(9일), 10월 辛卯(25일)·甲寅(28일).
16) 『한경지략』 권2, 시전(市廛). "國初 開市于景福宮之神武門外 以道前朝後市之封 而地偏故未行云"
17) 『태종실록』 태종 10년(1410) 1월 을미(28일).
18) 『태종실록』 태종 10년(1410) 2월 갑진(7일).
19) 『태조실록』 태조 4년(1395) 10월 乙未(5일) ; 태조 7년(1398) 8월 己巳(26일).
20) 『세종실록』 세종 23년(1441) 8월 임오(18일).
21) 『영조실록』 영조 20년(1744) 8월 경오(26일).
22) 『태종실록』 태종 12년(1412) 2월 乙丑(10일).
23) 『세종실록』 세종 17년(1435) 12월 辛丑(4일). "閔義生議曰 前朝後市之論 似不合於本朝 依山宮闕"
24) 『태종실록』 태종 12년(1412) 2월 庚午(15일).
25) 『태종실록』 태종 12년(1412) 4월 丁巳(3일), 壬午(28일).
26) 『태종실록』 태종 12년(1412) 5월 己巳(22일).
27) 『태종실록』 태종 12년(1412) 7월 庚寅(7일), 10월 庚申(8일) ; 태종 13년(1413) 2월 乙卯(6일), 5월 甲午(16일).
28) 『태종실록』 태종 13년(1413) 5월 갑오(16일).
29) 『태종실록』 태종 14년(1414) 7월 壬戌(21일), 8월 庚戌(10일), 9월 庚辰(10일).
30) 『태종실록』 태종 13년(1413) 5월 甲午(16일).
31) 『태종실록』 태종 14년(1414) 9월 庚辰(10일).
32) 『태종실록』 태종 15년(1415) 4월 庚辰(13일), 9월 癸丑(19일).
33) 『중종실록』 중종 13년(1518) 1월 壬子(12일). "我國之制見之 則自鍾樓至宗廟爲市廛"
34) 박평식, 『조선전기상업사연구』, 지식산업사, 1999, 104~105쪽.
35) 『성종실록』 성종 3년(1472) 5월 丁未(11일).
36) 박평식, 『조선전기상업사연구』, 지식산업사, 1999, 104~105쪽.
37) 『성종실록』 성종 16년(1485) 7월 무진(20일).
38) 『성종실록』 성종 16년(1485) 7월 乙丑(17일)·戊辰(20일)·庚午(22일).
39) 『중종실록』 중종 26년(1531) 6월 戊午(5일).
40) 『인종실록』 인종 1년(1545) 5월 甲申(23일).
41) 『문종실록』 문종 즉위년(1450) 6월 기축(17일).
42) 『태종실록』 태종 10년(1410) 1월 乙未(28일) ; 『성종실록』 성종 16년(1485) 7월 乙丑(17일).
43) 박평식, 『조선전기상업사연구』, 지식산업사, 1999, 118쪽.
44) 『성종실록』 성종 3년(1472) 1월 임인(5일).
45) 『중종실록』 중종 36년(1541) 11월 경인(8일).
46) 『세조실록』 세조 10년(1464) 7월 乙亥(24일).
47) 『세조실록』 세조 12년(1466) 5월 戊午(15일).
48) 『경국대전』 권 1, 吏典 京官職.
49) 『태종실록』 태종 11년(1411) 1월 癸酉(12일).
50) 『성종실록』 성종 18년(1487) 12월 辛巳(16일).
51) 『성종실록』 성종 24년(1493) 6월 신묘(29일), 7월 갑오(2일).
52) 『중종실록』 중종 18년(1523) 4월 乙未(24일).
53) 『태종실록』 태종 11년(1411) 1월 癸酉(12일).
54) 『태종실록』 태종 15년(1415) 4월 己巳(2일).
55) 『세종실록』 세종 27년(1445) 11월 을유(14일). "司憲府啓 市廛工商販賣之物 率皆假僞 或囊沙覆米 或以木皮破席 暗藏靴

鞋 如此之類 難以悉擧"

56) 『세종실록』 세종 7년(1425) 8월 丙戌(20일) ; 세종 8년(1426) 1월 甲寅(19일) ; 『단종실록』 단종 1년(1453) 8월 丙申(12일).
57) 세종 8년(1426) 1월 갑인(19일). "楮貨一張 準米一斗 每米一斗 準銅錢四十文"
58) 『경국대전』 권 2, 호전 '雜稅'.
59) 『성종실록』 성종 3년(1472) 10월 丁丑(14일) ; 성종 4년(1473) 5월 을미(5일) ; 성종 5년(1474) 9월 辛未(19일).
60) 『세종실록』 세종 21년(1439) 10월 을유(10일).
61) 『단종실록』 단종 1년(1453) 8월 병신(12일). "請自今市廛間架數及匠人等第 商賈姓名 稅楮貨之數 明白載錄 輸送 從之"
62) 『세종실록』 세종 3년(1421) 2월 을사(12일) ; 세종 28년(1446) 3월 을미(28일) ; 『단종실록』 단종 즉위년(1452) 7월 기유(18일).
63) 『중종실록』 중종 35년(1540) 12월 乙丑(8일). "刑人於市 與衆棄之"
64) 『세종실록』 세종 3년(1421) 2월 辛亥(18일).
65) 『세조실록』 세조 2년(1456) 6월 丙午(8일).
66) 『세조실록』 세조 2년(1456) 7월 乙巳(7일).
67) 『예종실록』 예종 즉위년(1468) 10월 계축(27일).
68) 『예종실록』 예종 즉위년(1468) 10월 갑인(28일).
69) 『태종실록』 태종 7년(1407) 11월 무인(28일).
70) 『태종실록』 태종 16년(1416) 4월 병자(14일).
71) 『세종실록』 세종 7년(1425) 10월 계유(8일) ; 『세종실록』 세종 9년(1427) 1월 기해(10일) ; 세종 10년(1428) 6월 임인(21일).
72) 『세종실록』 세종 5년(1423) 10월 乙卯(8일).
73) 『세종실록』 세종 23년(1441) 6월 무진(3일).
74) 『중종실록』 중종 9년(1514) 11월 癸酉(15일). "抑商賈之事 右贊成申用漑曰 昇平日久 生齒繁盛 故如是耳 且外方逃賦之人 亦聚于京師 曲坊委巷 無不出市 若非舊市 一切禁之 則自可歸農矣"
75) 『중종실록』 13년(1518) 1월 임자(12일). "南袞曰…以我國之制見之 則自鍾樓至宗廟 爲市廛 而今則坊坊曲曲 無不出市之地 以此而物價踴貴 須禁抑逐末 以示務本之意也"
76) 『한경지략』. 宮室 '淨業院'.(서울특별시시사편찬위원회, 영인본 103~104쪽) "又考東門外關廟前 有女人賣菜市場 世傳定順王后 在淨業院時 菜乏供蔬 東郊女人輩爲設市場于院前 提供菜蔬 自此以後 女人菜場 至今不撤矣"
77) 강만길, 「상업」, 『서울육백년사』 제1권, 서울특별시시사편찬위원회, 1977.
78) 『태종실록』 태종 13년(1413) 4월 을축(17일).
79) 『태조실록』 태조 7년(1398) 4월 임인(26일). "六日西江漕泊 四方輻輳西江 拖以龍驤萬斛 請看紅腐千倉 爲政在於足食"
80) 『중종실록』 중종 33년(1538) 6월 신유(20일), 6월 임술(21일).
81) 『성종실록』 성종 5년(1474) 3월 경술(25일).
82) 『세조실록』 세조 12년(1466) 2월 갑오(22일).
83) 『성종실록』 성종 4년(1473) 6월 임술(3일) ; 『성종실록』 성종 5년(1474) 3월 경술(25일) ; 『성종실록』 성종 8년(1477) 11월 신묘(28일).
84) 『성종실록』 성종 4년(1473) 6월 임술(3일).
85) 『중종실록』 중종 28년(1533) 2월 기묘(6일).
86) 최완기, 「조선중기의 곡물거래와 그 유형」, 『한국사연구』 76, 1992, 66~67쪽.
87) 『중종실록』 중종 33년(1538) 8월 갑인(14일).
88) 『성종실록』 성종 24년(1493) 윤5월 乙巳(12일)·辛酉(28일) ; 중종 16년(1521) 7월 甲戌(25일) ; 중종 33년(1538) 7월 戊戌(27일), 8월 甲寅(14일), 9월 庚辰(10일) ; 중종 36년(1541) 4월 庚申(4일).
89) 『성종실록』 성종 24년(1493) 7월 庚戌(18일).
90) 『성종실록』 성종 7년(1476) 9월 을묘(15일) ; 성종 10년(1479) 2월 갑인(27일) ; 성종 18년(1487) 3월 정사(17일).
91) 『문종실록』 문종 즉위년(1450) 6월 己丑(17일). "傳旨承政院曰 今來使臣 所齎櫃子 數至二百 貿易之物必多矣 前日倪謙之來 市廛無貿易之人 勒令富商抑買 此非美事…"
92) 백승철, 「16세기 부상대고(富商大賈)의 성장과 상업 활동」, 『역사와현실』 13, 1994, 254쪽.
93) 『세조실록』 세조 12년(1466) 1월 병오(3일).
94) 『성종실록』 성종 1년(1470) 7월 임오(6일). "富商金得富"
95) 『문종실록』 문종 즉위년(1450) 8월 기해(28일) ; 『성종실록』 성종 1년(1470) 7월 임오(6일).
96) 박평식, 『조선전기상업사연구』, 1999, 144~145쪽.
97) 『세조실록』 세조 11년(1465) 11월 己未(15일) ; 세조 14년(1468) 6월 壬寅(14일).
98) 『세조실록』 세조 4년(1458) 1월 丙子(17일).
99) 『연산군일기』 연산군 6년(1500) 3월 丙子(22일). 이외에도 이런 예는 많이 나온다. 『세종실록』 세종 5년(1423) 8월 辛未(23일), 11월 丙戌(9일) 등.
100) 『중종실록』 중종 39년(1544) 2월 甲申(15일) ; 인종 1년(1545) 3월 甲子(2일).
101) 『성종실록』 성종 24년(1493) 2월 丁巳(22일), 6월 丙子(14일) ; 『중종실록』 중종 20년(1525) 5월 乙酉(27일).
102) 이욱, 「조선전기 서울의 호구」, 『서울인구사』, 서울특별시시사편찬위원회, 2005, 197쪽.
103) 『연산군일기』 연산군 5년(1499) 10월 癸丑(27일).
104) 『연산군일기』 연산군 9년(1503) 2월 庚戌(13일).
105) 『성종실록』 성종 1년(1470) 4월 癸酉(25일).
106) 『승정원일기』 1540책 정조 7년(1783) 9월 9일 ; 고동환, 『조선후기 서울상업발달사 연구』, 지식산업사, 1998, 241쪽.

107 『경국대전』 권 2, 戶典 祿科.
108 『태종실록』 태종 16년(1416) 5월 戊戌(7일) ; 『세종실록』 세종 3년(1421) 1월 乙酉(22일) ; 『세종실록』 세종 6년(1424) 2월 甲戌(28일) 등.
109 『세조실록』 세조 13년(1467) 1월 辛未(4일).
110 『태조실록』 태조 7년(1398) 9월 甲申(12일).
111 『태종실록』 태종 15년(1415) 6월 庚午(5일).
112 『세종실록』 세종 16년(1434) 8월 丙午(2일) ; 『예종실록』 예종즉위년(1468) 10월 辛亥(25일).
113 『세종실록』 세종 16년(1434) 8월 丙午(2일).
114 『세조실록』 세조 11년(1465) 6월 丁丑(1일).
115 『태조실록』 태조 4년(1395) 7월 壬辰(1일) ; 『세종실록』 세종 29년(1447) 윤4월 辛巳(20일).
116 『세종실록』 세종 25년(1443) 3월 己未(4일).
117 『세종실록』 세종 11년(1429) 7월 癸亥(19일) ; 『세종실록』 지리지 충청도.
118 『성종실록』 성종 14년(1483) 9월 庚戌(20일).
119 『중종실록』 중종 36년(1541) 9월 庚戌(27일), 11월 乙未(13일).
120 『중종실록』 중종 36년(1541) 11월 乙未(13일).
121 『세종실록』 세종 8년(1426) 1월 辛酉(26일).
122 『세종실록』 세종 9년(1427) 2월 정축(19일). "今上自卿大夫 下至賤隷 好著紫色 因此紫色之價 一匹所染 又直一匹" ; 成俔, 『慵齋叢話』 권1.
123 『태종실록』 태종 18년(1418) 7월 庚戌(2일).
124 『성종실록』 성종 24년(1493) 5월 戊子(25일).
125 『성종실록』 성종 12년(1481) 6월 壬戌(19일) ; 『연산군일기』 연산군 7년(1501) 10월 丁未(2일), 12월 己巳(25일).
126 『연산군일기』 연산군 11년(1505) 12월 戊寅(28일).
127 『연산군일기』 연산군 8년(1502) 3월 壬辰(20일).
128 『명종실록』 명종 9년(1554) 12월 丙子(10일).
129 『태종실록』 태종 6년(1406) 1월 己未(28일).
130 『세종실록』 세종 11년(1429) 9월 癸酉(30일), 유맹문(柳孟聞) 상소문.
131 『태종실록』 태종 7년(1407) 1월 甲戌(19일).
132 『세종실록』 권 149, 지리지 충청도·경상도·함길도.
133 『세종실록』 권 149, 지리지 경기도·충청도·경상도·함길도.
134 『세종실록』 세종 5년(1423) 3월 癸卯(22일).
135 『연산군일기』 연산군 8년(1502) 5월 辛卯(20일).
136 『성종실록』 성종 12년(1481) 6월 壬戌(19일).
137 『성종실록』 성종 3년(1472) 1월 기미(22일).
138 『연산군일기』 연산군 6년(1500) 3월 丙子(22일) ; 『세종실록』 세종 6년(1424) 1월 辛丑(24일) ; 세종 21년(1439), 5월 戊午(11일).
139 『성종실록』 성종 1년(1470) 4월 癸酉(25일).
140 차문섭, 『조선시대 군사관계 연구』, 단국대출판부, 1996, 27쪽.
141 이욱, 「조선전기 서울의 호구」, 『서울인구사』, 서울특별시사편찬위원회, 2005, 197쪽.
142 『성종실록』 성종 12년(1481) 6월 壬子(9일).
143 『연산군일기』 연산군 8년(1502) 8월 己酉(10일). "今以三四升緜布 爲常用之貨 一匹之長 不過三十尺"
144 『태종실록』 태종 1년(1401) 4월 甲子(6일) ; 태종 2년(1402) 1월 己丑(6일), 1월 庚寅(7일).
145 『경국대전』 권 2, 戶典 祿科.
146 『태종실록』 태종 2년(1402) 2월 乙丑(12일), 4월 戊午(6일).
147 『세종실록』 세종 28년(1446) 9월 庚寅(25일).
148 『명종실록』 명종 1년(1546) 4월 庚寅(4일).
149 『성종실록』 성종 12년(1481) 4월 己巳(25일).
150 『성종실록』 성종 20년(1489) 2월 庚戌(22일).
151 『태종실록』 태종 10년(1410) 10월 壬戌(29일).
152 『중종실록』 중종 11년 5월 壬辰(12일). "上曰 農本也 工商末也" ; 『중종실록』 중종 9년 10월 甲寅(25일).
153 『연산군일기』 연산군 6년(1500) 10월 무신(27일). "商賈之人 不力田務農 專以阜通貨財爲業 登壟斷而罔市利 故人皆賤之"
154 『성종실록』 성종 13년(1482) 4월 계축(15일). "且天生黔黎 分爲四民 士農工商 各有其分"
155 『중종실록』 중종 7년(1512) 7월 경인(19일). "四民各有其業 貿遷有無 古今通行 不可偏禁"
156 『성종실록』 성종 3년(1472) 6월 己巳(4일). "古者 四民之中 士農爵於朝 而工商不與焉者 以業賤也"
157 『세종실록』 세종 8년(1426) 1월 신유(26일).
158 『성종실록』 성종 3년(1472) 1월 기미(22일).
159 『성종실록』 성종 17년(1486) 5월 계유(29일).
160 『중종실록』 중종 27년(1532) 2월 辛巳(2일).
161 『성종실록』 성종 13년(1482) 11월 甲辰(10일).
162 『세종실록』 세종 3년(1421) 2월 乙巳(12일).

163) 『연산군일기』 연산군 6년(1500) 10월 무신(27일).
164) 『세종실록』 세종 5년(1423) 8월 辛未(23일).
165) 『세종실록』 세종 5년(1423) 11월 丙戌(9일), 右司諫 朴冠 등의 상소 ; 『연산군일기』 연산군 6년(1500) 3월 丙子(22일) ; 『중종실록』 중종 39년(1544) 2월 癸未(14일).
166) 『세종실록』 세종 3년(1421) 6월 庚子(9일) ; 세종 11년 4월 丙申(21일) ; 『성종실록』 성종 24년(1493) 2월 丁巳(22일).
167) 『세조실록』 세조 10년(1464) 5월 庚辰(28일), 梁誠之 上書.
168) 『중종실록』 중종 20년(1525) 10월 丁亥(2일).
169) 『연산군일기』 연산군 9년(1503) 2월 경술(13일), "司饔院主簿崔耕老曰 立市應 使百工各售其業 而得以生生"
170) 『세종실록』 세종 7년(1425) 8월 임진(26일).
171) 『중종실록』 중종 10년(1515) 7월 甲(9일).
172) 『연산군일기』 연산군 8년(1502) 5월 辛卯(20일), "傳于司憲府曰 市中商賈之徒 謀欲專利 私相結約 人之所賣之物則雖價重 從輕折之 己之所賣之物則雖價賤 從重折之 一折價之後 無復上下其價 致令愚民 減受其價 至於愚民所賣之物 公然奪取者或有之 牛馬市人 亦自符同互稱牙保 任意折價 使人不得措手 利專於己 害及于民 至爲泛濫 治罪節目磨鍊以啓"
173) 『세종실록』 세종 19년(1437) 2월 辛未(11일).
174) 『경국대전』 권 5, 형전(刑典) 금제(禁制), "潛賣禁物者 杖一百徒三年 重者 絞"
175) 『태종실록』 태종 2년(1402) 4월 戊午(6일), 5월 丙午(24일) ; 『세종실록』 세종 12년(1430) 4월 癸未(14일) ; 『성종실록』 성종 1년(1470) 4월 戊辰(20일) ; 성종 23년(1492) 2월 壬子(11일) ; 『명종실록』 명종 15년(1560) 7월 계미(19일).
176) 『태종실록』 태종 12년(1412) 6월 壬申(19일).
177) 『태종실록』 태종 11년 1월 癸酉(12일).
178) 『태종실록』 태종 12년(1412) 6월 甲寅(1일).
179) 『성종실록』 성종 12년(1481) 8월 戊辰(26일).
180) 『연산군일기』 연산군 9년(1503) 2월 庚戌(13일) ; 『성종실록』 성종 1년(1470) 7월 甲申(8일) ; 『성종실록』 성종 16년(1485) 6월 乙巳(26일).
181) 『성종실록』 성종 1년(1470) 7월 壬午(6일), 7월 甲申(8일).
182) 『중종실록』 중종 24년(1529) 10월 癸未(21일).
183) 『연산군일기』 연산군 4년(1498) 5월 戊午(23일) ; 연산군 11년(1505) 9월 癸卯(22일).
184) 『중종실록』 중종 13년(1) 11월 甲寅(18일).
185) 『태종실록』 태종 11년(1411) 1월 癸酉(12일).
186) 『연산군일기』 연산군 12년(1506) 2월 丁丑(27일).
187) 『명종실록』 명종 6년(1551) 9월 癸丑(28일).
188) 『명종실록』 명종 12년(1557) 11월 癸未(18일).
189) 『성종실록』 성종 16년(1485) 7월 乙丑(17일).
190) 『성종실록』 성종 16년(1485) 7월 庚午(22일).
191) 『성종실록』 성종 16년(1485) 9월 辛亥(3일), 壬子(4일).
192) 『성종실록』 성종 16년(1485) 11월 丙辰(9일).
193) 『성종실록』 성종 16년(1485) 9월 己巳(21일), "傳曰 被囚解諺文人 閔時羅孫沈戒同劉從生等同儻十六人外 餘人皆放遣"
194) 『성종실록』 성종 16년(1485) 11월 甲子(17일).
195) 『성종실록』 성종 16년(1485) 11월 丁巳(10일).
196) 『성종실록』 성종 16년(1485) 11월 辛酉(14일).
197) 『성종실록』 성종 16년(1485) 11월 戊午(11일).
198) 『경국대전』 권 5, 刑典 '囚禁'.
199) 『성종실록』 성종 17년(1486) 3월 甲子(19일).
200) 『성종실록』 성종 22년(1491) 6월 辛未(26일).
201) 『중종실록』 중종 36년(1541) 11월 경인(8일).
202) 『세종실록』 세종 4년(1422) 7월 기미(4일) ; 『세종실록』 세종 15년(1433) 5월 壬申(20일) ; 『성종실록』 성종 12년(1481) 6월 병진(13일).
203) 『세종실록』 세종 4년(1422) 5월 병인(10일) ; 『세종실록』 세종 15년(1433) 5월 기미(7일) ; 『단종실록』 단종 1년(1453) 6월 무술(13일) ; 『세종실록』 세종 6년(1424) 9월 계유(1일).
204) 『세종실록』 세종 13년(1431) 12월 辛亥(20일) ; 『문종실록』 문종 1년(1451) 6월 무진(1일) ; 『명종실록』 명종 8년(1553) 9월 정사(14일).
205) 『세종실록』 세종 4년(1422) 9월 갑자(10일) ; 『성종실록』 성종 9년(1478) 4월 정미(16일).
206) 『성종실록』 성종 6년(1475) 6월 병술(9일).
207) 『연산군일기』 연산군 3년(1497) 3월 계축(11일) ; 『명종실록』 명종 2년(1547) 4월 기유(28일) ; 『연산군일기』 연산군 3년(1497) 3월 신유(19일).
208) 『태종실록』 태종 6년(1406) 윤7월 신유(4일).
209) 『명종실록』 명종 18년(1563) 7월 무자(12일).
210) 『명종실록』 명종 11년(1556) 11월 갑자(9일).
211) 『명종실록』 명종 17년(1562) 9월 임인(21일).

〈1부, 3장〉

1) 『선조실록』 선조 34년(1601) 8월 무인(13일). "人口數 則比平時 僅十分之一", "而亂後八道田結 僅三十餘萬結 則不及平時 全羅一道矣"
2) 최완기, 「개요」, 『한국사』 33, 국사편찬위원회, 1997, 3~5쪽.
3) 『만기요람』 재용편 5, 각전(各廛)조. 이 자료에 의하면, 경기도 102처, 공충도(충청도) 157처, 강원도 68처, 황해도 82처, 전라도 214처, 경상도 276처, 평안도 134처, 함경도 28처로 모두 1,061개소로 나타났다.
4) 신세계백화점, 『한국의 시장상업사』, 1992, 76~77쪽.
5) 강만길, 『조선후기 상업자본의 발달』, 고려대학교출판부, 1973, 156~188쪽 참조.
6) 『광해군일기』 광해군 13년(1621) 윤2월 丙子(4일).
7) 『대동야승』 권 55, 甲辰漫錄(고동환, 「17세기 서울상업체계의 동요와 재편」, 『서울상업사』, 2000, 156쪽에서 재인용).
8) 『선조실록』 선조 26년(1593) 5월 을해(22일). "서부는 남자 3,172명, 여자 7,785명, 동부는 남자 1,910명, 여자 2,503명, 남부는 남자 4,013명, 여자 9,042명, 중부는 남자 3,497명, 여자 3,634명, 북부는 남자 1,470명, 여자 1,905명"
9) 『세종실록』 세종 10년(1428) 윤4월 기축(8일) ; 이욱, 「조선전기 서울의 호구」, 『서울인구사』, 서울특별시사편찬위원회, 197쪽.
10) 「조선시대 서울의 인구」, 『서울인구사』 부록, 서울특별시사편찬위원회, 2005, 1349~1364쪽 참조 ; 고동환, 『조선후기 서울상업발달사연구』, 1998, 28의 표 참조.
11) 은기수, 「조선후기 서울의 호구」, 『서울인구사』, 서울특별시사편찬위원회, 2005, 323쪽.
12) 『한경지략』 권 2, 市廛. "城內之鍾樓梨峴 及南大門外 七牌八牌 是爲大市" ; 『東國輿地備攷』 권 2, 場市. "凡有四處 鐘樓街上 梨峴 七牌 昭義門外"
13) 고동환, 『조선후기 서울상업발달사연구』, 1998, 74쪽.
14) 『선조실록』 선조 33년(1600) 9월 병인(26일).
15) 『선조실록』 선조 40년(1607) 5월 을해(13일) ; 『광해군일기』 광해군 13년(1621) 윤2월 丙子(4일).
16) 고동환, 「17세기 서울상업체계의 동요와 재편」, 『서울상업사』, 2000, 154~155쪽, 212~213쪽.
17) 강만길, 「상업」, 『서울육백년사』 제2권, 서울특별시사편찬위원회, 1978, 361~363쪽.
18) 고동환, 「17세기 서울상업체계의 동요와 재편」, 『서울상업사』, 2000, 212쪽.
19) 『속대전』, 刑典 禁制.
20) 고석규, 「19세기 전반 서울 시전상업의 동향」, 『서울상업사연구』, 서울학연구소, 1998, 207쪽 ; 『정조실록』 정조 15년(1791) 1월 庚子(25일).
21) 변광석, 『조선후기 시전상인 연구』, 2001, 56~69쪽.
22) 고동환, 「18세기 서울의 상업구조변동」, 『서울상업사연구』, 서울학연구소, 1998, 123~128쪽 ; 『비변사등록』 영조 17년(1741) 6월 10일.
23) 『비변사등록』 영조 17년(1741) 6월 10일.
24) 고동환, 「18세기 서울의 상업구조변동」, 『서울상업사연구』, 서울학연구소, 1998, 218쪽.
25) 강만길, 『조선후기 상업자본의 발달』, 고려대출판부, 1973, 133~150쪽.
26) 『승정원일기』 경종 1년(1721) 윤6월 19일.

27) 『비변사등록』 영조 17년(1741) 6월 10일.
28) 고동환, 「18세기 서울의 상업구조변동」, 『서울상업사연구』, 서울학연구소, 1998, 126~128쪽.
29) 『비변사등록』 정조 24년(1800) 1월 7일.
30) 『정조실록』 정조 17년(1793) 3월 癸卯(10일).
31) 『비변사등록』 순조 3년(1803) 윤2월 12일 ; 고석규, 「19세기 전반 서울 시전상업의 동향」, 『서울상업사연구』, 서울학연구소, 1998, 207~208쪽.
32) 『각전기사』, 인권(人卷) 을축(1805) 8월.(여강출판사에서 1985년 『각전기사·시민등록』으로 영인)
33) 변광석, 『조선후기 시전상인 연구』, 2001, 224~225·239~240쪽.
34) 고석규, 「19세기 전반 서울의 시전상업」, 2000, 356~357쪽.
35) 변광석, 『조선후기 시전상인 연구』, 2001, 69~75쪽.
36) 유원동, 「상인층의 성장과 도고상업의 전개」, 『한국사』 33권, 국사편찬위원회, 1997.
37) 『만기요람』 재용편 5, 각전(各廛).
38) 『영조실록』 영조 47년(1771) 2월 壬申(1일).
39) 『한경지략』 권 2, 시전(市廛).
40) 유원동, 「도시상업」, 『한국사』 24, 국사편찬위원회, 1994.
41) 고동환, 「조선후기 시전의 구조와 기능」, 『역사와 현실』 44호, 2002, 72~73·90~93쪽.
42) 『각전기사』 천(天), 건륭 46년(1781, 정조 5년) 4월. "而所謂亂廛云者 自外方來物種 要路貿取潛賣者 謂之亂廛 無依窮民 買取本廛 轉賣街市者 不可謂之亂廛"
43) 『중종실록』 중종 9년(1514) 11월 癸酉 ; 중종 13년(1519) 1월 壬子(12일).
44) 『광해군일기』 광해군 2년(1610) 9월 병인(24일) ; 『광해군일기』 광해군 9년(1617) 4월 정유(3일).
45) 『현종실록』 현종 9년(1668) 2월 乙亥(6일) ; 『숙종실록』 숙종 1년(1675) 윤5월 정유(10일) ; 고동환, 「17세기 서울상업체제의 동요와 재편」, 『서울상업사』, 172~177쪽.
46) 『각전기사』 지(地) 가경 21년(1816, 순조 16) 9월.
47) 강만길, 『조선후기 상업자본의 발달』, 1993(1973 초판), 178~179·372~373쪽.(『각전기사』 人卷, 嘉慶 21년(1816) 9월 ; 嘉慶

11년(1806) 9월.
48) 『동명연혁고』, 중구편, 서울특별시사편찬위원회, 1992, 301쪽.
49) 『각전기사』 地卷, 건륭 11년(1746) 11월. "挽近以來 無賴之徒成群作黨 贅設亂廛於南門外七牌伏處"; 『동명연혁고』, 중구편, 서울특별시사편찬위원회, 1992, 301쪽; 『서울육백년사』 제2권, 서울특별시사편찬위원회, 1978, 279~280쪽.
50) 고동환, 「18세기 서울의 상업구조 변동」, 『서울상업사』, 2000, 229쪽.
51) 『한경지략』 권2, 市廛.
52) 한산거사, 「한양가」.(『서울육백년사』 2권, 부록 게재, 서울특별시사편찬위원회, 1978)
53) 『각전기사』 天, 건륭 11년(1746, 영조 22) 11월. "挽近以來 無賴之徒 成群作黨 贅設亂廛於南門外七牌伏處 朝聚暮散人馬林立無數亂賣少無忌憚 發遣其同黨於東郊樓院酒幕 南郊銅雀津頭 自南北向京魚商誘引卸下 無論千百駄皆爲輸入於七牌招邀城中徒兒 逐日亂廛 男負柤籠女戴木瓢 連絡散人排置買賣於各處街上 如是之故 水閣橋會賢洞竹箭洞鑄字洞於淸洞於義洞梨峴屛門等處 如山積置之乾鹽魚各種 無非七牌亂廛分給之物也"
54) 『각전기사』 地, 嘉慶 21년(1816, 순조 16년) 9월.
55) 『이조한문단편집』 하, 李泓傳.(고동환, 「조선후기 서울의 인구추세와 도시문제 발생」, 『역사와 현실』 28, 1998, 207~208쪽 재인용)
56) 『동명연혁고』, 종로구편, 서울특별시사편찬위원회, 1992, 522·526쪽.
57) 『각전기사』 人, 건륭 31년(1766, 영조 42) 11월.
58) 박제가, 「漢陽城市全圖歌」, "梨峴鐘樓及七牌 是爲都城三大市 百工居業人磨肩 萬貨趨利車連軌"
59) 『한경지략』 권 2, 市廛. "而以東門外往十里箭串坪之蘿葍 東大門內訓練院田菘菜 南大門外靑坡芹 爲第一"
60) 『각전기사』 天, 건륭 46년(1781, 정조 5년) 4월.
61) 『각전기사』 天, 건륭 11년(1746, 영조 22) 11월.
62) 『동국여지비고』 권 2, 舖肆; 『한경지략』 권 2, 市廛.
63) 『하재일기』 권 1, 신묘년(1891) 1월 29일, 10월 7일.(서울특별시사편찬위원회, 2005, 번역 발간)
64) 『동국여지비고』 권 2, 舖肆; 『한경지략』 권 2, 市廛. "而賣藥之局 皆在銅峴列於左右 其散在各處者 門傍必書付神農遺業萬病回春之號 窓臨街路必垂蘆箔"
65) 송찬식, 「현방고-상」, 『한국학논총』 6집, 국민대학교, 1984, 101~102쪽.
66) 이문규, 「조선 후기 서울 市井人의 생활상과 새로운 지향 의식」, 『서울연구』 5, 1995, 110~115쪽; 고동환, 「18세기 서울의 상업구조변동」, 『서울상업사연구』, 서울학연구소, 1998, 139~140쪽; 강명관, 「조선후기 서울과 한시의 변화」, 『문학작품에 나타난 서울의 형상』, 한샘출판사, 1994.
67) 『인조실록』 인조 7년(1629) 6월 을묘(2일). "因旱徙市 反致民怨 其令該曹 參酌變通"
68) 『숙종실록』 숙종 3년(1677) 6월 정사(12일).
69) 『이조한문단편집』 하, 李泓傳.
70) 『선조실록』 선조 30년(1597) 8월 을축(7일).
71) 『효종실록』 효종 9년(1658) 9월 기미(25일).
72) 『정조실록』 정조 15년(1791) 1월 병술(11일), 무자(13일), 갑오(19일).
73) 『영조실록』 영조 4년(1728) 3월 정축(27일).
74) 순조실록 순조 14년(1814) 12월 을해(19일) ; 『승정원일기』 고종 6년(1869) 12월 7일.
75) 박지원, 『연암집』 권 8, 廣文者傳.
76) 『영조실록』 영조 18년(1742) 8월 정유(11일).
77) 『숙종실록』 숙종 29년(1703) 3월 임자(7일).
78) 『정조실록』 정조 18년(1794) 7월 정미(22일). 韓用鐸 상소문.
79) 『고종실록』 고종 11년(1874) 3월 계축(11일).
80) 고동환, 『조선후기 서울상업발달사연구』, 1998, 217~218쪽.
81) 최완기, 「조선시대 서울의 경제생활」, 서울학연구소, 1994, 133쪽.
82) 『승정원일기』 1540책 정조 7년(1783) 9월 9일. "都下人民今爲 二十萬餘口 而日計二升則一年當食百萬石米 而目今地部所管諸倉及他餘 公家所米穀零零注合 終不滿二十萬石 私家穀物則士大夫富少賣多 家家所謂秋收之輸入城中者 都不滿二十萬餘石米矣"; 고동환, 「상품의 유통」, 『한국사』 33권, 국사편찬위원회, 1997, 370~371쪽.
83) 고동환, 『조선후기 서울상업발달사연구』, 1998, 239~245, 423~424쪽.
84) 『영조실록』 영조 5년(1729) 9월 庚寅(19일).
85) 고동환, 『조선후기 서울상업발달사연구』, 1998, 239~245, 423~424쪽.
86) 『각전기사』 地, 계축(정조 17년, 1793) 2월. "外塵等狀內…痲浦居吳世萬李東石車天載林蕃李世興李次滿姜世柱等 敢生無嚴之心 唱卒三江無賴之輩七十餘人 自作小名成冊 又出行首者所任 贅設魚廛於江上 都執各處魚商之物 謂之都買 豈有如許無前變怪乎"
87) 『영조실록』 영조 5년(1729) 5월 정유(29일).
88) 고동환, 『조선후기 서울상업발달사연구』, 1998, 226~227쪽.
89) 『승정원일기』 정조 13년(1789) 12월 14일.
90) 『비변사등록』 정조 12년(1789) 12월 21일.
91) 고동환, 『조선후기 서울상업발달사연구』, 1998, 251~257쪽.
92) 고동환, 『조선후기 서울상업발달사연구』, 1998, 245~251쪽.
93) 『여유당전서』 제1집, 시문집 제1권, 詩集 '夏日龍山雜詩'. "水鼓鼕鼕賈客船 曉來揚帆向東天 須臾不見風旗色 已過沙南緣樹邊"

94) 『동명연혁고』, 마포구편, 서울특별시사편찬위원회, 1979, 112쪽.
95) 『각전기사』 地, 嘉慶 11년(1806) 9월.
96) 『영조실록』 영조 32년(1756) 3월 을유(17일).
97) 『비변사등록』 영조 31년(1755) 1월 16일. "至於松坡 居民輩締結京外中都兒輩及亂廛之類 誘引三南及北道嶺東商賈 皆聚會於此 而京人之以亂賣爲業 畏禁吏者亦往於此 名雖一月六次 而實則積置各廛物種於村中 日日買賣 而致京市之歲漸失利 若不能此場則京中無以爲業"
98) 강만길, 『조선후기 상업자본의 발달』, 고려대출판부, 1993(초판 1973), 183쪽.
99) 『영조실록』 영조 31년(1755) 1월 丙戌(12일). "左議政金尙魯奏 廣州松坡場市 曾因平市提調洪象漢所達 有革罷之命 而留守徐命彬 狀請還設 盖爲松坡 卽保障要津也 若以京市之失利 輒罷津邊之交易 則鳥合居民 將有失利渙散之慮 守臣之請 果無怪矣"
100) 『비변사등록』 순조 7년(1807) 1월 23일.
101) 『각전기사』 地, 道光 6년(1826) 10월.(영인본 238~239쪽)
102) 정승모, 『시장의 사회사』, 1992, 150쪽 ; 이욱, 「서울의 장사꾼들」, 『조선시대 사람들은 어떻게 살았을까』, 1996, 146~147쪽.
103) 『동명연혁고』, 강동구편, 서울특별시사편찬위원회, 1986, 314~315쪽.
104) 『각전기사』 地, 道光 6년(1826) 10월. "廣州之松坡三田渡等地 自前都聚亂賣之淵藪 雖非部字內 使廛民以之譏訶"
105) 『각전기사』 人, 을축(1805) 8월.
106) 『각전기사』 人, 을축(1805) 8월. "而近來孫道康爲名漢 本以京居豪富之民 寓接江郊 出沒京鄕"
107) 『각전기사』 地, 道光 6년(1826) 10월. "而楊州之樓院宮洞等店 乃是魚物上來之咽喉"
108) 강만길, 「상업」, 『서울육백년사』 제2권, 서울특별시사편찬위원회, 1978, 366쪽.
109) 『정조실록』 정조 14년(1790) 2월 경오(19일). "而至於別立廛房 以樓院等已例推之 恐不無京市肆相妨之慮矣"
110) 『각전기사』 人, 건륭 46년(정조 5, 1781) 1월. "內魚物廛人等所告內 東北各樣魚物之向京城外來者 樓院所居中徒見 崔敬允嚴大起李星老等三漢 每每都執都賈積峙 而除入送于南門外七牌及梨峴近處亂廛人等處 必也隨時增價散賣之故 市肆間魚物之價貴 實由於此輩之作弊不喩 因此以矣 本廛 專失所業 將至於渙散罷市之境…"
111) 『각전기사』 地, 건륭 31년(1766) 12월.
112) 강만길, 『조선후기 상업자본의 발달』, 고려대출판부, 1993(초판 1973), 182쪽.
113) 『각전기사』 地, 嘉慶 9년(1804) 2월. "大抵楊州樓院宮洞底 卽魚物入來咽喉之地 而無賴之輩 經往魚駄毋論多寡 迎暇都賈 晨昏潛賣于中都兒 外而分播於場市 都下饌ususususus時節絶貴 故朝家洞燭此弊 申飭京兆隨現嚴繩 發關海邑摘發刑配 非止一再"
114) 『각전기사』 地(영인본 278~279쪽). "本廛市民等狀內 亂廛捜檢次 廛民四五人出往宮洞 則新北魚數十駄領率直向松坡云 故矣等以入城從市直和賣之意 萬端論之 將欲向京城之際 忽於店民金汝倫輩 成群作黨私門結縛 甚至於着庫拘留 數日後始放"
115) 『각전기사』 嘉慶 9년(1804) 2월.
116) 『각전기사』 天卷, 무신(정조 12년, 1788) 4월. "本廛 內外魚物廛呈狀內 北關所産 路由於本邑 而松隅店最多都賈之人聽聞狼藉 至於近日 日益熾盛 三廛物種 罕到城闕 廛民守空基"
117) 강만길, 『조선후기 상업자본의 발달』, 고려대출판부, 1993(초판 1973), 184~185쪽.
118) 은기수, 「조선후기 서울의 호구」, 『서울인구사』, 서울특별시사편찬위원회, 2005.

119) 『정조실록』 정조 24년(1800) 3월 계유(21일).
120) 『일성록』 정조 23년(1799) 12월 30일.
121) 『정조실록』 정조 24년(1800) 2월 乙巳(22일).
122) 『정조실록』 정조 22년(1798) 11월 己丑(30일) ; 『숙종실록』 숙종 41년 9월 戊戌(6일).
123) 「한양가」,(『서울육백년사』 2권, 부록 수록, 서울특별시사편찬위원회, 1978)
124) 성호, 『성호사설』 제4권, 萬物門 '南草'.
125) 오종록, 「담뱃대의 길이는 신분에 비례한다」, 『조선시대 사람들은 어떻게 살았을까』, 한국역사연구회, 263~265쪽.
126) 『영조실록』 영조 51년(1775) 7월 9일(갑인).
127) 『영조실록』 영조 33년(1757) 11월 1일, 12월 16일 ; 『정조실록』 정조 12년(1788) 10월 3일.
128) 이덕무, 『청장관전서』 권 30, 士小節, 제6, 부의 1 '복식'.
129) 『정조실록』 정조 7년(1783) 4월 무진(8일).
130) 『영조실록』 영조 49년(1773) 4월 정유(9일).
131) 『현종실록』 현종 7년(1666) 8월 辛酉(13일).
132) 『정조실록』 정조 15년(1791) 1월 庚子(25일).
133) 순조실록 순조 33년(1833) 3월 갑술(13일).
134) 『선조실록』 선조 36년(1603) 3월 신유(5일). "今後凡市上貿易之物 每於三朔末 某物幾許 因某事所用 其價幾許 一一錄啓"
135) 박이택, 「서울의 숙련 및 미숙련 노동자의 임금, 1600~1909 -의궤 자료를 중심으로」, 『수량경제사로 다시 본 조선후기』, 서울대출판부, 2004, 65, 78~79쪽.
136) 『광해군일기』 광해군 2년(1610) 2월 을묘(9일) ; 『현종실록』 현종 12년(1671) 6월 계사(14일).
137) 남공철, 『金陵集』 권 10, 擬上宰相書. "竊嘗論之 生民之業 京師以錢 八路以穀" ; 『右捕盜廳謄錄』 권 2, 壬寅(1842) 3월 29일, 죄인 崔東旭 공안. "京中異於鄕中 有錢則無事不成"(고동환, 『조선후기 서울상업발달사연구』, 1998, 75쪽 참조).
138) 『비변사등록』 영조 17년(1741) 6월 10일 ; 헌종 6년(1840) 11월 24일 ; 헌종 12년(1846) 4월 29일 ; 『정조실록』 정조 15년(1791) 6월 무신(5일). "敎曰…都下無非游手… 市民爲邦本中邦本"
139) 『태종실록』 태종 10년(1410) 10월 임술(29일) 柳伯淳 상소문.

140) 『광해군일기』 광해군 9년(1617) 9월 무자(26일) ; 『숙종실록』 숙종 30년(1704) 11월 정미(11일) ; 『영조실록』 영조 5년(1729) 5월 정유(29일).
141) 『현종개수실록』 현종 7년(1666) 12월 기미(13일).
142) 『이조한문단편집』 중, 임준원(林俊元).
143) 『영조실록』 영조 14년(1738) 7월 신유(11일). "郭山郡守呂必善 自是市廛賤夫 若有軍功則加資優賞足矣 不可擅授字牧之任 重貽生民之弊"
144) 『영조실록』 영조 39년(1763) 12월 정미(25일).
145) 『고종실록』 고종 3년(1866) 10월 을사(20일).
146) 『선조실록』 선조 33년(1600) 4월 무술(25일).
147) 『숙종실록』 숙종 3년(1677) 8월 정묘(23일).
148) 『영조실록』 영조 19년(1743) 12월 경오(21일).
149) 『현종실록』 현종 5년(1664) 2월 임술(29일), 윤6월 계유(13일).
150) 『각전기사』 地, 嘉慶 9년(1804) 2월 일(영인본 218쪽).
151) 순조실록 순조 33년(1833) 3월 辛巳(10일).
152) 순조실록 순조 33년(1833) 3월 己卯(8일).
153) 순조실록 순조 33년(1833) 3월 戊子(17일).
154) 순조실록 순조 33년(1833) 4월 庚戌(10일), 임자(12일).
155) 『선조실록』 선조 36년(1603) 2월 을미(8일).
156) 『선조실록』 선조 34년(1601) 11월 무신(14일) ; 선조 35년(1602) 2월 무진(5일) ; 『광해군일기』 광해군 2년(1610) 9월 계축(11일).
157) 『광해군일기』 광해군 13년(1621) 윤2월 무인(6일) ; 광해군 4년(1612) 10월 무자(28일).
158) 『성종실록』 성종 7년(1476) 10월 신묘(21일) ; 『선조실록』 선조 26년(1593) 9월 정묘(16일) ; 선조 28년(1595) 2월 신해(8일) 등.
159) 『광해군일기』 광해군 11년(1619) 6월 임자(1일) ; 『효종실록』 효종 8년(1657) 11월 갑진(6일). "近來諸宮家下輩 日往市上 攘奪魚物 若取應收之稅" ; 『영조실록』 영조 45년(1769) 2월 갑술(21일).
160) 『경종실록』 경종 4년(1724) 윤4월 을유(12일).
161) 『광해군일기』 광해군 11년(1619) 6월 임자(1일) ; 『정조실록』 정조 3년(1779) 6월 병인(14일) ; 정조 21년(1797) 10월 신유(26일).
162) 『선조실록』 선조 35년(1602) 2월 무진(5일) ; 선조 36년(1603) 2월 을미(8일) ; 『정조실록』 정조 21년(1797) 10월 신유(26일).
163) 고동환, 「17세기 서울상업체제의 동요와 재편」, 『서울상업사』, 태학사, 2000, 176~177쪽 ; 『정조실록』 정조 17년(1793) 3월 癸卯(10일).
164) 『영조실록』 영조 18년(1742) 1월 경오(10일).
165) 고석규, 「19세기 전반 서울 시전상업의 동향」, 『서울상업사연구』, 서울학연구소, 1998, 194~200쪽.
166) 『정조실록』 정조 즉위년(1776) 4월 임인(1일), 정미(6일).
167) 『정조실록』 정조 14년(1790) 5월 임인(22일). "肆市之極律不擧"
168) 『숙종실록』 숙종 29년(1703) 8월 기묘(6일). "千金之子 不死於市"
169) 徐椿, 「상품진열법과 광고이용, 상업지식」, 『동광』 14호, 1927.
170) 한산거사, 「漢陽歌」, 『서울육백년사』 2권, 부록 게재, 서울특별시편찬위원회, 1978.
171) 『한경지략』 권 2, 市廛.
172) 『선조실록』 선조 39년(1606) 1월 임진(23일).

〈2부, 1장〉

1) 『고종실록』 고종 13년(1876) 2월 3일.
2) 최유길, 「19세기 말엽 한일무역에 관한 추계 및 분석」, 『경제논집』 12-3, 1973.
3) 홍순권, 「상권수호와 식산흥업운동」, 『한국사』 12, 한길사, 1994.
4) 조선총독부, 『경성상공업조사』, 1913, 126~130, 153, 159~163, 171쪽.
5) 『고종실록』 고종 19년(1882) 7월 17일, 9월 20일.
6) 『고종실록』 고종 19년(1882) 10월 17일. "朝鮮商民 除在北京 例准交易 與中國商民准入朝鮮楊花津漢城開設行棧外"
7) 김경태, 「甲申·甲午期의 상권회복문제」, 『한국사연구』 50·51합집, 1985, 190~193쪽.
8) 『舊韓國外交關係附屬文書』 제4권 (統署日記 2), 고종 27년(1890) 2월 2일. "邇來數年之間 漢城之開設行棧者 除中國商民外 日本人最多 其餘洋商店鋪 日新月盛 漢城一片 太半爲外客所據 居人以逼處爲懼 市民以失利爲憂 屢大齊籲 乞爲變通"
9) British Consular Reports, Foreign Office(1891), Annual Series, No. 918, Report for the Year, 1890.(한우근, 『한국개항기의 상업연구』, 일조각, 1979, 53쪽에서 재인용)
10) 위의 책.
11) 『일청전쟁실기』 제48편, 동양풍토, 조선의 상업.
12) 『황성신문』 광무 3년(1899) 6월 21일, 논설.

13) 『고종실록』 고종 28년(1891) 10월 28일.
14) 전우용, 「상회사 설립과 상권수호운동」, 『한국사』, 국사편찬위원회, 2000, 186쪽.
15) 김경태, 「갑신·갑오기의 상권회복문제」, 『한국사연구』 50·51합집, 1985, 198~202쪽.
16) 도면회, 「개항 후의 국제무역」, 『한국사』 39, 국사편찬위원회, 179~180쪽.
17) 『일한통상협회보고』 1886년 4월 일 瞻給. "輓近各國開港之後 矣等三塵物貨 各國之人東遷西賣 束手坐視 又況我國车利之 輩 輒憑各國之人無難賣買 矣等虛守應 其稅幾絕 奉公無路 豈不寒心哉"(김경태, 「甲申·甲午期의 상권회복문제」, 『한국사연 구』 50·51합집, 1985, 205~206쪽).
18) 경성부, 『경성부사』 2권, 1936, 646쪽.
19) 『고종실록』 고종 31년(1894) 7월 24일. "各道上納之許代純錢 行將關飭矣 米商會社不容不亟設 則都下米廛大行首及五江 江主人與貿米坐賈熟諳商務者 並許合股結社 由農商衙門特給官許文憑 妥定規則以便公納兼與商務事"
20) 『고종실록』 고종 32년(1895) 11월 10일 ; 조기준, 「상공업」, 『서울육백년사』 3권, 1979, 507~508쪽.
21) 『황성신문』 광무 9년(1905) 7월 22일 ; 광무 10년(1906) 4월 13·30일, 10월 12일 ; 경성부, 『경성부사』 2권, 1936, 272쪽.
22) 박경룡, 『중구의 시장, 어제와 오늘』, 2000, 66~68쪽.
23) 『일본외교문서』 23권, 159쪽.(김정기, 「서울상인의 철시동맹파업과 시위투쟁」, 『한국사연구』 67호, 1989, 91쪽 수록)
24) 『하재일기』 1891년 9월 2일,(서울시사편찬위원회, 2005년 영인 발간).
25) 『일청전쟁실기』 제48편, 동양풍토, 조선의 상업.
26) 『고종실록』 고종 29년(1892) 12월 6일.
27) 위와 같은 자료.
28) 『고종실록』 고종 24년(1887) 10월 16일. "近來各廛民之事勢 已極凋殘 而最所難口者亂賣也 亂賣禁斷 著法本嚴 且況前後 特教 不啻申複 而惟彼茂法怙勢之類 恣意亂賣 少無畏憚 甚至有憑托他國商 而狼藉賣買 使仰役原廛 徒守空基 未免渙散失 業之境 寧有如許駭痛之事乎"
29) 『고종실록』 고종 35년(1898) 9월 29일. "挽近以來 外國之商 日益興隆 本國之商 日益凋殘 都下廛界 盡爲彼占 惟中央一片 僅存如掌 衆民憤嗟設總商會者也"
30) 신용하, 『갑오개혁과 독립협회운동의 사회사』, 서울대학교출판부, 2001, 412·437쪽 ; 『고종실록』 고종 35년(1898) 9월 29 일. 李鍾來 상소문.
31) 『황성신문』 광무 7년(1903) 2월 21일 논설, 6월 15일 잡보 ; 광무 8년(1904) 7월 15일 잡보 ; 『한성부래거문』 훈령 제16호 광 무 7년 7월 1일(영인 발간 - 하권, 서울특별시사편찬위원회, 1997, 204~207쪽) ; 황현, 『매천야록』 권 3, 광무 7년(1903) '제 일은행권·동순태상표' '공제회 설립'.
32) 전우용, 「근대 종로의 상가와 상인」, 『종로 : 시간 장소 사람』, 2002, 138~140쪽 ; 황현, 『매천야록』 권 3, 광무 4년(1900).
33) 『황성신문』 광무 4년(1900) 5월 7일 잡보.
34) 『대한매일신보』 광무 10년(1906) 11월 29일 ; 『황성신문』 1908년 2월 20일 ; 『한민족독립운동사자료집』 45(중국지역독립 운동 재판기록 3), 중국군관학교 사건, 金世鍾 신문조서(국사편찬위원회 인터넷 홈페이지 http://www.history.go.kr) ; 전 우용, 「근대 종로의 상가와 상인」, 『종로 : 시간 장소 사람』, 서울학연구소, 2002, 146쪽.
35) 『황성신문』 융희 2년(1908) 9월 6일, 12월 13일 ; 『대한매일신보』 1910년 1월 9일.
36) 홍성찬, 「한말·일제하의 서울 종로상인 연구-포목상 金泰熙家의 壽南商會 운영을 중심으로」, 『동방학지』 116, 2002.
37) 정병욱, 「1910년대 한일은행과 서울의 상인」, 『서울학연구』 12호, 서울학연구소, 1999, 116~117쪽.
38) 전우용, 「대한제국기~일제초기 선혜청 창내장의 형성과 전개 - 서울 남대문시장의 성립 경위」, 『서울학연구』 제12호, 서 울학연구소, 1999.
39) 『공사관급영사관보고』 2939호.(1893. 4. 20), '京城朝市景況' (이헌창, 「개항기 시장구조와 그 변화에 관한 연구」, 서울대대 학원 경제학과 박사학위논문, 1990, 242쪽에서 재인용).
40) 길모어(조용만 번역), 「수도서울」, 『향토서울』 제2호, 서울특별시사편찬위원회, 1958, 233쪽.
41) 조선총독부, 『경성상공업조사』, 1913, 124쪽.
42) 이헌창, 「개항기 시장구조와 그 변화에 관한 연구」, 서울대대학원 경제학과 박사학위논문, 1990, 242~243쪽.
43) 『일청전쟁실기』 제48편, 동양풍토, 조선의 상업.
44) 『각사등록』 '關' 무자(1888) 4월 23일.(http://www.history.go.kr)
45) 한철호, 『친미개화파연구』, 1998, 164~165쪽.
46) 『구한국관보』 건양 원년(1896) 9월 30일. 내부령 제9호.
47) 『각사등록』 건양 원년(1896) 11월 5일. '內部所管南大門內場市를 宣惠廳內로 건설하는 費와 洪宮基址收買費를 豫算外支 出請議書' (http://www.history.go.kr)
48) 『각사등록』 건양 2년(1897) 5월 4일. '內部所管 南大門內場市移設費 不足條豫算外支出請議書' ; 『각사등록』 건양 2년 (1897) 5월 17일.
49) 전우용, 「대한제국기~일제초기 선혜청 창내장의 형성과 전개-서울 남대문시장의 성립 경위」, 『서울학연구』 12호, 1999, 78쪽.
50) 『독립신문』 건양 2년(1897) 1월 9일 잡보, 2월 2일.
51) 『황성신문』 광무 2년(1898) 11월 21일 제1권 65호.(『황성신문』 1집, 258쪽)
52) 『일한통상협회보고』 3책 19호(1897. 3), 「朝市場의 擴張」, 208~209쪽.(이헌창, 「개항기 시장구조와 그 변화에 대한 연구」, 서울대학교 경제학과 박사학위논문, 1990, 242쪽에서 재인용)
53) 『고종실록』 고종 33년(1896) 3월 29일, 7월 17일.
54) 『황성신문』 광무2년(1898) 11월 21일, 제1권 65호.(『황성신문』 1집, 258쪽)
55) 전우용, 「대한제국기~일제초기 선혜청 창내장의 형성과 전개-서울 남대문시장의 성립 경위」, 『서울학연구』 12호, 1999,

84쪽.
56) 『황성신문』 광무 4년(1900) 7월 16일 잡보.
57) 이헌창, 「개항기 시장구조와 그 변화에 관한 연구」, 서울대학원 경제학과 박사학위논문, 1990, 242~243쪽.
58) 조선총독부, 『朝鮮の市場』, 1924, 21쪽.
59) 『황성신문』 광무 4년(1900) 7월 16일 ; 『황성신문』 광무 6년(1902) 10월 27일·31일 ; 『서울육백년사』 제4권, 서울시사편찬위원회, 497~498쪽.
60) 『한국토지농산조사보고』, 경기도·충청도·강원도편, 667쪽.
61) 전우용, 「대한제국기~일제초기 선혜청 창내장의 형성과 전개」, 『서울학연구』 12호, 1999, 98~99쪽.
62) 조선총독부, 『朝鮮の市場』, 1924, 20쪽.
63) 김동운, 「박승직상점」, 『경제학논집』 제6권 2호, 1997 ; 두산그룹 홈페이지(http://www.doosan.com) ; 『한국민족문화대백과사전』, 박승직.
64) 김윤식, 『속음청사』 광무 9년(1905) 4월 27일. "京中大路以南 皆以軍用地占定 宣惠廳市場 移於新門外 梨峴市場 移於東門外 廛肆并逐出門外 城中我民則生利殆絶"
65) 『황성신문』 광무 9년(1905) 6월 28일 잡보.
66) 『황성신문』 광무 9년(1905) 7월 6일 잡보. 이때 음력 6월 초 5일은 양력 7월 7일이다.
67) 『황성신문』 광무 9년(1905) 7월 15일. '廣社請願'
68) 박경룡, 『서울 개화백경』, 2006, 279쪽.
69) 『황성신문』 광무 9년(1905) 7월 19일 광고.
70) 이헌창, 「개항기 시장구조와 그 변화에 대한 연구」, 서울대학원 경제학과 박사학위논문, 1990, 242~243쪽.
71) 전우용, 「한말·일제초의 광장주식회사와 광장시장」, 『전농사론』 7집, 2001.
72) 『순조실록』 순조 32년(1832) 8월 정해(13일). 예로부터 청계천을 준설할 때 파낸 흙을 한곳에 모았다. 그 흙더미가 산처럼 높아서 가산(假山), 또는 조산(造山)이라고 했다.(『청계천의 역사와 문화』, 서울특별시, 2002, 21쪽)
73) 『대한매일신보』 광무 9년(1905) 8월 22일 잡보.
74) 『대한매일신보』 광무 10년(1906) 6월 23일 잡보.
75) 『대한매일신보』 융희 3년(1909) 3월 5일 잡보.
76) 『시대일보』 1925. 1. 15 ; 『동아일보』 1930. 3. 9.
77) 전우용, 「한말·일제초의 광장주식회사와 광장시장」, 『전농사론』, 7, 2001 ; 『황성신문』 광무 9년(1905) 6월 28일, 7월 6일·15일.
78) 전우용, 「한말·일제초의 광장주식회사와 광장시장」, 『전농사론』, 7, 2001 ; 김양희·신용남, 『재래시장에서 패션 네트워크로』.
79) 『한국사연표』, 주제별연표, '광장회사', 국사편찬위원회.(http://www.history.go.kr)
80) 『고종실록』 고종 31년(1894) 6월 4일·21일·25일 ; 순종 4년(1910) 10월 7일 ; 전우용, 「한말·일제초의 광장주식회사와 광장시장」, 『전농사론』, 7, 2001.
81) 『구한국관보』 1900년 12월 11일 ; 『황성신문』 1906년 4월 3일 4면 ; 『주식회사조선상업은행연혁사』, 50~51쪽 ; 『매일신보』 1912년 12월 4일 2면 ; 1916년 12월 1일 2면.
82) 『일성록』 고종 19년(1882) 11월 10일. '前正言李羲鳳疎陳時務賜批'
83) 『일성록』 고종 24(1887). 12. 10.
84) 『고종실록』 고종 20년(1883) 6월 신미(23일).
85) 『고종실록』 고종 23년(1886) 10월 을해(16일). "漢城府以沿江無名雜稅 立革罷後 所管何處 創設之何時 何物之捧稅幾許 一一詳查 區別成冊 修報于政府 啓"
86) 『고종실록』 20년(1883) 6월 신미(23일).
87) 『고종실록』 고종 21년(1884). 8. 18.
88) 『서울육백년사』 3권, 서울특별시사편찬위원회, 1979, 108~109쪽.
89) 경성부, 『경성부사』 2권, 1936, 1001~1003쪽.
90) 『구한국외교문서』 2권, 일안(日案) 2, 문서번호 2225호.
91) 하원호, 「개항기 서울의 곡물유통구조」, 『향토서울』 55호, 서울특별시사편찬위원회, 1995, 82~83쪽.
92) 이병천, 「개항기 외국상인의 침입과 한국상인의 대응」, 서울대경제학과 박사학위논문, 164~165쪽.
93) 정병욱, 「1910년대 한일은행과 서울의 상인」, 『서울학연구』 12, 서울학연구소, 1999, 126쪽.
94) 이헌창, 「개항기 한국인 도정업에 대한 연구」, 『경제사학』 7, 1984, 167~174쪽.
95) 위의 글, 157~158쪽.
96) 조선총독부, 『경성상공업조사』, 1913, 127~128쪽.
97) 이헌창, 「개항기 시장구조와 그 변화에 관한 연구」, 서울대경제학과 박사학위논문, 1990, 239쪽.
98) 김동운, 「박승직상점, 1882~1925년」, 『경제학논집』 제6권 2호, 1997, 546쪽에서 재인용.
99) 김윤식, 『속음청사』 건양 원년(1896) 12월 11일(영인본 상권 414쪽) ; 건양 2년(1897) 4월 23일.(영인본 상권 423~424쪽)
100) 『각사등록』 근대편, 훈령 7호 광무 5년(1901) 4월 5일 ; 8호 광무 5년(1901) 4월 17일 ; 12호 광무 5년(1901) 5월 25일.
101) 김윤식, 『속음청사』 권 9, 광무 3년(1899) 4월 19일.(국사편찬위원회, 영인본 하권, 506쪽)
102) 정교, 『대한계년사』 광무 5년(1901) 2월(영인본 하권, 국사편찬위원회, 77쪽) ; 조재곤, 『근대 격변기의 상인, 보부상』, 서울대학교출판부, 2003, 144쪽.
103) 『동명연혁고』, 강동구편, 서울특별시사편찬위원회, 1986, 281쪽 ; 박은숙, 『서울의 시장』, 서울특별시사편찬위원회, 2007, 188~189쪽.

104) 『동명연혁고』, 강동구편, 서울특별시사편찬위원회, 1986, 279쪽.
105) 『서울교통사』, 서울특별시사편찬위원회, 2000, 1313~1317쪽.
106) 『통상휘찬』제32호 '朝鮮國産絹及麻布ノ商況'(1895. 12. 5), 102~105쪽.(이헌창, 「개항기 시장구조와 그 변화에 관한 연구」, 서울대경제학과 박사학위논문, 1990, 138~139쪽에서 재인용)
107) 조선총독부, 『경성상공업조사』, 1913, 153~154쪽.
108) 조선총독부, 『경성상공업조사』, 1913, 123·155쪽 ; 이헌창, 「개항기 시장구조와 그 변화에 관한 연구」, 서울대경제학과 박사학위논문, 1990, 82~84쪽.
109) 황현, 『매천야록』융희 3년(1909) 10월.
110) 『제국신문』광무 2년(1898) 10월 18일 논설.
111) 경성부, 『경성부사』2권, 1936, 615쪽.
112) 『황성신문』융희 3년(1909) 11월 4일.
113) 『황성신문』광무 5년(1901) 8월 1일 광고.
114) 『한성주보』제4호 1886. 1. 19(양 2. 22).
115) 『제국신문』광무 3년(1899) 3월 29일 광고, 4월 24일 광고 ; 광무 4년(1900) 3월 6일 광고.
116) 『제국신문』광무 3년(1899) 11월 6일 ; 광무 5년(1901) 2월 26일 ; 『황성신문』광무 7년(1903) 4월 1일 ; 『하재일기』1891년 8월 11일.
117) 『황성신문』1903년 4월 1일 광고.
118) 『하재일기』1권(1891)(국역본, 서울특별시사편찬위원회, 2005) ; 『제국신문』광무 4년(1900) 2월 6일 ; 홍성찬, 「한말 일제초 서울 종로상인의 일상생활-포목상 金泰熙가의 사례를 중심으로」, 『동방학지』133집, 2006, 124쪽.
119) 황현, 『매천야록』권 1, 하.
120) 손정목, 「한국 개항기 도시변화과정 연구」, 1982, 169~178쪽.
121) 경성부, 『경성부사』2권, 1936, 548쪽.
122) 경성부, 『경성부사』2권, 1936, 589쪽 ; 조선총독부, 『경성상공업조사』, 1913, 56쪽.
123) 『하재일기』신묘(1891) 1월 18일·22일·23일·26일자.(서울특별시사편찬위원회, 2005년 번역·발간)
124) 경성부, 『경성부사』제2권, 1936, 589~590쪽.
125) 『각사등록』1888. 4. 15, '남대문 市民들의 고발과 그 처분'.(http://www.history.go.kr)
126) 조선총독부, 『경성상공업조사』, 1913, 56쪽.
127) 김윤희, 「일본의 금본위제 실시(1897)와 서울 화폐시장의 변동」, 『한국사학보』14호, 2003.
128) 조선총독부, 『경성상공업조사』, 1913, 56쪽.
129) 경성부, 『경성부사』2권, 1936, 635쪽 ; 이헌창, 「개항기 시장구조와 그 변화에 관한 연구」, 서울대대학원 경제학과 박사학위논문, 1990, 243쪽.
130) 박경룡, 『개화기 한성부 연구』, 일지사, 1995, 132쪽.
131) 조선실업신문사, 『재조선실업가사전』, 1913, 339쪽.
132) 김기혁, 「개항을 둘러싼 국제정치」, 『한국사시민강좌』7집, 일조각, 1990.
133) 『서울육백년사』제4권, 서울특별시사편찬위원회, 342쪽.

134) 『구한국외교문서』淸案 1, 문서번호 11~12(1883.10.16).
135) 『구한국외교문서』淸案 1, 문서번호 56(1884. 1. 25), 문서번호 57(1884. 1. 26).
136) 『구한국외교관계부속문서』제3권(統署日記 1), 1884. 5. 22.
137) 윤치호, 『尹致昊日記』1884. 1. 7(양 2. 3).
138) 『구한국외교문서』淸案 1, 문서번호 262(1884. 8. 4), 문서번호 267(1884. 8. 9).
139) 손정목, 「한국개항기 도시변화과정 연구」, 1982.
140) 『고종시대사』3권, 국사편찬위원회, 1968, 1892. 8. 19, 1892. 10. 6.
141) 경성부, 『경성부사』2권, 1936, 615~616쪽.
142) 『한성부래거문』훈령 제11호 광무 원년(1897) 10월 21일 ; 조복 제5호 광무 2년(1898) 1월 29일.(영인본 상권, 서울특별시사편찬위원회, 1996, 37~40, 136~137쪽)
143) 『구한국외교문서』淸案 1, 문서번호 222(1884. 6.22), 문서번호 224·237·248·276·277·285·292·305·312·315·330·373.
144) 『황성신문』광무 2년(1898) 11월 1일 잡보.
145) 『구한국외교문서』淸案 1, 문서번호 137(1884. 4.28), 문서번호 142(1884. 5.4).
146) 경성부, 『경성부사』제2권, 1936, 645쪽.
147) 『고종실록』고종 31년(1894) 11월 20일, '保護淸商規則頒布'
148) 『고종실록』고종 36년(1899) 9월 11일.
149) 조선총독부, 『경성상공업조사』, 1913, 56쪽 ; 경성부, 『경성부사』제2권, 1936, 615~616쪽.
150) 『고종실록』고종 3년(1866) 10월 4일. "皆奇技淫巧 而於民生日用不惟無益 爲禍滋大"
151) 『고종실록』고종 17년(1880) 11월 11일. 許元栻 상소문 "遠方之珍異 遍滿市肆"
152) 『황성신문』광무 5년(1901) 9월 30일 잡보 ; 『제국신문』광무 5년(1901) 7월 27일 ; 황현, 『매천야록』권 3, 광무 5년 신축(1901).
153) 『황성신문』광무 5년(1901) 11월 11일 잡보 ; 광무 6년(1902) 3월 12일, 12월 18일·19일 ; 광무 9년(1905) 9월 20일 광고 ; 황현, 『매천야록』권 3, 광무 5년 신축(1901) 9월 ; 광무 6년 임인(1902).
154) 『황성신문』광무 7년(1903) 4월 1일 광고.
155) 『황성신문』광무 5년(1901) 6월 21일 광고.

156) 『주한일본공사관기록』, 문서번호 기밀 제35호, 황제 및 황태자에게 진독(進毒)한 데 관한 건(1898. 9. 25) ; 『고종실록』 광무 2년(1898) 8월 23일·25일, 9월 12일·14일·18일·19일.
157) 『황성신문』 융희 3년(1909) 11월 4일.
158) 『동아원색세계대백과사전』 17권, 동아출판사, 1983.
159) 『제국신문』 1899년 4월 21일, 광고.
160) 윤치호, 『윤치호일기』 1884. 2. 18(양 3. 15). "夜御賜石油燈一座"
161) 황현, 『매천야록』 1권, 상.
162) 『고종실록』 고종 32년(1895) 11월 14일.
163) 『독립신문』 1896년 11월 28일 ; 1897년 9월 11일 4면 광고 ; 『제국신문』 광무 4년(1900) 2월 17일.
164) 『황성신문』 융희 3년(1909) 11월 26일 광고, 11월 4일 광고 ; 『제국신문』 광무 4년(1900) 2월 17일 광고.
165) 『제국신문』 광무 2년(1898) 11월 9일 광고 ; 『하재일기』 1891년 12월 16일·22일, 1892년 11월 21일, 12월 18일.
166) 황현, 『매천야록』 권 1, 상.
167) 『황성신문』 광무 5년(1901) 7월 22일 광고 ; 광무 6년(1902) 4월 7일 광고, 6월 7일 광고.
168) 『한성부래거문』, 조복 제5호, 광무 2년(1898) 1월 29일 ; 고시 14호, 광무 2년(1898) 10월 20일.
169) 『황성신문』 광무 6년(1902) 9월 4일 잡보 ; 광무 7년(1903) 3월 2일 광고.
170) 황현, 『매천야록』 광무 10년 병오(1906) ; 『사진으로 보는 서울』 1권, 서울특별시사편찬위원회.
171) 『서울육백년사』 3권, 서울특별시사편찬위원회.
172) 『제국신문』 광무 3년(1899) 11월 6일 광고.
173) 『황성신문』 광무 7년(1903) 3월 14일 잡보.
174) British Consular Reports, Foreign Office(1891), Annual Series, No. 918, Report for the Year, 1890.(한우근, 『한국개항기의 상업연구』, 일조각, 1979, 53쪽에서 재인용)
175) 『일성록』 광무 7년(1903) 10월 3일 ; 관보 광무 7년(1903) 11월 24일 ; 『황성신문』 광무 7년(1903) 11월 26일.
176) 『황성신문』 광무 5년(1901) 7월 23일·24일·26일·31일, 8월 12일.
177) 『황성신문』 광무 7년(1903) 7월 30일 사조.
178) 『황성신문』 광무 3년(1899) 8월 3일 잡보.
179) 『고종실록』 고종 20년(1883) 6월 23일 辛未. "而裕國之政 莫如勸商 勸商之道 莫如護商"
180) 『한성주보』 제5호(1886. 1. 26) '論商會', 제29호(1886. 8.23) 私議 歸商論.
181) 『황성신문』 광무 3년(1899) 6월 21일 논설.
182) 『황성신문』 광무 5년(1901) 3월 4일 논설.
183) 김동운, 「박승직상점」, 『경제학논집』 제6권 2호, 1997 ; 두산그룹 홈페이지(http://www.doosan.com) ; 『한국민족문화대백과사전』, 박승직.
184) 정병욱, 「1910년대 한일은행과 서울의 상인」, 『서울학연구』 12, 1999, 114~130쪽.
185) 『대한제국관원이력서』, 733쪽 ; 중추원 조사자료, 전라남도 중추원 추천의 건(1921) ; 대한제국관보 1908년 9월 7일.
186) 『황성신문』 광무 8년(1904) 8월 30일 ; 광무 11년(1907) 2월 20일, 4월 30일 ; 융희 2년(1908) 8월 1일 ; 융희 3년(1909) 1월 12일.
187) 『제국신문』 광무 4년(1900) 11월 24일·25일 광고 ; 광무 10년(1906) 5월 28일 ; 『매일신보』 1914년 3월 23일 ; 조선식산은행, 『조선식산은행이십년지』, 1938, 267쪽.
188) 『독립신문』 광무 2년(1898) 3월 15일 잡보.
189) 『독립신문』 광무 2년(1898) 11월 22일 '어저께 광경'.
190) 『황성신문』 광무 2년(1898) 11월 24일 잡보.
191) 『황성신문』 광무 4년(1900) 5월 30일·31일 잡보 ; 조재곤, 『한국 근대사회와 보부상』, 혜안, 2001.
192) 『황성신문』 광무 8년(1904) 3월 7일·8일 잡보.
193) 『조선일보』 1994년 11월 16일.
194) 『황성신문』 광무 2년(1898) 12월 27일 논설.
195) 『황성신문』 광무 4년(1900) 5월 7일 잡보.
196) 『대한매일신보』 광무 10년(1906) 6월 23일 잡보.
197) 『대한매일신보』 광무 10년(1906) 11월 29일 ; 『황성신문』 1908년 2월 20일 ; 『한국사연표』, 국사편찬위원회 ; 『한민족독립운동사자료집』 45(중국지역독립운동 재판기록 3), 중국군관학교 사건, 金世鍾신문조서(국사편찬위원회 인터넷홈페이지 http://www.history.go.kr) ; 전우용, 「근대 종로의 상가와 상인」, 『종로 : 시간 장소 사람』, 서울학연구소, 2002, 146쪽.
198) 『황성신문』 융희 3년(1909) 11월 26일 광고.
199) 홍성찬, 「한말 일제초 서울 종로상인의 일상활동 -포목상 金泰熙가의 사례를 중심으로-」, 『동방학지』 133집, 2006, 129쪽.
200) 『황성신문』 광무 4년(1900) 2월 5일 광고 '광성학교'.
201) 윤정하(尹定夏) 편술, 「상업부기」, 『대한학회월보』 제3호·제4호, 대한학회.
202) 홍성찬, 앞의 논문, 123·152~153쪽.
203) 『독립신문』 광무 2년(1898) 5월 26일 ; 『황성신문』 광무 3년(1899) 1월 23일 잡보 ; 『황성신문』 광무7년(1903) 7월 11일 잡보.
204) 『황성신문』 광무 7년(1903) 7월 7일·11일·22일·27일 잡보.
205) 『의주』 5, 개국 504년(1895) 3월 29일, 201쪽.(왕현종, 「갑오개혁 연구」, 연세대학교대학원 사학과 박사학위 논문, 1999, 266~267쪽에서 재인용)

206) 『황성신문』 광무5년(1901) 2월 26일 잡보.
207) 『황성신문』 광무 5년(1901) 3월 14일 잡보.
208) 『황성신문』 광무 4년(1900) 7월 16일·21일 잡보.
209) 『고종실록』 고종 31년(1894) 7월 14일 무자.
210) 『황성신문』 광무 5년(1901) 3월 20일 잡보 ; 김윤희,「대한제국기 황실재정운영과 그 성격」,『한국사연구』 90, 1995, 82~84쪽.
211) 『고종실록』 고종 37년(1900) 10월 17일·19일·25일 ; 김윤희, 위의 논문, 82~84쪽.
212) 『고종실록』 고종 43년(1906) 12월 29일 ; 『구한국관보』 제3651호, 광무 11년(1907) 1월 1일, 칙령 제81호 '지방세규칙'.
213) 『구한국관보』 제3696호, 광무 11년(1907) 2월 22일, 탁지부령 제6호 '지방세규칙시행세칙'.
214) 『구한국관보』 제4340호, 융희 3년(1909) 4월 2일, 법률 제12호 '地方費法'. "제14조 광무 10년 칙령 제81호 지방세규칙은 이를 폐지함".
215) 『한국정치경제학사전』 ;『연표로 보는 현대사』, 249쪽 ;『개항 100년 연표자료집』; 서굉일,『한국기독교사연구회소식』, 1986 ; 배은아,「19세기말 상업세의 징수와 성격」,『이화사학연구』 29집, 2002.
216) 『고종실록』 20년(1883) 6월 신미(23일).
217) 『황성신문』 광무 5년(1901) 11월 12일 잡보 ; 광무 8년(1904) 3월 22일·23일 잡보 ; 黃玹,『매천야록』1903년 '경강선세'
218) 박은숙,『갑신정변연구』, 역사비평사, 2005, 373~384쪽.
219) 『고종실록』 고종 22년(1885) 8월 10일, 9월 11일.
220) 『고종실록』 고종 32년(1895) 3월 4일.
221) 『고종실록』 고종 32년(1895) 11월 10일 ;『고종시대사』 제3집 1895년 11월 10일.
222) 『독립신문』 건양 2년(1897) 3월 16일 잡보.
223) 『독립신문』 건양 2년(1897) 6월 3일 각부신문.
224) 조재곤,『한국 근대사회와 보부상』, 혜안, 2001, 295~296쪽 ;『독립신문』 광무 2년(1898) 7월 5일·7일·9일.
225) 『고종실록』 고종 35년(1898) 9월 14일·29일.
226) 『황성신문』 광무2년(1898) 10월 18일·19일 잡보.
227) 『고종실록』 고종 36년(1899) 5월 12일 ;『고종시대사』 4집, 1899년 5월 12일.
228) 『황성신문』 광무 3년(1899) 7월 3일 잡보.
229) 『고종실록』 고종 41년(1904) 2월 28일.
230) 『황성신문』 광무 9년(1905) 7월 26일.
231) 조재곤,『한국 근대사회와 보부상』, 혜안, 2001 ,298~299쪽.
232) 조재곤, 위의 책, 287~288쪽 ;『황성신문』 광무 3년(1899) 7월 27일 잡보.
233) 『고종실록』 고종 29년(1892) 12월 6일 ; 『고종실록』 고종 23년(1886) 11월 11일 ; 『고종실록』 고종 20년(1883) 6월 23일 ; 고종 23년(1886) 10월 16일.
234) 『한성부래거문』 照覆 제5호, 광무 2년(1898) 8월 26일.(서울특별시사편찬위원회, 번역본 상권, 147~148쪽)
235) 『황성신문』 광무 5년(1901) 11월 12일 잡보.
236) 『황성신문』 광무 8년(1904) 3월 22일·23일, 4월 4일 잡보.
237) 『황성신문』 광무 4년(1900) 7월 16일·21일 잡보.
238) 『황성신문』 광무 5년(1901) 2월 26일 잡보, 3월 14일 잡보.
239) 『황성신문』 광무 7년(1903) 2월 28일 잡보.
240) 『고종실록』 고종 42년(1905) 1월 18일, 6월 24일, 10월 20일.
241) 일본외교문서 제38권 제1책 580호, 명치 38년(1905) 8월 3일.(국사편찬위원회,『고종시대사』에서 재인용)
242) 김정기,「1890년 서울상인의 철시동맹파업과 시위 투쟁」,『한국사연구』 67, 1989, 80~81쪽.
243) 김정기, 위의 논문, 80~81쪽 ;『구한국외교관계부속문서』 제3권(통서일기 1) 고종 24년(1887) 2월 3일·4일.
244) 『황성신문』 광무 2년(1898) 10월 18일·19일·25일 잡보.
245) 『황성신문』 광무 7년(1903) 2월 21일 논설, 6월 15일 잡보 ;『한성부래거문』 훈령 제15호 광무 7년(1903) 6월 23일, 훈령 제16호 광무 7년(1903) 7월 1일, 보고서 제5호 광무 7년(1903) 6월 23일 (『국역 한성부래거문』 하권, 서울특별시사편찬위원회, 1997, 202~212쪽) ;『황성신문』 광무 7년(1903) 6월 15일.

246) 『황성신문』 광무 8년(1904) 7월 26일 잡보.
247) 『한국독립운동사 자료』 4권(임정편 IV), 사료집 제1.
248) 『한국독립운동사 자료』 6권(안중근편 1) 49, 공판시말서 제2회.
249) 황현,『매천야록』 광무 11년(1907) '伊藤博文의 고종 일본 逌致 음모와 결사회의 투쟁'.
250) 『고종실록』 고종 42년(1905) 1월 18일, 6월 24일, 10월 20일.
251) 박은숙,「갑신정변 연구」, 2005, 463~464쪽 ;『한성순보』 제10호, 1884. 1. 3(양 1.30) ; 井上角五郎,『한성지잔몽』 ;『구한국외교문서』 淸案 1, 문서번호 94·95번(1884. 3.18) ; 윤치호,『尹致昊日記』 1884. 1. 3.
252) 『각사등록』 근대편, 통위영래문, 경인(1890) 6월 16일.
253) 『황성신문』 광무 3년(1899) 1월 21일 잡보 ; 광무 4년(1900) 5월 17일 논설.
254) 『황성신문』 광무 5년(1901) 6월 19일·20일·23일 잡보, 7월 9일 잡보, 8월 17일 잡보, 10월 10일 잡보.
255) 『황성신문』 광무 3년(1899) 1월 19일 잡보.
256) 『황성신문』 광무 3년(1899) 2월 2일 잡보.
257) 『황성신문』 광무 4년(1900) 2월 17일 잡보.
258) 『구한국외교문서』 淸案 1, 문서번호 134(1884. 4.26), 문서번호 136·156번, 문서번호 145(1884. 5. 4), 문서번호 14·152,

문서번호 265(1884. 8. 8), 문서번호 266(8. 9) ; 『황성신문』 광무 2년(1898) 10월 21일 잡보, 12월 27일 잡보 ; 광무 3년(1899) 11월 3일 잡보 ; 광무 5년(1901) 2월 6일 잡보.
259) 『황성신문』 광무 2년(1898) 9월 19일 잡보 ; 광무 5년(1901) 1월 21일 잡보 ; 광무 8년(1904) 3월 10일 잡보.
260) 『고종실록』 고종 35년(1898) 1월 18일, 2월 22일.
261) 『세국신문』 광무 2년(1898) 10월 12일·13일 ; 신용하, 「갑오개혁과 독립협회운동의 사회사」, 서울대학교출판부, 2001, 412·437쪽.
262) 『황성신문』 광무 8년(1904) 7월 26일 잡보 ; 『한국독립운동사 자료』 4(임정편 IV), 사료집 제1 ; 황현, 『매천야록』 광무 11년(1907) '伊藤博文의 고종 일본 送致음모와 결사회의 투쟁'.

〈2부, 2장〉

1) 『순종실록』 융희 4년(1910) 8월 29일. "韓國의 統治權을 從前으로 親信依仰ᄒ든 鄰國大日本皇帝陛下게 讓與ᄒ야 外으로 東洋의 平和를 鞏固케ᄒ고 內으로 八域民生을 保全케ᄒ노니".
2) 『순종실록』 부록 1910년 8월 29일. "韓國에 號눈 改ᄒ야 爾今朝鮮이라 稱ᄒ이라."
3) 조선총독부관보 제 29호, 명치 43년(1910) 10월 1일 조선총독부령 제7호.
4) 조선총독부관보 제635호, 대정 3년(1914) 9월 12일 조선총독부령 제136호 ; 조병찬, 『한국시장사』, 동국대학교출판부, 2004, 173~175쪽 ; 허영란, 「일제시기 시장정책과 재래시장상업의 변화」, 『한국사론』 31, 1994, 서울대 국사학과.
5) 조병찬, 『한국시장사』, 2004, 180~181쪽.
6) 조선총독부관보 제2290호, 대정 9년(1920) 4월 1일, 조선총독부령 제38호.
7) 「중추원조사자료」, '조선의 사정에 관한 참고의견'.(http://www.history.go.kr)
8) 『조선총독부관보』 제174호, 明治 44년(1911). 4. 1. '조선총독부 경기도령 제3호'; 『조선총독부관보』 제484호, 大正 3년(1914). 3. 13, 조선총독부 경기도령 제3호 ; 『조선총독부관보』 제2724호, 昭和 11년(1936). 2. 14, 조선총독부령 제8호 ; 서울특별시사편찬위원회, 『서울六百年史』 1권, 1977, 374쪽 ; 『서울행정사』, 서울특별시사편찬위원회, 1997, 177~187쪽.
9) 『조선총독부통계연보』 명치 43년(1910), 89쪽.
10) 김태웅, 「1910년대 경성부 유통체계의 변동과 한상의 쇠퇴」, 『서울상업사연구』, 1998, 286~290·290·291쪽.
11) 조선총독부, 『朝鮮における內地人』, 1924, 76~79쪽.(김태웅, 위의 논문, 295쪽에서 재인용)
12) 『동아일보』 1923년 3월 7일 사설. '滅亡하여 가는 京城(中)'.
13) 『동아일보』 1924년 5월 27일.
14) 경성부, 『경성부사』 제3권, 1941, 658~662쪽.
15) 『매일신보』 1926년 8월 22일.
16) 『별건곤』 제23호, 1927년 9월. '진고개, 서울맛·서울情調'.
17) 『조선일보』 1933년 9월 21일.
18) 『삼천리』 제12호, 1931년 2월 1일. '和信德元 對 三越丁字 大百貨店戰'.
19) 『삼천리』 제4권 제8호, 1932년 8월 1일. '和信·東亞 兩百貨店 合同內幕 - 그 內容과 今後 觀望'.
20) 전우용, 「일제하 서울 남촌 상가의 형성과 변천」, 『서울 남촌 ; 시간·장소·사람』, 2003, 207쪽. 필자는 이글에서 "영업세 납부액을 기준으로 1915년 서울 부자의 80%가 일본인이었다. 이후 식민지화가 고착화되면서 서울·지역에서 일본인으로의 부의 집중은 더욱 심화되었다"라고 했다.
21) 『별건곤』 제23호, 1929년 9월 27일. '진고개, 서울맛·서울 情調'.
22) 이준식, 「일제강점기 경성부의 인구 변동과 사회적 변화」, 『서울인구사』, 2005, 555쪽.
23) 『동아일보』 1927년 1월 5일.
24) 『동아일보』 1939년 9월 19일.
25) 전우용, 「근대 종로의 상가와 상인」, 『종로 : 시간 장소 사람, 』 2002, 149~151쪽.
26) 『동아일보』 1934년 1월 1일. '조선인 상업의 성쇠'.
27) 『매일신보』 1922년 12월 7일 3면. '총독부가 신청사로 이전하면 泥峴의 번화가 종로로'.
28) 『동아일보』 1923년 10월 26일.
29) 『동아일보』 1924년 5월 27일.
30) 경성부, 『경성부사』 제3권, 1941, 660~661쪽.
31) 「중추원조사자료」, 조선의 사정에 관한 참고의견. '조선의 산업발전은 조선인 본위로 이루는 것이 필요하다.'
32) 『삼천리』 제4권 제1호, 1932년 1월 1일. '반도 최대의 백화점 출현 -동아백화점의 내용과 외관'.
33) 『별건곤』 제23호, 1929년 9월 27일. '진고개, 서울맛·서울정조(情調)'.
34) 『조선일보』 1933년 9월 21일.
35) 『별건곤』 제23호, 1929년 9월 27일. '진고개, 서울맛·서울정조(情調)'.
36) 『조선일보』 1932년 7월 22일.
37) 『동아일보』 1934년 1월 1일. '조선인 상업의 성쇠'.
38) 홍성찬, 「한말·일제하의 서울 종로상인 연구-포목상 김태희가의 수남상회 운영을 중심으로」, 『동방학지』 116, 2002.
39) 오미일, 「수공업자에서 기업가로 : 금은세공업계의 '覇王' 申泰和」, 『역사와 경계』 51호, 부산경남사학회, 2004.
40) 오진석, 「일제하 박흥식의 기업가활동과 경영이념」, 『동방학지』 118, 2002.
41) 정병욱, 「1910년대 한일은행과 서울의 상인」, 『서울학연구』 12, 서울학연구소, 1999.

42) 『해방전 회사자료』;『동아일보』1922년 10월 11일.
43) 정병욱,「1910년대 한일은행과 서울의 상인」,『서울학연구』12, 1999, 116~117쪽.
44) 『동아일보』1931년 1월 1일;1934년 1월 1일·2일·3일. '조선인 상업의 성쇠';『三千里』제8권 제2, 1936년 2월 1일. '경성 종로상가 대관'.
45) 『삼천리』제10권 제12호, 1938년 12월 1일. '機密室, 우리 사회의 諸內幕'.
46) 『삼천리』제12권 제8호 1940년 9월 1일. '機密室, 우리社會의 諸內幕'.
47) 조선총독부관보 제635호, 대정 3년(1914) 9월 12일 조선총독부령 제136호;조선총독부,『朝鮮の市場』, 대정 13년(1924), 76쪽;허영란,「1920·30년대 경성의 도·소매 상업」,『서울상업사연구』, 서울학연구소, 1998, 340쪽.
48) 조선총독부,『朝鮮の市場』, 대정 13년(1924), 286~288쪽.
49) 전우용,「대한제국기~일제초기 선혜청 창내장의 형성과 전개」,『서울학연구』12호, 1999, 94쪽;『동아일보』1921년 10월 14일;1922년 9월 15일;1922년 12월 2일;1923년 7월 29일;『매일신보』1921년 10월 14일.
50) 『동아일보』1931년 3월 31일. '남대문시장 헐가 불하';1936년 11월 27일. '南大門市場員 대책을 강구';1936년 12월 4일. '누백 년 역사 가진 상권옹호를 절규'.
51) 조선총독부,『朝鮮の市場』, 1924, 287쪽.
52) 허영란,「1920·30년대 경성의 도·소매 상업」,『서울상업사연구』, 1998, 341쪽;박경룡,『중구의 시장, 어제와 오늘』, 2000, 143~144쪽.
53) 『매일신보』1911년 11월 1일. "그중 무역액의 最大한 시장은 경성 남대문·동대문의 兩市場이오, 1개년의 貿易價格은 15만 3,522원이라더라.";『매일신보』1918년 12월 21일.
54) 『동아일보』1921년 10월 14일;『매일신보』1921년 10월 14일.
55) 『동아일보』1922년 9월 15일, 12월 2일.
56) 『조선은행회사요록』1925년판.
57) 『동아일보』1923년 7월 29일;전우용,「대한제국기~일제초기 선혜청 창내장의 형성과 전개」,『서울학연구』12호, 1999, 97쪽.
58) 『동아일보』1922년 12월 2일.
59) 조선총독부,『朝鮮の市場』, 대정 13년(1924), 160~161, 286~287, 292쪽.
60) 『동아일보』1929년 12월 1일;1931년 4월 1일·2일;『조선일보』1931년 3월 31일, 4월 3일;1936년 2월 23일.
61) 『동아일보』1933년 12월 28일;1936년 2월 23일.
62) 『동아일보』1933년 12월 27일·28일.
63) 『조선일보』1933년 12월 28일.
64) 『조선일보』1936년 2월 23일.
65) 『조선일보』1931년 4월 3일;1936년 2월 23일.
66) 『조선중앙일보』1936년 7월 11일, 12월 4일;『동아일보』1938년 1월 30일.
67) 『조선일보』1936년 12월 4일.
68) 『조선일보』1936년 5월 13·21일, 9월 3일.
69) 『조선일보』1936년 12월 10일·15일. '남대문시장문제에 부당국자는 냉정, 甘蔗부윤과 일문일답'.
70) 『조선일보』1937년 3월 23·24일·27일;『동아일보』1938년 1월 30일.
71) 『조선중앙일보』1936년 7월 11일;『동아일보』1938년 1월 30일. '위탁시장 기한만료 남대문시장 廢市?'.
72) 『조선일보』1939년 2월 18일, 3월 31일.
73) 조선총독부,『朝鮮の市場』, 대정 13년(1924), 76·292~293쪽;허영란,「1920·30년대 경성의 도·소매 상업」,『서울상업사연구』, 서울학연구소, 1998, 340쪽.
74) 허영란,「1920·30년대 경성의 도·소매 상업」,『서울상업사연구』, 서울학연구소, 1998, 341쪽.
75) 조선총독부,『경성상공업조사』, 1913, 124쪽.
76) 조선총독부,『朝鮮の市場』, 대정 13년(1924), 292쪽.
77) 『매일신보』1911년 11월 23일 3면. '상업등기공고'.
78) 『매일신보』1912년 1월 20일. 김종한·홍충현·박승직에 대한 소개는 앞의 개항기 이현시장 편을 참고할 것.
79) 『조선은행회사요록』1925년판.
80) 『삼천리』제10권 제1호, 1938년 1월 1일. '서울의 上流社會, 入會金만 三百圓 드는 꼴푸장';제12권 제8호, 1940년 9월 1일. '機密室, 우리社會의 諸內幕';'중추원조사자료', 김한규.
81) 조선총독부관보 1918년 11월 20일;『동아일보』1924년 1월 26일;『조선은행회사조합요록』1929년판;국사편찬위원회,『한국사연표』(http://www.history.go.kr).
82) 『매일신보』1911년 11월 1일;조선총독부,『朝鮮の市場』, 대정 13년(1924), 160~161, 286~287, 292쪽.
83) 『조선일보』1936년 2월 23일. '남대문 동대문 兩大市場 실세 해부'.
84) 『조선일보』1936년 3월 15일.
85) 『조선일보』1936년 4월 11일.
86) 『조선일보』1939년 2월 18일.
87) 『매일신보』1916년 6월 14일.
88) 『동아일보』1922년 7월 6일.
89) 『동아일보』1931년 4월 2일;『조선일보』1931년 4월 5일.
90) 『조선일보』1946년 1월 6일.
91) 『시대일보』1925년 6월 19일;『동아일보』·『중외일보』1930년 3월 9일;『조선일보』1930년 9월 10일.

92) 경성부, 『경성부사』 3권, 1941, 652쪽.
93) 경성일보 1918년 8월 29일.(손정목, 『일제강점기 도시사회상연구』, 일지사, 1996, 75~76쪽)
94) 경성부, 『경성부사』 3권, 1941, 652~656쪽 ; 조선총독부관보 1919년 11월 6일.
95) 조선총독부, 『朝鮮の市場』, 대정 13년(1924), 272~274쪽 ; 경성부, 『경성부사』 3권, 1941, 652~656쪽. 시장의 면적과 건평은 두 자료 간 차이가 있다. 이 글에서는 비교적 더 상세한 『朝鮮の市場』에 의거했다.
96) 『동아일보』 1920년 7월 26일 2면 ; 1925년 10월 20일. '종로공설시장 필경 철폐' ; 서울특별시사편찬위원회, 「일제강점기 상공업」, 『서울상공업사』, 2003, 536~537쪽.
97) 『동아일보』 1929년 6월 26일 ; 1934년 12월 18일.
98) 경성부, 『配給機關ニ關スル調査(市場ノ部)』, 경성부산업조사회 보고 제7호, 1936, 174쪽.
99) 허영란, 「1920·30년대 경성의 도·소매 상업」, 『서울상업사연구』, 1998, 344~346쪽.
100) 『동아일보』 1920년 7월 6일.
101) 경성부, 『配給機關ニ關スル調査(市場ノ部)』, 경성부산업조사회 보고 제7호, 1936, 141·142·167쪽.
102) 경성부, 위의 책, 141~143·168쪽.
103) 『동아일보』 1920년 6월 24일 ; 1921년 5월 2일.
104) 조선총독부, 『조선지지자료』, 1919.
105) 경성부, 위의 책, 168쪽.
106) 허영란, 「1920·30년대 京城의 도·소매상업」, 『서울상업사연구』, 서울연구소, 1998.
107) 조선총독부관보 1010호(1930. 5. 19). '일용품시장규칙' ; 『중외일보』 1930년 5월 3일. '일용품시장규칙' ; 경성부, 위의 책, 270쪽.
108) 경성부, 위의 책, 271쪽. 1936년 3월 발간된 이 자료에 "최근 폐지" 되었다고 한 것으로 보아, 1935년경에 폐지된 것으로 보인다.
109) 『조선일보』 1926년 3월 11일.
110) 『조선일보』 1925년 4월 4일·5일·7일·9일 ; 1926년 3월 11일 ; 1935년 3월 3일 ; 『동아일보』 1935. 6. 7 ; 이기영, 「옵바의 비밀편지」, 『개벽』 제49호, 1924. 7. 1.
111) 『동아일보』 1934년 1월 12일.
112) 『개벽』 제17호, 1921. 11. 1. '天地玄黃(續兎糞錄의 續)'.
113) 『조선일보』 1925년 8월 30일 ; 1931년 10월 30일 ; 1937년 10월 27일.
114) 『동아일보』 1925년 4월 23일, 5월 10일.
115) 『조선일보』 1921년 2월 5일 ; 1923년 8월 23일 ; 1925년 2월 6일 ; 『동아일보』 1932년 1월 8일.
116) 『조선일보』 1923년 6월 20일 ; 1925년 2월 21일 ; 1937년 12월 5일 ; 1940년 2월 4일, 8월 4일.
117) 『조선일보』 1921년 12월 4일 ; 1923년 3월 8일 ; 1924년 1월 24일 ; 『동아일보』 1934년 1월 23일.
118) 『조선일보』 1920년 12월 19일 ; 1921년 5월 26일 ; 1923년 6월 9일 ; 1931년 6월 4일 ; 1936년 4월 22일 ; 1940년 8월 2일.
119) 『조선일보』 1923년 2월 13일·20일, 4월 11일 ; 1925년 1월 19일 ; 『동아일보』 1937년 10월 23일 ; 박은숙, 『서울의 시장』, 서울특별시사편찬위원회, 2007, 206~207쪽.
120) 『동아일보』 1935년 1월 18일 2면 ; 1937년 12월 21일 ; 『조선일보』 1936년 3월 23일·27일 ; 1937년 5월 15일 ; 1938년 2월 25일.
121) 『동아일보』 1925년 4월 23일 2면 ; 1935년 6월 15일 2면.
122) 조선총독부, 『朝鮮の市場』, 대정 13년(1924) ; 경성부, 위의 책 ; 허영란, 「1920·30년대 경성의 도·소매상업」, 『서울상업사연구』, 서울학연구소, 1998, 338~339쪽.
123) 조병찬, 『한국시장사』, 동국대학교출판부, 2004, 203쪽.
124) 조선총독부, 『朝鮮の市場』, 대정 13년(1924), 290~298쪽.
125) 조선총독부, 『경성상공업조사』, 대정 2년(1913), 156쪽 ; 조선총독부, 위의 책, 295~297쪽.
126) 조선총독부, 『朝鮮の市場』, 대정 13년(1924), 290~291쪽 ; 경성부, 『配給機關ニ關スル調査(市場ノ部)』, 경성부산업조사회 보고 제7호, 1936, 66~67쪽.
127) 경성부, 위의 책, 83~86쪽.
128) 『동아일보』 1926년 10월 13일 ; 1928년 1월 8일 ; 조선총독부관보 1928년 1월 14일 ; 경성부, 위의 책, 111~114쪽.
129) 『조선일보』 1927년 3월 18일 ; 『동아일보』 1928년 1월 8일 ; 1934년 7월 20일 ; 경성부, 위의 책, 111~114쪽.
130) 조선경제연보 1939년 ; 『동아일보』 1939년 4월 2일.
131) 조병찬, 『한국시장사』, 동국대학교출판부, 2004, 208~211쪽.
132) 『동아일보』 1932년 7월 29일 ; 1937년 6월 4일·13일 ; 1938년 2월 9일, 11월 30일 ; 1939년 4월 2일.
133) 『동아일보』 1939년 11월 21일.
134) 문정창, 『朝鮮の市場』, 日本評論社(일본, 동경), 1941, 86~87쪽.
135) 『매일신보』 1942년 8월 4일·25일.
136) 문정창, 『朝鮮の市場』, 日本評論社(일본, 동경), 1941, 181~182쪽.
137) 조선총독부, 『朝鮮の市場』, 1924, 176·178쪽.
138) 『동아일보』 1922년 2월 17일, 4월 22일, 5월 29일, 7월 21일, 8월 6일, 11월 7일 ; 『조선일보』 1935년 8월 14일 ; 경성상공회의소, 1929. 9, 「朝鮮に於ける市場取引 現況」 『朝鮮經濟雜誌』 165.
139) 조선총독부, 『朝鮮の市場』, 1924, 284~28쪽.
140) 『조선일보』 1923년 1월 21일, 6월 10일, 8월 28일 ; 1924년 1월 10일 ; 1937년 8월 5일 ; 문정창, 『朝鮮の市場』, 日本評論社(일본, 동경), 1941, 191쪽.

141) 『조선일보』 1937년 10월 17일.
142) 『조선일보』 1951년 9월 26일 조간 2면.
143) 『조선일보』 1935년 8월 14일. '馬匹의 黑死病 馬鼻疽 시내에 발생'.
144) 『매일신보』 1911년 6월 7일.
145) 『조선일보』 1934년 11월 14일. '부민 식상(食床)에 오른 우돈(牛豚)의 위령제'.
146) 『조선일보』 1932년 2월 4일.
147) 『조선일보』 1934년 11월 14일. '부민 식상(食床)에 오른 우돈(牛豚)의 위령제'.
148) 『동아일보』 1958년 4월 3일.
149) 조선총독부관보 제2290호, 대정 9년(1920) 4월 1일, 조선총독부령 제38호.
150) 조선총독부, 『市街地의 商圈』, 1926, 453쪽 ; 조병찬, 위의 책, 214~215쪽.
151) 조병찬, 위의 책, 216~219쪽 ; 신세계백화점, 『한국의 시장상업사』, 1992, 190~191쪽.
152) 『조선일보』 1923년 11월 11일.
153) 경성부, 『경성부사』 3권, 1941, 419쪽 ; 『조선일보』 1921년 4월 5일·11일 ; 1926년 7월 5일 ; 1927년 4월 28일 ; 1929년 5월 29일.
154) 『동아일보』 1920년 4월 26일, 5월 3일.
155) 경성부, 『경성부사』 3권, 1941, 419쪽 ; 『조선일보』 1921년 4월 5일 ; 1928년 3월 13일 ; 1929년 3월 27일·28일.
156) 『조선일보』 1929년 3월 28일.
157) 『조선일보』 1925년 4월 2일, 8월 23일.
158) 『동아일보』 1920년 6월 23일 ; 『조선일보』 1921년 7월 6일 ; 1924년 5월 26일 ; 1933년 7월 12일.
159) 『조선일보』 1947. 11. 8.
160) 『대한매일신보』 1910년 1월 1일자 4면 전면 광고. "우리나라 第一되는 ᄯᅦ파-토면토 스도아 특 최완전한 점포를 成ᄒ 엿ᄉᆞ나이다" ; 전우용, 「일제하 서울 남촌 상가의 형성과 변천」, 『서울 남촌 ; 시간, 장소, 사람』, 2003, 199쪽 ; 『서울상공업사』, 서울특별시사편찬위원회, 2003, 534쪽 ; 김병도·주영혁, 『한국 백화점 역사』, 2006, 46~47쪽.
161) 『삼천리』 12호, 1931년 2월 1일. '和信德元 對 三越丁子 大百貨店戰'.
162) 『삼천리』 제4권 제1호, 1932년 1월 1일. '반도 최대의 백화점 출현 - 동아백화점의 내용과 외관'.
163) 경성부, 『配給機關ニ關スル調査(市場ノ部)』, 경성부산업조사회 보고 제7호, 37쪽, 1936, 53~54쪽.
164) 『삼천리』 제4권 제8호, 1932년 8월 1일. '동아·화신 양백화점 합동내막'.
165) 日本百貨店通信社, 『日本百貨店年鑑』 昭和13年版, '全國百貨店要覽', 소화 13년(1938), 487쪽. 이 자료에 의하면, 지점 개설은 명치 38년(1905) 12월로 기록되어 있고, 1906년에 三越吳服店의 출장소 개설이 추진된 것으로 되어 있다 ; 김병도·주영혁, 『한국 백화점 역사』, 서울대학교출판부, 2006, 48쪽.
166) 신세계백화점, 『한국의 시장상업사』, 1992, 201~202쪽.
167) 『삼천리』 제4권 1호, 1932년 1월 1일.
168) 『별건곤』 제23호, 1929년 9월 27일, '진고개, 서울맛·서울情調' ; 『三千里』 12호, 1931년 2월 1일. '和信德元 對 三越丁子 大百貨店戰'.
169) 『삼천리』 제12호, 1931년 2월 1일. '和信德元 對 三越丁子 大百貨店戰'.
170) 이경훈, 「미쓰코시, 근대의 쇼윈도우-문학과 풍속 1」, 『현대문학의 연구, 특집 : 한국 근대문학과 일본체험』, 2000, 133~146쪽 ; 이상, 「날개」.

171) 日本百貨店通信社, 『日本百貨店年鑑』 昭和13年版, '全國百貨店要覽-朝鮮·滿洲·臺灣·南洋之部', 소화 13년(1938), 1058~1059쪽.
172) 『매일신보』 1940. 12. 24.
173) 『삼천리』 12호, 1931년 2월 1일, '和信德元 對 三越丁子 大百貨店戰'.
174) 日本百貨店通信社, 『日本百貨店年鑑』 昭和13年版, '全國百貨店要覽-朝鮮·滿洲·臺灣·南洋之部', 소화 13년(1938), 1060~1066쪽 ; 『朝鮮銀行會社組合要錄』, 1927년판.
175) 『별건곤』 제23호, 1929년 9월 27일. '진고개, 서울맛·서울情調'.
176) 동아경제시보사, 『조선은행회사조합요록』 1927년판 ; 『별건곤』 제23호, 1929년 9월 27일. '진고개, 서울맛·서울情調' ; 서울특별시사편찬위원회, 『서울상공업사』, 2003, 543쪽.
177) 오미일, 「수공업자에서 기업가로 : 금은세공업계의 '覇王' 申泰和」, 『역사와 경계』 51, 2004, 1~40쪽.
178) 『동아일보』 1927년 1월 16일 ; 『三千里』 제5권 제10호, 1933년 10월 1일. '半島財界의 十傑, 朴興植氏篇'.
179) 『동아일보』 1931년 3월 13일 ; 오미일, 「수공업자에서 기업가로 : 금은세공업계의 '覇王' 申泰和」, 『역사와 경계』 51, 2004, 28~29쪽.
180) 日本百貨店通信社, 『日本百貨店年鑑』 昭和13年版, '全國百貨店要覽-朝鮮·滿洲·臺灣·南洋之部', 소화 13년(1938), 1066쪽 ; 『동아일보』 1931년 3월 13일 ; 1932년 5월 10일.
181) 『조선은행회사조합요록』 1933년판 ; 『별건곤』 제69호, 1934년 1월 1일. '秘中秘話 百人百話集'.
182) 『삼천리』 제12호(1931. 2. 1). '和信德元對三越丁子 大百貨店戰'.
183) 『삼천리』 제4권 제8호(1932. 8. 1). '和信·東亞 兩百貨店 合同內幕 - 그 內容과 今後 觀望'.
184) 『삼천리』 제5권 제10호(1933. 10. 1). '半島財界의 十傑, 朴興植氏篇'.
185) 『개벽』 제1호(1934. 11. 1). '財界時評 東一銀行과 和信' ; 『동아일보』 1937년 12월 1일. '화신연쇄점 연합대매출' ; 本百貨店通信社, 『日本百貨店年鑑』 昭和13年版, '全國百貨店要覽-朝鮮·滿洲·臺灣·南洋之部', 소화 13년(1938), 1069쪽 ; 서울특별시사편찬위원회, 「일제강점기 상공업」, 『서울상공업사』, 2003, 543~544쪽.
186) 『조선일보』 1935년 1월 27일.

187) 『조선일보』 1936년 12월 5일.
188) 『동아일보』 1937년 10월 9일, 11월 11일.
189) 日本百貨店通信社, 『日本百貨店年鑑』 昭和13年版, '全國百貨店要覽-朝鮮・滿洲・臺灣・南洋之部', 소화 13년(1938), 1067쪽 ; 『삼천리』 제5권 제10호(1933. 10. 1). '半島財界의 十傑, 朴興植氏篇'.
190) 『개벽』, 신간 제1호(1934. 11. 1). '財界時評 東一銀行과 和信'.
191) 『동아일보』 1938년 9월 29일 ; 『조선일보』 1938년 2월 15일 ; 1933년 5월 9일.
192) 『동아일보』 1932년 1월 4일・8일 ; 『중앙일보』 1932년 1월 5일 ; 『삼천리』 제4권 제1호(1932. 1. 1). '반도 최대의 백화점 출현-동아백화점의 내용과 외관'. 동아백화점의 개점일과 관련해, 『동아일보』는 1월 4일로, 중앙일보는 1월 3일로 기록하고 있다.
193) 『동아일보』 1932년 1월 8일.
194) 『동아일보』 1932년 1월 4일 2면.
195) 『삼천리』 제4권 제1호, 1932년 1월 1일. '반도 최대의 백화점 출현-동아백화점의 내용과 외관' ; 『삼천리』 제7권 제6호, 1935년 7월 1일. '十錢均一店(텐센스토아) 조선서 성공할 것이냐'.
196) 『삼천리』 제4권 제8호, 1932년 8월 1일. '동아・화신 양백화점 합동내막 - 그 내용과 금후 觀望'
197) 경성부, 『경성부사』 3권, 1941, 652~653쪽 ; 『매일신보』 1918년 8월 28일.
198) 『매일신보』 1918년 8월 30일. '米廉賣所의 폭동'.
199) 『매일신보』 1918년 8월 30일・31일, 9월 28일 ; 경성부, 『京城府史』 제3권, 1941, 564~565쪽 ; 손정목, 『일제강점기 도시사회상연구』, 일지사, 1996, 77~78쪽.
200) 『조선일보』 1924년 11월 6일.
201) 『조선일보』 1921년 2월 8일, 9월 7일 ; 1923년 9월 6일・26일 ; 1924년 11월 18일.
202) 『조선일보』 1934년 12월 18일 ; 1935년 4월 17일, 12월 12일.
203) 경성상공회의소, 『경제월보』 제240호(1936년 1월)・252호(1937년 1월)・264호(1938년 1월).
204) 『조선일보』 1937년 12월 15일 ; 1938년 4월 13일, 8월 7일, 10월 16일 ; 1939년 3월 16일, 4월 8일.
205) 『조선일보』 1938년 4월 3일.
206) 『조선일보』 1938년 3월 19일, 7월 12일 ; 1940년 5월 7일・12일.
207) 손정목, 『일제강점기 도시사회연구』, 일지사, 1996, 214쪽.
208) 『동아일보』 1930년 9월 7일 '상거래의 합리화, 더음제를 폐지하라-徐椿'
209) 徐椿, 「에누리論」, 『동광』, 제12호, 1927년 4월 1일.
210) 최남, 「백화점・연쇄점에 대항책 - 소매상인이여 전문상 되라」, 『삼천리』 제6권 제9호, 1934년 9월 1일.
211) 『동아일보』 1938년 1월 30일, 10월 11일 ; 허영란, 「1920・30년대 경성의 도・소매상업」, 『서울상업사연구』, 서울학연구소, 1998, 350~351쪽.
212) 柳光烈, 「종로네거리」, 『별건곤』 제23호, 1929년 9월 27일.
213) 『조선일보』 1921년 7월 17일, 12월 14일 ; 1922년 12월 15일 ; 1923년 1월 17일.
214) 『조선일보』 1927년 7월 30일, 8월 2일 ; 『동아일보』 1927년 8월 2일.
215) 『동아일보』 1938년 7월 27일 ; 『조선일보』 1938년 7월 27일 ; 1940년 2월 25일.
216) 徐椿, 「상품진열법과 광고 이용, 상업지식」, 『동광』 제14호, 1927년 6월 1일.
217) 전우용, 「근대 종로의 상가와 상인」, 『종로 : 시간, 장소, 사람-20세기 서울변천사 연구 II』, 서울학연구소, 2002, 157쪽.
218) 『조선일보』 1932년 5월 11일.
219) 『별건곤』 제3호, 1927년 1월 1일. 경성각상점 간판품평회 ; 제5호, 1927년 3월 1일. 商界閑話 ; 전우용, 「근대 종로의 상가와 상인」, 『종로 : 시간, 장소, 사람-20세기 서울변천사 연구 II』, 서울학연구소, 2002, 157쪽.
220) 徐椿, 「상품진열법과 광고 이용, 상업지식」, 『동광』 제14호, 1927년 6월 1일.
221) 鄭秀日, 「진고개, 서울맛・서울情調」, 『별건곤』 제23호, 1929년 9월 27일.
222) 『조선일보』 1933년 1월 13일, 9월 21일 ; 1934년 2월 28일 ; 1939년 6월 3일 ; 1940년 3월 12일.
223) 『삼천리』 제7권 제6호, 1935년 7월 1일. '十錢均一店(텐센스토아) 조선서 성공할 것이냐'.
224) 『동아일보』 1923년 3월 7일 사설.
225) 『동아일보』 1937년 10월 8일, 11월 28일. '南村엔 食母인플레 本町署 관내에만 2,400명 북촌엔 食母難의 頭痛'.
226) 조선총독부, 『昭和 5년 朝鮮國勢調査報告』 道編 제1권, 경기도, 1932, 112쪽.
227) 신태익, 「반도 최대의 백화점 출현 -동아백화점의 내용과 외관」, 『삼천리』 제4권 제1호, 1932년 1월 1일.
228) 신태익, 「동아・화신 양 백화점 합동내막 -그 내용과 금후 觀望」, 『삼천리』 제4권 제8호, 1932년 8월 1일 ; 『조선일보』 1928년 11월 28일, 12월 5일 ; 1929년 7월 26일, 10월 23일 ; 1931년 6월 3일 ; 『동아일보』 1933년 6월 22 ; 1935년 7월 10일 ; 1938년 1월 28일.
229) 일본백화점통신사, 『일본백화점연감』 소화 13년판 '전국백화점요람', 1938.
230) 『동아일보』 1921년 2월 24일, 11월 16일, 12월 24일 ; 1925년 11월 16일 ; 1930년 10월 21일 ; 1931년 12월 6일 ; 일본백화점통신사, 『일본백화점연감』 소화 13년판 '전국백화점요람', 1938.
231) 『삼천리』 제6권 5호, 1934년 5월 1일. '結婚市場을 찾아서, 백화점의 美人市場'.
232) 『조선일보』 1936년 2월 16일. '여기서는 이런 여성을 뽑소'
233) 조선총독부, 『昭和 5년 朝鮮國勢調査報告』 道編 제1권, 경기도, 1932, 228~229쪽.
234) 『동아일보』 1920년 4월 26일 3면.
235) 『개벽』 제16호, 1921년 10월 18일. '우리의 사회적 성격의 일부를 고찰해서 동포형제의 自由處斷을 促함'.
236) 『동아일보』 1926년 9월 16일 사설. '弊習陋慣부터 개혁하자(6)'.

237) 『대한민국인사록』;『조선공로자명감』;『대한민국건국십년지』;『사업과 향인』 제1집.
238) 高元燮,「十字路의 朴興植, 장사로 親日巨頭」,『反民者罪狀記』, 백엽문화사, 1949.
239) 혁신출판사 편,「朴春琴과 공모하여 대의당을 조직한 친일파 괴수 박흥식의 죄악사」,『민족정기의 심판』 제7부 ;『대한민국인사록』;『조선공로자연감』; 高元燮,「十字路의 朴興植, 장사로 親日巨頭」,『反民者罪狀記』, 백엽문화사, 1949.
240) 「중추원조사자료」, 전라남도 중추원의원 추천의 건 ; 조선식산은행,『朝鮮殖産銀行二十年誌』, 1938, 267쪽 ; 주식회사 인천미두취인소,『株式會社仁川米豆取引所沿革』, 1922, 10쪽 ;『매일신보』1921년 1월 14일 ; 東亞經濟時報社,『朝鮮銀行會社要錄』1921.
241) 『조선인사흥신록』 417쪽.
242) 『삼천리』 제10권 제1호, 1938년 1월 1일. '서울의 상류사회, 入會金만 300원 드는 꼴푸장'.
243) 『삼천리』 제12권 제8호, 1940년 9월 1일.「機密室, 우리社會의 諸內幕」.
244) 경성부,「配給機關ニ關スル調査(市場ノ部)」, 경성부산업조사회 보고 제7호, 1936, 30~32쪽.
245) 조선총독부,『朝鮮の市場』, 대정 13년(1924), 160~161, 288쪽.
246) 경성부,「配給機關ニ關スル調査(市場ノ部)」, 경성부산업조사회 보고 제7호, 1936, 44·27~28쪽.
247) 전성현,「일제초기 '조선상업회의소령'의 제정과 조선인 상업회의소의 해산」,『한국사연구』 118, 2002.
248) 조선총독부관보 1915년 7월 15일 ; 경성부,『경성부사』 제2권, 1936, 272쪽.
249) 경성부,『경성부사』 제3권, 1941, 290~291쪽 ;『매일신보』1916년 1월 20일. '京城商議總會'.
250) 『조선일보』1938년 8월 4일 ; 1946년 1월 6일.
251) 『조선일보』1946년 1월 6일.
252) 『동아일보』1920년 4월 30일 ; 1921년 4월 5일,
253) 『동아일보』1930년 10월 21일 ; 1931년 12월 9일 ; 일본백화점통신사,『일본백화점연감』 소화13년판, '전국백화점요람', 소화 13년(1938), 1073쪽.
254) 『조선일보』1936년 2월 23일.
255) 『조선일보』1931년 3월 31일, 4월 3일 ;『동아일보』1931년 4월 1일. '南門市場基地 中央物産에 拂下'; 朝鮮新聞 1931년 3월 31일. '南大門市場 土地拂下認可'.
256) 『조선일보』1933년 12월 27·28일.
257) 『조선일보』1936년 12월 4일.
258) 『조선일보』1936년 12월 15일.
259) 『조선일보』1938년 1월 23일.
260) 국사편찬위원회(http://www.history.go.kr) ;『매일신보』1913년 3월 21일·23일.
261) 신용하,「3·1운동과 독립운동의 사회사」, 서울대학교출판부, 2001, 197~199쪽 ; 이정은,「3·1운동」,『한국사』 47, 국사편찬위원회, 2001, 339쪽 ;『매일신보』1919년 3월 11일·12일·27일.
262) 이정은,「3·1운동」,『한국사』 47, 국사편찬위원회, 2001, 339쪽 ;『한국독립운동사 자료 4』 임정편 IV, 사료집 제4.
263) 『한국독립운동사 자료 2』 임정편 II.
264) 『동아일보』1920년 8월 24일 3면 ; 在 上海日本總領事館 警察部,『朝鮮民族運動年鑑』, 東文化善店, 1946.
265) 『동아일보』1920년 8월 26일 3면, 25일 3면.
266) 『동아일보』1920년 8월 24일·25일·26일·28일.
267) 조선민족운동연감 조선독립운동 제1권, 제2권 ;『동아일보』·『매일신보』1921년 3월 20일.
268) 경무국,『조선출관경찰월보』 제17호.
269) 『동아일보』1935년 4월 20일. '京畿道警察部 青年4名 檢擧'.
270) 『조선일보』1921년 1월 14일 ; 1936년 2월 8일 ; 1937년 7월 18일 ; 1938년 9월 30일 ; 1940년 7월 30일 ;『동아일보』1940년 5월 18일.
271) 『동아일보』1922년 7월 26일·27일 ; 1929년 4월 6일. '白晝市場에 警官이 폭행';『개벽』 제26호, 1922년 8월 1일.
272) 『동아일보』1931년 5월 12일. '市場夜警員 孕婦를 난타, 유혈이 낭자한 피해부인'.
273) 『동아일보』1931년 6월 3일. '南大門市場夜警 短杖刀로 소년 난타, 昏倒하자 櫃中에 감금'.
274) 신용하,『3·1운동과 독립운동의 사회사』, 서울대학교출판부, 2001, 197~199쪽 ;『동아일보』1920년 7월 27일 ;『개벽』 제7호, 1921년 1월 1일. '庚申年의 거둠(하)'.
275) 『동아일보』1926년 4월 26일·29일·30일, 6월 11일 ; 1928년 5월 3일·4일.
276) 『한민족독립운동사 자료집』 제5권(대동단사건 I) '全大振調書', '朴龍柱訊問調書' ;『조선일보』1930년 9월 10일.
277) 『동아일보』1921년 10월 14일 ;『매일신보』1921년 10월 14일 ;『조선일보』1926년 1월 26일 ; 1933년 5월 1일 ; 1936년 12월 5일.
278) 『조선일보』1940년 2월 16일.
279) 『별건곤』 제61호, 1933년 3월 1일. '신문에도 발표 안 된 루팡 女怪盜, 백주 종로에서 생긴 대담한 범행' ;『조선일보』1923년 3월 2일 ; 1930년 2월 5일 ; 1940년 6월 15일.
280) 『조선일보』1934년 12월 11일 ; 1935년 11월 17일 ; 1936년 8월 15일 ; 1937년 1월 13일.
281) 『조선일보』1940년 4월 17일, 6월 5일.
282) 『조선일보』1934년 1월 24일 ; 1936년 6월 25일, 12월 7일.